KB272121

주식투자법
100문 100답

주식투자법 100문 100답

발행일	2026년 4월 24일

지은이	백문답
펴낸이	손형국
펴낸곳	(주)북랩

출판등록 2004. 12. 1(제2012-000051호)
주소 서울특별시 금천구 가산디지털 1로 168, 우림라이온스밸리 B동 B111호, B113~115호
홈페이지 www.book.co.kr
전화번호 (02)2026-5777   팩스 (02)3159-9637

ISBN 979-11-7598-247-5 03320 (종이책)   979-11-7598-248-2 05320 (전자책)

잘못된 책은 구입한 곳에서 교환해드립니다.

본 도서는 (주)북랩이 보유한 리코 인쇄 장비 등 자체 생산 인프라를 통해 제작되었습니다.

작가 연락처 문의 ▸ ask.book.co.kr

전용 게시판에 문의를 남기시면 저자에게 직접 전달됩니다.

(주)북랩 성공출판의 파트너

북랩 홈페이지와 SNS에서 다양한 출판 솔루션을 만나 보세요!

홈페이지 book.co.kr • **블로그** blog.naver.com/essaybook • **출판문의** text@book.co.kr
카톡채널 북랩

돈과 시간을 잃지 않고 경제적 자유를 실현하는

주식투자법 100문 100답

백문답 지음

북랩

돈도 시간도 잃지 않는 투자법

제1원칙: 돈을 잃지 말라.

제2원칙: 제1원칙을 절대 잊지 말라.

세계 최고의 주식 부자 워런 버핏의 말이다. 주식투자를 하는 사람이라면 이 말을 모르는 사람은 거의 없을 것이다. 그런데 이 말의 의미를 정확히 이해하고 자신의 투자 원칙으로 삼고 실행하는 사람 또한 많지 않을 것이다.

그걸 어떻게 아냐고?

실제로 주식투자를 하는 사람의 90%는 돈을 잃고 있기 때문이다. 돈을 벌려고 시작했던 주식투자의 결과가 왜 이렇게 돈을 잃는 것으로 나타날까?

그 이유는 이 책에서 반복해서 이야기하겠지만 돈을 벌기 위해 가장 중요한 '돈을 잃지 않는 것'에는 관심을 기울이지 않고 '빨리빨리' 돈을 벌려고만 했기 때문이다. 다른 말로 하면 최악의 사태에 대비하는 리스크 관리를 하지 않고 '경제적 자유'와 같은 최선의 목표만을 꿈꾸며 돈을 버는 데만 관심을 기울였기 때문이다.

이 책은 주식투자로 돈을 벌기 위해서는 돈을 잃지 않는 리스크 관리가 무엇보다 중요하다는 것을 일관되게 반복해서 강조한다.

그런데 잃지 말아야 할 것은 돈만이 아니다. 주식투자로 돈을 벌기 위해 10년 이상 노력했는데 돈을 벌지 못하고 있다면 그 세월은 '잃어버린 시간'이 아닌가? 더구나 그 '잃어버린 시간' 동안 주식투자에 매달려 본업을 소홀히 해서 직장마저 위태롭다면 평생 수명 100세 시대의 여생을 어떻게 보낼 것인가?

'잃는 돈' 못지않게 '잃는 시간'에 대해서도 심각한 성찰이 필요하다. '잃는 시간'은 곧 '잃는 돈'이기 때문이다.

그래서 워런 버핏의 투자 원칙은 다음과 같이 바꾸면 좋을 것 같다.

제1원칙: 돈을 잃지 말라.
제2원칙: 시간을 잃지 말라. 시간은 돈이다.
제3원칙: 제1원칙과 제2원칙을 최우선으로 생각하라.

그런데 주식투자에서 돈과 시간을 잃는 이유는 무엇인가?

여러 가지 이유가 있지만 자기만의 확고한 투자법이 없거나 그런 투자법을 찾는 데 너무 많은 시행착오와 방황을 하는 것도 중요한 이유 중의 하나다.

투자법에는 배당주 투자, 가치주 투자, 성장주 투자, 테마주 투자, 세력주 투자, ETF 투자, 퀀트 투자 등 수많은 종류가 있다. 이 모두를 다 잘할 수 있으면 좋겠지만 대부분의 투자자들은 그렇게 할 만한 시간도 능력도 없다.

그렇다면 그중 어느 하나를 선택해 집중적으로 파고들어야 하는데 각 투자법들이 맛집 거리의 맛집처럼 현란한 문구로 유혹하다 보니 여기저기 맛만 보다가 배탈이 나서 제대로 음식도 먹지 못하고 거리를 떠나야 하는 것

들어가는 말

과 비슷한 일이 벌어진다.

맛집 거리에 가기 전에 다양한 맛집에 대한 깔끔한 소개와 평가를 접한다면 시행착오와 방황의 시간이 훨씬 줄어들지 않을까?

이 책은 각각의 주식투자법에 대한 그러한 소개와 평가를 통해 투자자의 시행착오와 방황의 시간을 최소화해 시간과 돈을 잃지 않도록 하기 위해 쓰인 책이다.

이 책을 쓰기 위해 필자는 수백 권의 책과 수많은 유튜브, 사이트, 블로그, 언론 매체 기사를 탐색하고 소화해서 정리했다.

이렇게 정리된 내용을 읽고 자신의 투자 성향과 투자 환경에 맞는 투자법을 발견할 수 있다면 시행착오와 방황의 시간을 100분의 1, 아니 적어도 10분의 1은 줄일 수 있을 것이다.

시간을 100분 1로 줄일 수 있다면 100배 주식, 10분의 1로 줄일 수 있다면 10배 주식, 즉 '텐배거(ten bagger)'를 발굴하는 것과 비슷한 효과를 거둘 수도 있다.

이렇게 투자법을 정리하는 과정에서 필자가 새삼 깨달은 것이 있다. 투자법이라고 하면 우리는 보통 벤저민 그레이엄, 워런 버핏, 앙드레 코스톨라니, 피터 린치, 제시 리버모어, 윌리엄 오닐, 니콜라스 다비스, 레이 달리오, 존 보글 등의 대가들을 떠올리고 그들이 쓴 책을 필독서로 추천한다. 하지만 이제 우리나라에도 이들에 못지않은 이론과 투자 경험을 갖춘 사람들이 존재한다는 사실이다.

주식시장은 돈을 벌겠다는 원초적 욕망이 집약되고 서로 충돌하는 용광로와 같은 곳이다. 이런 주식시장에 뛰어든 한국인은 각종 조사에서 세계 어느 나라 국민보다 돈을 최우선하는 사람들인 데다 목표를 이루려는 극성에서도 타의 추종을 불허하는 세계 넘버원인 별종의 국민이다.

이런 한국인이 주식시장에서 돈을 벌기 위해 이론과 경험을 얼마나 처절하게 단련했겠는가? 필자는 한국인 저자가 쓴 주식투자서들을 읽으면서 한국인의 돈을 벌기 위한 한 맺힌 욕망과 극성을 생생하게 느낄 수 있었다. 이 책은 그러한 한국인의 주식투자 경험과 이론을 중간 정리하는 의미도 담고 있다. 2025년 이후 '코스피 5000 시대'를 넘어 '코스피 10000 시대'까지 전망되고 있는데, 한국에서도 그동안 축적된 투자 경험과 이론을 바탕으로 이제 머지않아 K-팝 못지않은 K-주식의 이론과 투자 모델이 활짝 모습을 드러낼 것으로 예상된다. 이 책이 그런 과정의 출발점이자 디딤돌이 되면서 투자자에게도 최적의 투자법을 찾아 최고의 수익률을 올리는 안내서가 될 수 있으면 좋겠다.

아울러 이 자리를 빌어 본서에서 인용한 책을 쓰신 모든 분들께 감사의 말을 전하고 싶다. 원고를 완성한 후 필자는 인용한 책의 저자들에게 일일이 연락을 드려 인용 허락을 구했는데, 많은 분들이 인용 허락은 물론, 이 책의 취지에 적극적인 동감과 격려의 말씀을 해주셨기 때문이다. 오래전에 출간된 책이거나 연락처를 찾지 못해 연락이 닿지 못한 저자 분들에게도 감사의 마음을 꼭 전해드리고 싶다.

이 책을 주식투자로 힘들어하시는 모든 분들, 그리고 투자 성공을 위해 분투 노력해 오신 투자자 모든 분들께 바친다.

백문답 드림

목차

5장 배당주 투자 어떻게 해야 하나요?

6장 가치주 투자 어떻게 해야 하나요?

1장

주식투자
어떻게 하는 게 좋을까요?

주식투자, 해야 하나요?

노후는 생각만큼 멀지 않고, 생각보다 짧지 않다

죽는 것보다 오래 사는 것이 더 두려운 시대, 투자는 필수

투자를 배우지 않으면, 평생 일해서 번 돈이 사라진다

지금의 투자 망설임이, 노후의 눈물로 돌아온다

저금리 인플레 시대, 돈이 일하지 않으면 당신이 일해야 한다

은행에 돈을 맡기면 은행이 부자 되고, 주식에 돈을 맡기면 당신이 부자
된다

AI가 당신의 일을 대신하기 전에, 당신의 돈이 대신 일하게 하라

인생 2막은 노동이 아니라 자본으로 살아가는 시간이다

100세 시대, 저금리 시대, 인플레 시대, AI 혁명의 시대에 투자하지 않으면
인생이 암담해진다는 경고이자, 투자하면 길이 보인다는 희망의 메시지이기
도 하다. 이런 메시지를 보면 투자는 선택이 아니라 필수라는 생각이 든다.

그러나 한편으로 섬뜩한 문구들도 적잖이 눈에 띈다. 주식투자를 하면 패
가망신할 수 있다는 내용인데, 실제로 주변에 주식투자에 실패한 사람들이
적지 않다 보니 투자해 보겠다는 마음이 좀처럼 생겨나지 않는다. 더구나

투자에 성공하려면 엄청난 공부와 경험이 필요하다는 말을 들으면 투자의 세계에는 아예 발을 들여놓지 않는 게 좋겠다는 생각마저 든다.

주식투자는 패가망신의 지름길
주변에서 주식투자로 돈 벌었다는 사람 없다
"주식을 알고 난 뒤 불행해졌다"
"주식투자 반토막… 추천해 준 지인과 손절"
"주식투자 실패로 거액 빚… 아내가 이혼 요구"
"30대 가장, 직장 때려치우고 주식하다 손실만 마이너스 3억"
주식 실패로 전 재산 잃었다… "한강 다리 많이 올라"
"주식투자 크게 실패" 아내·세 자녀 살해 후 극단 선택

커다란 위험과 커다란 기회가 공존하는 주식투자, 해야 하나? 하지 말아야 하나?

이 질문에 답하기 전에 먼저 투자 문맹인 60대 은퇴 세대와 투자에 적극적인 30대 청년 세대의 대비를 통해 주식투자의 필요성과 문제점에 대해 좀 더 자세하게 살펴보자.

투자 문맹 60대 은퇴 세대 이야기

"올해 제 나이가 60인데요. 그동안 열심히 자식들 키우다 보니, 모아 놓은 돈이 5000만 원밖에 안 되더라고요. 이 돈을 잘 굴려서 퇴직 후 30~40년 동안 먹고살 수는 없을까요?"

노후 전문가 강창희의 『당신의 노후는 당신의 부모와 다르다』라는 책에

나오는 이야기로 노후 대책 강연회 등에서 많이 나오는 질문이라고 한다.

60세면 평균 수명 100세 시대 40년의 여생이 남아 있는데, 5000만 원으로 버텨 낼 수 있을까? 물론 약간의 국민연금이 더 있을 수 있겠지만 이 이야기에 나오는 60세의 모습은 100세 시대 베이비부머들의 불안한 노후 대비를 상징적으로 보여 준다.

고령화된 부모를 모시고 자녀 뒷바라지에 올인하면서 숨가쁘게 살아왔지만 정작 직장 생활이 끝나고 맞이한 자신의 노후는 위태롭기 짝이 없다. 2023년 KB금융지주 경영연구소의 설문조사에 따르면 노후 기본적 의식주 해결만을 위한 최소 생활비는 평균 월 251만 원이고, 희망하는 은퇴 나이는 평균 65세였으나 실제 은퇴 나이는 55세인 것으로 나타났다. 100세를 산다면 단순 계산으로 최소 생활비로 45년간 13억 6000만 원의 돈이 필요한 것으로 나온다. 이 돈을 어디서 어떻게 마련할 것인가? 마련하지 못한다면 어떤 미래가 기다리고 있을까? 이미 불길한 그림자가 길게 드리워져 있다.

한국 노인의 빈곤율은 선진국 중에서 가장 높다고 한다. 고령화의 속도는 세계에서 가장 빠르다. 60세 이상 인구 비율이 2030년에는 전체 인구의 약 3분의 1에 가까운 비율이 된다고 한다.

AI가 대신하는 인간의 일자리가 갈수록 늘어나 일자리마저 줄어들면 100세 시대는 고령화되고 병들고 일자리가 없어 노후 파산할 수밖에 없는 사람들로 넘치는 암울한 사회가 되고 말 것이다.

투자에 적극적인 30대 청년 세대 이야기

60대 베이비부머의 암울한 현실을 깨달은 30세 신입사원 청년은 근로소득만으로는 미래가 보이지 않는다고 생각해 주식투자를 결심한다. 이제 갓

취업한 상태라 목돈이 없기 때문에 최대한 절약해 월급에서 월 100만 원씩 적립투자 하기로 한다. 60세까지 30년을 적립한다고 생각하고 30년 후에는 얼마의 금액이 될지를 예상 복리 수익률 3%, 5%, 10%, 15%별로 계산해본다. 30년간 적립한 총 투자 원금은 월 100만 원 × 12개월 × 30년 = 3억 6000만 원이고, 30년 후 복리 수익을 포함한 총 금액은 아래 표와 같다.

연 복리 수익률	30년 후 총 금액	물가상승률 3% 시 총 금액
3%	약 5억 원	약 3억 6000만 원(원금 수준)
5%	약 8억 3000만 원	약 5억 원
10%	약 22억 7000만 원	약 12억 6000만 원
15%	약 64억 4000만 원	약 31억 6000만 원

이에 따르면 연 복리 수익률이 3%면 30년 후 총 금액이 5억 원, 5%면 8.3억 원, 10%면 22.7억 원, 15%면 64.4억 원이 된다. 이 금액은 물가상승률을 감안하지 않은 것이기 때문에 만약 물가상승률이 3%라면 그만큼 차감해서 3%면 적립원금 수준, 5%면 5.0억 원, 10%면 12.6억 원, 15%면 31.6억 원이 된다.

이 숫자가 주는 메시지는 무엇일까?

첫째, 장기간 복리로 투자를 잘하면 노후 대비를 할 수 있고 경제적 자유도 누릴 수 있다는 것이다. 물가상승률 3%를 감안해 연 10% 이상의 수익률을 올리면 12.6~31.6억 원의 노후자금을 마련할 수 있다.

그러나 둘째, 투자를 한다 하더라도 수익률이 물가상승률 이상이 되지 않으면 노후 대책이 되지 못한다. 수익률이 물가상승률보다 낮거나 투자 손실로 수익률이 마이너스가 되면 노후 대비는커녕 투자 원금까지 날아가는 일이 생긴다.

적립식 투자는 투자의 특성상 마이너스의 수익률이 생기는 경우는 드물지만 일반적인 주식투자는 손실을 입는 경우가 다반사이기 때문에 수익률이 마이너스로 되는 경우가 적지 않다. 그렇게 되면 실질 수익률이 플러스인 경우에 작동되던 복리의 마법이 거꾸로 마이너스의 수익률이 복리로 누적되어 원금마저 날리는 '복리의 저주'가 나타나게 된다.

연 복리 수익률	총 투자금액 (원금)	30년 후 총 금액	손실액
-3%	3억 6000만 원	약 2억 3000만 원	약 1억 3000만 원 손실
-5%	3억 6000만 원	약 1억 6000만 원	약 2억 원 손실
-10%	3억 6000만 원	약 7900만 원	약 2억 8000만 원 손실
-15%	3억 6000만 원	약 3000만 원	약 3억 3000만 원 손실

그렇다면 주식투자를 해야 하는가 하는 질문에 어떻게 대답할 수 있을까?

물가상승률보다 상당히 높은 수익률을 올릴 수 있을 정도의 투자 실력을 갖추겠다는 목표를 갖고 그 목표의 실현을 위한 마음가짐이 되어 있다면 투자에 뛰어들어도 된다. 그러면 노후 대비는 물론 경제적 자유도 얻을 수 있다.

그러나 물가상승률 이상의 수익을 올릴 수 있는 투자 실력은커녕 손실만 입을 가능성이 크고 투자 실력을 높이는 노력을 할 마음가짐도 되어 있지 않다면 투자에 뛰어들면 안 된다. 왜냐고? 돈을 벌고 경제적 자유를 얻고 싶어 투자를 하는 건데 준비가 안 되어 돈을 잃는다면 노후 대비는커녕 노후 파산으로 가는 길이 될 수도 있기 때문이다. 돈만 잃는 게 아니다. 투자에 쏟아부었던 시간도 모두 잃는 것이다. 그 시간은 돈을 벌기 위해 자신의 행복뿐만 아니라 가족의 행복까지도 유예한 채 쏟아부었던 시간이다.

여기서도 명심해야 할 것은 돈과 시간을 잃지 말라는 투자 원칙이다.

제1원칙: 돈을 잃지 말라.
제2원칙: 시간을 잃지 말라.

주식투자는 창업하는 것과 비슷하다. 고용된 일자리는 언젠가는 그만두어야 하기 때문에 이에 대비하기 위해서는 스스로 일자리를 만들어 내는 창업이 필요하다. 그러나 준비되지 않은 창업은 실패해 그나마 있던 돈도 까먹을 가능성이 크기 때문에 대부분의 사람들이 극구 말린다. 주식도 충분한 준비가 없다면 혹은 준비를 할 강인한 의지가 없다면 안 하는 게 맞다. 창업을 준비해도 성공할 확률이 높아질 뿐 반드시 100% 성공한다고 할 수 없다. 그런 것처럼 주식투자를 준비한다고 해도 100% 성공한다고 할 수 없는 만큼, 불확실성을 견디기 어려운 사람은 자신이나 가족의 정신적, 경제적 안정을 위해 투자를 하지 않는 게 좋다. 다만 이 경우 주어진 자산 범위 내에서 살 수밖에 없다는 점은 각오해야 한다. 준비 안 된 투자로 노후 파산하는 것보다는 백번 낫다.

창업한다는 마음으로 철저한 준비와 부단한 노력을 통해 경제적 자유의 길을 선택할 것인가?

돈을 벌고 싶다는 탐욕만으로 아무런 준비 없이 투자의 전장에 뛰어들어 노후 파산의 길을 선택할 것인가? 아니면 험난한 투자의 길은 피하고 당장은 안전한 듯 보이지만 조금만 가면 걸림돌이 많아 숨이 차고 힘든 길을 갈 것인가?

죽는 것보다 오래 사는 것이 더 두렵다는 100세 시대, 현명한 선택을 하시기를 마음으로 기원한다.

주식투자법 100문 100답

2

주식투자 실패하지 않으려면
어떻게 해야 하나요?

앞에서 주식투자를 어떻게 하느냐에 따라 '경제적 자유'로 가는 길과 '노후 파산'으로 가는 두 갈래 길이 있음을 설명했다. 그렇다면 우리나라에서 이 두 갈래 길로 들어서는 투자자의 비중은 각각 어느 정도인가?

이에 대한 공식적인 통계는 없지만 대략 95%의 투자자는 장기적으로 손실을 보고 3~4%의 투자자는 현상 유지 수준이며 1% 정도만이 주식으로 돈을 번다고 알려져 있다. 『메트릭 스튜디오』를 쓴 서울대 문병로 교수는 개인투자자의 98%는 본인의 의사와 상관없이 '공익투자자'로 자신의 투자 경력을 마무리한다고 말한다. 문 교수가 말한 공익투자자는 잦은 거래로 국가에 세금을 내고 증권사에는 수수료를 선물하는 사람이라는 의미로, 개인투자자들은 몇 번은 운 좋게 이익을 맛보지만 오래 하면 거의 100% 가까운 확률로 손해를 봐 결국 자신의 재산과 정신 건강을 희생하면서 시장에 활기와 노이즈만을 제공하는 '훌륭한' 사람이 된다는 것이다.

자본시장연구원이 2021년에 발간한 보고서 「코로나19 국면의 개인투자자: 투자행태와 투자 성과」에서도 당시 역대 최대급의 강세장이 펼쳐졌음에도 개인투자자의 투자 성과는 시장수익률을 하회하고 신규투자자의 경우

21

60%의 투자자가 손실을 보인 것으로 나타났다.

이에 따르면 우리나라 대부분의 주식투자자는 '노후 파산'의 길로 들어서고 있는 셈이다.

왜 이렇게 처참하게 실패하는가?

'돈을 잃지 말라'는 원칙을 강조한 워런 버핏은 주식투자에서 돈을 잃는 핵심 원인이 무엇이라고 생각했을까? 버핏이 매년 전 세계 투자자에게 보내는 버크셔 해서웨이 연례 주주 서한이나 그의 생애와 투자 철학을 정리한 서적 등을 통해 살펴보면, 그는 투자자들이 돈을 잃는 원인으로 기업의 본질적 가치를 이해하지 못한 채 투자하는 무지한 투자, 시장의 단기적인 변동성에 감정적으로 반응해 매도하는 행동, 시장의 유행이나 주변 의견에 휩쓸린 투자, 기업의 내재 가치보다 주가의 등락에만 집중하는 태도, 빚을 내어 투자하다가 시장 하락 시 회복 불가능한 손실로 이어지는 과도한 레버리지, 단기간에 수익을 내기 위한 조급함으로 인한 잦은 매매 등을 지적하고 있다.

미국에서 주식투자자들에게는 워런 버핏 이상의 투자 대가로 인정받는 윌리엄 오닐은 『최고의 주식, 최적의 타이밍』이라는 책에서 투자자들이 가장 많이 저지르는 19가지 실수를 지적하고 있는데, 이 중에서 특히 중요한 몇 가지를 적어 보면 다음과 같다.

- 손실이 아주 적고 충분히 감수할 수 있는데도 손절매를 하지 않고 손실을 계속 키워 나가는 것
- 주가가 하락하는데 물타기를 함으로써 비극적인 종말로 치닫는 것
- 너무 빨리, 너무 쉽게 돈을 벌려고 하는 것
- 주변의 말이나 루머에 솔깃해서 주식을 매수하는 것
- 적절한 주식 선정 기준이 없거나 성공하는 기업을 찾아낼 만한 안목이

없어 처음부터 제대로 주식을 고르지 못하는 것

- 떨어지는 주식은 계속 붙잡고 있으면서 상승하는 주식은 조금만 이익이 나면 쉽게 팔아 버리는 것
- 언제 주식을 살 것인가만 생각하고, 일단 주식을 매수한 다음에는 언제, 어떤 상황이 되면 그 주식을 팔 것인지 전혀 생각하지 않는 것
- 기관 투자가가 적극적으로 매수하는 좋은 주식을 사는 게 얼마나 중요한지, 또 주가 차트를 이용해 훌륭한 주식과 적절한 타이밍을 선정하는 것이 얼마나 중요한지 이해하지 못하는 것

『주식투자 리스타트—왜 나는 주식투자로 돈을 못 벌까?』라는 책을 쓴 저자 systrader79는 95% 이상의 투자자들이 실패하는데, 그 핵심적인 이유는 "주식투자에 성공하기 위해 가장 중요한 것은 큰 수익을 내는 것이 아니라 손실을 최소화해야 한다"는 사실에 관심을 기울이지 않기 때문이라고 말한다. '손실의 최소화'라는 개념은 그저 실력이 부족한 하수들에게나 해당하는 내용이라고 생각하고, 손실이 발생하면 어떤 타격을 입고 그것이 얼마나 심각한 상황을 초래하는지에 대해서는 생각조차 하지 않는다는 것이다. 요컨대 '돈을 잃지 않기' 위한 리스크 관리를 하지 않아 실패한다는 것이다. 아울러 주식시장에서 돈을 잃는 이유에 대해 다음과 같이 말한다.

첫째, 소액으로 테스트하는 기간이 전혀 없다. 주식투자의 경험과 지식이 없는 상태임에도 불구하고 수천만 원을 몽땅 한 번에 투입한다.

둘째, 남의 말만 듣고 투자한다. 남이 준 정보를 믿고 맹목적으로 투자했다가 10년 모은 목돈이나 퇴직금을 몽땅 잃는 경우가 많다.

셋째, 준비 없이 뛰어든다. 재무제표와 차트를 보는 법은 기본이고 계좌를 관리하는 법을 비롯 많은 기술을 익혀야 하는데 기본조차 갖추지 못하고

1장 주식투자 어떻게 하는 게 좋을까요?

투자를 시작하는 경우가 많다.

넷째, 투자 원칙이 없다. 명확한 투자 전략을 가진 개인투자자의 비율은 많아도 5%이고, 대부분의 투자자들은 투자에 대한 잘못된 상식으로 가득하고 투자 전략도 없을 뿐만 아니라 투자 전략이 있어도 일관되게 실천하지 못한다.

『주식 거인들에게 배우는 잃지 않는 투자 원칙 49』라는 책을 쓴 김명환은 투자 실패 원인을 다음과 같이 정리하면서 "수익보다 먼저 잃지 않는 투자를 하라."라고 말한다.

첫째, 한 종목에 올인한다. '몰빵' 매수는 열 번 중에 한 번은 성공할 수 있어도 아홉 번은 실패한다.

둘째, 손절매를 하지 않는다. 손절매 원칙이 없거나 있어도 지키지 않는다.

셋째, 손실종목을 물타기한다. 계속해서 하락하는 주식은 그럴 만한 이유가 있는데도 매입 단가를 낮추어 손실을 만회하려고 해 손실을 더욱 확대시킨다.

넷째, 시장에 역행한다. 지수가 하락 중인데도 자신이 보유한 종목만은 상승할 것이라고 생각한다.

다섯째, 급등주만 찾아다닌다. 대박의 욕심은 패망의 지름길이다.

『나만의 투자 전략 만들기』라는 책을 쓴 정환종은 주식시장에서 실패하는 사람들에는 크게 두 가지 유형이 있다고 말한다. 첫 번째 유형은 뚜렷한 투자 전략도 없이 주변 사람들의 말에 휩쓸려 투자를 하는 사람들이고, 두 번째 유형은 잘못된 투자 전략을 가지고 투자하는 사람들이다. 우리 주변에서 가장 흔하게 볼 수 있는 유형이 첫 번째이고, 주식투자 경험이 많은데도 주식투자에 실패하는 사람은 두 번째 유형의 사람들이라고 한다.

회계사이면서 '주식투자 1타 강사'라는 별명을 갖고 있는 사경인은 주식 왕초보 아내를 대상으로 쓴 『사경인의 친절한 투자 과외』라는 책에서 "돈은 나눠야 하고(분산 투자) 시간은 나누면 안 되는데, 망하는 투자자들은 반대로 시간은 나누고(단기투자) 돈은 안 나누고 있어서 그렇다"고 말한다.

지금까지 투자 고수들이 말하는 투자 실패 이유를 살펴보았는데, 정리해서 말하면 다음과 같다.

첫째, 돈을 벌고자 하는 탐욕은 크지만 돈을 잃지 않기 위한 리스크 관리를 하지 않는다. 플러스의 복리가 아니라 마이너스의 복리가 이어지면서 결국 모든 자산을 잃어버린다.

둘째, 투자해도 좋은 때와 투자해서는 안 되는 때에 대한 장세 판단이 결여되어 있다. 장세 판단을 잘못해 벌었던 돈마저 하락장에서 모두 반납하는 경우가 많다.

셋째, 투자 원칙과 투자법이 정립되어 있지 않다. 주식투자 경험이 많아도 잘못된 투자법으로 실패를 거듭한다.

넷째, 종목 선정이 제대로 안 되어 있다. 기업의 실적이나 성장성보다 얻어들은 정보에 의존하거나 기업 분석 없이 투자하면서 실패 확률을 스스로 높인다.

다섯째, 언제 어떻게 매수·매도해야 하는지 잘 모른다. 뇌동매매와 손익비 낮은 매매로 수익은 작고 손실은 큰 패턴을 반복한다.

투자에 실패하면 앞에서 말한 것처럼 경제적 자유는커녕 노후 파산의 늪이 기다리고 있다. 그렇다면 이 늪에 빠지지 않고 투자에 성공해 경제적 자유에 이르려면 무엇을 어떻게 해야 할까? 해답은 실패 이유의 반대편에 있다.

첫째, '돈을 벌기'보다 '돈을 잃지 않기' 위한 리스크 관리를 투자의 최우선 순위에 두어야 한다. 먼저 왜 '돈을 벌기'보다 '돈을 잃지 않기'가 중요한지를 이해해야 한다. 그리고 실제로 돈을 잃지 않기 위해서는 구체적으로 어떤 행동을 해야 하고 하지 말아야 하는지에 대해서도 정확히 알고 실전에 적용해 항상 지키는 투자습관으로 정착시켜야 한다.

둘째, 리스크 관리에서 장세 판단이 가장 중요하다는 사실을 인식하고 나만의 장세 판단 기준을 가질 필요가 있다. 이런 장세 판단 기준에 입각해 장세별로 적합한 투자법을 사용하거나 장세 판단이 어렵다면 장세에 관계없이 수익을 올릴 수 있는 방법을 찾아 활용해야 한다.

셋째, 자신만의 투자 원칙과 투자법을 확립해야 한다. 시장은 늘 예측이 어려운 방향으로 움직이고, 때로는 공포와 탐욕이 극단적으로 흔들리는 환경이 펼쳐진다. 이런 변동 속에서도 흔들리지 않으려면 명확한 원칙이 필요하다. 어떤 가격대에서 매수·매도할 것인지, 손절 기준은 무엇인지, 포트폴리오에서 한 종목이 차지할 수 있는 최대 비중은 어느 정도인지, 장기 투자의 기준은 어떻게 정의하는지 등 자신의 투자 철학과 행동 규칙을 미리 정해 두어야 한다. 원칙이란 수익을 보장하는 도구가 아니라 감정적 판단을 억제하고 비합리적 결정을 막는 방파제다. 경험 많은 투자자일수록 시장 예측보다 원칙 준수가 더 중요하다고 말하는 이유가 여기에 있다.

그런데 원칙을 세우는 것만큼이나 중요한 것은 그것을 일관되게 지키는 실행력이다. 투자자는 시장의 소음에 쉽게 흔들리고, 단기 변동에 과도하게 반응하며, 다른 사람의 의견이나 뉴스에 휘둘리기 쉽다. 이런 상황에서 원칙을 지키는 일은 결코 단순하지 않다. 그래서 위대한 투자자들은 공통적으로 인내, 절제, 반복의 힘을 강조한다. 원칙을 만들어도 지키지 못하면 아무 의미가 없으며, 꾸준한 실천을 통해서만 원칙은 비로소 투자자의 자산을 보호하는 실질적 도구가 된다.

투자법은 뒤에 살펴보는 것처럼 수십, 수백 가지가 있다. 이 중에서 나의 투자 성향과 투자 목표, 투자 환경에 부합되는 투자법을 찾아야 한다. 중장기 투자자의 길도 있고, 단기 트레이더의 길도 있다. 어느 길을 선택하든 '돈을 잃지 않기' 위한 리스크 관리는 필수다.

넷째, 자신의 투자 원칙과 투자법에 맞는 종목을 선정해 투자한다. 투자법에 따라 투자 대상 종목은 크게 다르지만, 기본은 남에게서 얻어듣는 종목이 아니라 자신의 투자 원칙에 입각해 스스로 발굴한 종목으로 잘 아는 종목이어야 한다. 잘 아는 종목이 되려면 평소에 종목 공부를 많이 하고 언제든 실전에 사용할 수 있는 종목 풀(pool)을 만들어 놓아야 한다.

다섯째, 자신의 투자 원칙과 투자법에 맞는 매수·매도의 시점과 방법을 정립해 일관되게 실행한다. 중장기 투자자와 단기 트레이더의 매수·매도 기준은 확연히 다르다. 자신의 투자 정체성을 명확히 인식하고 사전에 매수·매도 기준을 만들어 실전에서 검증하는 노력이 필요하다. 매매 후에는 복기를 통해 문제가 무엇인지 파악하고 개선해 나가는 노력이 돈을 잃지 않고 돈을 벌기 위한 필수 조건이다.

3

투자할 돈이 없는데
어떻게 주식투자를 할 수 있을까요?

죽는 것보다 오래 사는 것이 더 두렵다는 평균 수명 100세 시대, 가만히 있어도 인플레로 자산이 줄어드는 시대. AI 혁명으로 일자리가 없어지는 시대여서 투자해야 한다는 것은 알겠는데, 투자할 돈이 없는 사람들은 어떻게 해야 할까? 경제적 자유까지는 아니라 하더라도 최소한의 생활로 100세까지 살아가니 적어도 10억 이상의 노후 대비 자산이 필요한데, 투자할 돈이 없다면 이런 노후 대비 자산을 어떻게 마련할 수 있을 것인가?

이 문제에 답하기 위해 먼저 투자자산의 형성 원리부터 살펴보자.

투자자산 = 투자 원금 × 수익률 × 복리 × 시간

여기서 투자자산에 영향을 미치는 요인으로는 투자 원금 외에 수익률, 복리, 시간이 있다. 투자 원금이 적더라도 수익률과 복리와 시간이라는 요건만 충족되면 투자자산은 크게 늘어날 수 있다.

가진 돈이 없어 열심히 일하고 절약해 매월 50만 원씩 적립해 투자하는 청년의 경우를 생각해 보자. 이렇게 매월 적립하는 자금을 연평균 수익률 5%, 10%, 15%, 20%로 복리로 운용하면 5년 후, 10년 후, 20년 후, 30년 후 얼마가 될까?

매월 50만 원씩 5년 적립하면 투자 원금은 3000만 원(50만 원 × 12개월 × 5년), 10년이면 6000만 원, 20년이면 1억 2000만 원, 30년이면 1억 8000만 원이다.

수익률이 5%이면 3000만 원의 원금이 10년 후에는 7764만 원, 20년 후에는 2억 545만 원, 30년 후에는 3억 9931만 원으로 늘어난다.

수익률이 10%이면 3000만 원의 원금이 10년 후에 1억 279만 원, 20년 후에 3억 8292만 원, 30년 후에는 11억 3409만 원으로 늘어난다.

수익률이 15%이면 3000만 원의 원금이 10년 후에 1억 3887만 원, 20년 후에 6억 8719만 원, 30년 후에는 26억 7831만 원으로 늘어난다.

수익률이 20%인 경우의 10년 후, 20년 후, 30년 후의 투자자산은 복리의 마법을 확인하기 위해 직접 계산해 보고 확인해 보는 게 좋을 것이다.

연 복리 수익률	5년 후	10년 후	20년 후	30년 후
5%	3401만 원	7764만 원	2억 545만 원	3억 9931만 원
10%	3901만 원	1억 279만 원	3억 8292만 원	11억 3409만 원
15%	4472만 원	1억 3887만 원	6억 8719만 원	26억 7831만 원
20%	5095만 원	1억 8411만 원	12억 7033만 원	67억 1805만 원

이상의 결과는 무엇을 의미하는가?

첫째, 현재 투자할 목돈이 없어도 직장을 다니면서 절약해 매월 50만 원씩만 투자할 수 있다면 복리 수익률과 시간을 활용해 노후 대비와 경제적 자유라는 목표를 실현하는 것은 충분히 가능하다.

둘째, 목표 달성을 위해 중요한 것은 수익률과 시간이다. 수익률은 공부와 경험을 통해 단련해야 할 투자 실력에 의해 좌우되고, 시간은 돈을 빨리 벌려는 조급함을 이겨 내고 목표 달성 때까지 인내하는 투자 원칙에 의해 좌우된다.

셋째, 투자 원칙과 투자 실력이 확립되어 있지 않을 때는 투자할 돈이 없는 것이 오히려 '위장된 축복'이다. 투자 원칙과 투자 실력이 없는 상태에서 큰돈을 투자하면 거의 100% 잃기 때문이다. 투자 원칙과 투자 실력과 투자 원금은 비슷한 페이스로 나아갈 때 가장 좋은 투자 성과를 거둘 수 있다.

넷째, 직장을 다니고 있는 사람은 당장 목돈이 없더라도 매년 누적되고 있는 퇴직연금을 활용해 투자를 할 수 있다. 퇴직연금은 IRP 계좌를 통해 ETF·주식형펀드 등에 투자함으로써 장기 복리의 힘을 활용할 수 있고, 일정 금액까지 세액공제를 받을 수 있어 세제 혜택을 누리면서 장기적으로 주식시장에 투자할 수 있는 효율적인 노후자산 운용 도구다.

여기서도 관건은 투자 실력과 투자 기간이다. 투자 실력이 없으면 노후가 될 때까지 투자 원금을 늘릴 수 없는 반면, 연평균 수익률 10% 이상의 투자 실력을 갖춘 직장인들은 퇴직연금만으로도 장기복리의 힘을 활용해 연금부자로 은퇴할 수 있다.

중학교 2학년이던 15세에 학교를 중퇴하고 주식투자를 시작한 뒤에도 전혀 돈을 벌지 못하고 6년을 손실만 보다가 끈기와 독학으로 세계 최고의 트레이더가 된 마크 미너비니는 자신의 투자 경험과 노하우를 담은 『초수익 성장주 투자』라는 책에서 다음과 같이 말한다.

돈이 많지 않으면 투자 자금이 부족하니 시도할 필요조차 없다고 말하는 사람들이 있다. 말도 안 된다! 당신이 이미 다른 직업으로 성공하지 않았다면 주식투자에 할애할 돈이 많지 않을 것이다. 또한 사회생활을 막 시작한 청년이라면 주식투자를 할 자금을 모으기가 불가능해 보일 수 있다. 그러나 낙담하지 마라. 소액으로 시작할 수 있다. 나도 그랬다.

4

투자자의 길이 좋을까요,
트레이더의 길이 좋을까요?

주식투자를 하면서 끊임없이 묻게 되는 질문 중의 하나는 주식투자를 투자자로 할 것인가, 트레이더로 할 것인가다. 하루나 일주일이나 한 달 만에 높은 수익을 기대하고 투자했는데 기대와 달리 주가가 하락해 손실을 입고 비자발적으로 장기 투자를 하게 되었다면 이 사람은 투자자인가? 트레이더인가? 반대로 3년 이상 혹은 10년 이상 장기 투자 하겠다는 마음으로 기업의 내재가치와 성장성을 믿고 투자했는데 한 달 만에 주가가 갑자기 2배가 올라 매도를 했다면 이 사람은 투자자인가? 트레이더인가?

먼저 투자자와 트레이더의 차이에 대한 투자 고수들의 의견부터 살펴보자.

전설적인 수익률을 올린 트레이더들을 인터뷰해 『시장의 마법사들』이라는 베스트셀러를 낸 잭 슈웨거는 트레이더는 주식시장 전체가 어느 방향으로 움직일 것인가에 주된 관심을 가지는 반면, 투자자는 전체 시장 평균보다 더 큰 수익을 올릴 최고의 주식을 선택하는 데 초점을 두는 사람이라고 말한다.

1990년대와 2000년대 '시골의사'라는 필명으로 주식투자 최고 전문가로 명성을 떨친 박경철은 『주식투자란 무엇인가』라는 책에서 투자자가 자신의

31

영감과 통찰력을 반영해 자산에 투자하고 그 결과를 책임지는 사람이라면, 거래자 즉 트레이더는 매매의 기술, 즉 상대적으로 싼 가격에 자산을 매수해 비싼 가격에 파는 기술을 구사하는 사람이라고 말한다.

테마주 고수인 유목민은 『투자의 정석』이라는 책에서 트레이더란 주가의 '기대감'을 거래하는 사람, 즉 주가의 시세 움직임을 이용해 차익을 노리고 투자하는 사람으로 정의하면서 제시 리버모어가 대표적 트레이더이고 자신도 트레이더라고 말한다. 그리고 투자자 즉 인베스터는 기업의 공정가치를 거래하는 사람으로 워런 버핏이 대표적이라고 말한다.

가치투자자 이상민은 『전략적 가치투자』라는 책에서 장기추세선을 추종하며 5년 이상의 장기 보유 전략으로 투자하는 이들을 투자자(investor)라고 부른다. 반대로 분 단위의 단기추세선을 활용하는 역추세 매매를 해서 매매를 하루 이내에 끝내는 데이트레이딩을 하거나 길어야 1주일 정도를 보유하는 스윙 트레이딩을 하며 투자하는 이들을 '트레이더(trader)' 또는 '투기자(speculator)'라고 부른다.

일반적으로 중장기 투자를 하고 기본적 분석을 중시하는 경향이 있는 사람은 투자자로 불리고, 단기투자를 하고 기술적 분석을 중시하는 경향이 있는 사람은 트레이더로 불리는데 그 특징을 요약하면 아래와 같다.

	투자자	트레이더
투자 목표	시간이 지남에 따라 기업의 가치가 상승할 것을 기대	짧은 시간 내의 주가 변동성을 활용해 수익을 추구
투자 기간	몇 개월에서 몇 년 동안 보유	몇 분(스캘핑), 하루(데이트레이딩), 며칠 몇 주(스윙)
목표수익률	2~3년 50~100% 수익	스캘핑 1~2%, 데이트레이딩 3~5%, 스윙 6~10%
손해 발생 시 대응태도	일시적인 손해일 뿐, 기다리면 오를 거야	손해가 커지기 전에 지금 팔고 새 기회를 찾아야겠어

감당 손실률	50% 손실도 감수	1~10% 각 트레이딩별 수익률 이내
주요 판단 도구	기업의 재무 상태와 성장 가능성을 평가하는 기본적 분석	주가의 차트와 기술적 지표를 활용하는 기술적 분석
리스크 관리	자산배분과 분산 투자	손절과 자금관리

우리나라 투자자들은 투자자가 많을까? 트레이더가 많을까?

자본시장연구원이 2020년 3월부터 10월까지 8개월 동안 개인투자자 20만 4004명을 대상으로 투자 행태를 조사한 결과, 개인투자자는 연평균 1600%에 달하는 거래회전율을 보였다. 거래회전율은 주식을 사고파는 빈도를 보여 주는 지표로, 수치가 100%면 모든 주식이 한 번씩은 주주가 바뀌었다는 뜻이다. 즉, 거래회전율이 연평균 1600%였다는 것은 1년에 주식을 평균 16번 사고팔았다는 의미로, 단순 계산으로는 주식당 보유 기간이 20일 안팎에 불과했다.

또 한국거래소가 2024년 1월 2일부터 6월 13일까지 국내 주식 시장 거래에 대해 조사한 바에 따르면, 데이트레이딩은 전체 거래량의 58%, 거래대금의 48%를 차지했는데, 데이트레이딩 중 개인은 71.3%, 외국인은 17.8%, 기관은 10.2%였다. 요약해서 말하면 우리나라 주식투자자의 대부분은 투자자가 아니라 매매자, 즉 트레이더라고 할 수 있다.

돈을 벌기 위해서는 투자자와 트레이더 중 어느 길을 가야 할까? 결론부터 말하면, 실력이 있으면 어느 쪽이든 돈을 벌 수 있지만, 실력이 없으면 어느 쪽이든 돈을 잃는다. 가치투자로 수백억의 슈퍼개미가 된 배진한은 『투자를 잘한다는 것』이란 책에서 주식시장에서 단기 매매로 큰돈을 벌 수 있고, 실제로 단기투자로 큰 수익을 벌어들인 은둔 고수들도 다수 존재하지만 확률적으로 장기 투자자보다 그 수가 현저히 적다고 말한다. 그는 단기투자로 꾸준한 수익을 창출하기 위해서는 차트 분석에 능통, 치열한 실전 매매, 손실 이유의 분석과 개선 노력, 두려움과 조급함의 마인드 통제 등의 모든 노력을 포함해 최소 3년 이상의 전문적인 훈련이 필요하다고 말한다. 투자 경력 40년 이상의 금융 전문가 샤프슈터 박문환은 주식투자에 대한 기본적인 분석은 3년 정도를 투자하면 누구나 실력을 갖출 수 있지만 기술적 분석은 최소 10년 이상의 집중적인 시간 투자가 필요한 분야라고 말한다. 문제는 트레이딩은 빈번한 거래 때문에 실패 확률이 커 실력이 검증되기 전까지는 트레이더가 시장에서 더 빨리 탈락하는 경우가 많아 10년은커녕 3년도 살아남기 힘들다는 점이다.

　장기 투자는 거래가 많지 않아 실패 확률은 상대적으로 낮지만 그림에서 보는 것처럼 평탄한 길이 아니고 긴 여정에서 수많은 함정과 위험을 만나는 길이다. 그래서 도중에 포기할 수도 있고, 최악의 경우에는 처음부터 잘 모르고 잘못된 길에 들어서 오랫동안 고생만 하고 돈과 시간을 모두 잃는 투자가 될 위험성도 있다.

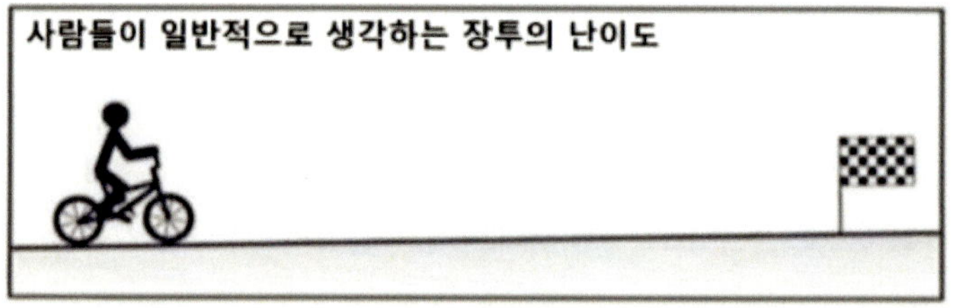

요컨대 투자자의 길도 트레이더의 길도 실력이 없는 투자자에게는 고난의 길이라는 것이다.

실력이 없는 투자자는 시간을 잃고, 실력이 없는 트레이더는 돈을 잃는다. 시간이 보이지 않는 비용이라는 점에서 투자자의 실패가 덜 심각해 보일 뿐, 본질적으로는 둘 다 실패다.

그래서 어떤 투자자들은 투자자만의 길도 아니고 트레이더의 길도 아닌 투자자와 트레이더의 장점만을 취하고 단점은 피하는 제3의 길을 찾기도 한다. 예를 들면 18년간 돈을 잃는 '주식 호구'를 하다가 '세븐 스플릿'이라는 투자법을 개발해 100억 부자가 된 박성현은 『평생 현금이 마르지 않는 투자법』에서 장기 투자 대신 장기적인 투자를 하라고 조언한다. 장기적인 투자는 장기간에 걸쳐 끊임없이 투자를 하는 것으로, 매월 일정한 금액으로 주식을 사는 적립식 투자나 리스크 관리가 가능한 소액으로 단기 트레이딩 훈련을 하는 방법 등이 있다. 그는 한번 사놓고 아예 신경을 끊어 버리는 장기 투자는 투자에 실패할 경우 돈뿐만 아니라 귀한 시간마저 잃고, 심지어 이 시간 동안 제대로 된 투자 경험도 쌓을 수 없으므로 투자 실력 역시 향상될 기회가 없다고 말한다. 적립식 투자나 단기 트레이딩 훈련을 통해 작은 경험이 쌓이고 실력이 늘면 그때 비로소 제대로 된 장기 투자를 할 수 있다. 이 말은 장기 투자와 장기적인 투자를 함께 해야 한다는 의미로, 이를 위해 투자계좌를 장기 투자용 계좌와 단기 트레이딩용 계좌로 분리해 운용하는 방법도 있다.

단기투자나 장기 투자 대신 중기투자를 하는 게 투자 성과를 올리는 데 보다 효과적이라고 주장하는 고수들도 있다. 래리 윌리엄스는 『좋은 주식은 때가 있다』라는 책에서 6개월에서 1년 정도 후에 수익을 내는 것을 목표로 삼는다면 단기투자나 장기 투자보다 훨씬 더 나은 수익을 올릴 수 있다면서, 투자에 성공하려면 올바른 투자 수단뿐 아니라 올바른 투자 기간에도 집중

35

해야 한다고 말한다.

서인석도 『7일 만에 끝내는 주식투자』에서 중기 투자는 단기 매매의 장점인 차트를 통한 리스크 관리와 장기 매매의 장점인 펀더멘털 분석에 의한 유망 종목 찾기를 겸비한 매매법으로, 단기 투자의 위험성과 장기 투자의 지루함을 어느 정도 보완하는 측면이 있기 때문에 개인투자자의 투자 성향을 고려할 때 가장 어울리는 투자 방법이라고 말한다.

요컨대 투자자냐, 트레이더냐, 혹은 장기 투자냐 단기투자냐의 이분법적 사고가 아니라 투자와 트레이딩, 장기와 단기투자를 유연하게 활용하는 전략이 실제 투자 성과를 올리는 데 유용하다는 것이다.

투자자의 길을 갈 것인가, 트레이더의 길을 갈 것인가, 투자와 트레이딩을 접목한 제3의 길을 갈 것인가. 어느 길을 가든 전문가가 되는 데 필요하다고 하는 1만 시간이 필요할 것이다. 이 기간 동안 돈을 잃지 않고 자신의 투자 목표와 투자 성향에 맞는 길을 선택해 1만 시간 이상 꾸준히 노력하는 투자자만이 경제적 자유라는 목표에 이를 수 있다.

전업투자가 좋을까요,
직장 다니며 하는 투자가 좋을까요?

주식투자를 한다면 전업으로 하는 게 좋을까? 직장을 다니며 하는 게 좋을까?

주식투자에 관심을 갖고 공부하고 실전에 뛰어들어 보면 공부해야 할 내용은 엄청나고 공부 외에도 신경 써야 할 것이 엄청나다는 것을 금방 깨닫게 된다. 이때 직장을 가진 사람이라면 고민할 때가 온다. 직장을 다니면서 할 것인가, 전업으로 할 것인가다.

먼저 투자 고수들의 조언부터 살펴보자.

세계 최고의 가치투자자 워런 버핏은 전업투자에 대해 어떤 견해를 갖고 있을까? 2008년 버크셔 해서웨이 주주총회에서 어느 참석자가 버핏에게 이렇게 질문했다. "30세 전업투자자가 18개월분 생활비를 확보한 상태에서 100만 달러를 투자한다면 어떻게 해야 할까요?"

이 질문에 버핏은 "나라면 모두 저비용 인덱스펀드에 묻어 두고 일터로 돌아가겠습니다."라고 답변했다. 버핏의 이 말은 전업투자로 생계를 걸기보다, 안정적인 직업 소득을 유지하면서 장기적인 시장 수익률을 추종하는 것이 훨씬 안전하고 현명한 길이라는 뜻이다.

제시 리버모어 이후 세계 최고의 트레이더로 인정받고 있는 마크 미너비니는 "시장에 전적으로 의존하면 심리적 압박 때문에 제대로 된 매매가 불가능해진다."라며 "충분한 자본과 일관된 성과가 없는 한 전업투자를 하지 말라."라고 조언한다. "직업을 그만두고 전업투자자가 되는 것은 마지막 단계"에서 해야 할 일이고, "전업투자를 하려면 생활비 3~5년 치 현금을 준비하라."라고 말한다.

프로 댄서로 일하면서 주식투자로 1950년대에 250만 달러라는 거금을 벌어들인 니콜라스 다비스도 전업투자를 강하게 반대한다. 그는 "전업투자는 위험하다. 하루 종일 시장을 보면 마음이 흔들리고 규칙을 깰 확률이 높아진다."라며 "만약 내가 시장을 계속 바라보고 있었다면, 나는 절대로 큰돈을 벌지 못했을 것이다."라고 말한다.

우리나라의 투자 고수들은 전업투자에 대해 어떻게 생각하고 있을까?

1000만 원으로 수백억 자산을 일구어 '전업투자의 전설'로 불리는 남석관은 『평생 부자로 사는 주식투자』라는 책에서 "생활비를 벌 실력도 없이 전업투자를 하는 일은 아무것도 모르고 창업하는 일과 똑같아 그 끝은 당연히 실패로 끝날 수밖에 없다."라고 말한다. "투자를 본업으로 삼으려면 충분한 준비가 필요하고 공부밖에 답이 없다."라면서 전업투자를 한다면 반드시 "1개 이상의 수익모형을 갖추라."라고 조언한다.

직장을 다니면서 5년 만에 30억 원을 벌고 그 경험을 담아 『나의 월급 독립 프로젝트』라는 책도 낸 테마주 투자 고수 유목민은 "직장을 다니면서 수익을 못 내는 사람이라면 전업투자를 한다 해도 수익을 낼 확률은 제로에 수렴한다."라면서 "직장 생활을 유지하면서도 월급의 최소 3배 이상을 매달 주식으로 버는 상황이 아니라면 전업투자는 생각조차 하지 말라."라고 말한다.

젊은 시절 2000만 원으로 전업투자를 시작해 2년 만에 1억이라는 돈을 날리고 깡통을 찼다가 단기투자로 이제는 큰 부자가 된 서희파더는 수익모델이 없는 상태에서 전업투자의 길로 뛰어드는 것은 나락으로 가는 지름길로 가장 경계해야 할 행동이라고 말한다. 전업으로 주식투자를 하기 위해 선행되어야 할 것은 생활의 안정이고 그러기 위해서는 직장을 갖고 트레이딩 기술을 연마해 투자할 것을 추천한다고 말한다.

요컨대 수익을 낼 수 있는 실력이 안 되면 전업투자를 해서는 안 된다는 건데, 가족의 생계비를 벌어야 하는 가장의 경우에는 생계비를 벌기 위해서는 수익률로 나타나는 실력뿐만 아니라 수익금이 생계비가 될 수 있을 정도의 투자 원금을 확보하는 것도 중요하다. 물론 수익금은 많으면 많을수록 좋겠지만 최저수준은 정해 놓을 필요가 있다. 월급을 받는 직장인이었다면 한 달 300만~400만 원 정도의 수익이면 충분하다고 생각하는 사람들도 있겠지만, 전업투자자는 4대 보험도 없고 이용가능한 복지비용도 없고 퇴직금도 없는 만큼 이러한 부분까지 고려한다면 한 달에 1000만 원 정도의 수익은 안정적으로 내야 제대로 된 전업투자라고 할 수 있다.

월 1000만 원이 지나친 기대라면 월 500만 원 정도로 기대 수익금을 낮추어 투자 원금이 얼마나 필요한지를 계산해 보자. 월 500만 원이면 연간 수입액은 6000만 원이고 수익률이 10%라면 필요한 투자 원금은 6000만 원/10% = 6억 원이다. 수익률은 1~2년 정도의 짧은 기간이 아니라 과거 10년, 최소 5년의 수익률 평균으로 계산해야 한다.

요컨대 6억 원 정도의 투자 원금과 안정적인 10%의 수익률을 올릴 수 있는 준비가 되어 있지 않으면 전업투자를 해서는 안 된다는 것이다. 이것은 또한 역으로 전업투자를 할 수밖에 없는 은퇴 이후를 대비해 6억 원 정도의 투자 원금과 안정적인 10%의 수익률을 올릴 수 있는 준비를 해야 한다는 이야기이기도 하다. 노후를 대비해 이 정도의 원금과 실력을 가진 전업투자자가 되는 것을 목표로 공부와 경험을 쌓으면서 투자 경력을 만들어가야 한다. 이 과정에서 자신에게 무엇이 부족한지를 부단히 점검하고 보완하는 노력을 해야 함은 물론이다.

'퀀트 투자의 전도사'로 30대의 나이에 경제적 자유를 달성한 강환국은 "은퇴자의 90% 이상은 30~40년 동안 '전업투자자'로 살아남아야 한다."라면서 "이제 투자는 투자에 관심 있는 사람의 취미가 아니라 노후 대비를 위해 필요한 핵심 능력이며, 선택이 아니라 생존이다."라고 말한다.

한국 투자가 좋을까요,
미국 투자가 좋을까요?

주식투자를 한다면 우리나라 주식에 투자하는 게 좋을까, 아니면 미국 주식에 투자하는 게 좋을까? 많은 투자자들이 한 번쯤은 고민하는 질문이다. 특히 최근 몇 년간 '서학개미'와 '동학개미'라는 단어가 일상어가 될 정도로 해외투자가 보편화되면서, 이 질문은 더 이상 일부 투자자만의 고민이 아니게 되었다. 결론부터 말하면 '무조건 미국'도 아니고 '무조건 한국'도 아니다. 언제, 무엇을, 어떻게 투자하느냐에 따라 답이 달라지기 때문이다. 먼저 시장 분위기를 보여 주는 기사 제목들부터 살펴보자.

- 「올해 투자 수익률 승자는… 서학개미 100% VS 동학개미 39%」,
  『파이낸셜뉴스』, 2024. 12. 25.

- 「미국 주식투자 수익률 한국 압도… "투자자 72% 수익 실현"」,
  『플래텀』, 2025. 01. 23.

- 「GDP 38%가 미국 주식에… 서학개미가 만든 '부자 한국'」,
  『조선일보』, 2025. 12. 10.

이 제목들만 보면 고민할 것도 없이 미국 주식에 투자하는 게 맞아 보인다. '국장 탈출은 지능순'이라는 말도 이해가 된다. 그런데 다시 다른 기사들을 보면 이야기가 달라진다.

- 「서학개미 '손실 20조' 입었다… '美 M7 주식' 몰빵 투자의 최후」,
  『뉴스핌』, 2025. 4. 3.
- 「"韓 주식 대호황기 찾아온다"… 中·日 파는 해외 큰손들」,
  『매경이코노미』, 2025. 7. 10.
- 「서학개미 실제 계좌 까 봤더니… 수익 겨우 이 정도? 절반이 손실계좌」,
  『문화일보』, 2025. 12. 20.

어라, 이번에는 한국 주식시장이 미국보다 나아 보이기도 한다. 결국 투자자는 혼란스러워진다. 같은 시기인데도 어떤 기사에서는 미국 투자가 정답처럼 보이고, 다른 기사에서는 미국 투자야말로 위험천만한 일처럼 묘사된다. 왜 이런 혼란이 생길까.

투자 성과는 어느 나라에 투자했느냐만으로 결정되지 않는다. 투자 성과는 어느 나라인가도 중요하지만, 언제 들어가서, 무엇을 샀고, 어떤 방식으로 운용했는가도 중요하다. 언제, 무엇을, 어떻게 투자하느냐에 따라 투자하기 좋은 나라도 달라진다.

첫째, 언제 투자하느냐에 따라 투자 성과가 크게 다르다. 글로벌 금융위기가 있었던 2000년대를 지나 2010년대부터 미국 주가지수에 투자한 사람은 역대 최장의 상승장에서 짭짤한 수익을 올렸을 것이다. 특히나 2023년과 2024년은 미국 주가지수 S&P500이 20% 이상의 연속 상승을 보인 최고의 강세장이었으니 수익도 두둑했을 것이다.

반면 이 시기에 한국에 투자했던 사람은 2020년 코로나 팬데믹 이후 반짝 급등했던 2020년을 제외하고는 코스피 주가지수가 2400에서 2800 사이를 오르락내리락하는 '박스피' 횡보장에서 거의 수익을 올리지 못했을 것이다. 특히 미국 S&P500이 20% 이상 올랐던 2024년에 코스피 주가지수는 9.6%나 하락해 '국장 탈출은 지능순'이라는 말이 현실임을 생생하게 입증하기도 했다.

그러나 2025년이 되면 상황이 급반전된다. 한국의 코스피지수는 2025년 '코스피 5000시대'를 내건 이재명 정부 등장 이후 급격히 올라 불가능하다고 생각되었던 5000을 뚫고 2026년에는 6000까지 넘어서 세계 최고의 수익률을 올리는 강세장을 보였다. 이제는 '국장 귀환이 지능순'이라는 말이 나올 정도로 한국 주식시장에 대한 평가가 크게 달라지고 있다. 투자국을 결정함에 있어 투자 시기가 매우 중요하다는 것을 말해 주는 사례들이다.

둘째, 무엇에 투자하느냐도 투자국을 결정하는 데 있어 중요한 요인이다. 앞에서 2010년대에 미국의 투자 성과가 아주 좋고 한국의 투자 성과가 형편없었던 것은 주식시장 전체를 포괄하는 주가지수로 투자했을 경우의 성과였다. 만약 미국 최고의 성장 기업인 테슬라나 엄청난 관심을 받았던 테마 ETF ARKK에 2022년 초에 '몰빵 투자' 했다면 어땠을까? 각각 65%, 60% 하락하는 참담한 결과를 받았을 것이다. 반대로 2024년 초에 한국의 변압기 제조업체인 현대일렉트릭이나 불닭볶음면으로 유명한 삼양식품에 투자했다면 어땠을까? 현대일렉트릭은 연초 9만 원에서 39만 원으로 4.3배, 삼양식품은 21만 원에서 76만 원으로 3.6배 오르는 대박을 맞았을 것이다.

개인투자자 박두환은 2023년 아무도 거들떠보지 않던 두산에 투자해 500억 원의 자산가가 되었다. 종목을 잘 선택했다면 한국에서도 엄청난 성과를 올릴 수 있고, 종목을 잘못 선택해 투자하면 미국 시장에서도 처참한 실패를 경험할 수 있다는 사실을 보여 주는 사례들이다.

셋째, 어떻게 투자하느냐(장기 투자 vs 단기투자)도 투자 국가(미국 vs 한국)를 결정하는 데 있어 매우 중요한 기준이 된다. 이는 단순한 선호의 문제가 아니라, 각 시장이 가진 구조적 특성의 차이에서 비롯된다. 장기 투자 관점에서 보면 미국 시장은 가장 이상적인 환경을 갖추고 있다. 주주 환원 문화가 정착되어 있고, 배당과 자사주 매입을 통해 기업 성과가 장기적으로 주가에 반영되는 구조다. 회계 투명성과 제도적 안정성도 높아 기업을 오래 보유할수록 불확실성이 줄어든다. 실제로 미국의 대표 지수와 우량 기업들은 장기간 우상향 흐름을 보여 왔고, 이 환경에서는 잦은 매매보다 좋은 기업을 오래 보유하는 전략이 합리적이다.

반면 한국 시장은 장기 투자에 상대적으로 불리하다. 지수는 장기간 박스권을 반복해 왔고, 기업 이익 성장과 주가 상승이 반드시 연결되지 않는 경우도 많다. 대주주 중심의 지배구조와 낮은 주주 환원, 정책·정치 변수의 빈번한 개입은 장기 보유의 불확실성을 키운다. 이 차이는 장기 투자자가 미국 시장을 선호하게 만드는 핵심 요인이다.

단기투자 관점에서는 평가가 달라진다. 단기투자는 기업의 본질보다 변동성, 정보의 속도, 수급과 심리가 중요하다. 이 기준에서 한국 시장은 매우 유리하다. 테마 순환이 빠르고, 정책·산업 이슈가 주가에 즉각 반영되며, 개인 투자자가 체감할 수 있는 정보 접근성도 높다. 특히 개인 주식 매매차익에 대한 세금 부담이 거의 없다는 점은 단기 매매의 세후 수익률을 크게 높여준다.

그래서 "워런 버핏이 한국에 태어났다면 단기투자를 했을 것"이라는 말이 회자되기도 한다. 이 표현은 과장이 섞여 있지만, 최소한 미국식 장기 투자 전략을 한국 시장에 그대로 적용하기는 어렵다는 문제의식은 담고 있다.

넷째, 지금까지 미국에 투자할 것이냐, 한국에 투자할 것이냐로 이야기를 해 왔지만 가장 좋은 방법은 미국과 한국에 함께 투자하는 것이다. 두 시장은 산업 구조와 성장 동력이 달라 서로 다른 성장 기회를 제공하고, 달러/원 환율 변동이 서로를 보완하며, 특정 국가의 규제·정책·경기 침체 같은 국별 리스크를 다른 시장이 자연스럽게 분산시켜 준다. 양국에 동시에 투자하는 전략은 성장성·안정성·환 헤지 효과를 모두 확보하는 보다 균형 잡힌 포트폴리오를 만든다는 점에서 어느 한 나라에 집중 투자하는 것보다 나은 성과를 기대할 수 있다.

이러한 국별 분산 투자는 미국을 넘어 중국으로까지 확대될 수 있다. 중국은 경제성장의 둔화와 미중 패권전쟁 격화의 영향으로 최근에는 과거에 비해 우리나라 투자자들의 관심사에서 조금 멀어졌지만 여전히 미국과 패권을 다투는 경제대국으로 투자 관점에서는 지속적으로 관심을 가져야 할 나라다. 서재형은 『평생 투자 첫걸음』이라는 책에서 현재 미국 주식시장이 잘나가고 있지만 이러한 미국 시장의 상승은 최근 15년 동안에 일어난 일로, 그마저도 모든 종목이 오른 것이 아니고 애플, 마이크로소프트, 테슬라, 메타 등 기술 기업 몇 개만 집중적으로 올라 전체 지수를 끌어올린 것인 만큼 지금은 꼭대기 근처에 있어 미국에 대한 집중 투자는 매우 위험하다고 말한다. 그래서 반드시 여러 나라에 투자하는 '글로벌 자산배분'이 필요한데, 서로 상관관계가 낮은 미국과 중국의 주식에 분산 투자 하면 자산배분의 이점인 변동성 제어와 안정적인 수익성 확보를 실현할 수 있다고 말한다.

7

주식투자법에는 어떤 것들이 있나요?

앞에서 주식투자 실패의 원인으로 자신만의 투자 원칙이나 투자법이 없다는 점을 지적했다. 자신만의 투자 원칙이나 투자법이 없는 것에는 투자법이 너무 많은 것에도 한 가지 원인이 있다. 수많은 투자법이 돈을 벌 수 있다고 유혹의 손길을 벌리는데 어떤 투자법이 자신에게 돈을 벌어다 줄지 공부하고 경험해 보지 않고서는 알기 어렵다. 그렇다고 그 수많은 투자법을 모두 공부하고 경험해 보기에는 돈도 시간도 부족한 것이 현실이다.

여기에서는 먼저 투자법에 어떤 것들이 있는지 대략 살펴보고, 다음에 이 책에서 다루고자 하는 투자법에 대해 간략히 그 핵심 내용과 특징을 살펴보기로 한다.

주식으로 돈을 벌 수 있는 투자법에는 먼저 자신이 직접 하느냐, 투자전문가에게 맡기느냐에 따라 직접 투자와 간접투자로 나눌 수 있다. 간접투자는 보통 펀드 형태로 이루어지는데, 펀드 투자는 다시 공모펀드 투자와 사모펀드 투자로 나누어진다.

직접 투자를 하는 경우는 투자 종목을 기준으로 보면, 개별 종목 투자법과 여러 종목을 모아 놓은 ETF 투자법이 있다. 개별 종목 투자법은 투자 종목의 특성에 따라 배당주, 가치주, 성장주, 테마주, 세력주 투자 등으로 구분할 수 있고, 투자 종목 수에 따라서는 집중 투자와 분산 투자로 구분할 수 있다.

여러 종목을 모아 놓은 ETF도 포괄 범위와 특성에 따라 지수 ETF, 섹터 ETF, 테마 ETF 등으로 구분되고, 포트폴리오에 주식 외에도 채권, 금, 달러 등 다른 자산이 포함되면 자산배분이라는 투자법으로 분류된다.

투자 기간을 기준으로 보면, 1년 이상의 장기 투자, 1개월~1년 정도의 중기투자, 1개월 미만의 단기투자로 구분할 수 있다. 여기서 단기투자는 다시 분초 단위로 매매하는 스캘핑, 하루 내에 매매를 끝내는 데이트레이딩, 그보다 조금 긴 스윙 트레이딩이 있다.

매매 방법을 기준으로 보면, 추세 매매와 역추세 매매, 몰빵 매매와 분할 매매, 돌파 매매와 눌림목 매매, 물타기와 불타기, 적립식 투자와 거치식 투자 등이 있다.

투자에 필요한 공부를 기준으로 보면, 기본적 분석과 기술적 분석, 정량 분석과 정성 분석, 탑다운 분석과 바텀업 분석, 매크로 투자와 정보 투자 등이 있다.

이러한 구분을 서로 조합하면 수백 가지의 투자법이 나올 것이다. 이 책에서는 이렇게 수많은 투자법 중에서 투자자들이 가장 관심을 많이 갖고 있는 대표적인 7가지 투자법, 즉 ETF 투자, 배당주 투자, 가치주 투자, 성장주 투자, 테마주 투자, 세력주 투자, 퀀트 투자라는 투자법에 대해 안내하고자 한다. 이들 투자법의 핵심 내용과 특징을 살펴보면 다음과 같다.

ETF 투자는 개별 종목을 일정 기준에 따라 모은 시장 전체 주가지수 또는 특정 산업이나 테마, 혹은 다양한 자산에 분산 투자 하는 방식으로, 투자는 해야겠다고 생각하지만 개별 종목 분석이 부담스럽거나 여러 자산에 분산 투자해 어떤 상황에서도 잃지 않고 싶다는 투자자에게 적합한 투자법 이다.

배당주 투자는 기업의 이익에서 나오는 배당의 크기나 성장을 기대하고 하는 투자로, 기대수익률은 높지 않지만 돈을 벌기보다 잃지 않는 것이 훨씬 더 중요하고 하락장이나 횡보장에서도 살아남을 수 있는 투자를 하고 싶고, 잃지 않는 투자로 장기복리를 통해 노후 대책을 마련하고 싶다는 투자자에게 적합한 투자법이다.

가치주 투자는 기업의 내재가치보다 싸게 거래되는 종목을 매수해서 적정가치에 도달했을 때 매도해 수익을 올리는 투자로, 기업의 내재가치를 파악할 수 있고 오랜 기간 기다릴 수 있는 인내심을 갖고 커다란 변동성을 견딜 수 있는 투자자에게 적합한 투자법이다.

성장주 투자는 기술혁신이나 수요의 폭증으로 매출이나 이익이 크게 성장하는 기업에 투자하는 것으로, 산업이나 기업의 성장에 비례한 높은 수익률을 기대하면서 그에 상응한 높은 변동성과 손실 가능성에 견딜 마인드와 자금이 있는 투자자에게 적합한 투자법이다.

테마주 투자는 사회적 이슈·정책·산업 트렌드 등 특정 테마에 따라 급등하는 종목에 투자하는 방식으로, 트레이딩을 통해 적은 시드머니로 단기간에 평균 시장수익률보다 훨씬 더 높은 수익을 올리겠다는 의지와 실력을 갖춘 투자자에게 적합한 투자법이다.

세력주 투자는 외국인이나 기관 투자자 혹은 작전세력 등 수급과 주가 흐름을 주도하는 특정 세력의 움직임을 포착해 수익을 올리는 투자로, 세력과 함께 매수해 세력보다 먼저 매도할 수 있는 안목과 스킬을 가진 투자자에게 적합한 투자법이다.

퀀트 투자는 감정적 판단과 정성적 요소를 배제하고 규칙과 백테스트를 통해 검증된 규칙과 데이터 기반의 정량적 투자법으로, 산업이나 기업에 대한 공부나 차트 분석이 어렵거나 공부할 시간이 없지만 투자 기업의 정량적 성과지표만은 신뢰할 수 있다고 생각하는 투자자에게 적합한 투자법이다.

이 중 나에게 맞는 투자법은 어떤 것일까?

이에 대한 대답은 자신의 투자 성향, 투자 환경, 투자 목표에 따라 달라질 것이다. 투자 성향, 투자 환경, 투자 목표는 스스로 진단해서 자신에게 맞는 투자법을 찾는 노력을 해야 한다. 자신에게 맞는 투자법을 찾는 것이 '돈을 잃지 않기' 위한 최소한의 조건이다.

자신에게 맞는 투자법을 찾은 후에도 다른 투자자와 차별화되는 자신만의 필살기를 찾아 부단히 공부하고 실전 경험을 축적해 가는 노력이 필요함은 두말할 필요가 없을 것이다. 그 노력의 최종적 목표는 경제적 자유다.

투자 수익률은
어느 정도를 목표로 하는 것이 좋을까요?

주식투자자들은 모두가 고수가 되고 싶어 한다. 그런데 고수가 어느 정도의 수익률을 올리고 있고 그 수익률을 올리기 위해 어느 정도의 공부와 훈련을 해야 하는지에 대해서는 잘 모르는 경우가 많다. 여기서는 투자 고수의 사례를 통해 보통의 투자자가 기대할 수 있는 수익률과 그 수익률을 올리기 위해 필요한 공부와 훈련에 대해 생각해 보기로 한다.

먼저 주식투자의 세계 최고수로 누구나 인정하고 있는 피터 린치가 46세의 나이로 은퇴하면서 말한 고백을 들어 보자.『피터 린치의 이기는 투자』에 나오는 이야기다.

1983년에 내가 운용하는 마젤란펀드가 투자하고 있는 종목은 450개였고 그해 가을에는 900개로 늘었다. 이는 내가 동료들에게 90초 이내로 900개의 이야기를 할 준비를 하고 있어야 한다는 의미이기도 했다. 그렇게 하기 위해 나는 각 기업이 갖고 있는 스토리를 알아야만 했다. 1987년 나는 마흔세 살이 되었다. 수많은 기업을 분석하고 파악하고 기억해야 하는 일은 이미 그때쯤 내 생활에 심각한 영향을 미치기 시작했

다. 나는 에콰도르의 국민총생산(GNP)에 해당하는 엄청난 돈을 운용했
다. 나는 거의 매주 토요일마다 책상 위에 히말라야 산맥처럼 쌓여 있는
보고서와 씨름해야 했다. 그러나 그 대가로 소중한 세 딸이 자라는 모습
을 곁에서 지켜볼 수 없었다. 매주 주말마다 아이들을 만나면 새로운 사
람을 소개받는 듯한 느낌이 들 정도였다. 아주 가끔 아이들을 데리고 극
장이나 피자 가게에 가는 경우에도 펀드 매니저의 관점에서 사물을 바
라봤다. 사지 말았어야 했다고 후회하는 주식 '피자 타임 시어터'와 사
지 못해서 후회하는 주식 '치치스'를 나에게 소개한 것도 아이들이었
다. 나는 아이들보다 금융 회사의 사람들과 더 많은 시간을 보냈다……
어느 순간 금융 회사의 사람들과 가족들의 이름이 헷갈리기 시작했다.
2000개 기업의 종목코드는 일일이 외우면서 정작 아이들의 생일은 잊
어버리는 일이 생겼다. 그 정도로 나는 일에 열중해 있었다.
1987년 10월에 있었던 블랙 먼데이의 주가 대폭락이 기억 속에 까마득
해지고 주식시장은 기분좋은 활황세를 이어가고 있던 1989년, 나는 아
내와 세 딸과 함께 나의 46번째 생일 파티를 하고 있었다. 생일 파티의
흥겨운 분위기에 푹 젖어 있다가 문득 내 아버지가 돌아가셨을 때 나이
가 46세였다는 생각이 떠올랐다. 자신의 나이가 부모님 살아생전의 나
이보다 더 많아졌다는 사실을 깨달으면 누구든 인생의 유한함을 느끼
게 된다. 이 세상 어떤 사람도 죽음이 임박했을 때 "사무실에 더 늦게까
지 남아 좀 더 열심히 일했어야 했는데……"라고 후회하는 사람은 없
을 것이다. 아이들이 이미 꽤 자랐으니 어렸을 때보다는 내 관심이 덜 필
요할 것이라고 생각하려 했지만 마음속 깊은 곳의 진실은 아이들이 자
랐으니 관심이 더 많이 필요하다는 사실을 알고 있었다. 1990년 나는 마
침내 회사를 그만둘 때라는 결심을 굳혔다.

이 세계 최고수가 올린 수익률은 13년간 연평균 29%였다.

다음에는 우리나라 투자 고수의 이야기를 들어 보자. 가치투자자 김현준이 『사요 마요』라는 책에서 하는 이야기다.

저는 20년간 주식투자만 했습니다. 입사 후 2년간은 밤 10시 이전에 퇴근해 본 적이 없습니다. 8시에 출근해 미팅준비를 하고 팀원들에게 종목 발표를 한 후 다음 기업을 공부합니다. 오후 3~4시쯤 나가 기업 탐방을 하고 회사로 돌아옵니다. 저녁을 먹고 기업 탐방한 내용을 정리하면 10시가 되죠. 브이아이피 투자자문을 다니던 4년간 미팅한 기업이 1000개 정도입니다. 1년에 평일이 250일쯤 되니 하루 1개 기업을 미팅하고 정리하고 발표한 셈입니다.

김현준이 올린 수익률은 12년 만에 963%, 연평균 복리 수익률로는 약 22%다.

20년간 증권사의 프랍 트레이더로 일했고, 주도주 투자로 한국에서 최고의 성과를 올린 김진은 『주도주 투자 수익의 정석』이라는 책에서 20년 동안 큰 수익을 냈던 해도 있고 수익을 거의 내지 못한 해도 있었지만 연평균으로는 15% 정도의 수익을 냈다고 말한다.

이들은 모두 전업투자자들이다. 365일 하루 종일 주식만 생각하며 공부하고 실전에 임하는 투자자들이다. 그런 그들이 올리는 수익률이 연평균 15~30%다.

그런데 직장을 다니는 보통의 투자자들은 어느 정도의 수익률을 기대하고 어느 정도의 공부와 훈련을 하고 있을까? 연평균이 아닌 월평균 10% 이상의 수익률을 기대하면서 공부와 훈련에는 하루 10%의 시간도 내지 않는 건 아닐까?

그렇다면 돈을 벌기는커녕 돈을 잃을 수밖에 없는 건 당연지사다.

여기서 주식 초보부터 고수까지의 개념을 수익률의 관점에서 다시 한번 정의해 보자.

투자에 성공한다는 것은 두말할 필요도 없이 안정적인 수익률을 올리는 것이라고 할 수 있다. 그런데 수익률에도 커다란 차이가 있는 만큼 수익률 수준에 따라 투자자를 다음과 같이 분류해 볼 수 있다.

- **투자 바보**: 투자 원칙과 투자법이 없고 돈을 벌겠다는 탐욕만이 있어 돈을 잃기만 하는 단계. 연평균 투자 수익률 -100~0%.
- **투자 초보**: 공부와 훈련을 통해 나름의 투자 원칙과 투자법을 갖고 리스크를 관리해 돈을 벌지는 못하지만 잃지는 않는 단계. 연평균 투자 수익률 0~5%.
- **투자 중수**: 보다 심화된 공부와 훈련을 통해 리스크를 관리하면서 독자의 투자법과 스킬을 통해 평균 시장수익률을 올리는 단계. 연평균 투자 수익률 5~10%.
- **투자 고수**: 독자의 투자법과 스킬을 심화시켜 시장 평균 이상의 수익률을 올리는 단계. 연평균 투자 수익률 10~15%.
- **투자 초고수**: 어떤 장세에서도 손실을 내지 않고 시장 평균을 훨씬 뛰어넘어 연평균 15% 이상의 수익률을 안정적으로 내는 단계. 투자 수익률 15% 이상.

이 중 보통의 투자자가 기대할 수 있는 수익률의 최대치는 연평균 수익률 10~15%의 고수 레벨이다. 투자 원금 1억 원을 연평균 수익률 10%의 복리로 운용했을 경우 10년 후, 20년 후, 30년 후의 원금은 2억 6000만 원, 6억

7000만 원, 17억 4000만 원이고, 15%의 복리로 운용했을 경우의 10년 후, 20년 후, 30년 후의 원금은 4억 원, 16억 4000만 원, 66억 2000만 원이다. 스스로 생각하는 경제적 자유의 목표를 달성하기 위해 어느 정도의 금액이 필요하고 그 달성을 위해 필요한 수익률과 복리 운용기간은 얼마인지를 계산해서 투자계획에 적어 보면 어떨까?

기간	연 10% 복리	연 15% 복리
10년 후	2억 5937만 4000원	4억 455만 6000원
20년 후	6억 7275만 원	16억 3665만 3000원
30년 후	17억 4494만 원	66억 2117만 6000원

주식투자 공부와 훈련은
어떻게 해야 하나요?

앞에서 주식투자의 성공을 위해 많은 공부와 훈련이 필요하다는 점을 강조했다. 그렇다면 구체적으로 주식투자를 위한 공부와 훈련은 어떻게 하면 좋은가? 주식투자 공부와 훈련 방법은 투자자의 길을 가느냐, 트레이더의 길을 가느냐에 따라 다르다. 또 전업으로 하느냐, 직장 다니며 하느냐에 따라서도 다르다.

먼저 투자 고수들의 조언부터 살펴보자.

투자자냐, 트레이더냐, 전업투자자냐, 직장인 투자자냐에 관계없이 투자 고수들이 공통적으로 강조하는 것이 있다. '돈을 벌기'보다 '돈을 잃지 않기'가 투자 공부에서 가장 중요하다는 것이다. 워런 버핏의 "제1원칙: 돈을 잃지 말라", "제2원칙: 제1원칙을 절대 잊지 말라"는 이미 너무 잘 알려져 있지만 이외에도 다음과 같은 투자 고수들의 말을 투자 공부의 첫 단계에서 마음 속에 새겨 두자.

- **제시 리버모어**: 자금관리 원칙 첫 번째, 절대로 돈을 잃지 말라.
- **벤저민 그레이엄**: 손실을 통제하지 못하면 수익도 통제할 수 없다.

- **켄 피셔**: 돈을 벌고 싶다면 먼저 잃지 말라.
- **하워드 막스**: 잃지 않는 자가 복리의 주인이다.
- **조지 소로스**: 시장에서 무엇보다 중요한 것은 살아남는 것이다. 대부분 그 기회가 오기 전에 시장에서 쫓겨난다.
- **마크 미너비니**: 나는 공격적으로 투자하거나 트레이딩하지만, 주된 사고 과정은 '얼마나 벌까?'가 아니라 '얼마나 잃을까?'로 시작된다.
- **에드 세이코타**: 좋은 트레이딩의 세 가지 요소는 손실을 줄이는 것, 손실을 줄이는 것, 그리고 또 손실을 줄이는 것이다.
- **나심 탈레브**: 먼저 살아남아라. 그러면 돈은 따라온다.
- **천창팅**: 언제나 원금보전이 먼저이고 수익창출은 그다음이어야 한다.
- **강방천**: 잃지 않는 투자가 최고의 수익이다.
- **윤제성**: 돈을 잃는 것보다 나쁜 것은 '더 많은 돈'을 잃는 것이다.
- **곽상준**: 주식은 먹는 게임이 아니라 안 깨지는 게임이다. 투자의 세계에서 가장 중요한 건 '어떻게 돈을 버는가'보다 '어떻게 하면 돈을 잃지 않는가'다.
- **김진**: 위기 상황에서 큰 손실만 보지 않는다면 수익은 항상 따라온다.

이처럼 '돈을 벌기'보다 '돈을 잃지 않기'의 중요성을 아는 것이 중요하지만, 더 중요한 것은 '돈을 잃지 않기'의 원칙이 머릿속 공부로만 끝나는 것이 아니라 실전 훈련을 통해 투자행동에 정착되어야 한다는 것이다. 돈을 잃게 만드는 시장 리스크, 기업 리스크, 전문가 리스크, 투자자 리스크가 무엇인지 정확히 알고, 그러한 리스크를 관리하기 위한 방법도 숙지해 실천에 옮겨야 한다. 이에 대해서는 다음 장에서 상세히 논의한다.

다음으로 투자에서 돈을 잃게 하는 가장 중요한 원인이자 돈을 벌 수 있는 가장 중요한 방법이기도 한 장세 판단에 대한 공부와 훈련이 필요하다.

2020년 코로나 팬데믹으로 인한 시장 폭락은 수많은 사람들을 깡통의 나락으로 떨어뜨렸지만 이때 폭락한 주식을 매수했던 투자자는 이후의 급등장세에서 엄청난 수익을 올릴 수 있었다. 장세를 어떻게 판단하고 어떻게 대응하느냐에 따라 '깡통 파산'이 될 수도, '경제적 자유'를 이룰 수도 있는데 이에 대해서는 3장에서 상세히 논의하기로 한다.

리스크 관리와 장세 판단의 기본 공부와 훈련을 하고 난 후에는 자신에게 맞는 투자법을 찾아야 한다. 투자법은 다양하지만 이 책에서는 7가지 투자법을 제시하고 있다. 각각의 투자법의 특징과 장점, 종목 선정과 매수·매도 방법, 기대수익률, 문제점과 주의할 점, 투자법의 미래 전망, 투자 고수들의 필살기, 투자 공부와 훈련법에 대해 알고 실천하면 앞서 말한 연평균 투자 수익률 10~15%의 투자 고수의 레벨로 올라갈 수 있을 것이다.

마지막으로 투자 일지 혹은 매매 일지를 쓰면서 자신의 투자행동을 반성하고 개선된 내용을 미래의 투자계획에 반영하는 노력이 중요하다. 투자 일지나 매매 일지를 쓰는 것은 자신을 객관화시켜 파악하는 메타인지를 높이는 활동인데, 이 메타인지는 투자 실력의 향상에 매우 중요한 역할을 한다.

성필규도 『돈을 이기는 법』에서 투자 공부에 가장 좋은 것은 복기라고 말한다. 시장이 움직인 궤적을 다시 살피고 자신의 판단과 행동이 올바른지 재검토하는 것은 어떤 주식 책을 읽는 것보다 큰 자양분이 되고, 주식시장 최고수들의 글 100개를 읽는 것보다 자신의 매매에 대한 진정 처절하고도 냉정한 복기를 백번 하는 사람이 훨씬 발전이 빠르리라 믿는다고 말한다.

그런데 연평균 투자 수익률 10~15%의 투자 고수의 레벨에 이르기 위해서는 어느 정도의 공부와 훈련이 필요할까? 직장인과 전업투자자의 상황이 크게 다르고, 투자법별로도 필요로 하는 시간이 다를 수 있다. 금융 전문가에게 돈을 맡겼다가 전혀 수익을 올리지 못해 스스로 투자의 길로 뛰어들어 세계 주식 최고수 레이 달리오 투자법을 연구해 만든 올웨더 투자법으로 성공한 김단테는 그가 쓴 『절대수익 투자법칙』에서 다음과 같은 질문을 하고 있다.

"아주 빠른 속도로 요리를 배워서 5성급 호텔 주방장이 될 수 있을까?"
"아주 빠른 속도로 의술을 배워서 외과수술을 할 수 있을까?"
"아주 빠른 속도로 컴퓨터 언어를 배워서 운영체제를 만들 수 있을까?"
"아주 빠른 속도로 축구를 배워서 프로선수가 될 수 있을까?"

그러면서 일주일에 투자를 위해 1시간을 쓰고 있다면 거꾸로 이렇게 생각해 보라고 말한다.

일주일에 1시간을 투자해 카페를 창업하고 운영하면 성공할 수 있을까?

한 달 300만~400만 원 받는 직장에 들어가기 위해서도 거의 20년을 투자해야 하는데 주식투자로 1년 만에 연봉 이상의 돈을 벌려고 하면 그게 이상하지 않은가?

투자 고수가 되는 것의 어려움을 말해 주는 것이기도 하고 조급해서는 안 된다는 말이기도 하다.

투자 고수가 되는 데 필요한 시간을 알고 싶다면 소아과 의사로 재직하면서 투자자로도 성공한 성현우가 저서 『개미 5년, 세후 55억』에서 밝힌 내용을 참고할 수 있다. 그는 호가창과 차트 주식 관련 뉴스 검색, 독서 등을 모두 더해 5년간 하루 8시간 정도씩 공부했는데, 이를 계산하면 1만 4400시간이 넘는다고 한다. 스스로 매매가 좀 늘었다고 느낀 시점은 4년 차인데 시간으로 보면 대략 주식 공부를 한 지 1만 시간이 조금 넘은 때라고 한다. 1만 시간의 법칙이 주식투자에도 비슷하게 적용되고 있는 것이다.

그런데 systrader79는 투자 실력은 투입한 시간과 절대 비례하지 않는다면서 다음과 같이 말한다.

투자 실력은 결코 내가 얼마나 많은 주식 책을 섭렵했는지, 얼마나 많은 주식 유튜버를 구독하고 있는지, 얼마나 열심히 경제를 분석하는지와 전혀 상관이 없습니다. 투자 실력은 나 자신의 트레이딩을 매일 복기하면서, 수익이 났으면 왜 났고, 손실이 났으면 왜 났고, 장기적으로 수익이 안 난다면 그 원인이 무엇인지를 극도로 꼼꼼하게 따지고 스스로 원인을 분석하고 하나씩 뜯어고치는 과정에 의해서만 향상이 됩니다.

이 과정을 정석대로 그대로 따라 하면 불과 1년 만에도 자신만의 트레이딩 원칙을 가지고 안정적인 수익을 올리는 투자자로 거듭나지만, 그렇지 않고 단순히 지식을 습득하는 데만 취해서 만족하고 정작 스스로의 문제점을 진단하고 뜯어고치는 노력을 하지 않는다면 10년이 아니라 100년이 지나도 손실을 낼 수밖에 없습니다.

그런데 의외로 절대 다수의 트레이더들은 자신의 매매를 복기하지도 않고 뭐가 잘못되었는지 생각도 안 하고, 그냥 기계적으로 영혼도 없이 한 달 전에도 손실, 어제도 손실, 오늘도 손실을 봤으면서 내일은 막연히 뭐가 달라질 거라고 똑같은 실수만 수년 동안 반복합니다.

경제적 자유를 실현하는 주식 고수가 되기 위해서는 단순히 주식 관련 책만 열심히 읽는 투자자가 아니라 독서한 내용을 실전을 통해 검증하고 매매를 복기하고 문제점을 개선해 나가는 치열하고 부단한 노력이 필요하다는 것이다.

아울러 투자 공부와 문제점 개선을 도와주는 투자멘토로 엄청난 지식과 지혜로 무장한 챗GPT도 적극 활용할 필요가 있다. 챗GPT는 투자 공부에 필요한 시간을 대폭 절약해 준다. 과거라면 책을 뒤지고 인터넷을 검색해 어렵게 모으고 정리했던 정보와 지식을 질문 하나로 바로 얻을 수 있기 때문이다. 단, 투자 성과로 이어지는 높은 수준의 지식을 얻기 위해서는 질문 수준도 높아야 한다. 그리고 질문 수준을 높이기 위해서는 투자자 자신이 평소 공부와 실전 경험을 통해 질문 실력을 길러야 한다. 이에 대해서는 투자 고수 강환국이 쓴 『주식투자, 강환국이 묻고 GPT가 답하다』라는 책이 많은 도움이 되므로 참고하면 좋다.

주식투자법의 선택에 도움이 되는 책과 사이트, 유튜브

여기에서는 주식투자에 도움이 되는 책과 사이트, 유튜브를 살펴본다. 주식투자에 도움이 되는 책이라고 하면 보통 투자 선진국인 미국의 투자 대가들이 쓴 책을 추천하지만 여기에서는 그런 책들은 1장에서만 투자법의 선택에 도움이 되는 책들로만 10권을 추천하고, 모든 장에서 한국의 투자 고수들이 쓴 책만을 추천한다.

그렇게 하는 이유는 미국 투자 대가들이 쓴 책은 이미 다른 책들에서 충분히 소개되어 있는 데 반해 한국 투자 고수들이 쓴 책들은 미국보다 훨씬 어려운 환경에서 처절한 고민을 통해 나온 책들이 많음에도 불구하고 과소평가되는 경향이 있어 이 책에서만이라도 정당한 평가를 받았으면 하는 바람에서다.

한국 투자 고수들의 책은 물론 책에 따라 상당한 편차가 있기는 하지만 미국의 투자 대가들 못지않은 깊이와 통찰을 보여 주는 책들도 적지 않다. 특히 한국 투자 고수들의 책은 투자 선진국인 미국의 이론과 경험에 더해 투자 후진국인 한국의 특수한 투자 환경에 대한 고민을 더한 이론과 경험이기 때문에 우리나라 투자자들에게는 보다 더 현실적이고 유용한 책이 될 수 있다.

추천하는 책 중에는 꽤 오래전에 출판되어 절판된 책도 있다. 그런 책들은 근처 공립도서관에서 빌려 보거나 인터넷 서점에서 저렴한 가격으로 중고책을 사서 보면 된다. 오래전에 나온 책이라고 가치가 떨어지는 건 아니다. 피터 린치의 『전설로 떠나는 월가의 영웅』은 초판본이 1989년에 나왔는데 지금도 투자자라면 누구나 읽어야 할 불멸의 고전이 아닌가?

도서관에서 책을 빌려 보는 것도 투자 공부에 많은 도움이 된다. 빌린 책은 대출 기한이 있기 때문에 조금이라도 읽어 보게 되고, 인기가 많은 신간의 경우에는 대출이 쉽지 않은데 이를 통해 투자자들의 관심이 어디에 있는지 추측해 보는 것은 의미도 있고 재미도 있는 일이다. 또 공립도서관은 매월 희망 도서를 일정 한도 내에서 구입해 주는 서비스도 하고 있는 경우도 많으니 활용하면 좋을 것이다.

1장에서 추천하는 해외 저자의 책의 선정 기준은 첫째는 투자법의 선택에 도움이 되는 책이고, 둘째는 가장 많은 사람들이 추천한 책이다. 20세기 최고의 경제학자이자 성공한 주식투자자였던 존 메이너드 케인스는 '주식시장은 미인 투표'라는 말을 남겼다. 미인 투표는 참가자들이 '내가 미인이라고 생각하는 얼굴'이 아니라, '다수의 다른 참가자들이 미인이라고 생각하는 얼굴'을 고르는 게임으로, 해외 저자의 책 선정에도 이런 기준을 적용해 투자자용과 트레이더용으로 나누어 각각 5권씩 10권을 소개했다. 그러나 한국 저자의 책은 미인이라고 생각하는 사람들이 많지 않아 필자가 미인이라고 생각하는 책들을 추천 도서로 소개했다.

그리고 사이트는 각 장의 투자법 관련 유용한 정보를 제공하는 사이트를 소개했고, 유튜브는 전문성과 진정성을 함께 갖추었다고 생각되는 채널만 최소한으로 소개했다.

투자자용

피터 린치·존 로스차일드, 전설로 떠나는 월가의 영웅(국일증권경제연구소, 2021)

주식투자자라면 반드시 한 번은 읽어야 할 불멸의 고전이다. 이 책의 저자 피터 린치는 1977~1990년 피델리티의 마젤란 펀드를 운용하며 연평균 약 29%의 수익률을 기록, 소형주와 성장가치주 투자의 대가로 '월가의 영웅이자 전설'이 되었다. 저자는 "자신이 이해할 수 있는 기업에 투자하라."라는 원칙을 바탕으로, 저성장주, 대형우량주, 고성장주, 경기순환주, 회생주, 자산주 등 다양한 유형의 기업들에 대한 투자법을 실제 사례 중심으로 설명한다.

버턴 말킬,『랜덤워크 투자수업』(골든어페어, 2023)

벤저민 프랭클린의 지혜, 밀턴 프리드먼의 이론, 워런 버핏의 경험을 모두 갖춘 인물에게서 듣는 일반 투자자를 위한 최고의 책. 최신 정보를 반영해 13번 개정하며 철저히 검증되고 50년간 200만 독자가 인정한 주식투자·자산관리 분야 기본서로 전문가 부럽지 않은 투자 감각을 길러 주는 위대한 투자 지침서. 이 정도의 소개말이면 반드시 읽어 봐야 하지 않을까?

애스워드 다모다란,『다모다란의 투자 전략 바이블』(에프엔미디어, 2021)

"모든 투자 전략을 의심하고 검증하라!" 이 책은 우리가 철석같이 믿고 있는 '투자의 정석'이 '독'을 품고 있다면서 가치주 투자, 배당주 투자, 우량주 투자, 성장주 투자, 역발상 투자, 모멘텀 투자 등 각 투자 전략이 언제 강점을

발휘하고 언제 한계를 드러내는지를 이론과 데이터와 사례를 통해 설명한
다. 이러한 논의를 바탕으로 책 마지막 장에서는 여러 투자 전략에 광범위하
게 적용할 수 있는 열 가지 교훈을 제시한다.

리처드 번스타인, 『순환 장세의 주도주를 잡아라』(에프엔미디어, 2018)

이 책은 가치주와 성장주, 대형주와 소형주 등 다양한 투자스타일들이 어
떤 때 강세를 보이고 어떤 때 약세를 보이는지 데이터를 통해 보여 준다. 이
책을 번역한 홍춘욱은 주식시장의 각 스타일들이 왜 시기에 따라 다른 성
과를 내는지 이론적으로 설명한 부분은 투자자들에게 무엇과도 바꿀 수 없
는 선물이 되리라고 말한다. 홍춘욱은 또 번역서의 각 장 말미에 책 내용을
한국에 적용했을 경우의 「홍춘욱의 Special Tip」을 제공해 한국 주식시장에
대한 이해와 투자에 많은 도움을 주고 있다.

제임스 오쇼너시, 『월가의 퀀트 투자 바이블』(에프엔미디어, 2021)

이 책은 수십 년에 걸친 방대한 시장 데이터를 바탕으로, 가치주 투자, 성
장주 투자, 모멘텀 투자, 소형주 투자 등 다양한 투자 전략이 어떤 조건에서
성과를 내고 어떤 국면에서 실패하는지를 실증적으로 분석한 책. 퀀트 투자
의 석학이자 최고 투자전문가인 서울대 문병로 교수가 번역서 추천사에서
지금까지 출간된 모든 계량적 분석 서적 중에서 단 한 권의 주식투자 책을
꼽으라면 이 책이라고 하면서 '계량 투자의 바이블'이라고 극찬한 책이다.

트레이더용

제시 리버모어, 『제시 리버모어의 주식투자 바이블』(이레미디어, 2023)

15세에 5달러로 주식투자를 시작해 몇 차례의 파산을 겪으면서도 22만 % 라는 전무후무한 경이적 수익률로 현재가치로 20억 달러를 벌어들인 월스트리트 역사상 가장 위대한 개인투자자이지만 결국은 권총 자살로 생을 마감해 파란만장한 인생을 산 제시 리버모어의 주식 매매법을 생생하게 알려주는 책. 피라미딩 전략과 자금관리 원칙 등 그가 스스로 깨우쳐 만든 독자적 투자법은 물론 주식시장과 인간의 본성에 대한 깊이 있는 통찰로 '트레이더의 바이블'로 불린다.

잭 슈웨거, 『시장의 마법사들』(이레미디어, 2017)

전설적인 주식 트레이더들과의 심층 인터뷰를 통해 성공한 각 트레이더들이 어떻게 시장을 분석하고, 어떤 기준으로 매수·매도를 결정했고, 어떻게 손실을 통제했는지를 알려 주는 책. 수십 년간 시장을 이겨 온 트레이더들의 공통된 성공 요인은 확률이 유리할 때만 과감히 베팅하고, 틀렸다면 신속하게 물러나고, '손실은 짧게, 수익은 길게' 가져가는 것이다.

윌리엄 오닐, 『최고의 주식 최적의 타이밍』(굿모닝북스, 2012)

CANSLIM이라는 실전투자기법을 만들어 1년 만에 5000달러의 투자 원금을 20만 달러로 키운 월가 최고의 투자 전략가가 쓴 성장주 투자의 바이블. 이 책은 차트 패턴과 거래량, 기업 실적이라는 세 가지 축을 결합해 '언제 진입하고 언제 비중을 늘리며 언제 손절할 것인가'를 구체적으로 제시함으로써, 트레이더가 감이 아닌 검증된 규칙에 따라 일관된 매매 전략을 실행하는데 큰 도움을 준다.

마크 미너비니, 『초수익 성장주 투자』(이레미디어, 2023)

중학교도 졸업하지 못한 학력으로 독학으로 공부해 1990년대에 5년 동안 연 복리 220%라는 전설적인 수익률을 달성했고 34세에 백만장자가 된 현존하는 세계 최고의 트레이더가 쓴 성장주 투자의 교과서. 투자에서 가장 중요한 리스크 관리, 저자의 필살기인 세파전략, 초점을 맞춰야 할 펀더멘털, 주도주 찾는 법 등 성장주 투자에 필요한 모든 내용이 망라되어 있다. 저자가 쓴 다른 책 『챔피언처럼 생각하고 거래하라』와 함께 읽어 보면 '투자의 챔피언'으로 가는 길이 더 빨라질 수 있다.

앤드루 아지즈, 『도박꾼이 아니라 트레이더가 되어라』(해의시간, 2022)

트레이딩 중에서도 데이트레이딩에 초점을 맞추어 효과적인 리스크와 계좌관리, 종목 선정 방법, 매수·매도 방법을 알려 주는 책. 저자는 데이트레이딩은 가혹한 학습과정을 요구하는 사업으로 사업계획서와 거래 계획도 쓰라면서 꾸준히 수익을 내는 데이트레이더가 되기 위한 7가지 핵심 단계와 10가지 규칙을 제시한다. 당신은 요행만 바라는 '도박꾼'이 될 것인가, 아니면 이 책을 읽고 전략적인 거래를 하는 '트레이더'가 될 것인가.

투자법을 알려 주는 10권의 국내 책

윤재수, 『주식투자 무작정 따라 하기』(길벗, 2023)

100만 명 이상의 왕초보 투자자가 선택한 검증된 주식투자 입문서로, 주식투자를 할 때 반드시 알아야 할 기본 개념부터 기본적 분석과 기술적 분석, 종목과 매매 시점 선정법, 배당·장단기·선물옵션 투자까지 투자 관련 내용을 빠짐없이 알기 쉽게 설명해 준다. 저자가 쓴 다른 책『돈이 보이는 주식의 역사』와 함께 읽으면, 투자의 실전 기술과 시장의 흐름을 동시에 이해할 수 있어 효율적인 주식투자 공부가 될 수 있다.

이정윤, 『주식투자 핵심수업』(이레미디어, 2025)

키움증권 실전 투자대회 4년 연속 수상, 샘표식품 9% 지분 공시 등 누구나 인정할 만한 성과로 실력을 입증한 슈퍼개미 이정윤 세무사에게 배우는 『슈퍼개미의 왕초보 주식수업』2025년 개정증보판이다. 이번 개정판에서 저자의 기존의 핵심 무기인 정보 분석, 차트 분석, 가치 분석의 '삼박자 투자법'은 물론, 제약바이오, AI, 로봇, 의료기기 등 시장을 주도할 '주요 섹터의 투자 전략'과 '실전 투자기법 8테크'까지 초보 투자자가 고수가 되기 위해 꼭 알아야 할 핵심 지식을 모두 담았다. 저자는 누구에게 배우느냐가 수익률을 결정한다고 말한다.

사경인·이지영, 『사경인의 친절한 투자과외』(페이지2북스, 2021)

완전 초보이지만 가장 사랑하는 아내에게 알려 주는 주식투자 방법이라면 믿어 볼 수 있지 않을까? 이 책은 회계와 투자 분야 1타 강사로 유명한 사경인 회계사가 아내와 함께 진행한 투자과외다. 복리, 기하평균, ETF, 자산배분, 레버리지 등 주식투자에 필요한 기본 사항부터 상당히 수준 높은 내용까지 이만큼 친절하고 알기 쉽게 쓴 책은 보기 드물다. 그가 쓴『재무제표 모르면 주식투자 절대로 하지 마라』도 꼭 읽어 봐야 할 책이다.

여신욱, 『운을 극복하는 주식 공부』(체인지업, 2021)

가치투자로 성공해 36세에 은퇴한 투자 고수가 주식 바보에서 주식 초보로 거듭나는 방법을 알려 주는 책. 배당주, 성장주, 회생주, 자산주 등의 종목 선정 방법과 매수·매도 방법 및 함정에 대해서도 알려 준다. 주식투자 실력을 가장 빠르게 늘리는 방법, 공부할 시간이 없는 사람들을 위한 주식투자법도 시간이 부족한 투자자들에게 크게 도움이 되는 내용들이다.

박시동, 『코스피 10000 NEXT LEVEL』(지와인, 2026)

'코스피 10000 시대'를 앞두고 승자가 되기 위한 투자의 마인드셋, 종목 선택, 매수·매도, 섹터별 투자 전략에 이르기까지 실전투자 비법을 알려 주는 책. 저자는 '설명 천재'라는 별명답게 어려운 주제를 왕초보도 이해할 수 있게 설명해 준다. 책에는 코스피 1만이 정말 가능한가, 가능하다면 왜 가능한지 그 이유를 10가지로 상세히 설명하고 있다.

차영주, 『직장인의 은퇴 없는 실전 주식투자』(새빛, 2020)

시간에 쫓기는 직장인 투자자들에게 맞는 투자 방법과 투자 공부법을 알려 주는 책. 직장인이 피해야 할 매매로 데이트레이딩, 테마주 매매, 정보 매매, 신용 매매를 지적하고 있는 것도 귀담아들어야 할 말이다. 비슷한 문제의식으로 그가 쓴 다른 책 『터틀 트레이딩』, 『주식투자 필독서 40』도 함께 읽어 보면 좋다.

최한철, 『월가아재의 제2라운드 투자수업』(에프엔미디어, 2023)

월스트리트에서 산전수전 겪은 투자 고수 '월가아재' 최한철이 '주식의 쓴 맛'을 경험한 투자자를 위해 쓴 제2라운드 투자 지침서. 지수 추종, 가치투자, 차트 트레이딩, 퀀트 투자와 알고리즘 매매 등 5가지 투자 전략의 허와 실을 알려 준다. 그는 투자 공부의 시작은 차트 매매나 퀀트 기법이 아니라 기본적인 회계지식과 가치 평가 공부가 되어야 한다고 말한다. 기본적인 회

주식투자법 100문 100답

계지식과 가치평가를 통해 쌓는 지식이 투자철학과 투자 전략의 기본기가
되기 때문이라고 한다.

정광옥, 『주식투자 마법의 공식』(이레미디어, 2010)

이 책은 수많은 정보와 투자 방법의 바다에서 허우적거리고 있는 보통의
투자자에게 진정 도움이 되는 전략이 무엇인지를 찾아보는 책이다. 이를 위
해 수많은 투자 대가들의 시장을 이기는 전략들을 객관적으로 분석하고 그
적용 가능성을 검토한 후, 보통의 투자자가 상위 1%가 될 수 있는 '마법의
공식'이 무엇인지 알려 준다. 꽤 오래전에 나온 책이지만 현재의 상황에도 그
대로 적용되는 알찬 내용들을 탄탄한 논리로 알기 쉽게 설명해 주는 주식
원론과 같은 책이다. 이 책을 읽고 퀀트 투자 추천 도서에서 언급하는 박상
우의 『주식시장을 이긴 전략들』을 읽어 보면 더 깊은 공부가 된다.

김석민, 『주식유치원에서 배우는 해외주식 기초수업』(책밥, 2023)

해외주식투자의 기본과 개별 종목 및 ETF 실전투자 전략까지 해외주식투
자의 A to Z를 알려 주는 책. 해외주식투자 관련 꼭 알아야 할 사항이 아주
잘 정리되어 있다. 특히 해외주식 개별 종목 및 ETF 투자 시 알아 두면 좋
은 사이트를 잘 소개하고 있어 실전투자에 크게 도움이 된다. 같은 저자가
쓴 『주식유치원에서 배우는 주식투자 기초수업』과 함께 읽으면 투자의 기초
를 단단히 다질 수 있다.

이석근, 『하루 10분 미국 주식, 월급보다 더 번다』(알에이치코리아, 2022)

책 제목이 너무 가벼워 보여 내용도 가볍지 않을까 생각되지만 실제로는
미국의 가치주, 성장주, 배당주, 모멘텀, ETF, 자산배분 투자에 필요한 모든
정보를 담고 있다. 「야후파이넌스닷컴」에서 기업 정보 살펴보기」, 「핀비즈닷

컴'에서 투자 지표로 투자 종목 찾아보기」, 「'이티에프닷컴'에서 ETF 정보 찾아보기」, 「'포트폴리오비주얼라이저닷컴'으로 백테스트하기」 등의 내용도 실전투자에 도움이 많이 된다.

투자에 도움이 되는 사이트와 유튜브

네이버 증권(finance.naver.com)

주식투자에 필요한 모든 정보가 집결되어 있는 곳으로 '국내증시', '해외증시', '시장지표', '뉴스'로 구성되어 있다. 구체적인 사용법은 알렉스 강이 쓴 『주식 고수들만 아는 네이버 증권 200% 활용법』을 참고하면 좋다. 이 책의 저자는 투자자들이 '네이버 증권'이 제공하는 서비스를 10%도 채 사용하지 못하고 있다고 하면서 "기본적 분석, 기술적 분석, 심리적 분석까지 '네이버 증권'이면 충분하다!"라고 말한다.

금융감독원 전자공시시스템(dart.fss.or.kr)

일명 다트(DART)라고 불리는 전자공시시스템은 기업의 재무제표, 공시보고서, 주요 공시변경 등을 실시간으로 제공해 투자자가 회사의 재무건전성·사업현황·위험요인을 객관적 자료로 확인하도록 돕는 핵심 정보 플랫폼이다. 구체적인 사용법은 장우진의 『전자공시 모르면 주식투자 절대로 하지마라』를 참고하면 좋다.

한경컨센서스(consensus.hankyung.com)

증권사 애널리스트들의 실적 전망과 리포트를 한곳에 모아 제공해 투자자가 기업의 미래 실적, 목표주가, 산업 전망을 객관적 컨센서스 기반으로 파악할 수 있게 돕는 서비스다. 구체적인 사용법은 김대욱의 『주식 고수들만 아는 애널리스트 리포트 200% 활용법』을 참고하면 좋다.

컴퍼니가이드(comp.fnguide.com)

국내 상장기업의 지분구조, 재무제표, 실적발표, 컨센서스, 리포트 정보를 제공하고 한눈에 파악하기 좋도록 요약 페이지도 제공하고 있어 종목 분석과 투자 판단에 매우 유용한 사이트다. 박용제가 쓴 『수익률의 새빨간 거짓말』이라는 책에 '컴퍼니가이드'를 이용해 「8할 승부를 약속하는 종목 발굴법」이 상세히 소개되어 있으니 참고하면 좋다.

야후파이낸스닷컴(finance.yahoo.com)

전 세계 주식·ETF·채권·환율·암호화폐 등 다양한 금융자산의 데이터를 통합 제공하는 글로벌 투자정보 플랫폼으로, 핵심 서비스로는 종목 시세 및 차트 분석, 재무제표와 밸류에이션 지표, 애널리스트 리포트 요약, 최신 뉴스 및 기업 공시, 포트폴리오 관리 도구, 경제 캘린더 등이 있다. 경제 지표

관련 자료들도 제공하고 있어 거시경제 상황 판단에 필요한 자료를 찾는 데도 자주 활용되는 사이트.

핀비즈(finviz.com)

미국 주식시장의 방대한 데이터를 시각적으로 요약해 주는 사이트로, 실시간 시세·차트·재무지표·뉴스를 제공하며, 강력한 스크리너 기능을 통해 배당주, 가치주, 성장주, 모멘텀 등 다양한 기준으로 종목을 필터링해 투자 아이디어를 발굴할 수 있는 서비스다. 특성별 종목 발굴의 구체적 사례는 이석근의 『하루 10분 미국 주식, 월급보다 더 번다』를 참고하면 좋다.

구글 파이낸스(google.com/finance)

실시간 주가, 거래량, 재무제표, 기업 뉴스 등 투자에 필요한 핵심 정보를 한 화면에서 간단하게 확인할 수 있는 플랫폼이다. 특히 기간별 수익률을 시각적으로 보여 주는 차트 기능이 뛰어나며, 사용자가 선택한 종목을 S&P500·나스닥·코스피 같은 대표 지수나 경쟁 종목과 직관적으로 비교할 수 있다는 점이 큰 장점이다.

강환국, 구루의 투자법(shindonga.donga.com/Series?p=1&c=990356)

『신동아』 2022년 4월호부터 2024년 3월까지 2년간 연재된 투자 구루들의 투자법을 소개한 글 모음. 투자 구루들의 투자법을 한국에 적용했을 경우의 성과에 대해서도 알려 준다.

부자회사원(youtube.com/@부자회사원)

투자 고수들의 책에 담긴 주식투자의 지혜와 핵심 메시지를 정리해 쉽게 알려 주고, 실전투자에도 적용해 투자 노하우를 알려 주는 채널로 최근에는

주식투자법 100문 100답

인베스터보다는 트레이더 중심의 책을 소개하고 있다.

라이크북 TV-주식 책 읽어 주는 남자(youtube.com/@likebook300)

투자 고수들의 책에 담긴 내용의 중요한 부분과 핵심 메시지를 편안하게 들려주는 채널로 인베스터와 트레이더를 균형 있게 다루고 있다.

2장

주식투자 리스크 관리
어떻게 해야 하나요?

리스크 관리가 무엇이고
왜 중요한가요?

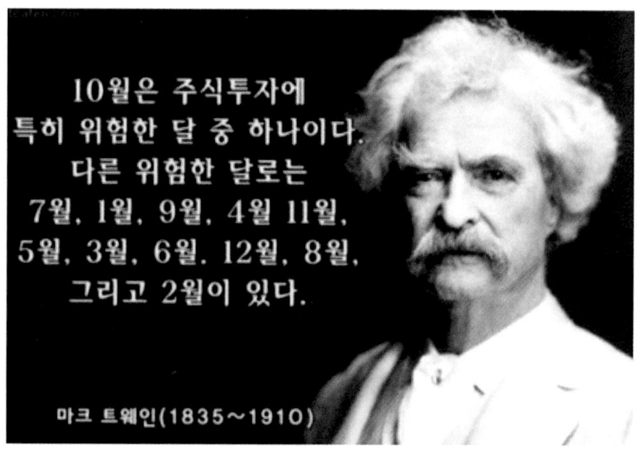

위의 마크 트웨인 말처럼 주식시장은 위험하지 않은 날이 없다.

이렇게 위험한 주식투자에서 아무리 강조해도 지나치지 않은 명언이 있다. 앞에서도 몇 번이나 강조한 워런 버핏의 투자 원칙이다.

제1원칙: 절대 돈을 잃지 말라.

제2원칙: 제1원칙을 절대 잊지 말라.

왜 이렇게 잃지 않는 것이 중요한가?

먼저 사례 하나로 시작해 보자.

2026년 1월 7일 네이버 증권 종목토론방에 "8억을 잃었습니다"라는 제목으로 올라온 글이다. 글을 올린 투자자는 2025년에 급등세를 보인 코스피(KOSPI)가 2026년에는 꺾일 것이라 보고 일명 '곱버스(인버스 2X)'로 불리는

KODEX200선물인버스 2X 상장지수펀드(ETF)를 11억 원 가까이 매수했는데 예상과는 반대로 코스피가 연일 오르자 손실액이 눈덩이처럼 커져 전 재산의 72%에 이르는 8억 원을 잃었다고 한다. 인버스 2X는 코스피 지수가 하락하면 하락한 비율의 2배를 벌 수 있지만, 반대로 지수가 상승하면 상승한 비율의 2배만큼 손해를 보는 상품이다.

이 실패담은 리스크 관리를 제대로 하지 못하면 단 며칠 만에 전 재산을 잃을 수도 있다는 것을 생생하게 보여 주는 사례다. 주식시장의 리스크는 매우 다양한 형태로 발생하고 앞으로 상세히 살펴보겠지만 이 사례는 장세 판단을 잘못하고 탐욕을 절제하지 못한 투자자 리스크에 해당하는 것이라고 할 수 있다.

돈을 잃는 것이 왜 무서운가? 위 사례에서는 한순간에 나락으로 빠질 수 있는 큰 손실의 예를 들었지만, 이렇게 큰 손실이 아닌 조금씩 누적되는 손실도 그에 못지않게 무서운 결과를 가져올 수 있다. 그것은 한번 돈을 잃으면 복구할 기회를 찾는 것도 어렵지만, 원금 복구에 필요한 수익률이 손실률보다 훨씬 더 높은 '손익 비대칭성의 원리'가 작동하기 때문이다. 아래 표에 나와 있는 것처럼 손실률이 10%일 때는 복구에 필요한 수익률이 11.1%로 엇비슷하지만 손실률이 50%가 되면 복구에 필요한 수익률이 100%, 손실률이 70%면 233%, 90%면 복구하기 위해 900%라는 거의 실현 불가능한 수익률을 올려야만 하기 때문에 손실을 최소화하는 것이 무엇보다 중요한 것이다. 아울러 돈을 버는 데 필요한 복리의 마법이 작동되기 위해서는 원금이 유지되어야 하는데, 손실이 누적되면 복리성장에 필요한 원금 자체가 감소하기 때문에 원금 손실의 최소화는 돈을 벌기 위한 가장 기본적인 전제조건이라고 할 수 있다.

손실률(%)	-10	-20	-30	-40	-50	-60	-70	-80	-90
복구에 필요한 수익률(%)	+11.1	+25.0	+42.9	+66.7	+100	+150	+233	+400	+900

　원금 손실 가능성은 손실 그 자체뿐만 아니라 손실과 이익의 변동성이 큰 경우에도 커질 수 있다. 다음 세 사람의 투자 결과를 살펴보자.

　A가 보유한 주식: 10% 상승했다가 10% 하락

　B가 보유한 주식: 30% 상승했다가 30% 하락

　C가 보유한 주식: 50% 상승했다가 50% 하락

　세 사람의 수익률은 어떤 차이가 있을까? 같은 비율만큼 상승했다가 하락했으니 본전일까?

　원금 1000만 원을 가정하고 실제 계산을 해 보자.

　A는 1천만 원 × 1.1 × 0.9 = 990만 원 1% 손실

　B는 1천만 원 × 1.3 × 0.7 = 910만 원 9% 손실

　C는 1천만 원 × 1.5 × 0.5 = 750만 원 25% 손실

　같은 비율만큼 상승했다가 하락했지만 변동의 폭이 클수록 손실의 폭도 커진다는 것을 알 수 있다. 주식투자로 돈을 벌려면 먼저 돈을 잃지 않아야 하지만, 이와 함께 주가 변동이 너무 커도 안 된다는 것을 말해 주는 것으로, 손실 리스크와 함께 변동성의 리스크 관리도 매우 중요하다는 것을 알려 주는 예시다.

　그래서 강환국은 『거인의 포트폴리오』라는 책에서 다음과 같이 말한다.

투자에서 성공하기 위한 가장 중요한 3가지 원칙은 다음과 같습니다.

1. 손실을 최소화하는 것입니다. 손실이 커지면 본전 만회가 불가능합니다.

2. 손실을 최소화하기 위해서는 변동성을 낮춰야 합니다. 화끈하게 먹고 화끈하게 깨지는 것이 스릴은 있으나 조금 먹고 조금 깨지는 투자가 장기적으로 수익률이 훨씬 더 높습니다.

3. 원칙 1, 원칙 2를 잊어버리면 안 됩니다.

그런데 주식투자에서 이러한 손실과 변동성의 리스크는 어디에서 발생하는가? 주식투자의 리스크는 발생 원천에 따라 보통 체계적 위험과 비체계적 위험으로 구분하는 경우가 많다. 체계적 위험은 개별 기업이나 산업과 관계 없이 전체 시장이나 경제 전반의 변화로 인해 발생하는 투자 위험으로 분산 투자로는 제거할 수 없는 위험이다. 금리 변동, 경기 침체, 인플레이션, 전쟁, 팬데믹 등 거시경제 요인에 의해 주로 발생한다. 1997년의 IMF 외환위기나, 2008년 글로벌 금융위기, 2020년 코로나19 팬데믹이 체계적 위험의 대표적 사례인데, 이때는 우량주든 성장주든 거의 모든 종목이 동반 하락한다.

비체계적 위험은 특정 기업이나 업종에 고유하게 발생하는 위험으로, 전체 시장의 움직임과는 직접 관련이 없는 투자 위험을 말한다. 기업의 회계 부정, CEO 스캔들, 제품 리콜, 특정 산업의 규제 강화 등은 해당 기업이나 업종에만 영향을 미치는 위험으로, 다양한 산업의 여러 기업의 종목에 분산 투자 하면 이러한 위험을 피할 수 있다.

주식투자의 리스크는 이외에도 주가에 영향을 미치는 외국인이나 기관, 작전세력 등의 세력에 의한 리스크, 전문가의 잘못된 예측에 휘둘리는 리스크, 투자자 자신의 탐욕과 무지에 의한 리스크 등도 매우 중요하다. 아래에서 차례로 이들 리스크의 구체적인 사례와 함께 그 관리 방안에 대해 살펴보기로 한다.

리스크 관리 관련 핵심 용어

포트폴리오(Portfolio)

여러 자산이나 종목을 나누어 담아 놓은 투자 구성으로, 주식·채권·현금·ETF 같은 서로 다른 자산을 함께 담은 자산 포트폴리오, 주식투자 안에서도 여러 종목을 나누어 담은 종목 포트폴리오가 있다. 이렇게 여러 자산과 종목으로 나누어 투자하는 것은 한 곳에서 손실이 발생하더라도 전체 자산에 미치는 영향을 줄일 수 있어 리스크 관리에 중요한 개념이다.

자산배분(Asset Allocation)

자산배분은 투자 위험을 줄이고 안정적인 수익을 얻기 위해 주식·채권·현금·대체자산 등 서로 다른 자산에 투자 비중을 나누어 배분하는 전략으로, 크게 정적 자산배분과 동적 자산배분으로 나눌 수 있다. 정적 자산배분은 처음 정한 자산 비중을 장기간 유지하며 정기적인 리밸런싱으로 비율을 맞추는 방식이고, 동적 자산배분은 시장 상황과 자산의 흐름에 따라 자산 비중을 수시로 조정하는 방식이다.

적립식 투자와 코스트 에버리징(Cost Averaging)

적립식 투자는 일정한 금액을 정해진 주기마다 꾸준히 투자하는 방식이다. 코스트 에버리징은 이 방식의 결과로, 가격이 낮을 때는 더 많은 수량을 사고 가격이 높을 때는 적은 수량을 사게 되어 평균 매입 단가가 자연스럽게 낮아지는 효과를 말한다.

리밸런싱(Rebalancing)

리밸런싱은 자산 가격 변동으로 달라진 포트폴리오의 투자 비중을 처음 정한 비율로 다시 맞추는 과정으로, 특정 자산에 위험이 과도하게 집중되는 것을 막아 포트폴리오의 리스크를 관리하는 방법이다. 리밸런싱은 일정한 시점마다 비중을 조정하는 정기 리밸런싱과, 자산 비중이 일정 범위를 벗어나거나 시장 상황이 크게 변할 때 조정하는 비정기 리밸런싱으로 나눌 수 있다.

낙폭(Drawdown)과 최대낙폭(MDD: Maximum Drawdown)

낙폭은 자산 가격이 이전 고점에서 이후 저점까지 얼마나 하락했는지를 나타내는 지표다. 예를 들어 자산이 100에서 90으로 하락했다면 낙폭은 -10%다. 최대낙폭은 투자 기간 전체에서 발생한 낙폭 가운데 가장 큰 하락폭을 의미한다. 예를 들어 자산이 '100 → 120 → 80 → 110'의 흐름을 보였다면, 최고점 120에서 최저점 80까지의 하락인 -33.3%가 최대낙폭(MDD)이다. 리스크 관리의 관점에서 최대낙폭은 투자자가 실제로 감내해야 할 최악의 손실 규모를 보여 주는 지표로, 최대낙폭이 클수록 원금 회복에 필요한 수익률도 크게 증가하기 때문에 투자 전략의 위험도를 판단하는 중요한 기준이 된다.

변동성(Volatility)과 샤프지수(Sharpe Ratio)

변동성은 투자 수익률이 얼마나 크게 오르내리는지를 보여 주는 지표다. 예를 들어 수익률이 -20%에서 +20%처럼 크게 흔들리면 변동성이 높은 투자이고, -5%에서 +5%처럼 작은 범위에서 움직이면 변동성이 낮은 투자라고 이해할 수 있다.

샤프지수는 감수한 위험(변동성)에 비해 얼마나 효율적으로 수익을 냈는지를 보여 주는 지표다. 계산식은 (수익률 - 무위험수익률) ÷ 변동성이다. 여기서 무위험수익률은 위험 없이 얻을 수 있는 수익률로, 예를 들어 예금 이자율이나 국채 수익률 등을 기준으로 사용한다.

예를 들어 무위험수익률이 2%일 때

투자 A: 수익률 10%, 변동성 40% → 샤프지수 0.20

투자 B: 수익률 10%, 변동성 10% → 샤프지수 0.80

두 투자의 수익률은 같지만 변동성이 더 낮은 B가 같은 위험 대비 더 효율적인 투자이며, 이 차이를 보여 주는 지표가 샤프지수다.

승률과 손익비

승률은 전체 거래 중 이익을 낸 비율이고, 손익비는 한 번 이길 때의 평균 수익과 한 번 질 때의 평균 손실의 비율이다. 예를 들어 10번 거래해 승률이 40%라도, 이길 때 +20, 질 때 -10이면 손익비는 2:1이 된다. 이 경우 총수익은 +80, 총손실은 -60으로 결과는 +20이다. 따라서 손실은 짧게, 수익은 길게 가져가는 구조를 만들면, 승률이 높지 않아도 장기적으로 수익을 낼 수 있다.

연평균 수익률(산술평균)과 연평균 복리 수익률(기하평균)

연평균 수익률은 여러 해의 수익률을 산술평균해 낸 값이다. 예를 들어 1

년 차 +20%, 2년 차 -10%라면 연평균 수익률은 (20 - 10) ÷ 2 = 연 5%가 된다. 연평균 복리 수익률(CAGR: Compound Annual Growth Rate)은 기하평균으로 계산한 수익률이다. 같은 경우 100이 120이 되고 다시 108이 되므로 복리 수익률은 약 연 3.9%가 된다.

산술평균은 단순히 수익률을 평균 낸 값이기 때문에 변동성과 손실의 영향을 충분히 반영하지 못해 실제 투자 성과를 과대평가할 수 있다. 특히 손실이 발생하면 원금을 회복하기 위해 더 큰 수익이 필요하기 때문에, 리스크 관리의 관점에서는 기하평균(CAGR)을 기준으로 성과를 판단하는 것이 더 적절하다.

FOMO(Fear Of Missing Out)

FOMO는 다른 사람들이 수익을 내는 모습을 보며 기회를 놓칠까 두려워 충분한 분석 없이 서둘러 투자에 뛰어드는 심리로 투자자가 고점에서 추격 매수를 하게 만들어 손실 위험을 높이는 대표적인 투자 심리다. 이를 피하기 위해서는 정해진 투자 원칙과 매수 기준을 지키는 것이 중요하다.

3

시장 리스크란 무엇이고
어떻게 관리해야 하나요?

시장 리스크는 어떤 모습으로 나타나는가? 여기에서는 우리나라에 초점을 맞추어 시장 리스크의 사례들을 살펴보기로 하자.

1997년 외환위기

1997년 10월, 외환보유고가 바닥나면서 국가 부도가 현실화되자, 주식시장은 공포에 휩싸였다. 수많은 기업들이 부도가 났고, 주식시장에서는 하한가 종목이 속출하면서 코스피는 순식간에 280선까지 하락해 1년도 안 되어 반토막이 났다. 주식투자자들은 "국가가 망할 수도 있다"는 두려움 속에, 손절도 매수도 못 하고 반의 반 토막까지 추락하는 계좌를 마주해야 했다. 일부는 신용 미수나 담보대출담보 대출로 투자했다가 빚더미에 올라 가정 파탄을 겪거나 극단적 선택을 하는 경우도 적지 않았다.

2000년 닷컴 버블 위기

1990년대 말 미국에서는 회사 이름에 닷컴(.com)이 붙은 인터넷 기업이면 미래기술에 대한 기대로 무조건 주가가 오르는 묻지 마 장세가 펼쳐졌다. 그

85

러나 2000년이 되어 많은 닷컴기업들이 수익은커녕 매출도 제대로 올리지 못하는데도 천문학적인 시장가치로 평가되고 있다는 사실이 드러나고, 미국 연준(FRB)이 유동성 회수를 위해 금리를 인상하면서 주가는 급속히 하락하기 시작했다. 2000년 3월 5048포인트까지 치솟았던 기술주 중심의 나스닥은 불과 2년 만에 1100포인트대로 78% 폭락했다. 아마존, 시스코, 인텔 같은 대형 기술주도 주가가 70~90% 하락했고, 수천 개의 벤처기업들은 문을 닫거나 상장폐지됐다. 당시 퇴직연금, 대출금까지 동원해 IT주식에 올인했던 미국 개미 투자자들은 하루아침에 전 재산을 잃고 파산자가 되는 경우가 많았다.

한국에서도 1999~2000년 벤처붐으로 IT주 투자 열기가 뜨거워지면서 코스닥이 2800포인트까지 폭등했다. 그러나 미국의 닷컴 버블이 붕괴되면서 새롬기술, 한글과컴퓨터, 다음과 같은 대표 IT주들이 폭락했고 코스닥도 동반 하락해 2001년 292포인트로 -90% 가까이 추락했다. 다수의 기업이 상장폐지되었고, 신용매수로 빚까지 져 투자했던 개미 투자자들은 원금 손실과 반대매매로 시장을 떠날 수밖에 없는 상황에 내몰렸다.

2008년 글로벌 금융위기

2008년 서브프라임 모기지라는 미국의 부동산 금융시장에서 시작된 위기가 투자은행 리먼 브라더스의 파산으로 이어지고 그 충격이 전 세계로 확산되면서, 대부분 국가의 주식시장을 붕괴시키고 개미 투자자들에게 극심한 고통을 안긴 21세기 최대의 글로벌 금융위기가 일어났다. 다우지수와 나스닥지수는 불과 1년 만에 반토막 이상 폭락해 퇴직연금(401k)의 절반 이상이 사라지고, "40년 모은 노후자금이 6개월 만에 절반으로 줄었다."라는 은퇴자들의 절규가 이어지면서 노년을 준비하던 수많은 중산층을 절망에 빠뜨렸다.

한국에서도 리먼 브라더스 파산 직후 외국인 자금이 급격히 이탈하면서

주식투자법 100문 100답

코스피는 2000에서 938로, 코스닥은 700에서 270대로 급락했다. 증시가 하루에 10% 넘게 폭락하는 날이 속출했고, 신용으로 매수한 개인투자자들은 반대매매 폭탄에 휘말리며, 극단적 선택을 하는 사람도 생겨나는 등 사회적인 충격이 컸다.

시장 리스크의 대표적 사례들을 살펴보았는데, 시장 리스크에도 다양한 형태가 있다. 위 사례들처럼 대부분의 사람들이 예상하지 못한 채 대응할 시간조차 없이 닥쳐오는, 나심 탈레브가 말한 '블랙 스완(검은 백조)'과 같은 리스크가 있는가 하면, 금리 인상으로 인한 경기 침체처럼 어느 정도 예측은 가능하지만 실제로는 대응이 쉽지 않은, 벤저민 그레이엄이 표현한 '조울증을 가진 미스터 마켓'의 특성에서 비롯되는 리스크도 있다.

이러한 시장 리스크를 관리하기 위한 방법으로는 어떤 것들이 있을까?

첫째, 장세에 따라 주식 비중을 조절하는 방법이 있다. 주식시장은 사이클이 있어 상승장·하락장·횡보장이 반복적으로 전개되는데, 상승장에서만 투자하고 하락장에서는 매도, 횡보장에서는 관망의 태도로 임하면 투자 실패의 리스크를 최소화할 수 있다. 특히 시장 리스크가 매우 큰 하락장에서는 무엇보다 먼저 현금을 확보하는 게 중요하다. 주식을 매도하고 현금을 갖고 있으면 손실을 최소화하고 하락장의 바닥권에서 주식을 다시 매수할 수 있는 기회를 잡을 수 있기 때문이다.

문제는 주식시장의 장세를 예측하거나 파악하기 어렵다는 점이다. 그래서 투자 고수들은 장세를 예측하기보다는 장세의 추세가 꺾이면 꺾이는 정도에 따라 주식 비중을 정하는 방식으로 대응하기도 한다. 예를 들면 주식시장이 상승 추세이고 상승을 이끄는 주도주가 존재하면 주식 비중을 높이고, 하락이나 횡보 장세이거나 주도주가 안 보이면 주식 비중을 축소하는 방식이다.

둘째, 분할투자도 시장 리스크를 관리하기 위한 좋은 방법이다. 주식을 한 번에 매수하면 매수 시점에 시장 리스크가 큰 사건이 발생할 경우 큰 손실을 입을 수밖에 없지만 투자 시점을 나누어 분할 매수하면 리스크를 분산시킬 수 있다. 분할투자의 한 방법인 적립식 투자는 시장 상황을 예측하려는 부담 없이 일정 금액을 꾸준히 투자함으로써 ① 고점 분할 매수 효과로 위험 분산, ② 저점에서 더 많은 수량을 확보해 평균 매입 단가 하락, ③ 변동성 완화를 통해 장기적으로 복리 효과 극대화를 얻을 수 있어 시장 리스크 관리에 효과적인 방법이다.

셋째, 주식시장에 폭락장을 포함해 어떤 상황이 오더라도 대응할 수 있는 방법으로, 가장 체계적이고 효과가 입증된 방법은 자산배분이다. 자산배분은 '한 바구니에 모든 달걀을 담지 않는 것'을 실천하는 대표적 리스크 관리 방법으로, 투자자금을 경기 상황에 따라 상반된 움직임을 보이는 여러 자산군에 분산 투자해 전체 포트폴리오의 변동성을 줄이고 시장 불확실성 속에서도 안정성과 수익성을 동시에 추구하는 데 목적이 있다. 레이 달리오의 '올웨더 포트폴리오'가 대표적인데, 이것은 주식·채권·원자재·금이 서로 다른 경제 국면에서 상반된 움직임을 보인다는 점에 주목해 투자자산을 주식 30%, 채권 55%, 금 7.5%, 원자재 7.5%로 구성해 경기활황·침체·인플레이션·디플레이션 등 어떤 환경에서도 낮은 변동성과 안정적인 중장기 수익률을 기록해 시장 리스크 관리형 자산배분의 표준 모델로 평가받고 있다.

강환국은 『거인의 포트폴리오』라는 책에서 투자를 통해 돈을 버는 방법으로 자산배분, 마켓타이밍, 종목 선정 등 세 가지가 있다고 말한다. 자산배분은 기대수익률과 위험수준이 각각 다른 자산군별(주식, 채권, 부동산, 원자재 등)로 투자 자금을 배분하는 작업으로, 그 목표는 변동성을 줄여 손실을 최소화하는 것이다. 마켓타이밍은 앞으로 오를 가능성이 큰 자산을 사고, 곧 하락할 가능성이 큰 자산을 파는 전략으로 동적 자산배분이라고도 한다.

종목 선정은 자산군내에서 유망하다고 판단되는 종목에 투자해서 수익 극
대화를 추구하는 행위로, 전체 시장보다 수익이 더 높거나 변동성이 낮을
것이라고 예상되는 종목을 사고 그렇지 않은 종목을 파는 것이다.

투자를 통해 돈을 버는 방법인 자산배분, 마켓타이밍, 종목 선정 중에서
가장 중요한 것은 무엇일까? 미국의 금융 전문가 게리 브린슨이 연기금 포
트폴리오 91개의 수익률을 분석해 1991년도에 발표한 논문에 따르면 가장
중요한 요인은 자산배분으로 포트폴리오의 수익률에 91.5%의 영향을 미
치는 것으로 나타난 반면, 종목 선정과 마켓타이밍의 수익 기여율은 각각
4.6%, 1.8%에 불과한 것으로 나타났다. 연기금 대상 분석이라 개인투자자
에게 그대로 적용하기는 어렵지만 개인투자자에게 있어서도 자산배분이 수
익률에 매우 중요한 영향을 미칠 것이라는 점은 쉽게 짐작할 수 있다. 강환
국은 "마켓타이밍과 종목 선정 없이 오로지 자산배분 하나만 잘해도 경제
적 자유에 도달할 수 있고 아름다운 노후를 보낼 수 있다"고 말한다.

2장 주식투자 리스크 관리 어떻게 해야 하나요?

4

기업 리스크란 무엇이고
어떻게 관리해야 하나요?

사례 1

2015년 봄, 내추럴엔도텍은 건강기능식품과 바이오 열풍 속에서 '백수오 열풍'을 이끌며 코스닥의 대표 성장주로 각광받고 있었다. 주가는 연일 신고가를 경신했고, 투자자들은 대박을 기대하며 매수행렬에 동참했다. 그러나 식약처가 내추럴엔도텍의 주력 제품에서 '백수오가 아닌 이엽우피소가 혼입되었다'는 조사 결과를 발표하면서 상황은 급반전되었다.

발표 직후 주가는 곧바로 하한가로 추락했고, 다음 날도, 그 다음 날도 거래조차 되지 않는 10거래일 연속 하한가가 이어지며 주가는 불과 2~3주 만에 고점 대비 약 90% 가까운 폭락을 기록했다. 불과 며칠 전까지만 해도 수조 원에 달하던 기업가치는 사실상 공중분해되었고, 시장의 신뢰는 완전히 무너졌다.

많은 개인투자자들은 하루아침에 원금 대부분을 잃었고, 노후자금·퇴직금까지 투자했던 이들은 수십 년 노력이 몇 주 만에 증발하는 참혹한 손실을 겪어야 했다.

사례 2

네오세미테크는 반도체 부품 제조업체로 코스닥 시장에서 잠재력을 인정받으며 '차세대 반도체 소재 기업'으로 주목받고 있었다. 그러나 2010년 3월, 회사 내부에서 전혀 예상치 못한 악재가 터졌다. 오랜 기간에 걸친 매출 부풀리기, 허위 세금계산서, 페이퍼 컴퍼니를 활용한 가짜 매출 등의 분식회계에 대주주가 내부 정보를 이용해 주식을 미리 처분했다는 정황까지 드러났다. 이어 금융당국의 특별조사와 함께 '감사 의견 거절'이라는 최악의 결과가 발표되었다.

발표 직후 주가는 하한가로 곤두박질쳤고, 결국 상장폐지 절차가 현실화되었다. 정리매매 첫날 주가는 전날 8500원대에서 단 하루 만에 295원까지 폭락했고 수천 명의 개인투자자가 막대한 손실을 떠안았다.

전혀 예상치 못한 기업 리스크로 엄청난 손실을 입게 된 투자자들의 생생한 사례들이다.

기업 리스크는 이처럼 10연속 하한가나 상장폐지와 같은 극적인 형태로만 나타나는 것이 아니다. 물적분할, 유상증자, CB 발행 등으로 주가가 일시적 폭락을 보이는 경우도 있고, 기업경쟁력 저하나 실적 부진 등으로 주가가 야금야금 하락해 반토막 이상 나는 경우도 있다.

이러한 다양한 기업 리스크를 투자자 입장에서 관리하는 방법으로는 어떤 것들이 있을까?

첫째, 가장 원론적인 방법으로는 기업을 제대로 알고 선택해야 한다는 것이다. 단순히 테마와 기대감이 아니라, 실제 재무구조, 영업 현황, 경쟁력의 지속성, 자금흐름, 경영 투명성을 꼼꼼히 확인해야 한다. 투자자는 화려한 스토리보다 숫자를 보아야 하고, '성장할 것'이라는 막연한 예측보다 '지금 무엇을 하고 있는 회사인지'를 냉정하게 파악해야 한다. 특히 급격히 성장하는 기업이라면 자금 조달 구조, 부채 변화, 영업현금 흐름의 안정성, 기술 검증 여부 등 리스크 요인을 세밀하게 살펴야 한다. 기업 분석이 어렵고 시간이 부족하다면 더욱 신중해야 하며, 이해하기 어려운 기업은 아예 투자 대상에서 제외하는 것이 현명한 선택일 수 있다.

둘째, 기업을 제대로 알기가 현실적으로 쉽지 않은 만큼 투자 기업에 대해 어떤 상황이 오더라도 대응할 수 있는 투자 전략을 만들어야 한다. 그러한 전략으로는 종목분산, ETF, 퀀트 투자 등이 있다. 종목분산은 어떤 기업이 망하더라도 다른 기업으로 수익을 올려 투자 포트폴리오 전체로 수익을 올릴 수 있도록 여러 기업에 투자하는 것이다. ETF는 이런 분산 투자를 하나의 상품에 담은 것으로, 다수의 기업을 담은 ETF는 기업 리스크 관리에 효과적인 수단이라고 할 수 있다.

퀀트 투자는 투자자가 알기 어려운 기업의 정성적 요소를 배제하고 정량적 지표로만 기업을 평가해 정량적 지표가 우수한 기업들에 분산 투자 하는 투자법으로 정량적 지표와 분산 투자를 결합해서 기업 리스크를 최소화하는 투자법이라고 할 수 있다.

셋째, 기업 리스크를 관리하기 위한 방법으로 투자 기업의 리밸런싱도 중요하다. 리밸런싱이란 투자 대상으로서의 기업이 투자 기준에서 벗어날 경우 투자 비중을 바꾸거나 다른 기업으로 교체하는 작업으로, 기업 리스크에도 적용해 투자 기업을 결정할 수 있다. 예를 들면 매출과 이익이 매년 20% 성장하는 기업에만 투자하겠다고 결정한 사람은 이 기준을 충족시키지 못한 기업은 투자 대상에서 제외하고, 대신 이 기준을 충족하는 새로운 기업을 투자 대상에 포함시키면 된다. 또 미국이나 한국의 1등 기업에만 투자하기로 결정한 사람이라면 1등 기업이 바뀌는 시점에서 새로운 1등 기업으로 갈아타면 된다.

요약하면 기업 리스크를 관리하기 위해서는 투자 기업을 제대로 알고 선택할 것, ETF나 퀀트 투자 등을 통해 체계적으로 리스크를 분산시킬 것, 그리고 일정한 기준에 입각한 리밸런싱을 통해 기준 미달 기업을 걸러내고 기준 충족 기업으로 교체할 것 등이 요구된다.

5

전문가 리스크란 무엇이고
어떻게 관리해야 하나요?

"현금은 쓰레기다(Cash is trash)."

'헤지펀드계의 제왕', '월가의 현자', '우리 시대의 현인' 등으로 불리는 레이 달리오가 2020년 1월 21일, 스위스 다보스 세계 경제포럼 인터뷰에서 한 발언이다.

당시 미국 주식시장은 사상 최고가를 경신 중이었고, 금리가 매우 낮아 현금 보유의 기회비용이 높아진 상황에서 "현금만 들고 있으면 손해를 본다"는 경고 차원에서 나온 말이었다.

문제는 바로 그 직후인 2020년 3월 코로나 쇼크로 전 세계 증시가 폭락했다는 점이다. 이 때문에 그의 발언은 언론과 투자자들 사이에서 '타이밍이 잘못된 예언'으로 레이 달리오에게 굴욕을 안겨 준 사건이 되었다. 그 후 달리오는 미국 연준이 인플레이션 대응을 위해 금리를 급격히 인상하면서 현금 자산의 중요성이 커지자 2022년 10월 트위터를 통해 "현금은 더 이상 쓰레기가 아니다(I no longer think cash is trash)."라고 선언했다.

"시간문제라고 본다. 버블이 언제 꺼져도 이상하지 않은 상황인 것만은 분명하다. 거품 붕괴까지, 1년 이상은 걸리지 않으리라고 본다."

'일본의 워런 버핏'이라고 불리고 일본 금융계의 살아 있는 전설로 추앙받으면서 『금융버블 붕괴』라는 책을 내기도 했던 사와카미 아쓰토는 2020년 9월 인터뷰에서 주식 거품이 곧 꺼진다고 예측했다. 인터뷰 당시 일본의 닛케이225지수는 2만 3000, 미국의 S&P500지수는 3300이었는데, 1년 후인 2021년 9월 닛케이225지수는 3만, S&P500지수는 4400, 그리고 5년 후인 2025년 9월 닛케이225지수는 4만 5000, S&P500지수는 6700으로 계속 상승했다.

1992년 파운드화 강세를 고집하던 영국의 중앙은행을 상대로 공매도 베팅을 통해 굴복시키고 하루 만에 10억 달러(약 15조 원)가 넘는 돈을 벌어들여 '금융의 연금술사'로까지 불렸던 조지 소로스도 1987년 10월 19일 미국 주가지수가 20% 이상 하락해 역대 최대의 하락 폭을 기록했던 블랙 먼데이(Black Monday) 때는 이를 예상하지 못했던 것은 물론, 그 이후의 대응에서도 잘못된 결정으로 그가 운용하는 퀀텀펀드의 수익률이 60%에서 -10%로 전락하고 8억 달러 이상의 손실을 입는 수모를 겪었다. 이 때문에 "조지 소로스가 천재가 되는 데는 20년이 걸렸지만 바보가 되는 데는 단 4일이 걸렸다."라는 조롱을 받기도 했다.

1997년 출간되어 전 세계에서 4000만 부 이상이 팔린 『부자 아빠 가난한 아빠』의 저자로 유명한 로버트 기요사키는 2022년 8월 자신의 트위터에서 "부동산·주식·금·은·비트코인 등 모든 자산 시장이 무너지고 있다."라며 "쓸려 나가는 수백만 명 중 한 명이 되지 않길 바란다."라고 말했다. 그러나 현실의 주식시장은 기요사키의 예언과는 달리 폭락은커녕 지속적인 상승세를 보여 주고 있다.

'닥터둠'이란 별명으로 잘 알려진 누리엘 루비니 뉴욕대학교 교수는 2008년 글로벌 금융위기를 예측하면서 유명해졌다. 하지만 그가 줄곧 위기를 경고해 온 15년 동안 미국 주식시장은 계속 올랐다. 또 다른 '닥터둠' 마크 파버도 마찬가지다. 미국 증시가 폭락할 거라고 15년째 외치고 있지만 이 사람도 10년째 틀리고 있다.

노벨 경제학상을 받은 금융 천재들이 1993년 만든 투자전문회사 LTCM은 정교한 금융공학 모델과 막대한 레버리지를 활용해 엄청난 수익을 올렸으나, 1998년 러시아가 모라토리엄(채무불이행)을 선언하면서 전 세계 금융시장이 급격히 흔들리자 100배가 넘었던 레버리지 비율로 단기간에 막대한 손실을 입고 결국 파산에 이르렀다.

리먼 브라더스의 애널리스트이자 펀드 매니저였던 가자렐리는 1987년 다우존스 지수에 대해 "대폭락이 임박했다."라는 예측을 했다. 실제로 나흘 후에 대폭락이 발생했다. 그녀는 이로 인해 '세기의 예측가'라는 찬사를 들었다. 이후 다우존스 지수가 반등했을 때에도 다시 폭락할 거라고 예측했다. 그러나 예측과는 달리 주식시장이 상승세를 지속하자 결국 자신의 예측을 번복한다. 『미래를 알고 싶은 욕망을 파는 사람들』이라는 책에서 그녀의 사례를 소개한 윌리엄 서든에 따르면 1987년부터 1996년 사이에 그녀가 증시의 상승 또는 하락을 예측한 13건 중 방향이 맞은 것은 불과 5건뿐이었다고 한다.

주식투자법 100문 100답

세계 최고의 전문가들이 보여 주는 전문가 리스크의 사례들이다. 세계 최고의 전문가가 이 정도인데 한국에서 투자전문가라고 자칭하는 사람들의 조언을 그대로 믿어도 될까? 하물며 얼굴조차 보여 주지 않고 숨어서 조언하는 리딩방의 '전문가'의 말을 수백만 원의 돈까지 지불하면서 믿는 건 얼마나 어리석고 위험한 일일까?

이러한 전문가 리스크를 잘 관리하는 것도 '돈을 잃지 않기' 위한 필수요건이라고 할 수 있는데 어떻게 하면 그렇게 할 수 있을까?

첫째, 투자할 종목이나 매매 시점을 알려 주는 전문가가 아니라 투자 방법을 알려 주는 전문가를 찾아야 한다. 투자할 종목을 알려 줘도 투자 방법을 모르면 동일한 종목을 투자해도 전혀 다른 결과가 나타날 수 있다. 예컨대 한 종목에 자금을 한꺼번에 몰아넣는 투자와, 같은 종목이라도 비중을 나누어 분산·분할 매매하는 투자는 결과에서 큰 차이를 보일 수 있다. 전자는 특별한 원칙 없이도 누구나 실행할 수 있는 방식이지만, 후자는 자금관리와 매매원칙에 대한 이해가 필요하며 충분한 학습과 더불어 검증된 전문가의 조언을 병행할 경우 안정적인 성과를 낼 가능성이 훨씬 높아진다.

둘째, 전문가에 대한 의존도를 최소화하는 투자법을 찾는다. 예컨대 주가지수 ETF를 통한 투자는 주식시장의 우상향에 대한 믿음만 있다면 특별한 노력 없이 전문가에 의존하지 않고 시장수익률을 올릴 수 있는 투자법이다. 아울러 퀀트 투자도 전문가의 판단이 아닌 정량적 지표를 기반으로 한 투자법으로 전문가 리스크를 크게 줄일 수 있다는 점에서 관심을 가질 필요가 있다. ETF를 통한 투자와 퀀트 투자에 대해서는 4장과 10장에서 상세히 다룬다.

셋째, 전문가 리스크를 극복하기 위한 가장 확실한 방법은 스스로 최고의 전문가가 되는 것이다. 개인투자자가 최고의 전문가가 되는 것은 모든 투자법의 전문가가 되겠다는 허황된 자세로는 실현이 불가능하다. 세계 최고의

2장 주식투자 리스크 관리 어떻게 해야 하나요?

트레이더로 인정받는 성장주 투자의 대가 마크 미너비니는 『초수익 성장주 투자』에서 다음과 같이 말한다.

당신은 최고의 가치투자자이자 최고의 성장주 투자자이자 최고의 데이 트레이더이자 최고의 장기 투자자가 되지는 못할 것이다. 이 모든 것을 시도하려다가는 투자에 대해 두루 알더라도 평범한 수준에 그칠 것이다. 의사라고 해서 다 같은 의사가 아니듯이, 트레이더라고 해서 다 같은 트레이더가 아니다. 내과의사가 최고의 뇌 전문의, 최고의 심장 전문의, 최고의 정신과 전문의, 최고의 소아과 전문의, 최고의 류머티즘 전문의, 최고의 관절 전문의가 될 수 있을까? 당연히 그럴 수는 없다.
나는 가령 한 주기에서는 성공적으로 가치투자를 하다가 다음 주기에서는 성장투자로 전환하고 어느 날은 장기 투자자였다가 다른 날은 그날의 시장에 맞춰서 데이트레이더가 되는 경우를 본 적이 없다. 하나라도 잘하려면 초점을 맞춰서 전문가가 되어야 한다.
1만 가지 발차기를 한 번씩 연습한 사람은 두렵지 않다. 그러나 한 가지 발차기를 1만 번 연습한 사람은 두렵다.

6

투자자 리스크란 무엇이고
어떻게 관리해야 하나요?

사례 1

연세대 의대를 졸업한 박종석은 '조급함' 때문에 주식투자를 시작했다. 2011년 3월 삼성전자에 3000만 원을 투자한 것이 시발점이었다. 박 원장은 "정신과 의사는 다른 의사들보다 수입이 낮은 편"이라며 "학자금 대출도 상환해야 했고, 외아들로서 부모님을 부양해야 했기 때문에 돈을 빨리 벌어야 한다는 압박이 심했다."라고 했다.

초심자의 행운인지 반년 만에 삼성전자 주식은 6000만 원으로 두 배가 됐다. 박 원장은 "기대 없이 했는데 큰돈을 벌다 보니 '내가 주식 좀 하는구나'라는 잘못된 생각을 했다."라고 했다. 그러면서 "지금보다 돈을 넣었으면 더 큰돈을 벌었을 텐데"라는 도파민적 사고가 일어나며 대출을 받아 투자금을 키워 갔다. 결정적으로 2016년 전 재산을 날리고 빚까지 지게 됐다. 박 원장은 "예적금 등을 깨서 마련한 전 재산 3억 원에 대출금 1억 원을 합해 장외 주식과 코스닥 바이오주에 투자했다."라고 했다. 이어 "반년도 안 돼 3억 2000만 원을 날리고 남은 7000만 원을 힐러리 클린턴과 관련된 정치 테마주에 투자했는데 역시 반토막이 났

99

다.”라고 했다.

대뇌피질이 제 기능을 못 해 이성이 마비가 된 그는 마지막 3000만 원으로 “10배를 벌어야 한다”는 생각에 작전주에 투자하기까지 이르렀다. 이것마저도 반나절도 안 돼 두 자릿수 손실을 봤다. 그렇게 정신과 전문의는 주식에 미쳐 전 재산을 날리고, 병원에서는 권고사직까지 당했다.[1]

사례 2

회계사인 필자는 투자 초기에 우량주 위주로 투자해서 용돈벌이 정도 했다. 그런데 어느 날 고등학교 선배가 언제까지 그렇게 푼돈만 투자할 거냐고 했다. “이 종목에 투자해서 큰돈 좀 벌어 봐. 그러면 인생이 다이내믹해질 테니까.” 아니나 다를까 며칠간 상한가를 갔다. “돈은 이렇게 버는 것이구나.” 월급이 우스워 보였다. 그러던 어느 날 연속 하한가를 가는 것이 아닌가? 그래서 손절하겠다고 마음먹었는데 거래 자체가 안 되었다. 그대로 상장폐지되고 말았다. 2억 원을 투자했는데 수개월 만에 상장폐지로 모두 날렸다. 더 충격적인 것은 그중에 1억 5000만 원을 마이너스 통장으로 투자했다는 사실이다. 배우자는 지금까지 이 사실을 모른다. 이 책이 출간되고 나면 알게 될 것이다.[2]

투자자 리스크를 보여 주는 생생한 사례들이다. 이런 투자자 리스크를 최소화하려면 무엇을 어떻게 해야 하는가? 투자자 리스크는 중장기 투자자와

----

1) 「주식 중독에 빠진 정신과 의사 “전 재산 4억 원 잃고도 멈추지 못한 이유”」, 『조선일보』, 2024. 6. 18.

2) 구성섭, 『회계의 신이 알려 주는 주식투자 생존법』(쌤앤파커스, 2022).

단기 트레이더에서 상당히 다르게 나타나는 만큼 리스크 관리도 구분해서 살펴볼 필요가 있다.

먼저 중장기 투자자의 리스크 관리부터 살펴보자. 중장기 투자에서 가장 먼저 마주하는 리스크는 가격이 언제 기업의 가치에 수렴할지 알 수 없다는 점이다. 아무리 좋은 기업이라도 시장이 그 가치를 곧바로 반영해 주지는 않는다. 몇 달이 걸릴 수도 있고, 몇 년이 걸릴 수도 있다. 그 과정에서 주가는 크게 오르내릴 수밖에 없는데, 이 변동성을 견디지 못하면 가치가 제대로 평가받기도 전에 투자자가 먼저 포기하게 되는 일이 반복된다.

두 번째 리스크는 기업의 내재가치를 잘못 판단할 가능성이다. 중장기 투자는 결국 기업의 미래 현금 흐름과 성장성을 추정하는 데서 출발한다. 그러나 미래를 예측하는 일에는 언제나 오차가 따른다. 재무제표를 충분히 이해하지 못하거나 산업 구조에 대한 통찰이 부족하면 숫자의 의미를 잘못 해석할 수 있다. 또한 경쟁 심화, 기술력 약화, 경영진의 역량 변화처럼 수치로 명확히 드러나지 않는 요소를 간과하는 실수도 흔하게 발생한다.

세 번째 리스크는 정보의 비대칭성이다. 투자자는 기업 내부의 모든 사정을 알 수 없다. 경영진의 의사결정, 규제 변화, 공급망 리스크, 회계 문제 등은 외부에서 완전히 파악하기 어렵다. 공개된 정보만으로 판단해야 하는 개인투자자에게 이는 구조적인 한계가 된다.

마지막 리스크는 시간에 따른 기회비용이다. 중장기 투자는 시간이 지나야 성과가 나타나는 방식이기 때문에, 한 기업을 오래 보유하는 동안 다른 더 나은 투자 기회를 놓칠 수 있다. 즉, 오래 기다리는 전략 자체가 또 하나의 리스크가 될 수 있다는 점을 간과해서는 안 된다.

이러한 리스크를 줄이기 위한 첫 번째 방법은 제대로 된 종목 선정이다. 중장기 투자는 결국 어떤 종목을 사느냐에 따라 성패가 갈린다. 따라서 단순한 테마나 유행에 휩쓸리기보다 재무구조, 이익의 안정성, 경쟁력, 현금 흐

2장 주식투자 리스크 관리 어떻게 해야 하나요?

름, 성장성 등을 충분히 분석해 스스로 이해할 수 있는 기업에 투자해야 한다. 사업 구조와 수익 모델을 설명할 수 없는 기업이라면 처음부터 투자 대상에서 제외하는 편이 더 안전하다.

두 번째 방법은 매수와 매도에 대한 원칙을 세우는 것이다. 중장기 투자자라 하더라도 싸게 사서 비싸게 판다는 기본 원칙은 변하지 않는다. 아무리 좋은 기업이라도 지나치게 높은 가격에 매수하면 오랜 기간 수익이 나지 않을 수 있다. 따라서 기업의 가치뿐 아니라 현재 가격이 합리적인지 판단할 수 있어야 하며, 필요하다면 차트를 참고해 과열 구간이나 수급이 과도하게 몰린 시점을 피하는 지혜도 필요하다. 좋은 기업을 오래 보유하되, 무리한 가격에 진입하지 않는 것이 핵심이다.

세 번째 방법은 자신의 판단이 틀릴 가능성에 대비하는 방어 전략을 마련하는 것이다. 아무리 철저히 분석해도 오판의 가능성은 항상 존재한다. 이를 보완하는 가장 현실적인 방법이 종목 분산과 ETF 활용이다. 특정 기업이 부진하더라도 다른 종목이 이를 상쇄할 수 있고, ETF는 여러 종목에 자동으로 분산 투자되기 때문에 개별 기업 리스크를 크게 낮출 수 있다. 또한 정량적 규칙에 따라 운용하는 퀀트 투자, 자산배분 전략, 적립식 투자 역시 중장기 리스크를 관리하는 데 효과적이다. 중요한 것은 어떤 상황이 오더라도 계좌 전체가 한 번에 무너지지 않도록 여러 안전장치를 마련해 두는 것이다.

다음에는 단기 트레이더의 리스크 관리를 살펴보자.

단기 트레이더의 대표적 리스크는 매매 횟수가 많다는 점이다. 트레이딩은 잦은 매매를 전제로 하기 때문에 실력이 부족하면 금방 투자금이 바닥난다. 많은 트레이더가 초기에 시장을 이길 수 있다고 착각하지만, 실제 통계는 대부분의 단기 트레이더가 결국 실패한다는 사실을 보여 준다.

두 번째 리스크는 거래비용이다. 잦은 매매는 수수료와 세금 등 거래비용을 크게 증가시키며, 이는 수익률을 잠식하는 보이지 않는 함정이 된다. 시장을 이기기도 어려운데, 거래비용까지 더해지면 지속적인 수익을 내기 더욱 힘들어진다.

세 번째 리스크는 자금관리의 부재이다. 많은 초보 트레이더들이 매수·매도 기술은 익히려 하지만, 계좌를 지키는 자금관리 원칙은 무시한다. 비중 조절 없이 과도한 금액을 한 종목에 넣거나, 손절라인을 정하지 않아 한 번의 손실이 치명적인 결과로 이어지는 일이 반복된다.

네 번째 리스크는 트레이더의 원칙인 '손실은 짧게, 수익은 길게'와는 반대로, 실제로는 '손실은 길게, 수익은 짧게' 챙기는 행동으로 인해 계좌가 회복 불가능한 수준까지 무너진다는 점이다.

이러한 리스크를 관리하기 위한 방법은 중장기 투자자와 비슷하다.

첫째, 제대로 된 종목 선정을 해야 한다. 단기 트레이더라 해도 기업 분석은 필요하다. 매출과 이익 성장, 거래량과 거래대금 등 기본적인 펀더멘털과 유동성을 갖춘 종목만을 매매해야 한다.

둘째, 차트와 가격 흐름에 대한 숙련된 이해가 필요하다. 단기 트레이더에게 차트는 단순한 보조도구가 아니라 '언제 들어가고 언제 나올 것인가'를 결정하는 핵심 도구다. 추세를 따르고, 돌파와 이탈을 구분하며, 과열과 과매도를 판단할 수 있어야 손실은 줄이고 수익은 키울 수 있다. 또한 매매 횟수를 최소화해 거래비용을 관리하는 것도 매우 중요하다.

셋째, 자금관리 규칙을 철저히 지키는 것이다. 손절라인을 명확히 설정하고, 한 종목에 전체 자금의 2% 이상을 투입하지 않는 '2% 규칙', 과도한 레버리지 사용을 피하는 원칙, 일정 수준의 수익을 거두면 계좌 밖으로 출금하는 수익인출 전략 등은 트레이더의 생명줄과 같은 것들이다. 잘못된 판단을 완전히 피할 수 없다면, 최소한 그 실수가 계좌 전체를 무너뜨리지는 않도록 안전장치를 마련해야 한다.

그런데 중장기 투자도 단기 트레이딩도 일단 시장에서 무조건 살아남아야 하고, 살아남은 사람만이 다음 기회를 잡을 수 있다. 살아남기 위해 피터 린치가 쓴 『피터 린치의 이기는 투자』 서문에 인용된 이야기를 통해 투자자로서의 자신을 돌아보는 시간을 가져 보기로 하자.

톨스토이의 단편소설 중에 욕심 많은 농부에 대한 이야기가 있다. 요정이 나타나 농부에게 하루 동안 걸어서 해가 지기 전에 출발한 지점까지 돌아오면 그가 걸었던 범위 내에 있는 땅을 모두 주겠다고 제안한다. 농부는 몇 시간 동안 전속력으로 달려 그가 평생 경작한 땅보다 훨씬 더 넓고 그의 자손이 몇 대에 걸쳐 부자로 살기에도 충분한 만큼의 넓은 땅을 확보했다. 몇 시간을 달린 이 불쌍한 농부는 땀에 흠뻑 젖은 채 숨을 헐떡거렸다. 그는 여기에서 멈출까 잠시 생각했다. 더 멀리까지 가 봤자 무슨 소용이 있단 말인가? 하지만 그는 더 갖고 싶은 욕망을 억제할 수 없었다. 그는 자신에게 주어진 기회를 최대한 활용하고 싶어 앞으로 계속 나아갔고 마침내 지쳐 쓰러져 죽고 말았다. 이 이야기의 결말은 내가 정말 피하고 싶은 것이다.

주식투자에 실패해 깡통을 찼는데
어떻게 해야 하나요?

사례

곤궁했던 시절, 저는 넉넉하지 않은 집안 사정 탓에 부모님께 물려받을 것도 없었고, 매달 나오는 월급만으로는 미래를 꿈꿀 수 없었습니다. 빈곤의 사슬을 끊고 집안을 일으켜야 한다는 생각이 머릿속을 지배하던 때, 주변에서 주식으로 돈을 벌었다는 이야기가 들려왔습니다. 그렇게 20여 년 전, 2000만 원으로 주식투자를 시작했습니다. 매달 100만 원만 꾸준히 벌면 좋겠다는 생각으로 조금만 공부하면 이룰 수 있을 거라 생각했지만 아무런 기법 없이 하다 보니 예수금은 점점 줄어들었습니다. 그래서 집을 팔고 대출도 받아 1억 원을 채웠지만 2년 만에 몽땅 잃었습니다. 깡통을 찬 후 빚더미와 함께 생활고를 겪었고, 2년간 고통의 시간을 보냈습니다. 밤에는 대리운전을 하며 돈이 생길 때마다 대출을 갚아 나갔지요. 이따금 손님이 대리운전비 외에 수고했다며 팁을 주기도 했는데, 그때의 5000원이 그렇게 고마울 수가 없었습니다.

어떤 날은 몇 건 하지도 못하고 대기만 하기도 했습니다. 그런 날은 어깨가 더욱 무거워졌고, 어린 아이들이 생각나 눈물을 삼키며 집에 들어가

곤 했습니다. 아이들과 외식은커녕 먹을 쌀이 몇 번이나 떨어져 수제비로 밥을 대신한 날도 있었습니다.

빚을 모두 갚고 나니 본전 생각이 났습니다. 그러나 본 적도 없는 1억이라는 돈을 다시 벌 생각을 하니 앞이 깜깜했습니다. 제게 이 돈을 벌 데는 오직 한 곳뿐이었습니다.

'그 돈을 다시 찾을 곳은 주식시장밖에 없다!'

'그래, 다시 시작하자. 한 번 더 해 보자.'

이렇게 결심한 저는 다시 주식시장에 도전했습니다.

(중략)

그렇게 주식투자와 함께 20년을 보냈습니다.

이제는 살고 싶은 집에 살 수 있고, 타고 싶은 차를 탈 수 있습니다. 먹고 싶은 것도 원 없이 먹을 수 있고, 가지고 싶은 것도 문제없이 가질 수 있습니다.

지금은 테라스가 있는 사무실에서 앉은뱅이 의자에 앉아 지나가는 사람들, 자동차들, 호수, 고층빌딩의 야경을 멍 때리고 보는 것이 일상이 되었습니다. 테라스에 앉아 다리를 한껏 쭉 펴고 사색에 잠기면 마음도 편해지고 평화로운 상태가 됩니다.

저는 이런 말을 하고 싶습니다.

"돈이 있다고 행복한 것은 아니지만, 돈이 있어서 불행하진 않은 것 같습니다."

'트레이더들의 강사'로 불리는 테마주의 고수로 처절한 깡통의 실패를 겪은 후에 수백억 원의 자산가로 변신한 서희파더(이재상)가 저서 『빅 트레이더의 주도주 매매법』에서 이야기한 내용이다. 어떻게 이런 변신이 가능했을까?

그는 돈을 빠르게 벌기 위해서는 테마주, 주도업종의 대장주 같은 뜨겁고

끼 있는 종목 중심의 단기 트레이딩 외에는 방법이 없다고 생각했다. 물론 이런 종목들은 손실의 위험도 크지만 정면 승부를 통해 내공을 쌓아 가면서 실패 횟수를 줄이고 성공 횟수를 늘리면서 원금을 불러 나갔다.

그는 주식에 입문할 때부터 시장의 이슈를 받는 종목들을 매매했는데, 초보 투자자가 기라성 같은 고수들과 겨루면 승패는 불 보듯 뻔하지만, 그렇게 했기 때문에 깡통을 차고도 일어설 수 있었다고 말한다. 거래량이 많고 시장의 이슈를 받는 종목에서 놀아본 경험을 통해 특히 테마주가 시장을 이끌 때는 대장주 위주의 과감한 참여가 성공의 지름길이라는 것을 알게 된 것이다.

테마주 단기 트레이딩 외에는 달리 방법이 없다는 절박한 현실인식과 그 것을 바탕으로 고수들과 정면 승부해 치열한 실전 경험을 통해 그는 2년 만에, 주식을 시작하고부터는 6년 만에 잃어버린 원금 1억 원을 복구하고 몇 년 후에는 월 수천만 원 이상을 버는 빅 트레이더로 성장하는 길을 걷게 된다.

이런 서희파더의 극적인 실패 극복 스토리는 실패의 나락에 빠진 사람들에게 많은 희망을 준다. 그러나 한편으로 걱정되는 부분도 없지 않다. 실패한 사람들이 절박한 심정으로 열심히만 노력하면 모두 서희파더처럼 성공할 수 있을까? 서희파더만 해도 처음부터 고수들의 영역인 테마주에서 실전을 경험했는데 그런데도 6년이란 시간이 걸리지 않았는가? 그 기간 동안 어떻게 버텨낼 수 있단 말인가?

깡통이 되면 제일 먼저 해야 할 일은 생활비 외에 안전한 투자금을 확보하는 것이다. 투자에서 실패하면 보통 절박한 마음으로 빚을 끌어오거나 200~300%의 높은 수익률을 기대하고 리딩방 등을 찾는 경우가 많지만 이 것은 오히려 더 깊은 나락으로 빠지는 길이다. 악성 대출이나 고수익률로 유혹하는 투자 방법에 기대지 않고 부업을 해서라도 안전한 투자금을 늘리는 쪽이 실패 극복을 위한 정도라고 할 수 있다.

두 번의 깡통을 차고 순자산이 마이너스 4000만 원까지 추락했다가 5년 만에 500억 원에 이르는 기적을 만든 가치투자자 박두환도 2020년 코로나 팬데믹 폭락 때 신용으로 매수한 주식이 반대매매 되어 깡통을 찼을 때 낮에는 시화공단에서 아르바이트를 하고 저녁에는 쿠팡 배송과 대리운전을 하면서 투자금을 만든 것이 기적의 원동력이 되었다.

가치주 투자자인 여신욱은 『실패를 극복하는 주식투자—망친 주식 수습하기 프로젝트』라는 책에서 좀 더 구체적이고 현실적인 실패 극복 방안을 제시한다.

1단계 손실 과정 분석하기: 매수 이유, 매수 당시 장세, 현재 상황을 살펴본다. 손실 과정을 분석할 때는 '객관적 상황'과 '주관적 감정'을 확인한다.

2단계 수습 가능 여부 확인하기: 손실률의 크기로 복구 가능성을 점검한다. 손실률이 클수록 원상복구를 위한 수익률은 곱절로 커진다. 손실률이 큰 경우 한 번에 만회하려 하지 말고 우선은 지금의 종목이 손실이 난 이유를 분석하고 기록한다.

3단계 망친 종목 교체 매매: 이미 공부가 되어 있는 기업들 중, 내 종목보다 전망이 좋고 더 빠르게 회복될 것 같은 기업이 있을 때는 종목을 교체한다. 교체 매매의 이유가 없다면 최대한 벌고 아껴서 손실률이 큰 보유 종목에 물타기한다. 주식을 살 돈은 주식이 아니라 본업에서 만들어야 한다.

4단계 투자 프로세스 재구축하기: 투자 아이디어 발굴 → 검증 → 집행 → 복기의 기본 프로세스를 실천하다 보면 투자 실력이 쌓인다. 100개 정도의 기업은 공부를 해 봐야 투자 후보를 가려낼 수 있는데 일주일에

한 개씩 공부를 한다면 2년 뒤에는 100개가 쌓인다.

5단계 많이 공부하고 적게 행동하기: 주식시장은 지뢰밭, 많이 움직일수록 불리하다. 시장 전체가 급락하며 반대매매가 터질 때가 최고의 매수기회다. 이런 기회는 1년에 몇 번 오지 않는다. 평소에는 꾸준히 기업 공부를 하다가 이런 날만 매수하자.

6단계 난중일기 기록하기: 약세장에 쓰는 난중일기는 투자에 유용하다. 난중일기를 써 보면 다음 약세장에 더 나은 대응을 할 수 있다.

여신욱의 책에는 주식투자 실패 극복에 도움이 되는 내용과 사례가 가득한데 여기서 소개한 내용은 최대한으로 압축한 것인 만큼 보다 상세한 내용은 책 전체를 읽어 보면 좋다.

2장 주식투자 리스크 관리 어떻게 해야 하나요?

리스크 관리 고수들의
필살기를 알려 주세요

1971년 8월 15일 뉴욕 증권거래소에서 일하고 있었던 20대 청년 달리오는 TV에서 닉슨 미국 대통령의 금태환 중지 선언 뉴스를 접하게 된다. 막대한 무역적자와 베트남 전쟁 비용 조달을 위해 달러를 마구 찍어 내던 미국이 고정환율제를 포기하면서 달러를 더 이상 금으로 바꿔 주지 않겠다는 것으로 이전의 금본위제와 브레튼우즈 체제가 무너지면서 세계 경제에 엄청난 충격을 준 사건이다. 그 뉴스를 들은 달리오는 다음 날 주가가 폭락할 것이라고 예상했다. 그러나 다음 날 출근한 달리오는 예상과는 전혀 달리 다우존스 지수가 오르고 이후 닉슨 랠리(Nixon Rally)라고 불리는 자산 가격의 상승 현상을 목도하게 된다.

달리오는 1982년에도 멕시코의 채무불이행으로 전 세계 경제가 침체에 빠지고 미국 주식이 폭락할 것이라고 확신해 주식을 공매도했으나 예측과는 달리 주가가 크게 상승하면서 거액의 손실을 입고 고객과 직원이 모두 떠나는 위기를 겪었다. 이런 쓰라린 경험을 하면서 달리오는 투자를 보는 관점을 완전히 바꾸게 된다. 투자에서 가장 중요한 일은 미래를 예측하는 것이 아니라 예측의 불가능을 전제로 어떤 경제 상황에도 수익을 낼 수 있는 전천후 전략을 만드는 것이라는 관점으로의 전환이다. 투자자와 레이 달리오에게 엄청난 부를 안겨 준 브리지워터의 대표상품인 '올웨더(All Weather) 포트폴리오'가 탄생한 배경이다.

레이 달리오의 '올웨더 포트폴리오'는 수익률 극대화가 아니라, 손실 통제를 통해 장기 생존 확률을 높이는 방식으로 설계된 자산배분 전략이다. 이 전략은 투자 실패의 원인이 예측을 잘못해서라기보다, 특정 경기 상황에서만 잘 작동하는 자산에 지나치게 집중하기 때문이라는 생각에서 출발했다. '올웨더 포트폴리오'는 경제 환경을 경기 상승·경기 침체, 인플레이션·디플레이션의 네 가지로 나누고, 각 국면에서 강한 자산을 동시에 보유한다. 대표적인 기본 구성은 주식 약 30%, 장기 국채 약 40%, 중기 국채 약 15%, 금과 원자재 약 15% 수준이다. 이 조합은 주식이 강세일 때는 성장 수익을 확보하고, 디플레이션이나 위기 국면에서는 국채가 손실을 흡수하며, 인플레이션 환경에서는 금과 원자재가 방어 역할을 하도록 설계돼 있다.

'올웨더 포트폴리오'는 2008년 글로벌 금융위기 당시 미국 주식 시장이 약 50% 가까이 하락했을 때 하락 폭을 한 자릿수 손실로 방어했다. 장기적으로 보면 연평균 수익률은 주식에만 투자하는 것보다 낮을 수 있지만, 최대낙폭(MDD)이 현저히 작아 마이너스의 복리가 작동될 가능성을 낮춘 점이 핵심이다. '올웨더 포트폴리오'를 통해 레이 달리오는 말한다. "미래를 예측하려 하지 말고, 어떤 미래가 와도 망하지 않는 구조를 먼저 만들어라."

'올웨더 포트폴리오'로 대표되는 자산배분 전략이 중장기 투자자의 리스크 관리 방식이라면 트레이더의 리스크 관리는 '2% 규칙'으로 대표된다. 이 규칙은 수익을 얼마나 낼 것인가보다 얼마까지 잃어도 되는지를 먼저 정하는 사고방식에서 출발하는 것으로, 한 번의 거래에서 감수할 수 있는 최대 손실을 전체 투자금의 2% 이내로 제한하라는 원칙이다. 예를 들어 투자금이 1억 원이라면, 어떤 매매를 하더라도 손실 한도는 200만 원을 넘지 않도록 설계한다. 이때 중요한 점은 얼마를 매수할지를 먼저 정하지 않는다는 것이다. 손절가를 기준으로 손실이 200만 원을 넘지 않도록 매수 수량을 역산해 결정한다. 즉, 매수 규모는 시장 전망이 아니라 리스크 한도에 의해 자동으로 결정된다.

이 규칙의 위력은 연속으로 손실이 날 때 드러난다. 트레이딩에서는 아무리 뛰어난 전략이라도 손실 구간을 완전히 피할 수는 없다. 그러나 '2% 규칙'을 지키면 5번, 10번 연속으로 손실이 나더라도 계좌가 크게 훼손되지 않는다. 손실이 쌓이더라도 다시 도전할 수 있는 자금과 심리적 여유가 남는다. 반대로 한 번의 거래에 5%나 10%씩 위험을 감수하면 몇 차례의 실패만으로도 계좌는 크게 줄어들고, 원금을 회복하기 어려운 상태에 빠질 수 있다. 많은 트레이더가 실력에 비해 일찍 시장을 떠나는 이유가 바로 여기에 있다.

'2% 규칙'은 수익을 제한하는 규칙이 아니라 수익이 나타날 때까지 버틸 수 있는 시간을 확보해 주는 규칙이다. 이 원칙을 체계화한 인물로 알려진 밴 타프는 "트레이딩의 성패는 전략보다 자금관리에서 결정된다."라고 강조했다. 매매 기법은 배울 수 있지만, 손실을 통제하고 계좌를 지키는 구조를 만드는 일은 별도의 훈련과 절제가 필요하다는 의미다.

결국 '2% 규칙'은 트레이더 버전의 올웨더 전략이라고 할 수 있다. 중장기 투자자가 자산배분으로 큰 변동성을 관리한다면, 트레이더는 투자 비중 관리로 시장의 불확실성을 관리한다. 방식은 다르지만 철학은 같다. 망하지 않도록 설계한 뒤, 그다음에 수익을 논한다. 이것이 '2% 규칙'이 트레이더의 리스크 관리 필살기로 불리는 이유다.

정보이론의 창시자이고 주식투자에도 일가견을 가졌던 클로드 섀넌은 '섀넌의 도깨비' 혹은 '균형복원 포트폴리오'라고 불리는 리스크 관리 기법을 제시한다.

예를 들어 설명하면 다음과 같다. 주식투자에 원금 1000만 원을 풀베팅했는데 주가가 40% 올랐다가(1400만 원) 30% 하락하면 980만 원이 되어 손실률이 2%가 된다. 그런데 1000만 원을 풀베팅하지 않고 원금의 50%만 매수하고 나머지 50%는 현금으로 두면 주가가 40% 올랐을 경우 500만 원 × 1.4 = 700만 원이 되고 투자하지 않은 현금을 더하면 1200만 원이 된다. 이 금액에서 다시 50%(600만 원)만 투자하고 600만 원은 현금으로 둔 상태에서 풀베팅 때와 동일하게 주가가 30% 하락하면 투자금은 600만 원 × 0.7 = 420만 원으로 줄어드는데 여기에 남겨둔 현금 600만 원을 더하면 1020만 원이 되어 20만 원의 수익, 즉 2%의 수익률을 얻게 된다.

시장 상황은 40% 상승했다가 30% 하락하는 동일한 상황에서 원금을 풀베팅하는 투자법을 주식과 현금을 50%씩 배분하는 투자법으로만 바꾼 것으로 -2%의 손실 게임이 +2%의 수익게임으로 바뀌는 도깨비 같은 결과가 나타난 것이다. -2%의 손실 게임과 +2%의 수익게임이 10년이나 20년 복리로 진행될 경우의 결과는 훨씬 더 커다란 차이로 나타날 것임은 두말할 필요도 없다.

이 사례가 보여 주는 결과는 주식투자 리스크 관리와 관련해 매우 중요한 의미를 갖는다.

첫째, 손실을 입지 않고 수익을 얻기 위해서는 주가의 변동성이 작아야 한다. 풀베팅 투자법에서 +40%와 -30%의 주가 변동성은 주식과 현금을 50%씩 배분하는 투자법에서는 투자금이 절반으로 줄었기 때문에 결과적으로 주가 변동성이 +20%와 -15%로 완화되어 잃지 않고 수익을 얻는 게임으로 전환될 수 있었다. 주식투자의 성공을 위해 변동성 관리가 매우 중요하다는 것이다.

둘째, 손실 게임을 수익게임으로 바꾸기 위해서는 자산배분이 중요하다.

원금을 모두 투자하는 풀베팅은 손실 게임이있지만 원금의 절반을 현금이라는 안전자산 형태로 두어 시장 상황의 충격을 완화시킨 투자법은 수익게임을 만드는 기반이 되었다. 물론 안전자산은 현금만이 아니고 채권, 금, 부동산, 원자재 등 다양한 형태가 있을 수 있는데 주식의 위험성을 보완하는 자산들로의 투자배분은 주식투자에서 잃지 않고 수익을 올리기 위한 필수 요건이라고 할 수 있다.

셋째, 자산배분은 결국 주식투자에 자금을 어느 정도로 투입하는 것이 투자 성과를 가장 높일 수 있는가라는 자금관리와 긴밀한 연관을 맺고 있다. 위 사례에서는 원금의 50%를 투자했지만 30%를 투자할 수도 있고 100%를 투자할 수도 있다. 그리고 그 결과가 모두 다르다. 그래서 내가 가진 돈의 몇%를 투자했을 때 가장 좋은 결과를 얻을 수 있느냐를 계산하는 공식이 있는데, 그것은 켈리방정식이라고 불리운다.

넷째, 손실 게임을 벗어나고 수익게임을 안정적으로 유지하기 위해서는 포트폴리오의 리밸런싱도 매우 중요하다. 위 사례에서 주가 변동에 따라 수익이 나거나 손실이 나면 기존의 포트폴리오의 자산 비중에 변화가 일어나는데 이 비중을 일정 기간마다 사전에 정한 원래의 목표 비중에 부합되도록 조정하는 과정이 리밸런싱이다. 예컨대 주식 60%, 현금(채권) 40%로 구성된 포트폴리오가 주가 상승으로 70:30이 되었다면, 일부 주식을 팔고 현금(채권)을 사서 다시 60:40으로 맞추는 것이 리밸런싱이다. 리밸런싱은 시간이 지남에 따라 특정 자산의 비중이 과도하게 커지거나 줄어드는 것을 조정함으로써 포트폴리오의 위험 수준을 일정하게 유지할 수 있고, 특정 시점에 고평가된 자산은 매도하고 저평가된 자산을 매수하는 효과가 있어 장기적으로 수익률을 안정화시키는 데 도움을 주며, 투자자의 심리적 편향(탐욕·공포)에 휘둘리지 않고 규칙적으로 자산을 관리할 수 있게 해 준다는 장점을 통해 중장기 투자의 성과를 높이는 데 중요한 역할을 한다.

9

리스크 관리 공부와 훈련은
어떻게 해야 하나요?

지금까지 주식투자의 리스크 관리와 관련된 사항을 살펴보았다. 주식투자의 리스크에는 시장 리스크, 기업 리스크, 전문가 리스크, 투자자 리스크가 있고 그러한 리스크를 관리하기 위한 방법으로 기본적 분석, 기술적 분석, 자금관리, ETF, 자산배분, 적립식 투자, 퀀트 투자 등이 있는 것도 살펴보았다.

리스크 관리가 주식투자에서 무엇보다 중요하지만 제대로 리스크 관리를 하기 위해서는 공부하고 훈련해야 할 것도 엄청 많다는 사실을 보여 준다. 이러한 공부와 훈련을 효율적으로 할 수 있는 방법은 무엇인가? 여기에서는 그 방법으로 초보 단계에서는 low risk low return 방식의 리스크 관리, 초보를 벗어나 중수 레벨이 되면 medium risk medium return 방식의 리스크 관리, 고수 레벨에 이르면 high risk high return 방식의 리스크 관리로 단계적으로 내용을 레벨업해 가는 방식을 제시한다.

먼저 투자 고수들의 조언부터 살펴보자.

투자 고수들은 '돈을 잃지 않기' 위한 훈련으로 투자 초보자들은 소액으로 실전 경험을 하라고 조언한다. 소액은 사람에 따라 100만 원일 수도 있

115

고 500만 원일 수도 있지만 그 말에 담긴 의미는 '잃어도 좋은 돈'이다. 그런 돈으로 안정적인 수익률을 올릴 수 있을 때까지 훈련하라는 것이다.

채종원은 『스스로 수익 내는 주식투자의 모든 것』이라는 책에서 주식을 해 보지 않았거나 제대로 공부하지 않았다면 300만 원 이내로 한 2년 정도는 연습한 뒤에 승률이 60% 이상 나오면 그때 가서 본격적으로 매매하라고 이야기한다. 2년이라는 기준을 세운 건 주가가 요동치는 옵션 만기일도 지내 보고 어떤 매매법도 통하지 않는 폭락장도 지나 보라는 의미로, 그래야 이런저런 시장을 다 겪어 볼 수 있기 때문인데, 그런 트레이딩을 통해 차트를 보면 매수 자리와 매도 자리, 손절 라인이 기계적으로 들어올 정도로 무수히 반복해야 한다고 말한다. 오버솔드도 『저가 매수의 기술』이라는 책에서 훈련하는 과정에서는 시간적 제약이 있는 돈을 써서는 안 되는 만큼 미수나 신용을 사용하지 말고 자기 돈으로만 투자하라고 말한다. 미수나 신용을 활용해 수익을 낼 수 있는 사람들은 최상위급 매매자들만이 할 수 있는 일이고, 훈련하는 과정에서는 자기 돈으로만 투자해야만 긴 시간을 활용할 수 있다는 것이다.

이 소액의 돈을 중장기 투자에 써야 할까? 단기 트레이딩에 써야 할까? 100만 원 정도의 소액은 중장기 투자를 하기에는 너무 적은 돈이고 실전 훈련에도 그다지 도움이 되지 않는다. 리스크 관리를 위해 투자의 실전 훈련에 투입하는 금액은 작아야 하지만 실전 경험을 최대한 빠른 시간에 축적하려면 투자 방법은 중장기 투자가 아닌 단기 트레이딩 투자가 보다 효율적일 수 있다. 트레이딩 훈련에는 손실률이 사전에 정한 기준을 벗어날 경우에외 없이 손절하는 훈련도 포함된다. 따라서 단기 트레이딩 훈련에 소액을 사용하되 투자 초보자의 대부분이 직장인이고 실력도 아직 낮은 수준에 있는 점을 고려해 데이트레이딩이 아닌 3개월 정도의 분기 트레이딩 훈련을 하는 것이 적절하다고 생각된다.

분기 트레이딩 훈련이 필요한 이유는 기업의 실적 발표가 분기별로 이루어지기 때문이기도 하다. 분기마다 발표되는 기업 실적을 체크해 주식의 보유나 매수·매도 여부를 판단하는 것은 투자 기업에 대한 기본적 분석과 기술적 분석을 공부할 수 있는 효과적 방법이라고 할 수 있다.

다음에는 목표수익률을 어느 정도로 할 것인가다. 리스크 관리 고수들의 또 다른 조언은 처음부터 높은 수익률을 기대하지 말라는 것이다. 세계 최고 투자 고수인 워런 버핏의 수익률도 연평균 20% 정도인데 100% 이상의 수익률을 기대한다면 그것은 착각이나 무지에서 비롯된 것이라고 할 수 있다. '돈을 잃지 않기'의 관점에서 말하면 투자 초보 단계에서는 이자율이나 물가상승률 정도의 수익률을 올린다면 목표를 달성한 것이라고 할 수 있다.

이제 소액의 투자 원금과 기대수익률을 어떻게 연동시켜 리스크 관리 훈련을 할지 생각해 보자. 여기에 적용되는 기본원리는 수익률에 상응한 투자 원금의 조절이다. 예를 들면 투자 원금이 500만 원이고 투자 첫 1분기의 수익률이 10% 이상이 나오면 투자 원금을 100만 원 증액한다. 수익률이 0~10%이면 투자 원금 현상 유지, 수익률이 마이너스이면 투자 원금을 100만 원 감액한다. 수익률이 10% 이상 나오는 분기가 연속 10분기 이어지면 투자 원금이 1400만 원이 되고, 수익률이 마이너스인 분기가 연속 5분기 이어지면 투자 원금은 최소투자 원금 수준인 100만 원으로 떨어진다.

이 훈련에서 살아남고 성장해 가기 위해서는 수익률 10% 이상 달성이 가장 중요하다. 분기마다 발표되는 기업 실적을 보면서 수익률 10%를 달성하기 위해 공부하고 훈련하는 것은 투자자의 길을 가든, 트레이더의 길을 가든, 기본적으로 필요한 공부와 훈련이라고 할 수 있다. 특히 투자 원금이 줄어드는 마이너스의 수익률을 보이지 않기 위해 노력하는 것은 '돈을 잃지 않기' 위한 리스크 관리의 기본을 다지는 공부와 훈련이 될 것이다. 그래서 이 책에서는 '빨리빨리' 부자가 되고 싶은 한국 투자 초보자의 공부와 훈련방법으로 비자발적 장기 투자나 데이트레이딩 대신 분기 투자나 분기 트레이딩을 강력히 추천한다.

초보 단계를 벗어나고 투자 자금이 커지면 medium risk medium return 방식의 리스크 관리를 훈련한다. 투자 종목은 초보시절 아는 종목에만 집중했던 방식에서 아는 종목의 범위를 늘려 분산 투자 하는 방식을 통해 리스크를 관리한다. 이를 위해 관심 종목을 최대한 늘리는 노력을 할 필요가 있다. 오버솔드는 『종목 선정의 기술』이라는 책에서 자신이 주력으로 매매할 닭(종목)을 적극적으로 모아 놓은 '나만의 닭장(종목 풀)'을 마련하고, 그 닭들(종목들) 만으로 매매해 보기를 권한다. 달리는 말을 잡으려고 하는 것처럼, 산을 날아다니는 산닭을 잡으려고 쫓아다니는 투자자들이 많지만, 산닭을 잡으려면 어마어마한 에너지를 써야만 하고, 잡는다 한들 그 닭이 맛이 있을지 없을지는 모르는 만큼 품종 좋은 닭만을 모아 놓은 자기만의 닭장을 만들어 매매를 하면 닭장 속의 닭들이 알(배당)도 낳아 주고 알아서 잘 크기 때문에 리스크 관리도 되고 높은 수익률도 올릴 수 있다는 것이다.

수익금이 생기면 단기 계좌에서 중기 계좌로 이체해 단기투자와 중기투자를 병행한다. 중기투자는 기업 실적 확인을 할 수 있는 3개월 단위의 투자로 기대수익률 10% 정도의 종목을 중심으로 포트폴리오를 구성한다.

개별 종목에 대한 공부가 쉽지 않으면 다수의 종목에 분산 투자 하는 ETF 투자를 할 수도 있다. 아울러 분산 투자 해도 시장 리스크를 피할 수 없는 만큼 장세 판단에도 주의를 기울인다. 하락장에서는 어떤 투자법도 수익을 올리기 어렵기 때문이다.

아울러 주식투자와 병행해 자산배분을 학습하는 것이 리스크 관리 측면에서 매우 중요하다. 2008년의 글로벌 금융위기나 2020년의 코로나 사태처럼 전혀 예상치 못한 일로 주식시장이 폭락하는 블랙 스완이 오더라도 투자 자금 손실을 최소화할 수 있도록 레이 달리오의 '올웨더 포트폴리오'처럼 주식, 채권, 금, 달러, 원자재 등의 다양한 자산 분산을 통한 리스크 관리 방법을 학습할 필요가 있다.

투자 내공이 단단해지고 투자 자금이 충분히 커지면 초과수익률을 목표로 해 high risk high return 방식의 리스크 관리로 나아간다. 개별 종목 투자에서는 투자자라면 충분히 잘 아는 기업을 중심으로 집중 투자를 할 수 있고, 트레이더라면 투자 자금 손실을 최소화하는 '2% 룰'을 투자 원칙으로 지키면서, 매매에서는 달리는 말에 올라타서 '손실은 짧게, 이익은 길게' 가져가는 추세 추종 매매 방식을 핵심 무기로 사용한다.

결국 리스크 관리 공부와 훈련의 핵심은 처음부터 큰돈으로 높은 수익을 노리는 것이 아니라, 잃어도 되는 소액으로 다양한 시장을 경험하며 손실을 통제하는 습관을 체득하고, 수익률에 따라 투자 원금을 점진적으로 조절하는 규율을 몸에 익히는 데 있다. 이후 경험과 자금이 축적될수록 종목 분산, ETF와 자산배분, 장세 판단 등을 통해 리스크를 체계적으로 관리하고, 최종적으로는 자신이 충분히 이해한 영역에서 집중 투자와 달리는 말에 올라타는 전략 등을 통해 초과수익률을 노리는 단계로 나아가는 것이다. 다시 말해, 리스크 관리 능력은 'low risk-medium risk-high risk'로 이어지는 단계적 훈련과 반복을 통해 점진적으로 높아지는 투자자의 핵심 역량이라고 할 수 있다.

리스크 관리에 도움이 되는
책과 사이트, 유튜브

김대중, 『주식투자의 99%는 위험관리다』(원앤원북스, 2010)

리스크 관리만을 다룬 책이 많지 않은데 이 책은 오래전에 나온 것이지만 손절매, 분산 투자와 분할 매매의 중요성, ETF의 장점, 바닥에서 사지 말고 추세를 보고 사라는 조언 등 리스크 관리의 핵심은 모두 짚고 있는 책이다. 상승장과 하락장의 위험관리 방법이 다르고, 투자 성향에 따라 위험관리 방법이 다른 점도 지적한다.

systrader79, 『주식투자 리스타트—왜 나는 주식투자로 돈을 못 벌까?』
(에디터, 2012)

현직 의사이자 회원 수 58만여 명의 네이버 주식 카페 〈주식차트연구소〉를 운영하고 있는 투자 고수가 쓴 주식투자 조언 매뉴얼이다. 저자는 주식시장에서 살아남으려면 '돈을 버는 것'보다 '돈을 잃지 않는 것'에 집중해야 하고, 투자 성공의 핵심 요소는 종목 선정이나 매매 기법이 아니라 자금 관리와 장세 판단이라고 말한다. '손실은 작게, 수익은 크게' 하기 위해 승률과 손익비를 적정 수준으로 관리하는 것도 매우 중요하다.

김성일, 『마법의 투자 시나리오』(다산북스, 2022)

시장 예측과 종목 선택에 집착하는 기존 투자 방식에서 벗어나, 어떤 환경에서도 작동하는 투자법이 무엇인지를 16가지 투자 시나리오로 정리해 보여주는 책. 저자는 개인투자자들이 굳게 믿어 온 잘못된 투자 미신을 지적하고, 인플레이션·금리 인상·장기 불황 등 어떤 시장 국면에서도 꾸준한 성과를 낼 수 있는 포트폴리오 전략을 제시한다. 이를 통해 투자자는 자신의 자산 상황과 리스크 감내 수준에 맞는 투자 시나리오를 선택하고 실행할 수 있다.

오버솔드, 『저가 매수의 기술』(필라멘트북스, 2022)

주식 매매의 리스크 관리의 핵심은 작은 이익과 큰 손실의 투자법을 작은 손실과 큰 이익의 투자법으로 바꾸는 것이다. 이 책은 중장기 매매를 전제로 이동평균선, 엔벨로프, RSI, MACD 등 보조지표를 이용해 저가에 매수해서 묵직하게 수익을 내는 방법을 알려 준다. 그는 이 책에 이어 종목 선정에서의 리스크 관리를 강조한 『종목 선정의 기술』, 『초단타매매의 기술』 등 3부작을 썼다.

김단테, 『절대수익 투자법칙』(이레미디어, 2020)

창업해 큰 부를 얻은 뒤 금융 전문가에게 돈을 맡겼다가 성과가 형편없어 다양한 투자를 직접 해 보며 결국 개인이 운용하기에 적합한 투자법으로는 세계 최고의 투자자인 레이 달리오의 '올웨더 투자법'이 가장 좋다는 결론을 내리고 올웨더가 어떤 투자법이고, 어떻게 해서 꾸준한 수익을 낼 수 있는지, 어떻게 따라 할 수 있는지 자세한 방법을 설명한 책. 저자는 〈내일은 투자왕—김단테〉라는 유튜브 채널도 운영하고 있다.

박성현,『세븐 스플릿』(액티브, 2024)

주식투자에서 17년 동안 잃기만 했던 저자가 카지노에서 깨친 '절대 돈을 잃지 않는 메커니즘'을 달러 투자와 주식투자에 적용해 100억 원의 자산가로 거듭나게 된 투자법을 알려 주는 책. 투자법의 핵심은 '7분할 계좌'로 분할 매수와 분할 매도, 레버리지와 손절매는 하지 않는다는 투자 7원칙을 제시한다. 그는 1번의 1000% 수익이 아니라 1000번의 1% 수익으로 부자가 될 수 있고, 100배 주식을 찾기보다는 100개 종목을 보유하는 것이 더 현실적이라고 조언한다.

사경인,『재무제표 모르면 주식투자 절대로 하지 마라』(베가북스, 2020)

매출액이 3배나 늘었는데 회사는 왜 망했을까? 왜 주가가 2주 만에 반 토막이 났을까? 이 책의 저자 사경인은 재무제표를 보고 이에 대한 답을 할 수 있을 정도의 실력은 갖추어야 한다고 말한다. 돈을 못 버는 건 수익이 낮아서가 아니라 손실이 크기 때문이라면서 깡통차고 싶지 않으면 최소한 관리종목 편입이나 상장폐지의 위험이 없는지 정도는 확인하라고 말한다. 책 내용의 3분의 2는 손실을 줄이는 방법, 나머지는 수익을 내는 방법으로 구성되어 있다.

남석관,『손실 없는 투자 원칙』(모루, 2023)

전업투자 이후 23년 동안 단 한 번도 마이너스 수익을 내 본 해가 없는 수백억 자산의 슈퍼개미이자 '전업투자자의 전설'이라고 불리는 저자가 40년에 가까운 시간 동안 축적된 다양한 경험을 바탕으로 중장기 투자와 단기투자 시 실질적으로 도움이 되는 리스크 관리와 매수·매도법을 알려 주는 책이다.

여신욱, 『실패를 극복하는 주식투자─망친 주식 수습하기 프로젝트 26』
(체인지업, 2022)

주식투자에서 성공한 사람보다 실패한 사람이 압도적으로 많음에도 불구하고 실패 원인과 처방을 다룬 책은 드물다. 이 책은 망친 주식을 수습하는 방법과 다시 망치지 않으려면 뭘 준비해야 하는지를 알려 주는 보기드문 책이다. 그가 쓴 다른 책으로 「절대 잃지 않는 안심 투자법」이라는 부제가 붙은 『운을 극복하는 주식 공부』도 함께 읽어 보면 좋다.

효라클, 『수익률 높이는 종목 선택법』(황금부엉이, 2025)

코로나19 하락장에서도 255% 수익률을 기록했고, 최근 1년간 추천한 239개 종목 중 229개가 상승했다는 테마주 투자 고수가 사지 말아야 할 주식을 선별하는 방법을 알려 주는 책. 저자는 '무엇을 사야 할지'보다 '무엇을 사면 안 되는지'를 아는 것이 수익률을 높이는 가장 현실적인 방법이라고 말한다.

투자에 도움이 되는 사이트와 유튜브

금융투자협회(kofia.or.kr)

신용융자는 상승장에서는 레버리지 효과로 큰 수익을 낼 수 있지만, 하락장에서는 반대매매 등으로 시장에서 퇴출될 수 있을 만큼 손실이 커지는 리스크가 매우 큰 투자법이다. 따라서 잃지 않는 투자를 하기 위해서는 금융투자협회 홈페이지에 고시하는 신용융자 잔고 추이를 수시로 확인할 필요

2장 주식투자 리스크 관리 어떻게 해야 하나요?

가 있다.

치과신문(dentalnews.or.kr) '최명진 원장의 자산배분 이야기'

2021년 3월 12일 첫 칼럼 「인플레이션의 시대 '투자' 스스로를 지키는 길」에서 시작해 매주 1회 현재까지 200여 개의 글이 올라와 있는데, 투자자의 리스크 관리, 자산배분, 장세 판단에 크게 도움이 된다.

경제왕 김피비(youtube.com/@ecokingkimpb)

『경제위기 투자 바이블』의 저자가 운영하는 유튜브 채널. 채널에는 한국과 미국의 경제위기를 경고하는 내용이 많은데, 위기를 기회로 삼아 경제적 자유를 이루는 것을 목표로 하고 있어 리스크 관리와 역발상 투자의 관점에서 참고할 만하다.

주식후견인 TV(youtube.com/@펀드매니저_문견후)

세력으로부터 투자자를 보호하는 수호자를 자처하는 채널로, 운영자는 제 영리를 위해 타인의 삶을 망치는 무책임한 추천을 하지 않는다고 하면서, 주식 시장에서 부족한 근거로 위험한 종목 매수만을 권유하는 채널이 많아, 조금 매운 맛을 보여 주는 채널을 개설했다고 한다.

3장

주식투자 장세 판단
어떻게 해야 하나요?

장세 판단이 무엇이고 왜 중요한가요?

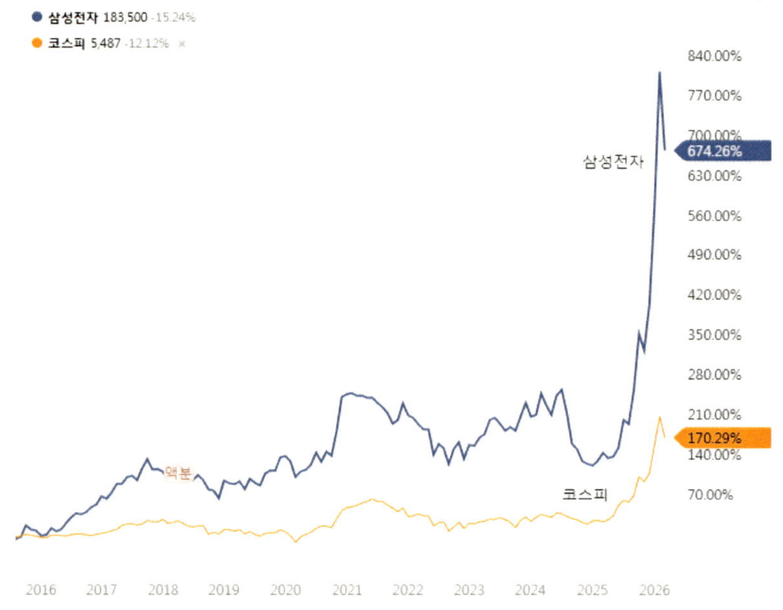

2020년 1월 2일 코스피지수는 약 2175포인트, 삼성전자는 5만 5500원으로 시작했다. 그러나 코로나19가 전 세계로 확산되기 시작하면서 주식시장은 급격한 공포 국면에 진입했고, 2020년 3월 19일에는 코스피지수가 1457

포인트, 삼성전자는 4만 2300원까지 폭락했다. 세상이 셧다운되고 실물경제가 멈춰 서는 듯한 분위기 속에서 주가는 끝없이 무너질 것처럼 보였다.

하지만 미국 정부와 연준의 대규모 양적완화 정책이 본격화되면서 시장은 예상보다 빠르게 반등했다. 그 결과 2021년 1월, 코스피지수는 사상 최고치인 약 3300포인트를 기록했고, 삼성전자 역시 2021년 1월 중순 약 9만 6800원까지 오르며 이른바 '10만 전자'에 대한 기대가 시장을 지배했다. 주가지수 4000 시대가 머지않았다는 낙관론이 확산되던 시기였다.

그러나 2022년 들어 미국의 급격한 금리 인상이 시작되면서 분위기는 급변했다. 글로벌 유동성이 빠르게 회수되자 주식시장은 다시 하락 국면으로 전환되었고, 2022년 10월에는 코스피지수가 약 2130포인트, 삼성전자는 약 5만 2000원 수준까지 밀려났다. 이후 미국 주식시장은 반등에 성공해 상승 흐름을 이어 갔지만, 한국 주식시장은 긴 하락과 횡보 국면에 머물렀다.

2024년 말에 터진 계엄 사태는 한국 주식시장에 더 이상 희망이 없는 것처럼 보이게 만들었다. 이 시기를 거치며 '국장 탈출은 지능순'이라는 말이 회자될 정도로 투자자 자금은 대거 미국 주식시장으로 이동했다. 그러나 2025년 이후 '코스피 5000 시대'를 내건 이재명 정부가 등장하면서 시장 분위기는 급격히 반전되었고, 주가는 강한 상승세에 진입했다. 그 결과 2026년 2월에 코스피지수는 6000, 삼성전자는 20만 원을 돌파하는 수준까지 상승했다.

만약 대한민국 1등주인 삼성전자를 믿고 2배 신용으로 매수했다가 코로나 폭락장에서 공포에 질려 주식을 모두 매도했다면 어떻게 되었을까? 또 '10만 전자'의 문턱에서 삼성전자를 매수했던 사람은 2024년 11월 5만 원 이하까지 하락해 반토막 나는 상황을 어떻게 견딜 수 있었을까? 반대로 암울한 전망만이 넘치고 계엄 사태까지 일어나 최악의 상황처럼 보였던 2024년

12월 삼성전자를 매수해 지금까지 보유한 사람은 어떤 기분일까?

　코로나 폭락장에서 위기를 기회로 인식하고 저점 매수에 성공한 동학개미들은 큰 수익을 거두었지만, 2021년 이후 글로벌 유동성 축소와 금리 인상이라는 장세 전환을 제대로 인식하지 못하고 그대로 주식을 보유하고 있거나 고점에서 추가 매수한 투자자들은 초기 수익을 모두 반납하고 손실로 전환되었다. 이처럼 장세를 제대로 읽지 못하면, 투자금을 모두 잃어버릴 수도 있고 어렵게 벌어들인 수익조차 유지할 수 없지만, 반대로 장세를 제대로 판단하고 투자하면 인생을 바꿀 수도 있는 부를 얻을 수 있다. 이것은 주식투자에서 시장의 큰 흐름(장세)을 판단하고 그에 맞는 전략을 세우는 능력이 얼마나 중요한지를 여실히 보여 준다.

　윤재수는『주식 대세판단 무작정 따라하기』라는 책에서 다수의 투자자들이 손실을 보는 이유를 다음 네 가지로 요약하고 있다.

　첫째, 증시 대세를 알지 못해 투자 시기가 잘못된 경우
　둘째, 종목 선정이 잘못된 경우
　셋째, 사고파는 시점을 알지 못한 경우
　넷째, 분수에 넘치는 무리한 투자를 하지 못한 경우

　이 중에서 증시 대세를 알지 못해 시장에서 빠져나와야 할 때 진입하거나, 시장에 진입해야 할 때 빠져나옴으로 해서 손해를 보는 경우가 특히 많다고 말한다. 대세판단 기준을 알지 못하면 일시적으로는 돈을 벌 수 있지만 대세 상승기에 벌어 둔 수익은 대세 하락기로 접어들면 한순간에 마이너스로 역전되어 마지막에 가서는 돈을 잃게 된다는 것이다.

　systrader79도『주식투자 리스타트—왜 나는 주식투자로 돈을 못 벌까?』라는 책에서 "주식시장에서 손해를 안 보고 무조건 돈을 벌 수 있는 방법은

주식투자법 100문 100답

전혀 없다."라면서 주식시장에서 승자가 되기 위한 두 가지 조건으로 리스크 관리와 장세 판단의 중요성을 강조한다.

장세 판단은 하락장에서 특히 중요하다. 상승장에서는 많은 종목이 상승해 투자 실력이 없어도 '초심자의 행운'으로 수익을 올리기도 하지만 하락장에서는 기업 실적이 좋아도 장세에 휩쓸려 동반 폭락하는 경우가 적지 않기 때문이다. 폭락장에서는 지수가 30~50% 하락하는 경우가 적지 않은데, 지수가 이 정도 하락하면 개별 종목은 이보다 훨씬 더 큰 폭으로 하락하기 때문에 투자금을 모두 잃고 시장에서 퇴출되는 경우도 빈발한다. 따라서 장세 판단은 주식투자에서 가장 중요한 원칙인 '돈을 잃지 않기'를 지키기 위한 가장 중요한 요소라고 할 수 있다.

이렇게 주식투자에서 장세 판단이 중요하지만 장세 판단은 전문가도 쉽지 않은 일이다. 투자의 전설인 워런 버핏은 "나는 시장이 내일 오를지 내릴지 전혀 모른다."라고 했고, 세계 최고의 펀드 매니저인 피터 린치도 "당신이 경제를 예측하는 데 13분을 썼다면, 그중 10분은 낭비한 것이다."라고 말했다.

그러나 그럼에도 불구하고 주식투자의 성과를 크게 좌우하는 장세 판단의 노력을 소홀히 할 수는 없다. 아래에서는 장세 판단의 어려움을 인정하면서도 무엇보다 '돈을 잃지 않기' 위해, 그리고 공포의 위기 속에서 기회를 발견하기 위해 장세 판단에 필요한 공부를 해 보기로 한다.

장세 판단 관련 핵심 용어

마켓타이밍(Market Timing)

마켓타이밍은 시장의 상승장과 하락장을 판단해 투자 비중을 조절하는 것을 말한다. 예를 들어 상승장이 예상되면 투자 비중을 늘리고, 하락장이 예상되면 현금 비중을 높여 손실 위험을 줄이는 방식이다. 즉 마켓타이밍은 장세 판단을 바탕으로 언제 투자하고 언제 쉬어야 하는지를 결정하는 전략이다.

밸류에이션(Valuation)

밸류에이션은 기업의 이익, 매출, 자산, 성장성 등 다양한 요소를 기준으로 현재 주가가 어느 수준에서 평가되고 있는지를 판단하는 개념으로, 가치주에서는 저평가 여부(PER, PBR 등)를, 성장주에서는 미래 성장 대비 가격의 적정성(PER, PSR 등)을, 시장 전체에서는 현재 시장이 과열 상태인지 저평가 상태인지 장세를 판단하는 기준(시장 PER 등)으로 활용한다.

시장 PER(주가수익비율), 시장 PBR(주가순자산비율)

시장 PER는 이익 기준의 밸류에이션, 시장 PBR은 자산 기준의 밸류에이선이며, 두 지표 모두 시장 전체가 과열인지 저평가인지 가늠하는 참고 지표다. 시장 PER는 주식시장 전체의 시가총액을 전체 순이익으로 나눈 값으로, 일반적으로 10~12배 이하는 저평가, 15~18배는 중립, 20배 이상은 과열 구간으로 해석되는 경우가 많다. 시장 PBR는 주식시장 전체의 시가총액을 전체 자기자본으로 나눈 값으로, 보통 1 이하는 저평가, 1~1.5배는 중립, 2배 이상은 과열 구간으로 본다.

일드갭(Yield Gap)

일드갭은 주식투자를 하기에 적당한 시기인가를 판단하는 기준으로, 일드갭이 플러스일 때, 즉 예상 주식투자 수익률이 안전하게 수익을 얻을 수 있는 이자율(예금이나 국공채 수익률)보다 높을 때 주식투자를 하는 것이 유리하다는 것이다. 일드갭을 계산하는 공식은 다음과 같다.

일드갭 = 주식투자 예상수익률 - 확정부 이자율

주식투자 예상수익률(%) = $(1 \div PER) \times 100$

컨센서스(Consensus)

컨센서스는 애널리스트와 시장 참여자들이 형성한 평균적인 전망과 기대를 의미하는 개념으로, 시장 전체뿐만 아니라 개별 종목의 실적과 가치 평가에도 적용되며 현재 투자자들의 기대 수준과 심리를 파악하는 데 유용하다. 다만 컨센서스는 이미 가격에 상당 부분 반영되어 있는 경우가 많기 때문에 그 자체보다 실제 결과와의 차이, 즉 기대 대비 현실의 괴리를 통해 장세나 주가 흐름을 해석하는 데 활용되는 것이 더 중요하다.

코스톨라니의 달걀이론

앙드레 코스톨라니가 『돈, 뜨겁게 사랑하고 차갑게 다루어라』에서 언급한 '달걀 이론'은 금리 변화에 따라 시장의 유동성이 이동하면서 장세가 순환한다는 개념으로, 금리가 낮아 자금이 풍부해지는 시기에는 주식 비중을 확대해 상승장에 올라타고, 금리가 상승해 자금이 이탈하는 시기에는 보수적으로 대응하거나 현금 비중을 높여 하락장을 대비해야 한다는 투자 원칙을 제시한다.

피터 린치의 칵테일 파티 이론

피터 린치가 『전설로 떠나는 월가의 영웅』에서 언급한 '칵테일 파티 이론'은 복잡한 경제 지표 대신 사람들의 대화와 행동을 통해 시장 분위기를 읽는 '인간지표' 개념으로, 사람들이 주식 이야기에 관심이 없고 질문조차 하지 않으면 시장이 저점에 가까운 심리 국면이고, 반대로 누구나 종목을 추천하며 투자 이야기가 넘쳐나면 과열된 고점 국면에 가까운 것으로 해석할 수 있어, 투자 심리를 통해 장세를 판단하는 직관적인 심리지표로 활용할 수 있다.

나심 탈레브의 블랙 스완(Black Swan)

블랙 스완은 '검은 백조'라는 뜻으로, 존재하지 않을 것이라 믿어졌지만 실제로 발견된 검은 백조처럼 거의 일어나지 않을 것이라 여겨지던 사건이 현실에서 발생하는 현상을 의미한다. 이 개념은 나심 탈레브가 최초로 제시했는데, 사전 예측이 거의 불가능하지만 발생하면 시장과 경제에 막대한 충격을 주는 사건으로, 2008년 글로벌 금융위기나 2020년 코로나 대폭락이 대표적 사례다.

3

장세에 영향을 미치는 요인으로는
어떤 것들이 있나요?

주식시장과 주가에 영향을 미치는 핵심 요인은 무엇일까. 많은 투자자들은 주가가 기업의 실적에 의해 결정된다고 생각하지만, 실제 시장은 그보다 훨씬 복합적인 요인에 의해 움직인다. 때로는 논리보다 심리가 앞서고, 숫자보다 기대가 먼저 반영되며, 개별 기업의 성과보다 시장 전체의 분위기가 주가를 좌우하기도 한다. 주가란 기업 가치의 단순한 결과물이 아니라, 경제와 정치, 정책과 심리, 수급과 글로벌 자본 흐름이 한 지점에 응축된 결과라 할 수 있다. 따라서 시장을 이해하려는 투자자라면 어느 하나의 요소에만 집중해서는 안 된다. 장세는 단일 원인의 산물이 아니라, 수많은 요인이 맞물려 만들어진 복합적인 결과이기 때문이다.

가장 먼저 살펴봐야 할 것은 금리, 환율, 물가, 경기와 같은 매크로 변수들이다. 이들 중에서도 시장에 가장 강력한 영향을 미치는 변수는 단연 금리다. 금리는 기준금리, 시중금리, 국채금리, 회사채금리, 예금금리, 대출금리 등 다양한 형태로 존재하지만, 주식시장에 가장 직접적인 영향을 미치는 것은 중앙은행이 결정하는 기준금리다. 기준금리는 자금의 가격이며, 모든 자산 가치 평가의 출발점이 된다.

금리가 상승하면 기업의 자금 조달 비용이 증가하고, 가계의 소비 여력과 기업의 투자 의지가 동시에 위축된다. 이는 곧 실적 둔화로 이어질 가능성이 높아지고, 주식시장에는 부정적인 압력으로 작용한다. 반대로 금리가 하락하면 자금 조달 환경이 개선되고, 소비와 투자가 활성화되며, 기업 실적에 대한 기대가 높아져 주식시장에 긍정적인 영향을 미친다. 또한 금리는 자산 간의 상대적인 매력도를 바꾸는 역할도 한다. 금리가 오르면 채권의 이자 수익이 매력적으로 보이면서 주식시장에서 자금이 이탈할 수 있고, 금리가 낮아지면 위험자산인 주식의 기대수익률이 부각되며 자금이 유입될 가능성이 커진다.

특히 한국 투자자에게 있어 미국의 금리는 반드시 주의 깊게 살펴봐야 할 변수다. 미국의 기준금리는 미국 시장에만 영향을 미치는 것이 아니라, 글로벌 자본의 방향을 결정하는 기준점 역할을 한다. 미국 금리가 인하되면 글로벌 유동성이 확대되며 위험자산 선호가 강화되고, 이는 미국과 한국 주식시장 모두에 상승 요인으로 작용하는 경우가 많다. 반대로 미국이 금리를 인상하면 자금은 상대적으로 안전하고 수익률이 높은 미국으로 이동하고, 신흥국에서는 자금 이탈이 발생하기 쉽다. 이 과정에서 달러 강세가 나타나고, 한국을 포함한 신흥국 주식시장은 하락 압력을 받게 된다.

미국의 금리 인상은 한국은행의 정책 결정에도 영향을 미친다. 한미 금리 차가 확대되면 자본 유출과 환율 불안정이 발생할 수 있기 때문에, 한국은행 역시 금리 인상 압박을 받게 된다. 이는 한국 기업의 자금 조달 비용을 높이고, 내수와 투자 심리를 동시에 위축시키며, 결과적으로 주식시장에 이중의 부담으로 작용한다.

특히 급격한 금리 인상은 성장주에 가장 치명적인 영향을 준다. 성장주는 미래의 이익을 현재 가치로 할인해 평가받는 경우가 많기 때문에, 할인율 역할을 하는 금리가 급등하면 주가 조정 폭이 커질 수밖에 없다. 실제로 2020

년 코로나 위기 이후 대규모 양적 완화 정책으로 물가가 급등하자, 미국 연준은 2022년 기준금리를 단기간에 0.25%에서 4.5% 이상으로 급격히 인상했다. 그 결과 기술주 중심의 나스닥 지수는 30% 이상 하락하며 큰 조정을 겪었고, 한국 시장 역시 외국인 자금 이탈과 원화 약세, 기업 실적 둔화 우려가 겹치며 코스피와 코스닥이 동반 하락했다.

환율 또한 주식시장에 중요한 영향을 미치는 변수다. 환율은 기업의 실적과 외국인 수급을 동시에 좌우한다. 원화 약세, 즉 환율 상승 국면에서는 수출 기업이 해외에서 벌어들인 외화를 원화로 환산할 때 이익이 커져 실적 개선 기대가 높아진다. 반면 원자재나 부품을 수입에 의존하는 기업은 비용 부담이 증가해 수익성이 악화될 수 있다. 또한 외국인 투자자 입장에서는 원화 가치 하락이 환차손으로 이어질 수 있어, 주식 매도와 자금 유출로 연결될 가능성이 커진다.

반대로 원화 강세 국면에서는 수입 기업의 비용 부담이 줄어들고, 외국인 투자자에게는 환차익 기대가 생기며 자금 유입이 늘어날 수 있다. 이런 이유로 원·달러 환율과 코스피 지수는 장기적으로 반비례 관계를 보이는 경우가 많다. 물론 항상 동일하게 움직이는 것은 아니지만, 환율은 한국 주식시장의 방향성을 읽는 데 있어 중요한 핵심 지표다.

환율은 다시 물가와 연결된다. 원화 약세는 수입 물가 상승으로 이어지고, 이는 인플레이션 압력을 높인다. 물가가 오르면 중앙은행은 긴축 정책을 선택할 가능성이 높아지고, 결국 금리 인상으로 연결될 수 있다. 반대로 원화 강세는 수입 물가 부담을 완화해 물가 안정에 기여하고, 통화 정책 운용에도 여유를 준다. 결국 금리, 환율, 물가는 서로 분리된 변수가 아니라, 서로 영향을 주고받는 연결된 구조라고 볼 수 있다.

경기와 경제 성장 역시 주가에 중요한 영향을 미친다. 경기가 확장 국면에 접어들면 기업의 매출과 이익이 증가하고, 고용과 소비가 살아나며, 투자 심리도 개선된다. 이 시기 주식시장은 대체로 상승하기 쉬운 환경이 된다. 반대로 경기 침체 국면에서는 기업 실적이 둔화되고, 투자자들은 방어적인 태도를 취하게 된다. 다만 주식시장은 현실 경제를 그대로 반영하는 거울이 아니라, 현실보다 한발 앞서 움직이는 경우가 많다는 점을 항상 염두에 두어야 한다. 경기가 가장 나빠 보일 때 시장은 이미 바닥을 다지고 있을 수 있고, 경기가 가장 좋아 보일 때 시장은 오히려 고점에 근접해 있을 수도 있다. 이 때문에 경기 지표를 볼 때는 현재 수준보다 방향성과 변화율 그리고 시장의 기대와 얼마나 차이가 나는지를 함께 살펴봐야 한다. 시장은 절대적인 숫자보다 변화의 방향에 더 민감하게 반응하는 경우가 많다.

여기에 더해 한국 투자자에게 미국 시장은 선택이 아니라 필수 관찰 대상이다. 미국의 금리, 달러 흐름, 연준의 발언, 기술주의 방향성은 거의 실시간으로 한국 시장에 영향을 미친다. 한국 시장이 때로 미국 시장의 그림자처럼 움직이는 이유도 여기에 있다. 따라서 장세 판단을 위해서는 국내 변수와 함께 미국 시장의 흐름이 한국에 어떤 방식으로 영향을 미칠지를 함께 읽어야 한다.

물론 시장을 움직이는 요인은 매크로 변수에만 국한되지 않는다. 기업 실적은 주가를 움직이는 가장 직접적인 동력이다. 같은 거시 환경에서도 실적이 개선되는 기업과 그렇지 않은 기업의 주가는 전혀 다른 움직임을 보인다. 다만 시장이 진짜 반응하는 것은 실적의 절대적인 크기보다 실적의 방향성과 기대 대비 차이다. 기대보다 조금만 좋아도 주가는 크게 오를 수 있고, 기대에 미치지 못하면 작은 실적 부진에도 주가는 민감하게 반응한다.

마지막으로 이 모든 요인을 실제 가격으로 전환시키는 결정적인 요소는 심리와 수급이다. 기대와 공포는 단기간에 주가를 기업 가치와 전혀 다른 방향으로 움직이게 만든다. 경제 지표가 안정적이라 해도 투자자들이 불안감을 느끼면 매도세가 확산되고, 반대로 막연한 낙관이 팽배하면 거품이 형

주식투자법 100문 100답

성된다. 공포지수(VIX), 공포·탐욕지수(Fear & Greed Index)와 같은 투자심리 지표는 이러한 심리 변화를 수치화한 지표들이고, 외국인·기관·개인의 순매수 동향, 신용잔고, ETF 자금 유입과 같은 수급 데이터 역시 시장 참여자들의 심리를 간접적으로 보여주는 중요한 지표로 활용된다. 특히 한국 시장에서는 외국인 수급이 지수 방향에 미치는 영향이 크기 때문에, 외국인의 매매 흐름은 장세 판단에서 중요한 단서가 된다.

최근에는 기술적 요인도 점점 중요해지고 있다. 알고리즘 트레이딩, 인공지능 기반 매매, 퀀트 전략의 확산은 단기적인 가격 변동을 증폭시키는 한편, ETF나 패시브펀드의 자금이 특정 지수 구성 종목으로 집중되면서 수급 왜곡을 일으키기도 한다.

한편, 주가의 움직임에는 순수한 경제 지표만으로 설명할 수 없는 비경제적 요인들도 존재한다. 정치, 사회, 심리, 그리고 지정학적 사건들이 그 대표적인 예다.

정치적 요인은 특히 신흥시장일수록 그 영향력이 크다. 정부의 교체나 대선, 국회의원 선거와 같은 정치 이벤트는 향후 정책 변화에 대한 기대감으로 특정 산업이나 기업의 주가를 크게 흔들 수 있다. 규제 강화, 조세제도 개편, 산업 육성 정책 등은 각각 산업별로 명확한 수혜와 피해를 만든다. 또한 국제정치적 긴장이나 무역분쟁, 전쟁 가능성과 같은 지정학적 불안은 전 세계 증시를 동반 하락시키는 요인이 되기도 한다.

사회적 변화도 무시할 수 없다. 인구 고령화나 출산율 저하와 같은 구조적 변화는 소비 패턴을 바꾸고, 산업의 성장 방향을 재편한다. 최근에는 ESG(환경·사회·지배구조) 경영, 친환경 산업, 인공지능과 같은 사회적·기술적 트렌드가 주식시장의 새로운 성장 동력으로 떠오르고 있다. 이러한 사회적 가치의 변화는 단기적인 실적과는 별개로 기업의 평판과 주가에 영향을 미친다.

또한 자연재해나 전염병, 지정학적 충돌과 같은 예기치 못한 사건들도 공급망 교란이나 소비 위축을 초래해 주가에 큰 충격을 주는 경우가 있다. 코로나19 팬데믹 당시의 전 세계 증시 폭락이 대표적인 사례다.

결국 주식시장은 경제적 요인과 비경제적 요인 그리고 심리적 기대가 복합적으로 작용해 움직이는 복잡계 시스템이다. 이 복잡계를 투자자가 어떻게 쉽게 이해하거나 예측할 수 있겠는가? 주식시장에 있어 "예측이 아니라 대응이 중요하다."라는 격언은 이러한 복잡계적 특성에서 나온 말이다. '잃지 않는 투자'를 위해서는 투자에 쏟는 노력을 주식시장의 예측보다는 대응에 훨씬 더 많은 비중을 두어야 한다.

4

상승장, 하락장, 횡보장은
어떻게 알 수 있나요?

주식시장의 장세는 보통 상승장(강세장), 하락장(약세장), 횡보장(박스권), 조정장 등으로 구분된다. 상승장은 주가지수가 고점을 경신하며 장기 상승 추세를 보이는 장세로, 이 시기에는 투자자들의 심리가 낙관적으로 변하면서 매수세가 강해지고 거래량이 증가하며, 경제 지표나 기업 실적 또한 긍정적인 흐름을 나타내는 경우가 많다.

하락장은 투자 심리가 위축되고 공포와 불안감이 확산되며 매도세가 우세해 주가지수가 고점 대비 20% 이상 하락하는 장세를 말한다. 경제 침체, 금리 인상, 기업 실적 부진 등이 하락장을 유발하는 주요 요인으로 작용한다.

횡보장은 거래량이 감소하고 주가가 일정한 범위(박스권) 내에서 뚜렷한 방향성 없이 등락을 반복하며 정체 상태를 유지하는 장세를 말한다. 주로 불확실한 거시경제 환경, 정책·정치적 불확실성, 기업 실적 발표 대기 국면 등이 횡보장의 원인이 된다.

조정장은 시장이 과열되거나 급등한 이후, 고점 대비 약 10% 내외의 단기 하락을 겪는 현상으로, 차익 실현 과정이거나 추세 상승 중의 일시적 하락으로 해석된다. 조정장은 보통 수일~수주 내외의 단기 하락으로 끝나는 경우가 많으며, 심각한 경제 위축보다는 기술적 요인 또는 일시적 재료에 의해 발생하는 경우가 많다.

주식투자를 하고 있는 동안은 주가의 등락이 끊임없이 일어나는데, 그러한 등락이 상승장, 하락장, 횡보장 중 어떤 장세에서 일어나고 있는지 판단하기 어렵다. 주식투자의 성패와 수익률에 커다란 영향을 미치는 장세가 상승장인지 하락장인지 횡보장인지 알 수 있는 방법이 있을까?

장세 예측에 대해서는 가능하다는 긍정적 입장과 예측이 불가능하다는 부정적 입장이 공존한다. 피터 린치는 전문가에 의한 장세 예측에 대해서는 부정적이지만 칵테일파티에서 오가는 대화를 통해서는 어느 정도 장세 판단이 가능하다는 견해를 내놓았다.

워런 버핏은 "10년 이상 보유할 자신이 없다면 10분도 보유하지 말라."라는 말에 상징되는 것처럼 단기흐름 예측이 불가능하고 의미도 없다고 보았다. 인덱스펀드를 만든 존 보글도 "시장을 예측해 이기려 하지 말고, 시장을 통째로 사라."라는 말을 남겼다.

장세 예측이 가능하다는 입장은 '금융의 연금술사'라고 불리는 조지 소로스가 대표적이다. 그는 실제로 장세 예측을 기반으로 1992년 영란은행에 맞서 파운드화를 공매도해 10억 달러의 수익을 거두기도 했다. 윤재수는 『주식 대세판단 무작정 따라하기』에서 양쪽 견해 모두가 필요하다면서 70%는 예측에 의존하고 30%는 대응해 나가는 게 바람직하다고 주장한다. 이러한 논의를 염두에 두고 대세를 판단하는 기준에 대해 간략히 살펴보기로 한다.

상승장과 하락장은 어떻게 구별할까? 가장 쉬운 방법은 주가지수를 이용하는 것이다. 통상적으로 주요 주가지수(예: KOSPI, S&P500)가 고점 대비 20% 이상 하락하면 상승장으로, 20% 이상 상승하면 하락장으로 본다. 단, 단기 조정이 아닌 지속 기간(보통 2개월 이상)이 확인되어야 한다. 상승과 하락이 10% 미만의 좁은 범위에서 반복된다면 횡보장으로 분류된다.

가장 오래되고 널리 쓰이는 장세 판단 도구는 이동평균선이다. 장기 투자자는 주요 주가지수가 이전 고점을 지속적으로 높이고, 장기 이동평균선(예: 200일선)이 우상향하며, 단기선이 장기선을 상향 돌파하는 경우, 시장은 상승장의 흐름에 있다고 본다. 반대로 주요 지수가 이전 저점을 하향 돌파하고, 200일선이 하락세를 지속하며 단기선이 이를 하향 돌파한다면, 하락장이 본격화된 것으로 해석한다. 역사적으로 주가지수가 이 장기 이동평균선 아래로 내려가고 반등에 실패할 때, 시장은 대체로 상당한 하락을 겪었다. 2008년 글로벌 금융위기 당시 S&P500 지수는 2007년 말 200일선을 이탈한 이후 본격적인 폭락 국면에 진입했고, 이후 1년 가까이 추가 하락이 이어졌다. 반대로 2020년 코로나19 팬데믹 이후 시장은 200일 이동평균선을 회복한 뒤 강력한 상승 흐름으로 전환되었고, 그 이후 수년에 걸친 상승장이 펼쳐졌다.

단기투자자는 지수차트에서 5일선이 20일선을 상승돌파하는 골든 크로스가 나오면서 정배열을 형성하면 상승장으로 판단한다. 반대로 지수차트에서 5일선이 20일선을 하락 돌파하는 데드크로스가 나오면서 역배열을 형성하면 하락장으로 판단한다.

장세를 4계절로 판단하는 방법도 있다. 우라가미 구니오가 고안한 이 방법에 따르면 주식시장은 경기와 금리, 기업 실적의 흐름에 따라 봄·여름·가을·겨울처럼 반복적으로 순환한다고 보며, 주가는 항상 경기보다 한발 앞서 움직인다고 설명했다. 경기 침체의 끝자락에서 금리가 낮아지고 비관이 극에 달한 시기를 '봄'으로 보고, 경기 회복과 실적 개선 기대가 확산되며 주가가 본격적으로 상승하는 국면을 '여름'으로 구분했다. 이후 경기와 실적은 좋지만 성장 속도가 둔화되고 금리 부담이 커지는 시기를 '가을'로 보았고, 경기 침체와 실적 악화, 투자심리의 붕괴가 나타나는 국면을 '겨울'로 정의했다. 이 4계절론의 핵심은 지금 시장이 어느 계절에 있는지를 파악해야만 무리한 추격 매수나 공포 속 투매를 피하고, 계절에 맞는 투자 전략을 선택할 수 있다는 점이다.

장세를 경제 지표로 판단하는 방법도 있다. 대표적인 지표로는 장단기금리차, 시장 PER 등이 있다. 먼저 장단기금리차는 장기 금리에서 단기 금리를 뺀 값으로, 경기 순환을 판단하는 가장 신뢰도 높은 지표 중 하나다. 일반적으로 장기 금리가 단기 금리보다 높으면 정상적인 경기 확장 국면으로 해석한다. 그러나 단기 금리가 장기 금리보다 높아지는 장단기금리 역전이 발생하면 경기 침체의 신호로 해석되는 경우가 많다. 이는 중앙은행의 금리 인상으로 단기 금리가 올라가고, 시장은 경기 둔화를 예상해 장기 금리가 낮아지기 때문이다. 따라서 장단기금리차는 향후 경기와 주식시장 흐름을 가늠하는 대표적인 장세 판단 지표로 활용된다.

시장 PER는 주식시장 전체의 시가총액을 기업들의 순이익으로 나눈 값으로, 시장이 이익 대비 얼마나 비싸게 또는 싸게 평가되고 있는지를 보여 주는 지표다. 피터 린치는 이 시장 PER를 역사적 평균과 비교해 현재 시장에 낙관이 과도한지, 아니면 비관이 지나친지를 판단하는 기준으로 활용했으며, 시장 PER가 평균보다 높을 때는 향후 기대수익률이 낮아질 가능성을 경계하고, 평균보다 낮을 때는 장기 투자에 유리한 환경으로 해석했다.

장세를 심리지표로 판단하는 방법도 있다. 대표적 지표로 'VIX(변동성 지수)'와 '공포와 탐욕 지수(Fear & Greed Index)'가 있다. VIX는 흔히 '공포지수'라고 불리며, 주식시장의 불안과 공포가 어느 수준에 있는지를 보여 주는 지표로, 일반적으로 15 이하는 안정 국면, 20 이상은 불안 확대, 30 이상은 공포 국면으로 해석한다. VIX가 크게 오르면 투자자들이 주가 하락을 심하게 걱정하고 있다는 뜻으로, 주식시장이 급락하거나 크게 흔들릴 때 자주 나타난다. 실제로 2008년 글로벌 금융위기, 2020년 코로나 팬데믹 초기, 2022년 급격한 금리 인상 국면에서는 공통적으로 VIX가 30을 크게 넘어서며 주식시장이 급락과 급등을 반복했다. 반대로 VIX가 낮으면 시장이 비교적 안정돼 있고, 투자자들의 불안이 크지 않은 상태로 볼 수 있다.

공포-탐욕 지수(Fear & Greed Index)는 주식시장 투자자들의 심리가 공포에 가까운지, 탐욕에 가까운지를 수치로 보여 주는 지표다. 일반적으로 0에 가까울수록 극단적 공포, 50 전후는 중립, 100에 가까울수록 극단적 탐욕 상태로 해석한다. 장세 판단의 관점에서는 지수가 20 이하로 내려가면 시장이 과도하게 위축된 상태, 80 이상으로 올라가면 시장이 과열된 상태일 가능성을 판단하는 참고 지표로 활용된다.

상승장, 하락장은 예측하는 것이 아니라 나름대로의 기준으로 정하는 것이라는 견해도 있다. 예를 들어 주가 지수가 120일 이동평균선 위에 있을 때는 상승장으로 간주해 주식 비중을 유지하거나 확대하고, 반대로 지수가 120일선을 하회하면 하락장으로 판단해 현금 비중을 늘리거나 방어적으로 대응한다는 자신만의 기준을 만드는 식이다. 단기 투자자라면 120일선 대신 60일이나 20일을 기준으로 상승장과 하락장을 구분하는 기준을 만들 수 있다.

결국 장세를 완벽하게 예측하는 것은 불가능하지만, 다양한 지표와 기준을 활용해 현재 시장이 어떤 흐름 속에 있는지를 판단하고 그에 맞게 대응하는 것은 충분히 가능하다. 중요한 것은 하나의 방법에 집착하기보다 지수, 이동평균선, 경제 지표, 심리지표 등 여러 신호를 종합적으로 해석해 자신만의 기준을 세우고 일관되게 적용하는 것이다. 장세를 읽는 능력은 단기간에 완성되는 것이 아니라 경험과 훈련을 통해 점점 높아지며, 이러한 장세 판단 능력이 높아질수록 불필요한 손실을 줄이고 수익 기회를 포착할 가능성도 함께 높아진다.

5

장세별로 투자법은 어떻게 다른가요?

앞에서 상승장, 하락장, 횡보장을 어떻게 파악할 수 있는지 몇 가지 지표를 통해 살펴보았다. 그렇다면 이렇게 구분한 장세에 따라 실제 투자법은 어떻게 달라져야 할까. 많은 개인투자자들이 손실을 보는 이유 중 하나는 장세와 맞지 않는 투자법을 고집하기 때문이다. 상승장인데도 지나치게 방어적으로 움직여 수익 기회를 놓치고, 하락장인데도 상승장에서 쓰던 공격적 전략을 그대로 반복하다가 큰 손실을 입는다. 횡보장에서는 추세 추종 전략이 잘 맞지 않는데도 계속 돌파 매매만 시도하다가 손실과 피로만 쌓이기도 한다. 결국 투자법은 종목보다 먼저 장세와 맞아야 한다. 같은 실력을 가진 투자자라도 장세에 맞는 전략을 쓰는 사람과 그렇지 않은 사람의 성과 차이는 시간이 갈수록 크게 벌어진다.

먼저 상승장을 보자. 상승장에서는 시장 전반적으로 주가가 상승하는 흐름이 나타난다. 그렇다고 모든 종목이 똑같이 상승하는 것은 아니다. 대개는 시장을 이끄는 주도업종과 주도 종목이 먼저 강하게 움직이고, 이들 종목이 시장 평균을 크게 웃도는 수익률을 기록하는 경우가 많다. 따라서 상승장에서는 주도업종과 주도 종목을 중심으로 투자하거나 트레이딩하는 전략이 훨씬 유리하다. 시장이 좋을 때 가장 강한 종목을 보유하는 것이 상승

주식투자법 100문 100답

장의 기본 원칙이다.

특히 대세 상승장에서는 외국인이 매수하는 대형주 중심으로 전략을 짜는 것이 바람직하다. 한국 시장에서는 외국인 자금 유입이 지수 상승과 대형주 강세를 이끄는 경우가 많기 때문이다. 외국인이 지속적으로 순매수하는 업종과 시가총액을 상위 종목들은 시장 전체의 방향을 보여 주는 경우가 많고, 기관과 개인의 수급까지 붙으면 추세가 길게 이어질 가능성도 높아진다. 그래서 상승장에서는 개별 재료만 볼 것이 아니라 외국인 수급, 업종 순환, 거래대금 증가 여부를 함께 봐야 한다.

개별 종목 분석이 어렵거나 종목 선정에 자신이 없다면 지수 ETF에 투자하는 것도 좋은 대안이다. 상승장에서는 지수 자체가 우상향하는 경우가 많기 때문에 종목 선택의 부담을 줄이면서도 시장 수익률을 따라갈 수 있다. 또한 상승장을 이끄는 반도체, 2차전지, AI, 바이오 같은 주도업종 ETF나 특정 테마 ETF를 활용하면 시장수익률 이상의 초과수익률을 누릴 수도 있다. 다만 테마 ETF는 지수 ETF보다 변동성이 큰 경우가 많으므로, 추세가 꺾이면 신속하게 비중을 줄이는 대응이 필요하다.

상승장에 대한 확신이 강한 경우에는 레버리지 ETF를 활용한 투자도 고려할 수 있다. 레버리지 ETF는 지수 상승 시 수익률이 확대된다는 장점이 있다. 그러나 그만큼 방향을 잘못 판단했을 때 손실도 빠르게 커진다. 특히 레버리지 상품은 장기 보유 시 복리 효과와 변동성 영향으로 기대와 다른 결과가 나올 수 있으므로, 일반 주식이나 일반 ETF처럼 무작정 오래 들고 가기보다는 장세가 분명히 우상향할 때 한정적으로 활용하는 것이 바람직하다. 즉 상승장에서는 공격적 전략도 가능하지만, 그 전제는 어디까지나 장세 확인과 빠른 대응이다.

매매 전략 측면에서는 상승장에 가장 잘 맞는 방식이 모멘텀 투자와 추세 매매다. 강한 종목을 사고 더 강해지는 동안 보유하는 것이다. 이때 중요한 것은 이익은 길게 가져가고 손실은 짧게 끊는 원칙이다. 상승장에서는 주가가 저항선을 돌파하는 시점에 진입하는 돌파 매매가 잘 통하는 경우가 많고, 강한 상승 추세 속에서 일시적 조정이 나왔을 때 진입하는 눌림목 매매도 확률이 높은 전략으로 꼽힌다. 다만 상승장이라고 해서 무조건 추격 매수만 해서는 안 된다. 좋은 종목도 과열 구간에서 무리하게 쫓아가면 짧은 조정에도 심리적으로 흔들리기 쉽다. 따라서 상승장에서는 강한 종목을 고르되, 진입 위치와 손절 기준을 함께 정하는 훈련이 필요하다.

이제 하락장을 보자. 하락장에서는 무엇보다 리스크 관리가 최우선이다. 상승장에서는 수익을 얼마나 크게 낼 수 있느냐가 중요하지만, 하락장에서는 얼마나 덜 잃느냐, 즉 손실 최소화가 무엇보다 중요하다. 그래서 하락장에서는 투자를 쉬거나, 투자 비중을 줄이거나, 현금 비중을 높이는 보수적인 접근이 필요하다. 많은 개인투자자들이 하락장에서 큰 손실을 보는 이유는 '싸 보인다'는 이유만으로 계속 '물타기 매수'를 하기 때문이다. 주가가 계속 내려가는 하락장에서 '물타기 매수'는 손실 최소화가 아니라 손실을 확대시키는 요인으로 작용한다.

경험이 많은 투자자라면 하락 추세 속에서 간헐적으로 나타나는 단기 반등을 활용한 단기 매매를 시도할 수 있다. 그러나 이것은 어디까지나 숙련된 투자자의 영역이다. 하락장 반등은 대개 짧고 급하게 끝나는 경우가 많아 진입과 청산이 늦으면 오히려 손실이 커질 수 있다. 그래서 일반 투자자라면 하락장에서는 수익을 크게 내겠다는 생각보다 손실 회피와 생존을 우선에 두는 편이 훨씬 현명하다. 하락장에서 계좌를 지키는 것은 소극적인 태도가 아니라 다음 상승장을 준비하는 적극적인 전략이다.

하락장에서는 상대적으로 방어적인 성격의 배당주나 가치주 투자가 유리하다. 안정적인 배당은 하락장에서 심리적 버팀목이 될 수 있고, 실적과 자산 대비 저평가된 가치주는 성장주나 고평가 종목보다 낙폭이 제한되는 경우가 많기 때문이다. 물론 가치주와 배당주라고 해서 하락장을 완전히 피할 수 있는 것은 아니다. 다만 시장 전체가 무너질 때 상대적으로 덜 흔들릴 가능성이 있다는 점에서 방어적 투자법으로 접근할 만하다. 특히 현금 흐름이 좋고 재무구조가 안정적인 기업은 하락장에서 다시 평가받는 경우가 많다.

하락장에서는 일부 테마주가 단기적으로 강세를 보이는 경우도 있다. 주도주가 없기 때문에 자금이 특정 테마에 집중되면서 정치 테마, 개별 이슈 테마, 정책 수혜주 등이 짧고 강하게 움직일 수 있다. 그러나 이런 흐름은 지속성이 약하고 변동성이 크기 때문에, 투자라기보다 단기 매매의 영역이라고 할 수 있다. 따라서 하락장에서 테마주에 관심을 갖는다면 상승장이나 횡보장보다 훨씬 더 엄격한 손절 기준과 짧은 보유 기간이 전제되어야 한다. 하락장에서의 테마주 매매는 좋은 수익 기회처럼 보이지만, 대응을 잘못하면 커다란 손실로 이어질 수 있다는 점을 항상 염두에 두어야 한다.

하락장에서도 모멘텀 전략을 사용할 수 있다. '오를 때만 투자하고, 하락 추세에서는 물러서는 전략'으로 정의되는 절대 모멘텀 전략을 사용하면 시장의 하락 신호가 발생했을 때 주식 비중을 줄이거나 현금으로 전환함으로써 대규모 하락을 피하는 데 도움이 된다. 이러한 투자법은 큰 하락을 피하는 것만으로도 투자 성과가 크게 달라질 수 있기 때문에 가치 투자자나 장기 투자자도 익혀 두어야 할 투자법이다.

하락 추세에 대한 확신이 있다면 인버스 ETF나 곱버스 ETF에 투자하는 것도 하나의 방법이 될 수 있다. 이런 상품은 지수가 하락할수록 수익이 발생하는 구조이므로 하락장 대응 수단으로 활용될 수 있다. 그러나 인버스 ETF 역시 방향이 맞지 않으면 손실이 나고, 곱버스처럼 변동성이 큰 상품은 장기 보유에 매우 불리할 수 있다. 따라서 레버리지 ETF와 마찬가지로 명확한 하락 추세가 확인된 구간에서 단기적으로 활용하는 것이 원칙이다.

마지막으로 횡보장을 보자. 횡보장은 지수가 일정 범위 안에서 오르내리며 뚜렷한 추세를 보여 주지 않는 장세다. 이때는 상승장이나 하락장에서 잘 통하던 추세 추종 전략의 효율이 떨어지기 쉽다. 위로 돌파하는 듯하다가 다시 밀리고, 아래로 무너지는 듯하다가 다시 반등하는 일이 반복되기 때문이다. 따라서 횡보장에서는 지지선 부근에서 매수하고 저항선 부근에서 매도하는 평균 회귀 투자법이 더 현실적인 전략이 된다.

횡보장이 길어질수록 단기 매매나 단순 지수 추종 매매는 손실이 커질 수 있다. 잦은 매매를 반복하면 수수료와 작은 손실이 계속 쌓여 누적되기 때문이다. 이 시기에는 시장을 이기려 하기보다 거래를 줄이고, 성공 확률이 높은 구간만 선별적으로 공략하는 태도가 중요하다.

횡보장에서는 커버드콜 ETF 투자도 생각해 볼 만하다. 커버드콜 전략은 주식을 보유하면서 동시에 콜옵션을 매도해 옵션 프리미엄을 받는 방식이다. 주가가 크게 오르지 않는 횡보장에서는 시세 차익이 제한적인 대신 이런 프리미엄 수익이 의미 있는 현금 흐름이 될 수 있다. 대표적으로 코스피 200 커버드콜 ETF나 미국 S&P500 커버드콜 ETF 같은 상품들이 있다. 다만 커버드콜 전략은 상품 특성상 횡보장이나 완만한 상승장에는 유리할 수 있지만, 강한 상승장에서는 상승 이익이 제한될 수 있다는 점도 함께 이해하고 투자해야 한다.

한편 장세와 무관하게 비교적 안정적인 운용을 추구하는 투자법도 있다. 장세 판단이 어렵거나, 어떤 시장 환경에서도 큰 손실 없이 꾸준한 수익을 추구하고 싶다면 자산배분 투자를 고려할 수 있다. 주식, 채권, 원자재, 금, 현금 등을 적절히 나누어 투자하면 특정 자산의 급락이 전체 계좌에 미치는 충격을 줄일 수 있다. 대표적인 전략으로 '올웨더 포트폴리오'가 자주 언급된다. 이 전략은 경기 확장, 경기 침체, 인플레이션, 디플레이션 등 서로 다른 환경에 대응할 수 있도록 자산을 분산해 장기적으로 안정적인 성과를 추구한다. 큰 수익을 단기간에 내는 전략은 아닐 수 있지만, 장세 판단에 대한 부담을 낮추고 복리 효과를 노리는 장기 투자자에게는 매우 현실적인 방법이다.

ETF를 활용하면 이런 자산배분도 훨씬 쉽게 실행할 수 있다. 주식형 ETF, 채권 ETF, 금 ETF, 원자재 ETF, 리츠 ETF 등을 조합하면 소액으로도 분산투자가 가능하다. 필요할 경우 레버리지 ETF와 인버스 ETF를 제한적으로 활용해 상승장과 하락장 양방향에 대응할 수도 있다. 이처럼 ETF는 단순한 금융 상품이 아니라 장세별 투자 전략을 실행하는 도구로도 사용할 수 있다. 어떤 시장에서는 지수 ETF가 효율적이고, 어떤 시장에서는 업종 ETF가 유리하며, 또 다른 시장에서는 커버드콜 ETF나 인버스 ETF가 대안이 될 수 있다.

장세별 투자법의 핵심을 요약하면, 상승장에서는 주도주와 추세 매매에 집중하고, 하락장에서는 수익보다 생존을 우선하고, 횡보장에서는 평균 회귀 투자 등에 관심을 가지는 전략이 필요하다. 그리고 장세 판단이 어렵다면 자산배분과 ETF를 활용해 어떤 시장에서도 살아남을 수 있는 투자 포트폴리오를 만드는 것이 현실적인 해법이 된다. 많은 투자자들이 좋은 종목만 찾으려 하지만, 실제 성과를 가르는 더 중요한 기준은 지금이 어떤 장세인지, 그리고 그 장세에 맞는 투자법을 쓰고 있는지에 있다. 시장은 변화무쌍하다. 따라서 투자자도 장세에 따라 전략을 유연하게 바꿀 수 있어야 한다. 그래야만 장기적으로 살아남을 수 있고, 시장을 이기는 수익을 올릴 수 있다.

주도주 투자로 성과를 내려면
어떻게 하면 좋나요?

주식투자로 부자가 되기 위해서는 시장을 주도하는 종목을 적절한 시점에 매수·매도할 수 있어야 한다. 전설적인 트레이더인 제시 리버모어는 1920~1930년대에 주도주를 거래해 천문학적인 부를 쌓았고, 성장주 투자의 전설인 마크 미너비니도 수익의 99%를 주도주를 매매하면서 얻었다고 한다. 우리나라에서도 『빅 트레이더의 주도주 매매법』이라는 책을 낸 서희파더가 주도주 매매로 수백억의 자산을 일구었고, 『주도주 투자 수익의 정석』이라는 책을 낸 기관 프랍 트레이더 김진은 2001년부터 2023년 말까지 급격한 금리 인상이 있었던 2022년 단 한 해만 제외하고 주도주 매매로 연평균 15% 수준의 수익을 냈다.

그렇다면 이렇게 높은 수익률을 안겨 주는 시장 주도주는 어떻게 파악할 수 있는가? 먼저 투자 대가들의 통찰부터 살펴보자.

성장주 투자의 대가 윌리엄 오닐은 『최고의 주식, 최적의 타이밍』에서 "활황을 보이는 산업에는 항상 시장을 이끄는 2~3개의 핵심 종목이 존재한다."라고 말한다. 그는 이러한 선도 종목들이 놀라운 성장률을 보여 주는 만큼 시장의 주도주를 매수하고 소외주는 피하는 것이 큰 수익과 손실을 가르는 중요한 기준이 된다고 강조한다.

따라서 매일 주도주의 움직임을 관찰하면서 시장이 어느 방향으로 흘러가고 있는지 읽는 안목을 길러야 한다. 오닐은 보유한 종목이 주도주인지 소외주인지 판단하는 방법으로 주가의 상대적 강도(Relative Strength, RS) 지표를 활용할 것을 제시한다. RS 점수는 특정 종목의 최근 1년간 주가 상승률을 전체 시장 종목들과 비교해 1점에서 99점까지 점수를 매기는 방식이다. 예를 들어 RS 점수가 99점이라면 해당 종목의 상승률이 시장에서 거래되는 종목 가운데 상위 1%에 해당한다는 의미다. 오닐은 일반적으로 RS 점수가 80점 이상이면 강한 주도주로 볼 수 있고 70점 아래로 떨어지면 주도주 흐름에서 이탈할 가능성이 높다고 설명한다.

장세와 관련해 말하면, 시장 전체가 하락 국면이나 조정 장세에서 벗어났을 때 가장 먼저 신고가를 기록하면서 주가 반등에 성공하는 주식이 주도주인 경우가 거의 대부분이다. 따라서 주가가 하락 국면 또는 조정 국면으로 접어들면 새로운 주도주를 찾아내기가 더 쉽다고 한다. 강세시장에서의 조정 국면일 경우는 하락률이 가장 작은 성장주가 보통 다음 상승 국면에서 최고의 주식으로 부상하는데, 강세시장에서 이런 국면 전환이 나타나면 RS 점수를 통해 거의 매주 주도주를 찾아낼 수 있다고 한다.

윌리엄 오닐을 계승한 성장주 투자의 대가 마크 미너비니는 『초수익 성장주 투자』라는 책에서, 강세장에서 얻는 대규모 수익은 대부분 초기 단계, 즉 첫 12~18개월 동안에 발생한다면서 대박 종목에 올라타고 싶다면 시장 랠리의 초기에 주도주에 초점을 맞춰야 한다고 말한다. 그런데 대부분의 주도주는 업종보다 앞서서 바닥을 찍고 시장이 반등하기 전에 먼저 상승해 52주 신고가를 찍는 만큼 주도주의 모습이 명확히 부각될 때쯤이면 이미 크게 상승해있는 경우가 많다. 그래서 미너비니는 먼저 경기를 살피고 뒤이어 주식시장과 업종을 파악한 뒤 주도 산업군에 속한 기업들을 포착하는 대다수

투자자의 하향식 접근법과는 달리, 개별 종목을 보고 상대적 상승률이 높은 종목으로 주도주를 찾는 상향식 접근법을 제시한다. 미너비니는 전체 시장지수가 하락 추세를 보이는 동안에도 주가 하락이 적거나 오히려 상승하면서 저점을 계속 높이는 종목이 잠재적 주도주이고, 이러한 종목은 이어지는 강세장에서 초고수익 종목이 될 가능성이 높다고 말한다.

주도주 투자의 고수로 알려진 김진은 '경기를 이끄는 산업의 핵심 기업'이 주도주라고 정의한다. 주도주 혹은 주도섹터는 단순히 당시 가장 높은 상승률을 보인 주식이나 섹터가 아니라 새로운 수요에 따른 경제성장, 그리고 이 새로운 수요에 대해 가장 밀접한 연관을 갖는 혹은 그 수요에 가장 큰 수혜를 받는 기업이나 산업들이다. 주도주를 알면 주도주의 상승이 종료되는 것과 함께 증시 상승 사이클이 종료되는 속성으로 인해 주식투자 규모를 축소시킬 수 있는 시점을 파악할 수 있게 된다. 이것이 주도주를 이해하고 주도주를 보유했을 때 얻을 수 있는 가장 중요한 혜택이다. 그렇기 때문에 투자자들은 반드시 주도주를 중심으로 시장을 바라봐야 하며 항상 주도주가 있는지 그리고 주도주가 무엇인지 찾는 데 가장 큰 노력을 기울여야 한다고 김진은 말한다.

그런데 김진은 의외로 한 번도 상승 전의 주도주를 산 적이 없다고 말한다. 심지어 주도주의 상승 이유를 명확히 이해하거나 예측해서 주도주를 가지고 있었던 적도 없다고 한다. 그는 오로지 '추세'에만 집중한다. 주식시장이 상승하고 있고, 그 안에 주식시장의 상승을 이끄는 주도주가 존재한다면 주식시장이 좋은 것으로 이해하고 주식 비중을 높게 가져간다. 그 추세는 길면 길수록 많이 상승했다면 상승했을수록 더 신뢰도가 높다. 반대로 주식시장이 하락하고 있거나 횡보하고 있다면 그리고 주도주 역시 존재하지 않아 어떤 것이 주식시장의 중심인지 불분명하다면 주식 비중을 낮게 가져가면 된다. 주식시장의 추세에 따라 자산배분을 하는 것으로, 자산배분의 핵심은 '주식시장이 좋을 때만 하라'는 것이다.

그래서 그가 제일 좋아하는 주식은 가치주도 성장주도 배당주도 아닌 '올라가는 주식'이고, 매매 전략도 올라가는 주식은 안 팔고 안 올라가는 주식은 파는 것이다. '물리면 팔지 않겠다'고 하는 일반적인 개인투자자들의 포트폴리오 관리법과 완전 반대다. 10개의 종목에 투자해서 6~7개의 종목에서 손실이 발생해도 나머지 3~4개 종목에서 높은 수익을 내면 되기 때문에 승률을 높이는 방법보다 훨씬 쉬운 방법이라고 한다.

이렇게 고점에 팔겠다는 관점이 아니라 추세의 변곡점이 생기면 팔겠다는 관점을 갖고 주도주의 추세에 집중해 포지션을 조정하면 늘 주도주를 가지고 있을 수 있고 주도주의 비중 조절을 통해 자연스럽게 가장 중요한 자산 배분까지 가능해진다고 한다. 이렇게 하면 수익과 위험관리라는 두 마리의 토끼를 동시에 잡을 수 있는데 이는 주식투자에 있어 엄청난 장점이라고 김진은 말한다.

미래에셋펀드에서 12조 원의 펀드 자금을 굴리면서 최고의 성과를 낸 성장주 투자의 달인 서재형은 『서재형의 평생 투자 첫걸음』이라는 책에서 주도주를 찾으려면 탑다운(top-down) 방식과 바텀업(bottom-up) 방식을 함께 활용해야 한다고 말한다. 탑다운으로 유망한 산업 섹터를 찾고, 바텀업으로 그 안에서 가장 경쟁력 있는 기업을 선별해야 한다는 것이다. 예를 들어 앞으로 친환경 이슈가 커질 것 같아 배터리 산업이 유망하다고 판단하는 것은 세상의 흐름에서 산업을 먼저 바라보는 탑다운 방식이고, 그 다음 단계에서 어느 나라, 어떤 기업이 이 분야에서 가장 잘할지를 개별 기업의 역량과 실적, 경쟁력을 구체적으로 분석하는 것이 바텀업 방식이다. 실제로 이 2가지 방식을 모두 잘 활용한 사람은 돈을 벌었지만, 탑다운만 보고 '환경보호가 중요하니까 2차전지는 무조건 오른다'는 생각으로 투자했는데 바텀업 분석의 부족으로 잘못된 기업을 골랐을 경우는 손실을 볼 가능성이 높다. 주도주를 찾기 위한 바텀업 방식에서는 '신제품을 개발했다.', '장기공급계약을 체결했다.'와 같은 공시만 보고 투자하는 것은 위험하고, 그 기업이 글로벌 경쟁환경에서 정말로 수요와 공급을 주도할 수 있는 회사인지, 산업구조 전체 안에서 경쟁력이 있는지를 분석하는 것이 단기 실적이나 컨센서스보다 훨씬 중요하다고 서재형은 말한다.

코로나 폭락 장세에서 과감하게 주식 매수를 외쳐 '동학개미의 스승'이라는 찬사까지 받은 박세익은 『투자의 본질』이라는 책에서 주도주는 반짝 올랐다가 다시 무너지는 테마주가 아니라 1~2년 상승 추세가 유지되면서 최소 100~1000% 정도 수익을 내는 주식이라면서, 이런 주도주는 대부분 중소형주가 아니라 대형주에서 나온다고 한다. 따라서 개인투자자가 주식으로 돈을 벌기 위해서는 시장을 주도하는 대형 주도주를 적극적으로 계좌에 편입시키는 연습부터 해야 하고, 이런 대형 주도주 매매가 자신이 없으면 주식투자를 안 하는 것이 돈을 잃지 않기 위해 오히려 나을 수도 있다고까지 말한다. 물론 주도주로 돈을 벌기 위해서는 주도주 발굴법과 매매법에 익숙해져야 하는데 상세한 내용은 그의 책에 나와 있으니 참고하면 좋을 것이다.

7

한국 주식시장의 미래는
어떻게 될까요?

미국 주식시장은 2008년 글로벌 금융위기 이후 약간의 기복은 있어도 계속 우상향하면서 잘나가는데 한국 주식시장은 박스권에 갇혀 답답한 모습을 보일 때 '국장 탈출은 지능순'이라고 조롱하며 미국 주식시장으로 빠져나가던 때가 있었다. 그런데 2025년 '코스피 5000 시대'를 내걸고 이재명 정부가 들어서면서 1년도 안 되어 전인미답의 코스피 6000을 돌파하자 한국 주식시장은 다시 뜨거운 관심을 받는 시장이 되었다.

한국의 주식시장은 앞으로도 이러한 상승세를 지속할 수 있을까? 아니면 정책 드라이브에 힘입어 잠깐 반짝한 것일 뿐 다시 예전 모습으로 회귀하거나 더 큰 위기에 빠지는 것은 아닐까?

앞에서 살펴본 것처럼 전문가의 예측도 틀리는 경우가 부지기수이고, 많은 투자 대가들이 예측의 어려움을 이야기하지만, 여기서는 한국 주식시장의 미래에 대해 다양한 전문가들의 의견을 살펴보면서 각자 나름의 투자 시나리오를 생각해 보기로 한다.

테마주 고수 효라클(김성효)은 『한국 주식 5차 파동』이라는 책에서 한국 주식시장은 누가 정권을 잡았느냐에 따라 흐름이 완전히 달라진다면서 그

155

동안 정권별로 생겨난 큰 흐름인 파동이 4번 있었고, 이재명 정권하에서 제5차 파동이 시작되었다고 말한다.

1차 파동은 외환위기 이후 출범한 감대중 정부가 한국을 정보통신 강국으로 만들겠다고 선언하면서 600포인트대였던 코스닥 지수가 2925포인트까지 폭등했다가 닷컴 버블이 꺼지면서 막을 내린 흐름이다.

2차 파동은 반시장의 아이콘이었던 노무현 대통령이 가장 친시장적 행보를 보이면서 외국 자본이 한국을 신뢰하기 시작해 2003년 취임 초 600포인트도 안 됐던 코스피 지수가 2007년 2085를 기록해 코스피 2000 시대를 열었다가 2008년 글로벌 금융위기로 코스피 지수가 900포인트마저 무너지면서 막을 내린 흐름이다.

3차 파동은 '녹색성장', '4대강 사업' 등을 내걸고 '한국형 뉴딜'과 수출드라이브 정책을 펼쳤던 이명박 정부하에서 900 이하로 떨어졌던 코스피 지수가 2년 후인 2010년 12월 2000선으로 단기간에 두 배를 넘는 가장 빠른 회복을 보인 흐름이다. 이 흐름은 박근혜 정부의 리더십 부재로 막을 내렸다.

4차 파동은 문재인 정부하에서 코로나 팬데믹을 극복하기 위한 바이오와 백신, 비대면 플랫폼, 전기차 시대의 심장인 배터리 산업의 발전으로 코스피 지수는 3000, 코스닥 지수는 닷컴 버블 붕괴 이후 20년 만에 1000을 돌파한 흐름이다. 이 흐름은 윤석열 정부의 리더십 실종으로 막을 내렸다.

5차 파동은 '코스피 5000시대'를 선언한 이재명 정부하에서 시작된 흐름이다. 책의 저자 효라클은 정책이 시장친화적이고, 정책을 추진하는 리더십이 확고하면 증시는 오를 수밖에 없는데 이재명 정부는 그러한 조건을 충족시키고 있기 때문에 5차 파동은 올 수 밖에 없다는 결론을 내리고 있다.

금융 전문가 신동국은 『한국 주식 슈퍼사이클』이라는 책에서 새로운 정부의 주식시장 활성화 정책으로 지난 30년간 이어진 '부동산 슈퍼사이클'이

'한국 주식 슈퍼사이클'로 전환되고 있고 지금 그 주식 슈퍼사이클의 초입에 있다고 말한다. 한국 주식시장은 고평가된 세계 속에서 저평가된 단 하나의 시장으로 코스피 상승은 더 이상 꿈이 아닌 현실적인 시나리오이기 때문에 지금 바로 한국을 사야 한다고 말한다.

베스트 애널리스트 출신 투자전문가 강관우는 『K-증시 혁명』이라는 책에서 한국 증시는 2025년 이전과 이후로 나뉜다고 할 수 있을 만큼 2025년은 Great Rotation이 시작되어 한국 증시가 뒤집히는 해라고 말한다. Great Rotation이란 코리아 디스카운트가 상법 개정을 통해 코리아 프리미엄 시대로 바뀌고, 증시가 본궤도에 오르면 자산 재배분의 대이동이 나타나면서 한국 자본시장에 근본적 구조 변화가 일어나는데 2025년 한국 증시는 바로 그 전환의 한복판에 서 있다는 것이다. 나아가 자본의 글로벌화 시대에는 'K-팝'처럼 'K-증시'도 가능하다고 말한다.

김동원 KB증권 본부장의 한국 주식시장 전망은 더 과감하다. 그는 한국 증시가 '40년 만의 대세 상승장'에 진입했다고 주장한다. 한국 시장의 50년 역사에서 대다수는 박스권이었지만, 평균 3년 이상 지속된 장기 상승장이 세 번 있었고 지금이 '세 번째 상승장'이라는 진단이다. 그가 제시한 시나리오는 2026년 코스피 5000, 2028년 이후 7500까지도 가능하다는 장기 전망이다. 그 배경은 AI 인프라 투자 확산과 이에 따른 반도체 이익의 장기 사이클이다. PC·모바일 혁명이 10~15년간 시장을 밀어 올렸는데, AI 혁명은 이제 겨우 3년 차로, AI가 에이전트 단계를 넘어 휴머노이드·자율주행 같은 피지컬 AI로 확장되면, 머리(반도체)·심장(전력)·팔다리(자율주행) 산업이 동반 성장하고 한국 기업이 그 인프라의 핵심 공급자이기 때문에 장기 강세장으로 갈 수밖에 없다는 것이다.

골디락스 경제연구소장 박시동은 더 나아가 『코스피 10000 NEXT LEVEL』이라는 책에서 "코스피 1만 시대가 온다."라면서 그 이유로 다음 10

가지를 제시한다.

① 경제성장률 회복, 한국 기업의 회복
② 반도체가 이끄는 시가총액의 획기적 팽창
③ 국민연금의 국내 주식 비중 상향
④ 퇴직연금 기금화
⑤ 미국 시장으로 나갔다 돌아오는 개미
⑥ 은행에서 증시로의 머니 무브
⑦ 부동산에서 주식으로의 머니 무브,
⑧ 글로벌 자금의 유입
⑨ 속도가 빠른 시장 선진화
⑩ 강력한 시장 개혁 조치

물론 반론도 없지는 않다.

자본시장연구원장을 역임한 안동현 서울대 경제학부 교수는 코스피 5000 이상의 목표를 달성하는 것은 가능해도, 그것을 지속적으로 유지하는 것은 쉽지 않은 문제라고 지적한다. 그는 주가지수 상승의 핵심은 결국 기업 실적에 달려 있는데, 현재 한국 기업들의 성장동력이 약하고 혁신기업의 출현이 부족하다는 점을 가장 큰 한계로 꼽는다. 미국 증시가 지속적으로 상승할 수 있었던 이유는 새로운 혁신기업이 끊임없이 등장해 기존 산업을 대체하며 시장 전체가 성장했기 때문인데, 한국은 반도체·자동차·화학 등 기존 주력 산업이 수십 년째 유지되면서 새로운 성장 축이 충분히 형성되지 못하고 있다는 것이다.

또한 그는 흔히 말하는 '코리아 디스카운트'의 원인을 단순히 기업 지배구조 문제로만 보는 시각에도 신중해야 한다고 강조한다. 주가순자산비율

주식투자법 100문 100답

(PBR)이 낮은 것은 지배구조 때문이기도 하지만, 그보다 더 근본적으로는 기업의 성장성, 즉 미래 이익에 대한 기대가 낮기 때문일 수 있다는 것이다. 따라서 주가지수가 지속적으로 상승하려면 제도 개선뿐 아니라 기업의 수익 창출 능력과 성장 기회가 함께 확대되어야 한다고 말한다.

황승택 하나증권 리서치센터장도 2026년은 반도체 대장주들의 이익 증가를 선반영해 양호한 모습을 보일 수 있지만 반도체 이익이 2027년을 향해 피크에 접근하는 동안 다른 업종의 이익이 뒤따르지 못하면 '반도체만의 엔진'으로는 2~3년 뒤 고원을 넘기 어렵다는 경고를 하고 있다.

어떤 전망이 맞을지는 두고 보면 알겠지만, 투자자 입장에서는 어떤 전망에도 돈을 잃지 않고 시장에서 살아남을 수 있는 대응 시나리오를 만들어 두어야만 한다.

8

장세 판단 고수들의
필살기를 알려 주세요

　장세 판단은 투자 성과에 가장 큰 영향을 미치는 의사결정 가운데 하나이지만, 동시에 가장 어려운 영역이기도 하다. 세계적인 투자 고수 피터 린치조차도 시장을 정확하게 예측하는 일은 매우 어렵다고 여러 차례 언급한 바 있다. 그럼에도 불구하고 자신만의 장세 판단 기준을 통해 탁월한 성과를 거둔 투자자들이 존재한다. 여기에서는 미국과 한국에서 장세 판단을 통해 탁월한 성과를 보여 준 투자 고수들의 필살기를 살펴보기로 한다.

　먼저 워런 버핏의 장세 판단 방법을 살펴보자. 버핏은 흔히 '버핏 지수(Buffett Indicator)'라고 불리는 지표를 통해 시장의 과열 여부를 점검해 왔다. 이 지표는 한 나라의 전체 주식시장 시가총액을 GDP로 나눈 값으로, 기업 가치의 총합이 실제 경제 규모에 비해 지나치게 높다면 시장은 과열 상태에 있고, 반대로 낮다면 저평가 상태에 있을 가능성이 높다고 판단한다.

　버핏은 이 지표를 활용해 시장이 과열되면 공격적인 투자를 자제하고 현금 비중을 늘렸고, 시장이 극단적으로 위축되면 적극적으로 매수에 나섰다. 2000년 IT버블 당시 버핏 지수가 150%를 넘어서자 그는 시장이 역사적으로 과도하게 고평가되었다고 판단하며 기술주 투자에 매우 신중한 태도를 유지했다. 당시 많은 투자자들이 '이번에는 다르다'는 논리에 빠져 있었지만, 이후 닷컴 버블이 붕괴되며 나스닥 지수가 약 80% 폭락하자 그의 판단이 옳았음이 입증되었다.

2008년 글로벌 금융위기 직전에도 버핏 지수가 140% 수준까지 상승하자 그는 공격적인 투자를 자제하고 현금 비중을 확대했다. 반대로 금융위기 이후 시장이 극도의 공포에 빠지며 지수가 70~80% 수준까지 떨어졌을 때, 그는 "공포에 팔고 탐욕에 사지 말라"는 원칙에 따라 과감하게 투자에 나섰다. 이때 실행에 옮긴 골드만삭스와 뱅크오브아메리카 등에 대한 투자로 그는 막대한 수익을 거두었다.

다음으로 역대 최고의 트레이더 가운데 한 사람으로 평가받는 마크 미너비니의 장세 판단 전략을 살펴보자. 그는 시장을 예측하는 대신 시장이 보내는 위험 신호에 어떻게 대응할 것인가에 집중한다. 그의 핵심 개념은 '리스크 우선 접근법(Risk-First Approach)'으로, 시장이 상승할지 하락할지를 예측하기보다 현재 위험이 커지고 있는지를 먼저 확인하는 방식이다.

미너비니는 지수보다 시장을 주도하는 소수의 최상위 성장주들을 관찰한다. 강세장이 건강하게 유지되기 위해서는 이들 주도주가 신고가를 돌파한 이후에도 거래량을 동반하며 안정적으로 상승 추세를 이어가야 한다. 그러나 주도주들이 반복적으로 돌파에 실패하거나, 거래량 증가와 함께 추세선 이탈과 이동평균선 붕괴가 나타나기 시작하면 이는 단순한 개별 종목의 문제가 아니라 시장 전체의 힘이 약화되고 있다는 신호로 해석한다. 특히 이러한 현상이 여러 업종에서 동시에 발생할 경우 그는 시장이 위험 구간에 진입했다고 판단한다.

이러한 신호가 포착되면 그는 지체 없이 행동한다. 신규 매수를 중단하고 기존 포지션을 축소하며 현금 비중을 단계적으로 확대한다. 그에게 현금은 아무것도 하지 않는 상태가 아니라, 하락장을 피하기 위한 적극적인 전략이다. 많은 투자자들이 하락장에서도 무언가를 해야 한다는 압박에 시달리는 것과 달리, 그는 아무것도 하지 않는 선택 자체를 하나의 투자 전략으로 활용한다.

또 하나 중요한 요소는 철저한 손절 규칙이다. 그는 매수 전에 반드시 손절가를 설정하고, 보통 -5%에서 -8% 수준의 손실이 발생하면 예외 없이 매도한다. 이 원칙 덕분에 약세장이 시작되는 초기 국면에서도 손실을 작게 제한할 수 있었고, 미국 주식시장 역사상 최악으로 평가되는 두 차례의 대형 하락장을 포함해 여덟 번의 약세장을 사전에 피할 수 있었다고 설명한다.

한국에도 장세 판단의 전설적 고수가 있다. 1990년대와 2000년대에 걸쳐 '시골의사'라는 필명으로 탁월한 분석과 진단을 통해 주식투자자들의 멘토 역할을 했던 박경철이 그 주인공이다.

그는 IT버블로 주식시장이 마지막 불꽃을 태우던 1999년 12월, 한 증권사 이트에 '성장주와의 이별'이란 제목의 글을 쓴다. 주식시장을 분석해 보니 정점에 이르렀다고 판단한 그는 1999년 12월 마지막 날 모든 주식을 처분한다. 이후 2000년 한 해 동안 종합주가지수는 1,066에서 489로 폭락했다.

그렇게 주식시장을 떠났던 그가 2001년 9.11 테러가 일어나고 주식시장이 폭락하자 앞으로 10년 내에 이 가격으로 삼성전자주를 살 수 있는 기회는 오지 않는다면서 주식매수를 추천했다. 1998년 금융위기와 2000년 닷컴버블 이후 폭락하던 주가는 이 시점을 저점으로 찍고 대세상승기에 접어든다.

대세상승으로 2007년 주가지수가 2000을 넘어섰을 때 그는 또다시 지수 2000 시대는 더 이상 살 가치주가 없는 '가치주 시대의 종언'을 고하는 나팔 소리라면서 '가치주와의 이별'이라는 칼럼을 발표하고 '성장주 시대의 재도래' 를 예견했다. 실제로 그로부터 1년 후인 2008년 글로벌 금융위기가 시장을 초토화시키면서 '가치주와의 이별'을 넘어 '주식시장과 이별'하는 사람들이 넘쳐나고, 그 위기의 늪을 건넌 후 '성장주 시대의 재도래'를 맞이하게 된다.

'시골의사' 박경철의 이러한 장세 판단의 비결은 무엇인가? 그는 주가를 단순한 숫자가 아니라 매수세와 매도세가 충돌하며 만들어 내는 힘의 결과로 보았고, 이 힘의 방향이 어디로 향하는지를 읽는 것이 중요하다고 강조했다. 그는 시장을 정확하게 예측하고 대응할 수 있었던 비결을 "시세의 운동에너지, 즉 추세를 이해했기 때문"이라고 말한다.

마지막으로 2020년 코로나 폭락 장세에서 탁월한 장세 판단으로 매수를 외치며 개인투자자들에게 명확한 방향성을 제시하여 '동학개미의 스승'으로 불린 박세익의 필살기에 대해 살펴보자. 그는 "시장은 가격이 아니라 구조로 봐야 한다"고 강조한다. 즉 위기가 발생했을 때 그것이 기업의 본질적 가치와 경제 시스템을 훼손하는 구조적 붕괴인지, 아니면 외부 충격에 따른 일시적 쇼크인지를 먼저 구분하는 것이 장세 판단의 출발점이라는 것이다. 그는 코로나 위기를 글로벌 금융 시스템의 붕괴나 기업 경쟁력 상실로 인한 위기가 아니라, 전염병이라는 외생 변수로 촉발된 일시적 충격으로 해석했다.

여기에 더해 박세익은 정책의 방향을 장세 판단의 핵심 변수로 삼았다. 그는 코로나 국면에서 각국 정부와 중앙은행이 선택한 제로금리, 무제한 양적완화, 대규모 재정 지출 정책이 과거 어떤 위기 국면에서도 볼 수 없었던 수준의 유동성 공급이라는 점에 주목했다. 실물 경제는 위축될 수 있지만, 풀린 자금은 결국 갈 곳을 찾아 움직일 수밖에 없으며, 그 종착지는 주식과 같은 자산시장이 될 가능성이 높다고 판단했다. 즉 그는 경제 지표보다 정책 의지와 자본의 이동 경로를 통해 향후 장세를 읽어낸 것이다.

또 하나의 필살기는 투자 심리를 장세 판단의 신호로 활용했다는 점이다. 박세익은 개인투자자들 대부분이 극도의 공포에 빠져 투매에 나서는 상황은 오히려 시장이 바닥에 근접했음을 알리는 징후라고 해석했다. 그는 "공포는 위기의 결과가 아니라 기회의 전조"라는 메시지를 반복적으로 강조하며, 감정이 아닌 구조와 흐름에 근거한 판단을 주문했다.

　결국 박세익의 장세 판단 필살기는 시장을 예측하는 능력이 아니라, 위기의 성격을 규정하고 정책과 자본의 방향을 함께 읽어내는 데 있었다. 주가 폭락의 공포에 동조하기보다, 그 공포가 만들어진 배경과 이후의 흐름을 냉정하게 분석하는 태도야말로 그가 공포의 한복판에서 기회를 발견할 수 있었던 핵심 요인이라 할 수 있다.

장세 판단 공부와 훈련은
어떻게 해야 하나요?

장세 판단은 앞에서도 말한 것처럼 주식투자 최고수 피터 린치도 어려워할 만큼 난이도가 매우 높은 영역이다. 그러나 장세 판단이 투자 성과에 미치는 엄청난 영향을 고려하면 장세 판단을 소홀히 하는 것 역시 엄청난 리스크다. 어떻게 하면 이 어려운 장세 판단 능력을 키울 수 있을까?

첫째는 장세 판단능력을 짧은 기간에 레벨업시키는 것의 어려움을 고려해 장세 판단의 최고 전문가를 찾는 것이다. 장세 판단의 고수의 어깨에 올라타 고수의 눈으로 장세를 판단하는 것이다. 여기서 문제는 누가 장세 판단의 고수냐는 것이다. 판단의 기준은 전문가의 기존의 예측 확률에 의존할 수밖에 없다. 매 연말에 발표되는 증권사 전문가의 다음 해 주식시장 전망은 적중 확률이 매우 낮다. 금융투자업계에 따르면 주요 증권사 16곳이 2024년 말 제시한 2025 주가지수 코스피 예상 전망은 2100~3206으로 5000 포인트는커녕 4000 포인트조차 예측한 기관은 단 한 곳도 없었다.

그러나 책의 저자나 유튜버 중에는 극히 소수이긴 하지만 장세 판단의 확률이 상당히 높은 전문가도 있다. 이런 전문가를 찾아 공부한다면 장세 판단에 들이는 시간과 노력을 크게 절약할 수 있다. 다음 챕터인 「10. 장세 판단에 도움이 되는 책과 사이트, 유튜브」는 그런 면에서 많은 도움이 될 수 있다.

　주의할 것은 유튜브에는 관심을 끌기 위해 자극적인 제목과 내용으로 판단을 혼란스럽게 만드는 경우도 적지 않다는 점이다. 이 때문에『절대수익 투자 법칙』의 저자이자 〈내일은 투자왕—김단테〉라는 이름으로 유튜브 활동을 하고 있는 김동주는 본인이 유튜브 활동을 하고 있으면서도 유튜브는 경계해야 한다고 말한다. 그는 유튜브 대신 책을 통해 공부하는 방법을 추천한다. 책은 영상과 다르게 제목만으로 인정받기는 어렵고 내용이 충실하고 설득력이 있어야 출판사의 검증을 거쳐 세상에 나올 수 있기 때문이다. 따라서 책을 통해 전문성과 진정성이 검증되고 그것을 바탕으로 최신의 흐름을 유튜브로 알려 주는 전문가를 멘토로 두는 것이 가장 리스크가 낮고 성과가 좋은 공부법이라고 할 수 있다.

　둘째는 혼자의 노력만으로는 장세 판단을 포함한 주식투자의 방대한 공부를 하기가 쉽지 않다는 현실을 고려해 스터디 그룹을 만들되, 이 그룹에 장세 판단 전문가를 포함시키는 방법이다.『회계의 신이 알려 주는 주식투자 생존법』을 쓴 구성섭 회계사는 이러한 스터디 그룹에서 장세 판단을 맡는 사람은 기본적으로 긍정적인 사람이 좋다는 팁을 준다. 장세 판단을 담당하는 사람이 긍정적인 사람이면, 기본적으로 자본주의는 우상향이라는 믿음이 있기 때문이다. 그래야 2020년 3월처럼 코스피가 1400 포인트까지 내려갔을 때 주식을 전부 매도하라는 오판을 내리지 않고, 가진 현금으로 우량한 종목들을 적극적으로 사라고 코칭할 수 있기 때문이다. 스터디 그룹에서 폭락을 걱정하고 거품론을 추종하는 사람에게는 리스크 관리가 중요한 개별 종목을 맡기는 것이 바람직하다.

　셋째, 위에서 말한 공부와 훈련을 거쳐 궁극적으로는 나만의 장세 판단 기준과 루틴을 갖는 것이 중요하다. 나만의 장세 판단 기준을 갖는다는 것은 예측 불가능한 장세에 휘둘리지 않고 자신이 납득하고 원칙에 따라 설정한 장세 판단 기준에 따라 매수와 매도를 하기 때문에 투자자 리스크와 전문가 리스크를 최소화할 수 있고, 이것은 결국 시장 리스크를 최소화하는 결과로 이어진다. 워런 버핏은 '버핏 지수'라는 자신만의 장세 판단 기준으로 폭락 장세를 비껴가고 기회를 포착해 엄청난 투자 성과를 올릴 수 있었다. 듀얼 모멘텀 이론을 창시한 게리 안토나치도 절대 모멘텀과 상대 모멘텀이라는 자신만의 장세 판단 기준으로 큰 손실을 피하고 장기적으로 안정적인 성과를 거둘 수 있었다.

상승장에는 60%, 하락장에도 20% 수익을 내는 사이클 투자를 해 30대에 월급쟁이 부자가 되고 그 경험을 담아 『주식투자는 사이클이다』라는 책을 낸 제이투는 아래와 같은 자신만의 상승장과 하락장 구간 체크 리스트로 장세를 체크한다. 그는 가끔 하는 체크가 아니라 장세 판단 기준을 행동으로 연결시키는 루틴도 있어야 실제 수익을 올리는 고수로 성장할 수 있다고 말한다. 제이투의 루틴은 매일 핸드폰을 커서 인베스팅닷컴(investing.com)을 통해 미국 증시, 한국 증시, 대장주의 흐름, 환율, VIX 지수 등을 확인하는 것이다. 그는 10년 이상을 인베스팅닷컴을 통해 시장의 흐름을 읽어나가고 있는데, 잠을 자기 전이나, 엘리베이터 안에서, 지하철 안에서, 길을 걷다가도 핸드폰을 켜고 인베스팅닷컴에 접속하면 1분 만에 모든 데이터를 확인할 수 있었다고 한다.

상승장 구간 체크 리스트(버블 체크)

체크리스트	현재 상태 판단
1. 전고점 돌파 여부(미국 증시 기준)	버블 구간
2. 대장주(대마)로 버블 구간 확인	버블 구간
3. 버핏 지수로 버블 구간 확인	버블 구간
4. VIX 지수로 버블 구간 확인	버블 구간
5. 달러와 엔으로 버블 구간 확인	버블 구간

하락장 구간 체크 리스트(바닥 체크)

체크리스트	현재 상태 판단
1. 하이먼 민스키 심리 곡선 (주변 지인들의 반응 확인)	"매도하고 시장에서 빠져나와야 할까 봐" "이제는 주식투자 안 하려고" "내가 왜 스트레스 받아 가며 고생을 했는지 모르겠어" "주식이라면 꼴도 보기 싫어, 다 처분하고 손 뗄 거야"
2. 고점 대비 하락률	고점 대비 하락률이 30%인 시기를 체크하자
3. 코스피 연봉과 월봉	코스피 연봉 10일선, 삼성전자 60일선을 확인해 보자
4. VIX 지수	VIX 지수가 30 이상인지 확인해 보자
5. 달러와 엔	달러 가격이 1300원에서 1500원 사이에 형성됨 엔 가격이 1100원에서 1500원 사이에 형성됨

10

장세 판단에 도움이 되는 책과 사이트, 유튜브

박세익, 『투자의 본질』(위너스북, 2022)

2020년 3월 모두가 공포에 떨던 코로나 폭락장에서 과감히 "두려워 말고 주식을 사라."라고 외쳐 '동학개미의 스승'으로 불리게 된 저자가 27년 동안 주식시장에서 산전, 수전, 공중전을 다 겪으면서 배우고 느낀 바를 적은 책. 초보 투자자에게 올바른 투자의 원칙과 자세가 무엇인지를 알려 주고, 주식투자에서 실패를 경험한 사람들에게는 실패의 원인에 대한 진단과 처방전이 적혀 있는 책이다. 주도주 발굴법과 성장주 투자의 핵심에 대해서도 알려 준다.

오건영, 『위기의 역사』(페이지2북스, 2023)

1997년 한국의 IMF 위기, 2000년 닷컴 버블의 붕괴, 2008년 글로벌 금융 위기, 그리고 2020년 코로나 팬데믹 위기 등 주식시장에 커다란 충격을 준 네 번의 위기의 과정과 결과를 살펴보는 것은 리스크 관리와 장세 판단에 커다란 도움이 된다. 이 책의 저자는 이해하기가 쉽지 않은 경제와 금융을 알기 쉽게 전달하는 것으로 유명해 투자자들 사이에서는 '갓건영'으로 불리

169

기도 한다. 저자가 쓴 다른 책, 부의 시나리오』, 인플레이션에서 살아남기』, 『환율의 대전환』 등도 투자에 많은 도움이 된다.

김진, 『주도주 투자 수익의 정석』(체인지업, 2025)

증권회사 고유자산을 운용하는 프롭 트레이더로 글로벌 금융위기에도 손실을 내지 않고 탁월한 성과를 낸 투자 고수가 알려 주는 주도주와 추세 추종 투자법. 저자는 주도주와 추세 추종 투자가 워런 버핏의 "제1원칙: 절대로 돈을 잃지 말라", "제2원칙: 제1원칙을 절대 잊지 말라" 하는 투자 원칙을 가장 효과적으로 실천하는 투자법이라고 말한다. 저자의 다른 책『주식투자 잘하는 사람들의 7가지 무기』도 반드시 함께 읽어 봐야 할 책이다.

강관우, 『K-증시 혁명』(뿌브아르, 2025)

'한국 자본시장의 개방과 성장'을 현장에서 체험한 정통 금융 전문가가 보는 한국 증시의 미래를 전망하는 책. 저자는 한국 증시가 2025년 이전과 이후로 나뉘며 2025년 이후 자금이 부동산에서 증시로 이동하는 Great Rotation이 시작되어 '코리아 디스카운트' 시대에서 '코리아 프리미엄' 시대로 증시 혁명이 일어난다고 전망한다. '코리아 프리미엄' 시대가 되면 '국장 탈출은 지능순'이라는 말이 '국장 복귀는 지능순'이라는 말로 바뀔 것이라고 한다.

박종훈, 『세계 경제 지각 변동』(글로퍼스, 2025)

트럼프 대통령은 왜 그린란드를 자국의 영토로 하려고 하는가? 우크라이나를 침공한 러시아의 푸틴과는 왜 손잡으려 하는가? 그리고 이것이 주식시장과는 어떤 관련이 있는가? 이에 대해 관심이 있다면 반드시 이 책을 읽어 봐야 한다. 저자는 책과 유튜브 채널 〈박종훈의 지식한방〉을 통해 변동성이 크게 높아진 세계 경제 환경과 그 의미에 대해 명쾌한 분석을 해 준다. 그 분석을 어떻게 주식투자에 활용할지는 독자의 몫이다.

제이투, 『주식투자는 사이클이다』(여의도책방, 2024)

주식투자의 사계절 사이클을 읽어 내 월급쟁이 부자가 된 평범한 30대 직장인이 주식시장의 사계절이 어떤 의미인지 살피고, 상승장과 하락장에서 각각 달리 대비하는 성공 투자 전략을 공개한 책. 저자는 상승장에서는 60%의 수익을, 하락장에서도 20%의 수익을 낼 수 있는 다섯 가지 지표를 제시한다. 또한 주식투자 사이클을 이용한 433 법칙을 통해 현실적으로 10년 안에 10억 원을 만들 수 있는 투자 방식을 제안한다.

박석중, 『한국의 미래』(페이지2북스, 2025)

거시경제부터 개별 산업과 기업 분석까지 모두 정통한 베스트 애널리스트가 트럼프의 세계 질서 재편 전략, 코스피 5000을 향한 이재명 정부의 시나리오, 현재 진행되고 있는 AI 혁명이 어떤 변화를 가져오고, 이런 변화의 시대에 어떤 투자 전략으로 대응해야 하는지를 알려 주는 책. 저자는 '부동산에서 금융자산으로의 가계자산의 대이동(Great Rotation)'에 대비해 주식투자 전략의 근본적 변화가 필요하다고 말한다.

김학균, 『5000p 시대를 위한 투자 대전환』(어바웃어북, 2025)

2008년 글로벌 금융위기 이후 상승세를 지속하고 있는 미국 주식시장은 버블이 아닐까? 오랫동안의 박스피 장세로 '국장 탈출은 지능순'이라는 조롱을 받았던 한국 주식시장이 2025년 들어 급상승하고 있는데 앞으로는 어떻게 될까? 주식투자자라면 누구나 갖고 있을 이런 의문에 주식시장의 역사에 대한 해박한 지식과 30년의 실전 내공을 겸비한 저자가 깊이 있는 통찰을 보여 준다. 책이 전하려는 메시지를 압축해 마지막에 쓴 「투자자에게 드리는 열 가지 조언」은 투자자라면 반드시 머릿속에 새겨 두어야 할 내용들이다.

한지영, 『주식투자 생존 전략』(상상스퀘어, 2023)

현직 베스트 애널리스트가 알려 주는 주식 시장에서 살아남기 위한 투자 도구와 투자 아이디어 찾기를 위한 책. 생존투자를 위한 분석도구로 한국 수출 지표와 신용잔고 포함 10가지를 제시하는데, 각각에 대해 그 지표가 중요한 이유, 관련 지표, 지표 발표일과 발표 사이트, 데이터 다운로드 사이트를 알려 주고 있어 실전투자에 크게 도움이 된다.

신동국, 『한국 주식 슈퍼사이클』(매일경제신문사, 2025)

「고평가된 세계 속, 저평가된 단 하나의 시장」이라는 부제가 붙어 있는 이 책은 "한국 주식시장은 이미 슈퍼사이클에 진입했다!"라면서 지금 한국을 사야 하는 결정적 이유와 함께 구체적인 주식투자 실행 전략을 제시한다. 저자는 부동산공화국이 종말을 맞이하고 주식시장의 슈퍼사이클이 시작되어 부의 중심에 선 한국 주식에 투자하면 모두 부자가 될 수 있다고 말한다.

투자에 도움이 되는 사이트와 유튜브

한국은행 경제통계시스템(ecos.bok.or.kr)

금리·환율·물가·경기지표 등 주식시장에 직접 영향을 미치는 핵심 거시경제 지표를 제공해 투자자가 시장 흐름과 투자 시점을 판단하는 데 유용한 정보를 얻을 수 있는 서비스.

FRED(fred.stlouisfed.org)

미국 12개의 연방준비은행 중 세인트루이스 연방준비은행이 운영하는 경제통계 플랫폼으로, 연준에서 발표하는 기준금리, 통화량, 경기 침체를 예고해 주는 선행지표인 장단기금리차 등을 확인할 수 있다. 세계 각국의 거시경제 지표도 그래프로 확인할 수 있고 비교할 수 있다.

인베스팅닷컴(investing.com)

전 세계 주식·지수·환율·원자재·채권 등 다양한 금융자산의 실시간 시세와 차트, 경제 지표, 뉴스 등을 제공해 투자자가 글로벌 시장 흐름을 한눈에 파악하고 투자 판단을 빠르게 수행할 수 있도록 돕는 통합 금융정보 플랫폼이다.

트레이딩 이코노믹스(tradingeconomics.com)

전 세계 국가의 경제 지표·금리·환율·원자재 가격을 한곳에서 확인할 수 있는 글로벌 데이터 플랫폼이다. 실시간 지표 업데이트와 국가 간 비교 기능이 강점이며, 거시경제 흐름과 시장 환경을 판단할 때 매우 유용하다.

김영익의 경제스쿨(youtube.com/@youngikkim)

경제학자로 증권회사 리서치센터장과 대표를 지내 이론과 현장에 모두 정통하고 경제의 변곡점마다 정확한 예측으로 신뢰를 받은 투자 전문가가 시대와 장세의 흐름에 대해 이야기하는 채널.

박종훈의 지식한방(youtube.com/@kpunch)

경제기자 출신으로 한국 경제의 주요 이슈에 대해 예리한 통찰을 보여 준 다수의 책을 냈고, 2025년에는 『트럼프 2.0 시대』, 『세계 경제 지각 변동』 등의 책으로 트럼프 이후의 세계를 분석해 많은 독자들의 공감을 이끌어 낸 경제 전문가가 운영하는 채널.

경제 읽어 주는 남자(김광석TV)(youtube.com/@경읽남_김광석TV)

경제를 '빠르고 쉽게' 알려 주는 '경제 읽어 주는 남자'라는 별명을 갖고 있고, 『피벗의 시대 2025년 경제전망』, 『스테이블코인 전쟁 2026년 경제전망』 등의 경제전망을 하는 다수의 책을 낸 경제와 장세 판단 전문가가 운영하는 채널.

4장

ETF 투자
어떻게 해야 하나요?

ETF 투자가 무엇이고
어떤 장점이 있나요?

사례

예적금밖에 모르던 사회 초년생 시절, 준비 없이 공모주와 개별 종목 투자에 뛰어들었다가 3000만 원의 손실을 겪었다. 이후 세계 경제와 자산 배분을 체계적으로 공부하며 투자 방식을 완전히 바꿨다. 2019년부터는 S&P500 추종 ETF와 QQQ, 그리고 SCHD 등 미국 ETF 3종에 집중하는 '게으른 투자'를 시작했다. 미국 증시가 5% 이상 급락할 때마다 분할 매수하며 자산을 쌓았고, 5년 만에 3억 원을 15억 원으로 불렸다. 현재는 부동산을 포함해 순자산 34억 원을 보유하며 목표였던 '월 400만 원 금융소득'을 이미 달성했다. 완전한 경제적 자유에 한 걸음 더 다가선 그는 아내, 그리고 강아지 뽀꼬와 함께 두 달에 한 번씩 해외여행을 즐기는 삶을 살고 있다.[3]

---

3) 김지훈, 『단 3개의 미국 ETF로 은퇴하라』(리더스북, 2005).

미국 ETF 투자로 경제적 자유를 이룩한 투자자의 사례다.

ETF란 무엇인가? ETF는 'Exchange Traded Fund'의 약자로 주식과 같이 상장되어 '거래소에서 거래되는 펀드'로 우리말로는 '상장지수펀드'라고 한다. 과거에 펀드매니저가 운용했던 펀드를 개인투자자가 주식처럼 직접 매매할 수 있도록 상장시킨 것이다. 기존 뮤추얼펀드는 분산 투자의 장점이 있었지만, 하루 한 번만 매매 가능하고 유동성이 떨어진다는 한계가 있었다. ETF는 이러한 단점을 보완하기 위해 펀드의 분산 투자와 주식의 실시간 매매를 결합한 금융상품으로 설계되었다.

세계 최초의 ETF는 캐나다 증권거래소에 1990년 3월 상장된 Toronto Index Participation Fund(TIP)이고, 미국에서는 1993년 약칭(티커)으로 SPY라고 불리는 SPDR S&P 500 ETF Trust가 증시에 최초로 상장되었다. 이후 1990년대 후반과 2000년대 초중반을 거치며 ETF 시장은 주가지수 ETF를 넘어 채권, 원자재, 부동산, 섹터, 테마, 레버리지, 인버스, 액티브 ETF 등으로 자산군과 투자 전략의 범위가 빠르게 확대되었다. 현재는 5,000개가 넘는 ETF가 상장되어 거의 모든 투자 전략에 부응하는 ETF가 존재하고, 미국 ETF 시장은 단순한 투자 수단을 넘어, 글로벌 자산배분의 기본 인프라가 되었다.

한국에서는 2002년 9월 처음으로 국내 대표지수인 KOSPI 200을 추종하는 ETF가 상장되었다. 이후 ETF는 대표지수 추종에서 채권, 원자재, 해외 자산으로 영역을 넓혔고, 2010년대 들어 레버리지·인버스 상품이 등장하며 개인투자자들의 관심이 크게 증가했다. 최근에는 인공지능·2차전지 등 테마형, 그리고 액티브 ETF까지 출시되며 상품 다양성이 확대되었고, 퇴직연금과 연금저축 계좌를 중심으로 ETF가 장기 자산배분의 핵심 도구로 자리 잡고 있다. 2026년 현재 한국 ETF 시장은 상장 종목이 1,000개를 넘고, 총 운용자산이 400조 원대에 달해 ETF가 한국 금융시장에서 투자의 핵심 인프라로 정착해 가고 있다.

177

ETF는 투자하지 못하는 대상이 없을 만큼 매우 다양한 유형의 ETF가 출시되어 있다. 각 ETF 유형별 간단한 설명과 한국과 미국에서의 대표 상품을 살펴보면 아래와 같다.

ETF 유형	간단한 설명	한국 대표 ETF	미국 대표 ETF
지수 ETF	특정 주가지수를 그대로 추종하는 ETF	KODEX 200 / KODEX KOSDAQ150	SPY(S&P500) / QQQ(Nasdaq100)
패시브 ETF	운용자의 판단 없이 지수를 기계적으로 추종	TIGER 200 / TIGER KOSDAQ150	SPY / IVV
액티브 ETF	운용자가 종목·비중을 적극적으로 조정	ACE 테슬라밸류체인액티브 / TIME K바이오액티브	ARKK / JEPI
섹터 ETF	특정 산업·업종에 집중 투자	KODEX 반도체 / TIGER K방산&우주	XLK(기술) / XLE (에너지)
배당주 ETF	배당수익을 중시하는 종목에 투자	KODEX 고배당 / TIGER 배당성장	VYM / SCHD
가치주 ETF	저PER·저PBR 등 가치지표 중심 투자	RISE Korea Value-Up / KOSEF Korea Value-up	VTV / IWD
성장주 ETF	매출·이익 성장성이 높은 기업 중심	ACE AI·반도체 Focus / TIMEFOLIO 글로벌AI액티브	VUG / IWF
테마 ETF	AI·로봇·친환경 등 특정 테마 집중	PLUS K방산 / SOL 조선TOP3플러스	ARKK / BOTZ
레버리지 ETF	지수 일간 수익률의 2~3배 추종	KODEX 레버리지(2배) / KBSTAR 200선물인버스 2X(2배)	TQQQ(Nasdaq100 3배) / SQQQ (Nasdaq100 3배 인버스)
인버스 ETF	지수 하락 시 수익 발생	KODEX 인버스 / TIGER 인버스	SH(S&P500 인버스) / PSQ(Nasdaq100 인버스)
채권 ETF	국채·회사채 등 채권에 투자	KODEX 국고채10년 액티브 / KBSTAR 국고채3년	BND / TLT
원자재 ETF	금·원유 등 실물자산 가격 추종	KODEX 골드선물 / TIGER 원유선물	GLD(금) / USO(원유)

주식투자법 100문 100답

ETF의 장점을 정리하면 다음과 같다.

첫째, 거의 모든 자산과 시장에 투자할 수 있다. ETF는 주식과 채권, 원자재, 금, 부동산, 해외 자산은 물론 특정 산업이나 테마까지 폭넓게 포괄한다. 투자자는 개별 기업을 하나하나 분석할 필요가 없다. 성장 가능성이 높다고 판단되는 시장이나 산업, 또는 자산군을 선택하는 것만으로도 투자할 수 있기 때문이다. 다시 말해 ETF는 개별 종목 선택의 부담을 크게 줄여 주는 투자 수단이다.

둘째, 분산 투자를 통해 다양한 리스크를 동시에 낮출 수 있다. 하나의 ETF 안에는 여러 종목이 담겨 있기 때문에 특정 기업의 부실이나 돌발적인 악재가 전체 포트폴리오에 미치는 영향이 제한적이다. 여기에 국가별 ETF, 산업별 ETF, 자산군 ETF를 함께 활용하면 시장 리스크와 국가 리스크는 물론 투자자의 판단 오류로 인한 리스크까지 동시에 완화할 수 있다. 분산 투자를 비교적 간단한 방식으로 구현할 수 있다는 점이 ETF의 큰 장점이다.

셋째, 자동 리밸런싱 구조로 관리 부담이 적다. ETF는 정해진 지수나 전략에 따라 편입 종목과 비중이 자동으로 조정된다. 투자자가 시장 변화에 따라 매번 종목을 교체하거나 포트폴리오를 재구성할 필요가 없다. 이러한 구조는 감정적인 매매를 줄이고 투자 원칙을 유지하는 데에도 도움이 된다. 결국 ETF는 투자자의 판단 부담을 줄이고 규칙 기반 투자를 가능하게 한다.

넷째, 운용 방식이 투명하고 투자자가 직접 매매할 수 있다. ETF는 보유 종목과 편입 비중이 공개되기 때문에 투자자는 수익이 발생한 이유나 성과가 부진한 원인을 비교적 쉽게 확인할 수 있다. 또한 ETF는 거래소에 상장된 상품이기 때문에 주식처럼 실시간 가격을 보면서 매수와 매도 시점을 직접 결정할 수 있다. 이는 운용 과정이 투자자에게 잘 보이지 않는 기존 펀드와 비교했을 때 분명한 차이이자 장점이다.

다섯째, 소액으로도 장기·분할·적립 투자가 가능하다. ETF는 한 주 단위로 거래할 수 있어 큰 자금이 없어도 투자를 시작할 수 있다. 특히 연금저축이나 IRP 계좌에서 ETF를 활용하면 매월 일정 금액을 자동으로 투자하는 구조를 만들 수 있어 매수 타이밍에 대한 부담을 크게 줄일 수 있다. 여기에 낮은 운용 보수까지 더해지면 장기 투자에서 비용으로 인한 수익률 감소도 최소화할 수 있다.

종합하면 ETF는 다양한 종목과 자산에 손쉽게 분산 투자할 수 있고, 관리 부담과 비용을 최소화하면서, 투명성과 장기적인 규칙 기반 투자를 통해 시장에서 오래 살아남을 수 있는 '잃지 않는 투자'와 자산을 안정적으로 키워 갈 수 있는 '예측 가능한 투자'를 할 수 있게 만드는 효율적인 투자 수단이라 할 수 있다.

2

ETF 투자 관련 핵심 용어

인덱스펀드(Index Fund)

인덱스펀드는 특정 주가지수의 구성과 수익률을 그대로 따라가도록 설계된 펀드다. 예를 들어 KOSPI 200 인덱스펀드는 KOSPI 200 지수에 포함된 종목을 지수의 구성 비중(시가총액 비중 등)에 맞게 담아, 지수가 오르면 함께 오르고 내리면 함께 움직인다. 인덱스펀드는 시장 평균 수익률을 낮은 비용으로 얻기 위해 만들어진 투자 상품이고, ETF는 인덱스펀드를 거래소에서 주식처럼 사고팔 수 있게 만든 형태다.

ETF의 명칭

ETF 이름은 보통 발행사 + 투자 대상(지수·자산) + 상품구조(TR·선물·합성) + 환 헤지 여부(H) + 투자 전략(레버리지·인버스 등)의 순서로 만들어진다. 그래서 ETF 이름만 보아도 어떤 운용사가 만들었는지, 무엇에 투자하는지, 현물형인지 선물형인지, 환율 영향을 받는지, 장기 투자용인지 단기 전략용인지를 대략 알 수 있다. 즉 ETF 이름은 상품의 구조와 특징을 간단히 설명해 주는 상품 설명서 같은 역할을 한다. 한국과 미국의 ETF 사례로 설명하면 다음과 같다.

한국: KODEX 미국S&P500선물(H)

→ 삼성자산운용이 만든 ETF

→ 미국 S&P500 지수에 투자

→ 배당 포함(TR) 총수익 기준

→ 환 헤지형(H) 상품

→ 장기 투자용 지수 추종 ETF

미국: ProShares UltraPro QQQ(TQQQ)

→ ProShares 운용

→ 나스닥100 지수(QQQ) 추종

→ UltraPro(3배 레버리지) 전략

→ 단기 트레이딩용 레버리지 ETF

ETF 티커(Ticker)

티커는 주식이나 ETF를 거래소에서 구별하기 위해 사용하는 종목의 약칭 코드다. 미국에서는 보통 알파벳으로 표시되며, 예를 들어 TQQQ는 나스닥 100 지수를 3배로 추종하는 레버리지 ETF를 뜻하는 티커다. 반면 한국에서 는 379800처럼 숫자로 된 코드가 사용되는데, 이는 거래소가 각 ETF에 부 여한 고유 종목 코드로 거래와 전산 식별을 위해 사용된다.

ETF 추종 지수

ETF의 추종 지수는 해당 ETF가 그 구성과 움직임을 그대로 따라가도록 설계된 기준 지수로 기초지수라고도 한다. 예를 들어 S&P500을 추종하는 ETF는 S&P500 지수와 최대한 비슷하게 재현하는 것이 목표다. 추종 지수 의 종류는 ETF가 어떤 기준으로 자산을 담는지에 따라 나뉜다. 대표적으로

주식투자법 100문 100답

시장대표지수(KOSPI200, S&P500), 섹터·테마지수(반도체, 2차전지), 스타일지수(가치·성장·배당), 전략지수(저변동성, 모멘텀, 커버드콜) 등이 있다.

순자산가치(NAV)와 실시간 순자산가치(iNAV)

순자산가치는 장 마감 후 ETF가 보유한 자산의 종가를 기준으로 ETF가 보유한 자산에서 부채를 뺀 뒤 주식 수로 나눈 하루 기준의 공식 가격이고, 실시간 순자산가치는 장중에 기초자산의 실시간 가격과 환율 등을 반영해 계속 변하는 ETF 자산 가치를 실시간으로 계산한 거래 참고 가격이다.

괴리율과 추적오차(Tracking Error)

괴리율은 ETF의 시장가격이 순자산가치(NAV)보다 얼마나 높거나 낮게 거래되고 있는지를 나타내는 지표로, 현재 가격이 실제 가치에서 얼마나 벗어나 있는지를 보여 준다.

추적오차는 ETF의 수익률이 기초지수의 수익률과 얼마나 차이가 나는지를 나타내는 지표로, ETF가 지수를 얼마나 정확하게 따라가고 있는지를 보여 준다.

유동성공급자(LP, Liquidity Provider)

ETF에서 유동성 공급자는 매수·매도 호가를 지속적으로 제시해 투자자가 언제든지 ETF를 원활하게 사고팔 수 있도록 거래 유동성을 유지하고, 시장가격이 순자산가치(NAV)와 크게 괴리되지 않도록 안정시키는 역할을 하는 참여자로, 주로 증권회사가 이 역할을 담당한다.

레버리지 ETF, 인버스 ETF, 곱버스 ETF

레버리지 ETF는 기초지수의 하루 변동률을 2배 또는 3배로 따라가도록

4장 ETF 투자 어떻게 해야 하나요?

만든 ETF로, 지수가 1% 오르면 ETF는 약 2% 또는 3% 상승하도록 설계된 상품이다.

인버스 ETF는 기초지수와 반대로 움직이도록 만든 ETF로, 지수가 1% 하락하면 ETF는 약 1% 상승하도록 설계된 하락 베팅 상품이다.

곱버스 ETF는 인버스에 레버리지를 결합한 상품으로, 지수가 1% 하락하면 ETF는 약 2% 상승하도록 설계된 고변동성 상품이다.

ETN(Exchange Traded Note)

ETN은 ETF와 마찬가지로 거래소에 상장되어 주식처럼 사고팔 수 있고 특정 지수의 수익률을 추종하도록 설계된 투자상품이지만, 실제 자산을 보유하는 ETF와 달리 증권사가 수익률을 약속하는 채권 형태로 발행되어 발행사가 신용위험을 부담하는 상품이다.

3

ETF 투자 종목 선정
어떻게 해야 하나요?

2026년 초 기준으로 미국에는 약 5,000여 개, 한국에는 약 1,000여 개, 전 세계적으로는 1만 3,000개 안팎의 ETF가 상장되어 거래되고 있다. 이렇게 수많은 ETF 가운데 어떤 상품을 선택해야 실제로 수익을 낼 수 있을까.

먼저 ETF 투자 고수들의 의견부터 살펴보자. 『부의 시작—ETF만으로도 꼬박꼬박 연 40% 수익 내는 법』을 쓴 박민수는 초보 투자자에게 가장 중요한 것은 높은 수익률보다 돈을 잃지 않는 것이라고 강조한다. 그는 "돈을 잃지 않으려면 세 가지만 기억하라."라고 말하는데, 그것이 바로 고배당주, 실적 개선주, 그리고 ETF다. 이 세 가지 가운데 하나만 선택해야 한다면 ETF가 가장 좋은 상품이라고 설명한다. ETF는 분산 투자가 가능해 상대적으로 안전하고, 시장 상황이 좋을 경우 연 30~40% 수준의 수익도 기대할 수 있기 때문에 초보 투자자나 은퇴를 앞둔 투자자에게도 적합하다는 것이다. 그래서 주식투자를 처음 시작하는 사람이라면 최소 1~2년 정도는 ETF 중심으로 투자하고, 가능하다면 고배당 업종이나 실적 개선이 기대되는 산업 ETF를 선택하는 것이 좋다고 조언한다.

한편 『나의 첫 ETF 포트폴리오』의 저자 송민섭은 수익을 낼 확률이라는

185

관점에서 가장 단순하면서도 효과적인 전략은 미국 주식시장을 대표하는 지수를 추종하는 ETF에 투자하는 것이라고 말한다. 『나는 ETF로 돈 되는 곳에 투자한다』의 저자 김수정 역시 비슷한 의견을 제시한다. 그는 투자자금이 부족해 한 나라에만 투자해야 한다면 미국을 선택해야 하며, 주식 ETF에 투자한다면 미국 대표 지수인 S&P500 ETF와 나스닥100 ETF 투자는 필수라고 강조한다.

주식투자로 뛰어난 성과를 올리며 '여의도 1타 강사'로 불리는 회계사 사경인은 『사경인의 친절한 투자 과외』에서 처음 주식투자를 시작하는 아내에게 개별 종목 투자보다 먼저 ETF를 사는 것이 좋다고 조언한다. 그가 추천한 ETF는 전 세계 주식에 60%, 채권에 40%를 투자하는 자산배분 ETF인 AOR이다. 유튜브 채널과 블로그 〈내일은 투자왕—김단테〉를 운영하는 김동주 역시 『절대수익 투자법칙』에서 ETF를 하나만 선택해야 한다면 AOR, 두 개를 선택해야 한다면 미국 전체 주식시장 ETF인 VTI와 미국 채권시장 ETF인 BND를 추천한다.

이처럼 ETF 투자 고수들의 의견을 종합해 보면 ETF 투자는 반드시 정해진 정답이 있는 것이 아니라 자신의 투자 목적과 투자 성향, 투자 경험에 맞는 ETF를 선택하는 것이 가장 중요하다는 점을 알 수 있다.

예를 들어 4차 산업혁명 시대의 핵심 성장 분야인 AI, 반도체, 2차전지 산업에 관심은 있지만 개별 종목 분석이 어렵다면 해당 산업의 섹터 ETF나 테마 ETF에 투자하면 된다. 특정 산업이나 테마에 대한 확신은 없지만 미국 경제의 장기 성장 가능성을 높게 본다면 미국 S&P500 지수를 추종하는 ETF에 투자하는 것도 좋은 방법이다. 반대로 한국 주식시장이 앞으로 성장할 것이라고 판단한다면 코스피나 코스닥 지수를 추종하는 ETF를 선택할 수 있다.

주식시장 전망이 매우 낙관적이라면 레버리지 ETF를 통해 수익률을 2배

주식투자법 100문 100답

이상 높이는 전략도 가능하다. 반대로 시장 전망이 부정적이라면 하락에 투자하는 인버스 ETF를 선택할 수도 있다. 또 주식시장이 이미 많이 상승해 버블이 형성된 것 같고 시장 변동성이 두렵다면 자산배분 ETF를 통해 위험을 낮추면서 안정적인 수익을 추구하는 방법도 고려해 볼 수 있다.

이처럼 투자할 만한 ETF 후보가 어느 정도 정해졌다면 다음 단계에서는 어떤 시장에 상장된 ETF를 선택할 것인지를 판단해야 한다. 예를 들어 미국 주식에 투자하고 싶다면 미국 증시에 상장된 ETF를 직접 매수할 수도 있고, 한국 증시에 상장된 미국 지수 ETF를 선택할 수도 있다. 이때는 관리비용, 환율 리스크, 세금 구조, 연금 계좌 활용 가능 여부 등을 종합적으로 고려해야 한다.

미국에 상장된 ETF는 일반적으로 운용 규모가 크고 거래가 활발해 관리비용이 낮은 경우가 많다. 그러나 달러로 투자해야 하기 때문에 환율 변동 위험이 존재하며, 매매 차익에는 양도소득세가 부과된다. 또한 IRP나 연금 저축과 같은 퇴직연금 계좌에서는 직접 투자하기 어려운 경우도 있다.

반면 한국에 상장된 미국 ETF는 원화로 거래할 수 있어 접근성이 좋고, 세금 측면에서도 유리한 경우가 많다. 특히 연금 계좌에서 활용할 수 있어 장기 투자에 적합하다. 다만 운용 보수, 환 헤지 여부, 지수 추적 오차 등에 따라 상품별 수익률이 달라질 수 있다는 점은 반드시 확인해야 한다.

또한 한국 ETF는 거래 편의성이 높고 연금 계좌 활용이 가능하다는 장점이 있지만, 미국 시장에 비해 상품 종류나 유동성이 다소 제한적일 수 있다는 점도 고려해야 한다.

결국 같은 테마나 같은 지수를 추종하는 ETF라도 어느 시장에 상장된 상품을 선택하느냐에 따라 장기 수익률과 세금, 위험 수준이 달라질 수 있다. 따라서 투자 목적과 계좌 유형에 맞는 ETF를 전략적으로 선택하는 것이 중요하다.

어느 나라의 어떤 분야에 투자할지 결정했다면 다음 단계는 동일한 지수를 추종하는 ETF 상품들 가운데 어떤 운용사의 ETF를 선택할 것인지 비교하는 것이다. 이때 살펴봐야 할 핵심 지표는 거래량, 자산 규모, 괴리율, 추적오차, 관리비용 등이다.

이 가운데 개인투자자가 가장 쉽게 확인할 수 있는 지표는 자산 규모와 거래량이다. 순자산 규모가 크고 거래량이 많은 ETF는 이미 많은 투자자의 선택을 받은 상품이기 때문에 신뢰도가 높은 경우가 많다. 특히 자산 규모가 클수록 운용 효율이 높아져 관리 비용이 낮아지는 경향이 있다. 따라서 ETF를 선택할 때 가장 먼저 확인해야 할 지표 중 하나가 바로 자산 규모다.

관리비용 역시 매우 중요한 요소다. ETF의 비용에는 운용사가 가져가는 총보수 외에도 펀드를 실제 운용하는 과정에서 발생하는 기타 비용이 포함된다. 총보수는 단기 투자에서는 큰 차이를 만들지 않을 수 있지만 장기 투자에서는 복리 효과로 인해 수익률에 상당한 영향을 미친다.

예를 들어 1억 원을 투자해 매년 5% 수익률로 30년 동안 운용한다고 가정해 보자. 삼성자산운용 자료에 따르면 총보수가 0.15%인 상품은 전체 투자 성과의 약 4.2%만 보수로 지불하게 된다. 반면 총보수가 1.5%인 상품은 30년 뒤 투자 성과의 약 35%가 보수로 빠져나가게 된다. 같은 수익률을 기록하더라도 비용 차이만으로 결과가 크게 달라질 수 있다는 뜻이다. 따라서 ETF에 장기 투자할 경우 반드시 총보수 수준을 확인할 필요가 있다.

마지막으로 ETF에 실제로 어떤 종목이 포함되어 있는지도 살펴볼 필요가 있다. ETF의 편입 종목을 정리한 자료를 자산구성내역(PDF: Portfolio Deposit File)이라고 하는데, 이는 자산운용사 홈페이지나 한국거래소 홈페이지, 증권사 HTS·MTS 등에서 확인할 수 있다.

ETF는 일반적으로 최소 10개 이상의 종목으로 구성되어 있지만 모든 종목을 자세히 볼 필요는 없다. 수익률에 가장 큰 영향을 미치는 상위 5~10개 종목 정도만 확인해도 충분하다. 특히 상위 3개 종목의 비중과 성격을 확인하면 해당 ETF의 성격과 변동성을 어느 정도 파악할 수 있다. 예를 들어 특정 종목의 비중이 지나치게 높다면 해당 종목의 주가 움직임이 ETF 수익률에 큰 영향을 줄 수 있다.

또한 상위 구성 종목의 PER나 성장성 등을 살펴보면 해당 ETF가 과도하게 고평가되어 있는지 여부도 어느 정도 판단할 수 있다. 더 나아가 ETF에 편입된 상위 종목들은 자산운용사가 매력적인 투자 대상으로 판단한 기업들이기 때문에, 개별 종목 투자를 고려할 때도 유용한 참고 자료가 될 수 있다.

ETF 투자 매수·매도
언제 어떻게 해야 하나요?

투자할 ETF 종목을 선정했다면 다음으로 고민해야 할 것은 언제 어떻게 매수하고 매도할 것인가 하는 문제다. ETF의 매수·매도 전략은 ETF의 종류와 특성이 매우 다양한 만큼 투자할 ETF에 맞는 방식으로 접근할 필요가 있다.

먼저 주가가 장기적으로 우상향하는 지수를 추종하는 ETF라면 장기 투자가 기본 전략이 된다. S&P500이나 나스닥100처럼 미국 경제 전체의 성장 또는 혁신 기업의 성장을 반영하는 지수 ETF는 단기 매매의 대상이라기보다 장기 보유를 전제로 하는 투자 자산이라고 할 수 있다. 실제로 S&P500 지수는 2015년 이후 여러 차례 큰 변동성을 겪었음에도 장기적으로는 꾸준한 상승 흐름을 이어 왔다. 2015년 초 약 2000포인트 수준이던 지수는 2024년을 지나면서 두 배 이상 상승했고, 나스닥100 역시 같은 기간 IT·플랫폼·AI 기업의 성장에 힘입어 더욱 가파른 상승 곡선을 그렸다. 따라서 이 지수들을 추종하는 ETF에 장기 투자했다면 개별 종목을 직접 고르지 않고도 연평균 두 자릿수에 가까운 수익률을 올릴 수 있었을 것이다.

하지만 지수가 '장기 우상향'한다고 해서 그것이 항상 순탄한 상승을 의미하는 것은 아니다. 미국의 지수 ETF들도 중간에 상당한 하락 국면을 겪었는데 대표적인 사례가 2022년이다. 이때 미국이 급격한 금리 인상 사이클에 들어가면서 S&P500 지수는 약 25% 내외 하락했고, 나스닥100은 30%가 넘는 하락을 기록했다. 만약 이 시기에 지수 ETF를 단기 관점에서 매수했다면 장기적으로는 우상향 자산이라 하더라도 상당한 손실을 경험했을 가능성이 크다.

한국 시장 역시 크게 다르지 않다. 코스피나 코스닥 지수도 장기적으로는 상승해 왔지만 특정 시점에 투자했을 경우 큰 손실을 경험한 투자자들도 적지 않다. 예를 들어 2007년 고점이나 2021년 고점 부근에서 지수 ETF를 단기 매수했다면 이후 몇 년간 이어진 조정 구간에서 상당한 손실과 심리적 부담을 겪었을 것이다.

ETF의 장기 투자에 수반하는 이러한 위험을 줄이는 방법으로는 적립식 분할 매수가 있다. 시장의 고점과 저점을 정확히 예측하여 매수하기보다 투자 시점을 분산시켜 평균 매입 단가를 낮추는 전략이다.

『나는 ETF로 돈되는 곳에 투자한다』의 저자 김수정은 국가대표지수 ETF나 산업 트렌드에 투자하는 혁신성장 테마형 ETF처럼 장기적으로 성장할 것으로 기대되는 ETF에 대한 투자는 'Timing 이 아닌 Time'이 중요하다면서 미국의 퍼스널 파이낸스 클럽에서 작성한 'How to Perfectly Time the Market'에 언급된 3명의 가상투자자의 사례를 소개하고 있다.

S&P500 지수 ETF에 투자한 3명의 각각의 전략은 시장 최고점일 때 매수하는 최악의 타이밍 투자, 바닥일 때 매수하는 완벽 타이밍 투자, 타이밍을 전혀 고려하지 않는 매달 자동 적립 투자로 달랐는데, 40년 후의 결과는 타이밍을 전혀 고려하지 않는 매달 자동 적립 투자가 가장 좋은 것으로 나타났다. 바닥에서 매수하기 위해 차트 분석을 하고 마켓타이밍에 노심초사하기보다는 매달 자동적립식으로 투자하여 매수 평균비용을 낮추는 코스트

에버리징 전략이 수익 면에서나 시간 절약 면에서나 보다 효율적인 전략이라는 것이다.

둘째, 모든 ETF가 장기 투자에 적합한 것은 아니다. 레버리지 ETF나 인버스 ETF는 구조적으로 장기 보유에 불리한 상품이다. 이들 ETF는 일정 기간의 지수 수익률을 그대로 추종하는 것이 아니라 매일 기초지수의 일정 배수를 추종하도록 설계되어 있다. 예를 들어 2배 레버리지 ETF는 '지수가 장기적으로 두 배 상승한다'는 의미가 아니라 '하루 동안의 등락을 두 배로 반영한다'는 의미다. 이 때문에 지수가 오르내리는 과정이 반복될수록 복리 효과의 역작용, 즉 변동성 손실이 누적된다.

실제로 지수가 일정 범위에서 횡보하거나 변동성이 커질 경우 기초지수는 큰 변화가 없는데도 레버리지 ETF의 가격은 시간이 지날수록 서서히 하락하는 현상이 나타날 수 있다. 인버스 ETF 역시 같은 구조적 특징을 가진다. 이러한 구조적 특징 때문에 지수가 결국 상승하거나 하락하더라도 횡보·변동성 확대 구간에서는 큰 손실이 누적될 수 있다.

또한 이러한 상품들은 장기 운용을 전제로 설계된 것이 아니기 때문에 운용 보수와 거래 비용도 상대적으로 높은 경우가 많다. 따라서 시간이 지날수록 구조적으로 불리해질 수 있는 만큼 레버리지 ETF와 인버스 ETF는 명확한 시나리오와 목표를 가진 단기 전략으로 접근하는 것이 바람직하다. 이 영역에서는 '장기 보유하면 언젠가는 회복된다'는 사고방식이 오히려 위험할 수 있고, 목표 수익률에 도달하면 과감히 정리하고 손실이 발생하면 미련 없이 손절하는 원칙이 필요하다.

셋째, 변동성이 크고 장기적으로 안정적인 상승을 확신하기 어려운 섹터 ETF나 테마 ETF는 보다 유연한 매수·매도 전략이 필요하다. 이러한 ETF는 특정 산업이나 트렌드에 집중 투자하기 때문에 시장 상황이나 투자자 기대 변화에 따라 수익률 변동이 크게 나타날 수 있다.

예를 들어 미국의 혁신 테마 ETF인 ARK Innovation ETF(ARKK)는 2020년 한 해 동안 150% 이상 상승하며 전 세계 투자자들의 관심을 받았다. 그러나 이후 금리 인상과 성장주 조정이 이어지면서 2021년과 2022년에 60%가 넘는 하락을 경험했고 많은 투자자가 큰 손실을 입었다.

이때 장기 성장 스토리만 믿고 고점에서 매수해 그대로 보유했다면 회복까지 오랜 시간을 기다려야 했을 것이다. 반면 시장 상황에 맞춰 전략적으로 접근했다면 결과는 달라질 수 있다. 상승 국면에서는 분할 매수로 추세에 올라타고, 과열 신호가 나타나면 일부 이익을 실현하며 비중을 줄이는 방식이다. 즉 섹터 ETF나 테마 ETF는 '사서 묻어 두는 장기 투자 자산'이라기보다 시장 환경에 따라 비중을 조절하며 운용하는 중단기 투자 자산으로 보는 것이 더 적절하다.

넷째, 커버드콜 ETF처럼 주가 상승보다는 안정적인 현금 흐름을 목표로 하는 ETF는 매수·매도 기준이 일반 ETF와 다르다. 이러한 ETF의 핵심 목적은 시세 차익이 아니라 정기적인 현금 흐름을 만드는 데 있다. ETF가 보유한 주식을 기반으로 옵션을 매도해 얻은 프리미엄을 투자자에게 분배금 형태로 지급하는 구조이기 때문이다.

따라서 커버드콜 ETF는 주가가 크게 오르는 강한 상승장에서는 상승분의 일부를 포기해야 해 수익이 제한될 수 있고, 하락장에서는 옵션 프리미엄이 손실을 일부 보완해 주기는 하지만 주가 하락을 완전히 막아 주지는 못해 방어력이 기대보다 약할 수도 있다. 이런 특성을 고려하면 커버드콜 ETF는 단기적인 매매 타이밍을 맞추기 위한 투자 대상이라기보다 포트폴리오에서 안정적인 현금 흐름을 담당하는 자산으로 활용하는 것이 합리적이다.

5

ETF 투자 수익률은
어느 정도인가요?

21세기 최고의 금융상품이라고 일컬어지고 개인투자자에게도 기관 투자자 못지않은 투자 도구가 된 ETF의 수익률은 얼마나 될까? ETF의 수익률은 당연히 종목에 따라 다르고, 같은 종목이라도 기간별, 투자자별로 모두 다르다. 여기에서는 먼저 ETF의 대표상품이라고 할 수 있는 주가지수 ETF에 대해 미국의 SPY와 QQQ, 그리고 한국의 KODEX 200에 투자했을 때의 수익률을 비교해 보기로 한다.

경제뉴스와 금융정보를 제공하는 사이트인 더체크(thecheck.co.kr)는 2015년 7월 31일 시점에서 1000만 원을 한국 ETF KODEX 200, 미국 지수 ETF SPY와 QQQ에 각각 투자했을 경우의 10년 후인 2025년 7월 31일의 수익금과 수익률을 분석했다. 이에 따르면 KODEX 200은 수익금이 808만으로 80.8%, SPY는 2512만 원으로 251.2%, QQQ는 4904만 원으로 490.4%의 수익률을 올린 것으로 나타났다. 연평균 수익률로 환산하면 KODEX 200은 6.1%, SPY는 13.4%, QQQ는 19.4%이다. 한국과 미국의 수익률 격차가 상당히 크다는 것과 미국에서 기술주 중심의 QQQ가 압도적 수익률을 올린 것을 확인할 수 있다. 이 조사는 7월을 기준으로 분석했는데 이후 한국 주식시장이 급등해 격차는 축소되고 있는 중이다.

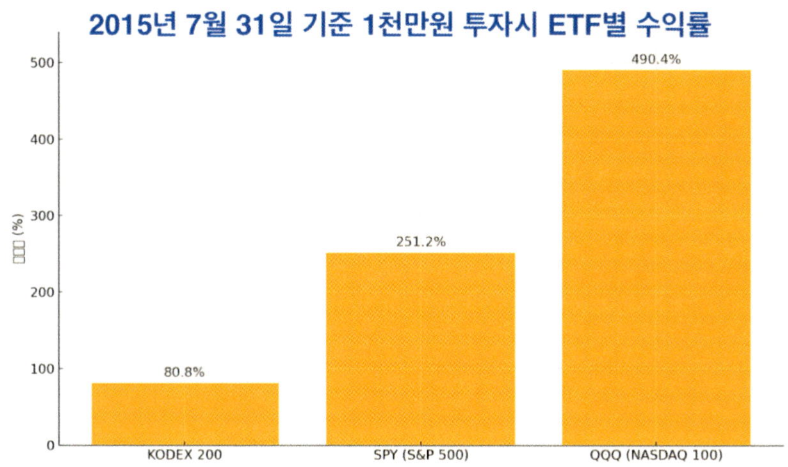

출처: 더체크(thecheck.co.kr)

ETF도 시장이 크게 하락하면 커다란 손실을 입을 수 있다. 계속 우상향 추세를 보여 왔던 SPY와 QQQ도 2022년에 투자했다면 각각 19%, 33%의 손실을 입었을 것이며, 2020년 153%의 폭발적인 상승률로 주목받았던 테마 ETF ARKK의 경우에는 2022년 65%의 손실을 기록했다. 같은 ETF라도 추종 지수와 구조에 따라 하락장에서의 손실 폭은 크게 달라지며, 특히 테마 ETF를 단기로 추격 매수할 경우 손실이 투자자가 감당하기 어려운 수준까지 확대될 수 있다.

195

2020~2025년 SPY·QQQ·ARKK 연도별 수익률

연도	SPY	QQQ	ARKK
2020	+18%	+48%	+153%
2021	+27%	+27%	-23%
2022	-19%	-33%	-65%
2023	+24%	+55%	+68%
2024	+23%	+54%	+8%
2025	+19%	+20%	+35%

고도의 전문 지식과 실전 경험으로 무장한 액티브 펀드는 ETF 이상의 수익률을 올릴 수 있을까? 이에 대해서는 워런 버핏이 2010년 헤지펀드에 제안한 수익률 대결 게임이 답을 준다.

워런 버핏은 2007년, 헤지펀드 업계가 높은 보수 대비 낮은 성과를 내고 있다고 비판하며 프로테제 파트너스(Protégé Partners)라는 헤지펀드에 100만 달러 내기를 제안했다. 버핏은 S&P500 지수를 추종하는 ETF인 VOO(Vanguard S&P500 ETF)에 투자했고, 프로테제 파트너스는 5개의 액티브 펀드를 선정해 투자했다. 게임이 시작된 2008년 금융위기 초에는 헤지펀드 쪽이 -23.9%를 기록하며 인덱스펀드의 -37.0%보다 손실이 적어 한때 앞서는 듯했지만, 10년 후 결과는 버핏이 누적으로 126%의 수익을 거둔 반면, 헤지펀드 쪽은 36%에 그쳐 압도적 승리를 거두었다. 세계 최고의 헤지펀드조차 시장 평균 수익률을 상징하는 S&P500의 수익률을 이기지 못한다는 사실을 전 세계 투자자들에게 명확하게 각인시킨 이벤트였다. 버핏은 이를 근거로, "투자의 귀재들(헤지펀드 운용자들)은 지능도 있고 정직하겠지만, 투자

자에게 돌아가는 결과는 형편없었다."라고 평하면서, 투자자 대부분이 비용이 낮고 분산된 인덱스 펀드를 선택해야 한다는 자신의 철학을 재확인했다.

헤지펀드도 이렇게 지수 ETF를 이길 수 없다면 평범한 개인투자자가 지수 ETF 이상의 수익률을 올리겠다는 생각은 현실성이 없다고 할 수 있다. 아울러 지수 ETF의 수익률은 시장이 폭락해 수익률이 마이너스의 시기가 포함된 장기간의 평균 수익률인 만큼 장기로 투자하지 않고 단기 매매 중심의 개인투자자라면 수익률은 평균보다 훨씬 더 내려갈 수밖에 없고, 수익이 아닌 손실을 입고 있을 확률도 매우 높을 것으로 추정된다.

ETF 투자 리스크 관리
어떻게 해야 하나요?

　21세기 최고의 금융상품이자, 개인투자자도 기관 투자자나 전문투자자 못 지않은 투자 도구를 갖게 되었다고 평가받는 ETF 투자에 문제점은 없을까? 몇 가지 문제점이 있다.

　첫째, 다수의 종목으로 구성된 ETF는 분산 투자로 기업 리스크를 감소시키지만 폭락장이 와서 모든 종목이 하락하는 시장 리스크까지 피하기는 어렵다는 점이다. 최근 15년간 양호한 성과를 보여 끝없이 우상향하는 것처럼 보이는 SPY나 QQQ도 2008년 금융위기 때는 각각 37%, 42% 하락했고, 2022년 전 세계적인 금리 인상과 경기 둔화 우려로 시장이 급락했을 때도 SPY는 18%, QQQ는 33%의 하락을 보였다. 물론 이런 시장 리스크는 2장에서 살펴본 것처럼 상관관계가 낮은 다양한 자산군으로 구성된 자산배분 ETF를 선택한다면 어느 정도 방어가 가능하다. 그러나 이러한 자산배분 ETF조차 2022년 금리 인상기에는 방어자산인 채권마저 하락하면서 수익률이 하락하거나 손실을 입는 경우도 생길 수 있다.

　둘째, ETF는 기본적으로 장기 투자가 필요한 상품임에도 불구하고 거래의 편의성 때문에 오히려 단기투자를 조장해 수익률을 떨어뜨리는 경우도 있다. 인덱스펀드를 상장시킨 ETF에 대해 정작 인덱스 펀드의 창시자인 존 보글은 도입을 반대했다고 한다. 보글은 ETF가 하루 종일 실시간으로 사고 팔 수 있다는 점이 투자자들로 하여금 잦은 매매, 즉 단기 투자를 부추겨 장기 보유라는 인덱스 투자 철학을 훼손할 수 있다고 보았기 때문이다. 실제로 우리나라 개인투자자들은 ETF를 단기투자 목적, 특히 시장의 방향성에 베팅하기 위한 수단으로 활용하는 경향이 강하다. 한국자본시장연구원(KCMI)의 연구에 따르면, 레버리지·인버스 등 '파생형 ETF'가 국내 개인투자자의 ETF 거래에서 전체의 약 60~70%를 차지하는데, 장기 분산 투자보다는 단타 혹은 투기성 매매에 가까운 파생형 ETF 중심의 거래는 투자 성과에 부정적인 영향을 미쳐 수익률이 떨어지거나 손실로 귀결되는 경우가 적지 않은 것으로 나타났다.

셋째, 레버리지 ETF나 인버스 ETF는 보통의 ETF와 운용 방식이 크게 달라 특히 주의가 필요하다. 레버리지 ETF나 인버스 ETF는 일반 ETF처럼 투자 기간 전체로 지수를 따라가는 것이 아니라, 하루 단위로 지수의 변동 폭을 2배나 3배(레버리지), -1배(인버스) 등 배수로 추종하도록 설계되어 있다. 따라서 이러한 ETF는 단기 투자가 아닌 장기 투자 수단으로 사용되면 기초지수가 횡보하거나 등락을 반복할 경우 '마이너스의 복리 효과' 때문에, 투자 기간 전체로 계산한 수익률과 크게 괴리되거나 손실이 커질 수 있다. 또한 레버리지 ETF나 인버스 ETF는 선물, 스왑 같은 파생상품이나 차입 등을 활용한 구조로 운용되는 경우가 많기 때문에, 일반 ETF보다 운용비용이 높고 이로 인한 추가 비용 및 추적오차(tracking error) 위험이 존재한다. 요컨대 레버리지나 인버스 ETF는 시장 방향성에 대한 단기 베팅 수단으로는 매력적일 수 있으나, 일반 ETF처럼 포트폴리오의 근간으로 삼거나 장기 보유용으로 생각하면, 마이너스의 복리 효과와 운용 비용 때문에 기대되는 수익을 얻기 어렵고 손실 위험이 상당히 크다는 점을 유의할 필요가 있다.

넷째, ETF는 리스크 관리를 위해 지수를 구성하는 다수의 종목에 분산 투자 하도록 설계되어 있지만, 이러한 구조가 수익성이 낮은 종목까지 모두 담게 되어 결국 전체 수익률을 희석시킨다는 비판도 존재한다. 그래서 일부 투자자들은 "가장 좋은 주식만 골라 담는 것이 더 높은 수익을 가져온다"는 논리로 ETF 투자를 기피하기도 한다. 특히 개별 종목 선별 능력에 자신이 있는 투자자들 사이에서는 분산이 곧 성과 저하 요인이 될 수 있다는 주장도 적지 않다. 미국 주식투자 전문가 최철은 『미국 주식투자의 정석』이라는 책에서 "주식시장 최고의 발명, ETF를 멀리하라."라고 말한다. 그 이유로 그는 개별 종목 투자가 종목만 잘 선택한다면 ETF보다 훨씬 높은 수익률을 올릴 수 있을 뿐만 아니라 투자자가 자신의 가치관, 투자 전략 또는 시장 전망에 부합하는 기업을 직접 선택할 수 있기 때문이라고 한다.

4000만 원으로 시작해 40억을 만든 배당 투자 전문가 임인홍도 『가속화 장기 투자 법칙』이라는 책에서 지수 추종 ETF 투자를 권하고 싶지 않고 실제로 매수한 적도 없다고 말한다. 좋은 개별 종목 고르는 것이 생각보다 어렵지 않은데, 굳이 수익률도 낮고 내가 사기 싫은 종목도 포함되어 있는 지수 ETF에 관심을 가질 이유가 없다면서 찰리 멍거의 다음과 같은 말도 덧붙인다. "개별 종목 주식투자로 성공한 사람은 있어도, 지수 추종 ETF로 부자가 된 사람을 적어도 나는 본 적도 들어본 적도 없다."

종목이 중복되면 리스크 분산도 안 된다는 점도 주의해야 한다. 잼투리는 『인생을 바꾸는 최고의 ETF』라는 책에서 창과 방패를 함께 드는 혼합 ETF 전략을 제시하는데 SPY와 QQQ가 좋다고 해서 집중 투자를 하면 서로 중복되는 종목이 많기 때문에 리스크 분산 효과가 적어져 폭락 장세에서 방어가 어려워진다고 말한다.

ETF는 분명 강력한 투자 도구이지만 만능 상품은 아니다. 시장 전체가 하락하는 국면에서는 분산 투자 효과에도 한계가 있고, 거래의 편의성은 오

주식투자법 100문 100답

히려 잦은 매매로 이어져 장기 성과를 훼손할 수 있다. 특히 레버리지·인버스 ETF는 구조적 특성상 장기 보유에 부적합하며, 종목 중복이 많은 ETF 조합은 기대만큼의 분산 효과를 주지 못할 수도 있다. 결국 ETF 투자의 성패는 상품 자체보다 ETF의 구조와 한계를 얼마나 정확히 이해하고, 이를 투자 목적과 기간에 맞게 활용하느냐에 달려 있다고 할 수 있다.

ETF 투자 미래 전망은 어떤가요?

ETF는 21세기 금융시장에서 가장 빠르게 성장한 투자 상품 중 하나로 평가받는다. 한국 ETF 시장은 2002년 10월 한국거래소에 KODEX200과 TIGER200이 상장되면서 시작되었다. 당시 ETF는 코스피 200 지수를 추종하는 단순한 상품이었고, 주로 기관 투자자들이 포트폴리오를 헤지하거나 자산 배분을 조정하기 위한 도구로 활용했다. 개인투자자의 참여는 많지 않았고 거래 규모도 크지 않았다. ETF라는 상품 자체가 낯설었고, 일반 투자자에게는 여전히 개별 종목 투자가 주식시장의 중심이었다.

그러나 ETF가 가진 구조적 장점이 점차 알려지면서 시장은 서서히 변하기 시작했다. ETF는 지수를 그대로 추종하기 때문에 운용 구조가 비교적 단순하고, 운용 보수도 일반 펀드보다 낮다. 또한 주식처럼 실시간으로 거래할 수 있어 환매 절차가 필요한 기존 펀드보다 유동성이 높다. 이러한 특징은 개인투자자에게도 점차 매력적인 투자 수단으로 인식되기 시작했다.

2008년 글로벌 금융위기 이후 저금리·저성장 환경이 본격화되면서 ETF 시장은 빠르게 성장하기 시작했다. 시장 전체를 장기적으로 추종하는 인덱스 투자가 주목받기 시작했고, ETF는 이러한 투자 전략을 가장 효율적으로 구현할 수 있는 수단으로 자리 잡았다. 한국에서도 금융당국과 거래소가

ETF 시장 활성화 정책을 추진하면서 상품 종류가 빠르게 늘어났다. 단순히 코스피 200을 추종하는 ETF뿐 아니라 채권 ETF, 원자재 ETF, 해외지수 ETF, 섹터 ETF 등 다양한 상품이 등장하면서 ETF는 점차 종합적인 투자 도구로 발전했다.

특히 2009년 이후 레버리지 ETF와 인버스 ETF가 도입되면서 ETF 거래 규모는 크게 증가했다. 이 상품들은 시장 상승이나 하락에 대한 방향성 투자에 활용되며 개인투자자들의 관심을 크게 끌었다. ETF는 더 이상 기관 투자자만 사용하는 상품이 아니라 개인투자자도 적극적으로 활용하는 투자 도구로 자리 잡기 시작했다.

2010년대 중반 이후에는 글로벌 분산 투자에 대한 관심이 높아지면서 해외지수를 추종하는 ETF가 빠르게 증가했다. 미국의 S&P500, 나스닥100, 중국과 신흥국 지수 등을 추종하는 ETF가 상장되었고, 투자자들은 국내 시장뿐 아니라 글로벌 자산에도 쉽게 접근할 수 있게 되었다. 이 시기에는 가치, 배당, 저변동성, 모멘텀 같은 팩터 전략을 반영한 스마트 베타 ETF도 등장했다. ETF는 단순히 시장을 추종하는 상품에서 벗어나 특정 투자 전략을 구현하는 도구로 진화하기 시작했다.

2020년 이후 코로나19로 인한 초저금리와 유동성 확대는 ETF 시장의 성장을 더욱 가속화했다. 이 시기에는 반도체, 인공지능, 2차전지, 우주산업 같은 테마형 ETF가 등장하며 투자자의 선택 폭이 크게 넓어졌다. 동시에 연금저축과 ISA 계좌를 통한 ETF 투자가 확대되면서 ETF는 단순한 투자 상품을 넘어 국민 투자 수단으로 자리 잡기 시작했다. 과거에는 개별 종목 투자가 주식시장의 중심이었다면, 최근에는 ETF를 활용한 자산 배분 투자가 점점 더 중요한 투자 방식으로 자리 잡고 있다.

이러한 흐름을 고려할 때 ETF 시장은 앞으로도 지속적으로 성장할 가능성이 높다. ETF 투자의 미래는 크게 세 가지 흐름 속에서 전개될 것으로 예상된다.

첫 번째 흐름은 ETF를 활용하는 기관 투자자의 확대다. 연기금, 보험사, 퇴직연금 같은 장기 자금 운용 기관은 안정성과 분산 투자를 동시에 고려해야 한다. ETF는 낮은 비용과 높은 투명성을 바탕으로 이러한 요구를 충족시키는 투자 수단으로 평가받고 있다. 특히 퇴직연금과 연금저축 같은 장기 투자 계좌에서 ETF 활용이 빠르게 늘어나고 있다. 연금 자산은 장기간에 걸쳐 운용되기 때문에 낮은 비용과 안정적인 분산 투자가 중요한데, ETF는 이러한 조건을 비교적 효율적으로 충족할 수 있기 때문이다. 앞으로 연금 제도와 자산 운용 시장이 확대될수록 ETF를 활용한 투자 비중 역시 계속 증가할 가능성이 높다.

두 번째 흐름은 투자자의 변화와 함께 ETF 활용 방식이 더욱 확대된다는 점이다. 과거 개인투자자는 특정 기업을 선택해 투자하는 방식에 익숙했다. 그러나 시장의 변동성이 커지고 산업 변화 속도가 빨라지면서 개별 종목을 정확히 분석하고 장기간 보유하는 일은 점점 더 어려워지고 있다. 이러한 환경에서 많은 투자자들은 특정 기업을 투자 종목으로 발굴하기보다 시장 전체의 흐름에 투자하는 전략에 관심을 갖기 시작했다.

또한 글로벌 투자 환경이 확대되면서 투자자들은 더 넓은 자산군에 접근할 필요성을 느끼고 있다. 주식뿐 아니라 채권, 원자재, 리츠, 해외 자산 등을 함께 활용해 포트폴리오를 구성하는 것이 점점 더 중요한 전략으로 인식되고 있다. ETF는 이러한 자산 배분 전략을 가장 간단하게 실행할 수 있는 도구다. 투자자는 여러 개의 ETF만으로도 글로벌 자산 포트폴리오를 구성할 수 있고, 시장 상황에 따라 비중을 조정하는 리밸런싱 전략도 쉽게 실행할 수 있다. 이러한 이유로 점점 더 많은 투자자들이 개별 종목 중심 투자에서 ETF 중심 투자로 이동하고 있다.

세 번째 흐름은 ETF 자체의 진화다. 초기 ETF는 특정 지수를 그대로 추종하는 지수형 상품이 대부분이었다. 그러나 최근에는 액티브 ETF와 전략형 ETF가 빠르게 증가하고 있다. 액티브 ETF는 기존 펀드처럼 운용사의 판단에 따라 종목을 선택하면서도 ETF의 장점인 낮은 비용과 높은 유동성을 함께 제공한다. 이는 ETF가 단순히 시장을 따라가는 수동적 투자 도구에서 벗어나 보다 능동적인 투자 전략을 구현하는 플랫폼으로 발전하고 있음을 보여 준다.

또한 인공지능과 빅데이터 기술이 금융시장에 적용되면서 ETF 운용 방식도 점점 더 정교해지고 있다. 다양한 데이터를 분석해 투자 전략을 구성하는 퀀트 기반 ETF, 특정 산업과 테마를 집중적으로 반영하는 전략형 ETF 등이 계속 등장하고 있다. 앞으로 ETF는 단순한 투자 상품이 아니라 다양한 투자 전략을 구현하는 금융 플랫폼으로 발전할 가능성이 높다.

결국 ETF는 단순히 지수를 복제하는 금융 상품을 넘어, 투자자와 기관이 자산을 효율적으로 운용할 수 있게 해 주는 핵심 도구로 자리 잡고 있다. 기관 자금의 확대, 투자자의 변화, ETF 구조 자체의 발전이라는 세 가지 흐름이 동시에 진행되면서 ETF 시장은 앞으로도 지속적인 성장을 이어갈 가능성이 높다. 이러한 흐름 속에서 ETF는 단순한 투자 상품을 넘어 장기 자산 관리와 노후 준비를 위한 핵심 투자 수단으로 자리 잡게 될 것으로 예상된다.

ETF 투자 고수들의
필살기를 알려 주세요

ETF는 단순한 금융상품이 아니다. 개인투자자가 과거보다 훨씬 넓은 투자 대상에 접근하게 만들었고, 개인도 기관에 가까운 방식으로 자산을 운용할 수 있게 한 도구다. ETF의 등장은 투자자의 노력을 줄이는 대신, 이미 검증된 지수와 규칙에 투자하도록 길을 열었다. ETF의 이러한 특성을 정확히 이해한 투자자들은 복잡하지 않으면서도 장기 성과를 키우는 가성비 높은 투자법을 만들어 왔다. 여기서는 그런 ETF 투자법을 성과로 증명한 한국 투자 고수들의 사례와 필살기를 살펴본다.

앞에서 레이 달리오의 '올웨더 포트폴리오'에 대해 언급했다. 이 포트폴리오는 미국의 투자 환경에 가장 적합한 자산군으로 구성된 포트폴리오였다. 그런데 투자 환경이 달라지면 포트폴리오의 구성도 달라져야 한다. 김성일은 『ETF 처음공부』라는 책에서 'K-올웨더 포트폴리오'를 제시한다. 'K-올웨더 포트폴리오'는 위험자산으로 미국 주식, 한국 주식, 금을 담고, 안전자산으로 한국 국채, 미국 국채, 현금성 자산을 담은 6가지 자산군으로 구성되어 있다. 이렇게 다양한 자산군으로 구성하는 이유는 자산 분산, 지역 분산, 통화 분산을 통해 포트폴리오의 위험은 낮추면서 수익을 높이기 위해서다. 각 자산별 ETF 상품과 투자 비중은 아래 표와 같다.

구분		ETF 상품	투자 비중
위험 자산	미국 주식	TIGER 미국 S&P500 KINDEX 미국 S&P500	17.5%
	한국 주식	KOSEF 200TR KBSTAR 200TR	17.5%
	금	TIGER 골드선물(H) KODEX 골드선물(H)	15%
안전 자산	한국국채	KOSEF 국고채10년 KINDEX 국고채10년	17.5%
	미국국채	TIGER 미국채10년선물 KODEX 미국채10년선물	17.5%
	현금성 자산	TIGER 단기채권액티브 KODEX 단기채권PLUS 혹은 CMA	15%

'K-올웨더 포트폴리오'를 백테스트를 통해 성과를 살펴보면, 레이 달리오의 '올웨더 포트폴리오'보다 상당히 좋게 나타나는데, 그 핵심 이유는 '올웨더 포트폴리오'는 달러로만 구성되어 있는 반면, 'K-올웨더 포트폴리오'는 포트폴리오 내에 원화 자산과 달러 자산을 모두 갖고 있기 때문이다.

요컨대 김성일의 'K-올웨더 포트폴리오'의 필살기는 '올웨더 포트폴리오'의 장점에 원화 자산과 달러 자산에 대한 분산, 즉 통화분산의 장점을 더한 것이라고 할 수 있다.

ETF 투자에 성공해 파이어(FIRE)를 시작한 잼투리는 ETF 투자 성공 노하우를 담은 『인생을 바꾸는 최고의 ETF』라는 책에서 장기 투자의 중요성을 강조한다. 그는 같은 나스닥100지수를 추종하는 ETF들 사이에서도 국내 상장 ETF가 직접 투자 ETF보다 평균 수익률과 수익을 본 투자자 비율이 높게 나타난다고 지적한다. 같은 지수를 추종하는데 차이가 발생하는 이유는 '장기 투자'라는 원칙에 대한 투자자들의 마음가짐의 차이 때문이다. 국내에 상장한 나스닥100 ETF 상품들은 주로 연금저축펀드나 ISA, IRP 계좌에서 거래되는데, 이런 계좌들의 가장 큰 특징은 '장기 투자'를 전제로 매달 꾸준히 적립식으로 투자하고 무엇보다 투자금에 손을 대지 않는다는 것이다. 반대로 직접 투자계좌는 시장의 작은 변화에도 즉각적으로 반응하며 매수와 매도를 자주 반복하는 경향이 있는데 그 결과 손실이 커져 연금저축펀드를 통해 투자한 국내판 QQQ보다 성과가 좋지 않게 나타났다는 것이다. 그래서 그는 종목보다 중요한 건 투자의 지속성, 즉 시간이고, 인생을 바꾸는 최고의 ETF는 장기 투자로 꾸준히 들고 갈 수 있는 ETF라고 말한다.

그는 또 상관관계가 낮은 공격적인 ETF와 방어적인 ETF를 조합해 창과 방패를 함께 드는 전략을 통해 변동성을 줄이면서 수익성을 높이는 방법을 제시한다. 예를 들면 수익성이 높지만 변동성도 큰 성장주 ETF인 QQQ와 수익성이 낮지만 변동성도 낮은 배당성장주 ETF SCHD를 조합하는 것이다. 변동성의 완화는 보통 주식과 채권의 조합 형태로 하지만, 특성이 크게 다른 ETF의 조합을 통해서도 가능하다는 것이다. 이런 방식의 ETF 조합으로 성장주 ETF가 급등할 때 투자자들이 느끼는 FOMO 현상이나 시장이 폭락할 때 느끼는 공포감을 완화하면서 안정적인 수익을 기대할 수 있다. 여기에 정해진 기간마다 투자하고 있는 종목과 자산의 비중을 다시 맞추는 리밸런싱까지 이루어지면 기계적인 고점 매도와 저점 매수가 가능해 전체 포트폴리오의 수익률은 높아지고 변동성은 더욱 낮아지게 된다. 그런데 이러한 조합이 성과를 내기 위한 기본 전제는 앞에서도 말한 것처럼 장기 투자라는 점을 잼투리는 강조하고 있다.

ETF를 연금에 활용해 높은 성과를 낸 투자자들도 적지 않다. 금융감독원이 '퇴직연금 고수'들의 투자 포트폴리오를 분석해 2025년 11월 발표한 '2024년 우리나라 퇴직연금 투자 백서 Ⅱ'에 따르면, 퇴직연금에서 ETF와 같은 실적배당형 상품을 활용하는 사람들은 그렇지 않은 사람보다 훨씬 높은 수익률을 올린 것으로 나타났다. 퇴직연금 고수들의 자산 구성 내역을 보면, ETF를 포함한 펀드(집합투자증권)에 대한 투자 비중이 전체 평균으로 79.2%, 40대는 83.5%로 매우 높은 수준인데, '25. 6. 말 기준 퇴직연금 고수들의 최근 1년간 수익률은 38.8%, 최근 3년간 연평균 수익률은 16.1%로 가입자 평균(1년 4.2%, 3년 4.6%)의 3.5~9.2배를 상회하는 높은 수익률을 보인 것으로 나타났다.

퇴직연금 고수들은 어떻게 평균보다 훨씬 높은 수익률을 올릴 수 있었을까? 방법은 실적배당형 상품인 ETF의 비중을 법이 허용하는 범위 내에서 최대한 높이고, 국내 ETF에서는 조선, 방산, 원자력 등 2025년 미국의 트럼프 행정부 출범 이후 주식시장에서 기대되는 업종으로 전망된 테마형 상품에 집중 투자하고, 해외 ETF는 미국 빅테크 주식 관련 중심으로 투자했기 때문이다. 은밀한 비법이 아닌 누구나 다 알 수 있는 주도주 ETF에 투자한 것만으로 평균의 3배 이상의 수익률을 올린 것이다.

퇴직연금 ETF 고수들의 투자 방식은 의외로 단순하다. 제도의 구조를 정확히 이해하고, 그 제도가 허용하는 범위 안에서 가장 효율적인 방법으로 투자했을 뿐이다. 투자 전략을 단순하게 설계하고, 정해진 원칙을 꾸준히 실행하며, 장기적으로 버티는 것. 이러한 기본 원칙을 지킨 투자자에게 ETF는 높은 수익률을 올릴 수 있는 매우 강력한 투자 도구가 된다.

'25. 6. 말 기준 고수들의 적립금 투자 상위 펀드(단위: 억 원, %)

순위	구분	지역	유형	명칭	적립금	연 수익률
1	ETF	국내	주식형	○○○ 조선TOP3플러스 증권상장지수투자신탁	141	140.5
2	ETF	국내	주식형	○○○ K방산 증권상장지수투자신탁	139	173.1
3	ETF	국내	주식형	○○○ 원자력iSelect 증권상장지수투자신탁	62	43.6
4	ETF	국내	주식형	○○○ 중공업 증권상장지수투자신탁	32	99.3
5	ETF	해외	주식형	○○○ 테슬라밸류체인액티브 증권상장지수투자신탁	25	50.9
6	ETF	해외	주식형	○○○ 미국테크TOP10INDXX 증권상장지수투자신탁	22	19.0
7	공모펀드	국내	혼합 채권형	○○○ 퇴직연금배당40 증권자투자신탁	19	7.5
8	ETF	혼합	혼합 채권형	○○○ 테슬라채권혼합Fn 증권상장지수투자신탁	17	34.7
9	공모펀드	국내	주식형	○○○ 코리아퇴직연금 증권자투자신탁	16	25.1
10	ETF	국내	주식형	○○○ 화장품 증권상장지수투자신탁	16	6.3

* 연 수익률은 '25. 6. 30. 기준 금융투자협회 공시수익률 기준

주식투자법 100문 100답

ETF 투자 공부와 훈련은
어떻게 해야 하나요?

ETF는 개인투자자의 금융자산 투자를 기관이나 외국인 투자자 수준까지 끌어올린 21세기 대표적인 금융 혁신 상품이다. 과거에는 대규모 자금과 전문 인력이 있어야 가능했던 분산 투자, 자산배분, 지수 추종 전략을 이제는 개인도 클릭 몇 번으로 실행할 수 있게 되었다. 하지만 아무리 좋은 도구라도 활용법을 모르면 기대한 성과를 얻기 어렵다. 전 세계 ETF 수는 이미 1만 개를 넘어섰고, 선택지는 넓어졌지만 초보 투자자에게는 오히려 혼란을 줄 수 있다. 그렇다면 ETF를 처음 접하는 투자자는 어디서부터 시작해야 하고, 어떤 공부와 훈련을 거쳐야 할까?

ETF 투자의 출발점은 자신이 관심 있는 분야에서 시작하되, 무엇보다 중요한 원칙은 돈을 잃지 않는 투자에서 출발하는 것이다. ETF는 여러 종목에 분산 투자되어 있어 개별 주식보다 위험이 낮지만, 어떤 ETF든 안전을 보장하지는 않는다. 특히 국내 개인투자자 중에는 단기간 큰 수익을 기대하며 레버리지 ETF나 인버스 ETF부터 시작하는 경우가 적지 않은데, 이는 ETF의 장점을 활용하기보다 단점을 극대화하는 방법에 가깝다. 레버리지·인버스 ETF는 구조상 장기 보유에 적합하지 않고 변동성이 커, 초보자에게는

211

손실 경험만 남길 가능성이 높다.

따라서 초보자는 가능한 한 주식형 지수 ETF부터 시작하는 것이 좋다. ETF 전문가들이 강조하는 자산배분 ETF는 장기적으로 안정적인 성과를 기대할 수 있지만, 주식 외 채권·원자재·금 등에 대한 이해가 부족한 초보자에게는 다소 낯설 수 있다. 현실적으로는 주가지수 ETF로 시작하는 것이 가장 직관적이고 합리적이다.

국내에서는 KOSPI200이나 코스닥 주요 지수를 추종하는 ETF가 대표적이며, 미국 시장에서는 S&P500이나 나스닥100 ETF가 널리 활용된다. 이들 ETF는 개별 기업의 흥망을 넘어, 시장 전체의 성장과 조정을 그대로 반영하므로 ETF 학습의 교과서 역할을 한다.

주가지수 ETF로 시작할 때, 한국 ETF와 미국 ETF 중 어느 쪽을 선택할까? 최근까지 미국 시장은 성장성과 주주 친화 정책 덕분에 2008년 금융위기 이후 지속적인 우상향 흐름을 보여 투자자들의 집중적인 관심을 받았다. 반면 한국 시장은 주주를 홀대하는 기업 문화와 정책으로 오랫동안 박스권에 머물러 '국장 탈출은 지능순'이라는 유행어를 만들어 낼 정도로 침체 상태에 빠져 있었다. 그러나 2025년 이후 등장한 새로운 정부가 '코스피 5000 시대'를 목표로 내걸고 과감한 자본시장 개혁과 기업 밸류업 정책을 추진하고 이에 기업이 주주 환원 강화 움직임으로 호응하면서 1년 만에 주가지수가 6000을 넘어 세계 최고의 상승세를 보였다. 따라서 어느 한쪽만 선택하기보다는 한국과 미국 지수 ETF를 함께 활용하는 분산 투자가 현실적인 접근이라고 할 수 있다.

지수 ETF에 어느 정도 익숙해지면 다음 단계는 투자 목적과 투자 성향에 맞춰 ETF의 활용 범위를 넓혀 보는 것이다. 배당 ETF, 섹터 ETF, 성장주 ETF, 테마 ETF와 같은 전략형 ETF는 단순 지수 ETF와는 다른 특성과 투자 목적을 가진 상품들이다. 이러한 ETF를 활용할 때 유용한 방법이 코어-위성(Core-Satellite) 전략이다. 코어-위성 전략은 주가지수 ETF를 포트폴리오의 핵심(Core)으로 두고, 배당 ETF나 특정 산업·테마 ETF를 위성(Satellite)처럼 보조적으로 배치해 수익 기회를 확대하는 방식이다. 예를 들어 S&P500이나 KOSPI200 ETF를 중심으로 두고, 반도체·AI·배당 ETF 등을 일부 편입하는 식이다. 또는 미국 ETF를 핵심 자산으로 두고 한국 ETF를 위성처럼 배치하는 바벨 전략을 활용할 수도 있다. 이런 방식은 시장 전체의 성장 흐름을 따라가면서도 특정 분야의 기회를 함께 활용할 수 있다는 장점이 있다.

투자 경험이 쌓이면 레버리지 ETF나 인버스 ETF에도 관심이 생길 수 있다. 그러나 이때도 가장 중요한 원칙은 한 번의 투자에 모든 것을 걸지 않는 것이다. 레버리지 ETF와 인버스 ETF는 특정 시장 국면에서 강력한 투자 도구가 될 수 있지만, 구조적으로 장기 보유에 적합하지 않고 변동성이 크기 때문에 리스크 관리가 매우 중요하다. 따라서 이러한 ETF는 포트폴리오의 일부로 제한적으로 활용하고, 위험 자산과 안정 자산을 명확히 구분해 운용하는 것이 바람직하다.

ETF 공부와 훈련에서 특히 중요한 것은 장기 투자용 ETF와 단기·전략형 ETF를 구분하는 능력이다. 주가지수 ETF나 배당 ETF는 매수와 매도의 타이밍보다 보유 기간이 투자 성과에 더 큰 영향을 미치는 경우가 많다. 이런 ETF는 일정 금액을 꾸준히 투자하는 적립식 방식으로 접근하는 것이 효과적이며, 장기적으로 평균 매입 단가를 낮추는 코스트 에버리징 효과도 기대할 수 있다.

반면 테마형 ETF나 전략형 ETF는 중·단기 성격이 강해 시장의 흐름을 함께 살피는 훈련이 필요하다. 특정 산업이나 테마는 시장 환경 변화에 따라 빠르게 상승하기도 하지만, 반대로 급격히 식어 버리는 경우도 많기 때문이다. 따라서 이러한 ETF를 활용할 때는 차트 흐름과 수급 변화를 함께 살펴보고, 명확한 손절 기준을 정하는 리스크 관리가 필요하다. 특히 레버리지 ETF나 인버스 ETF는 단기 대응이 핵심이므로 충분한 경험과 규칙이 없는 상태에서 접근하면 손실을 키울 가능성이 높다. 이 영역은 장기 투자라기보다 트레이딩 성격이 강한 영역이라고 이해하는 것이 좋다.

ETF에 익숙해지고 개별 기업을 분석하고 평가하는 능력이 높아지면, ETF에 포함된 주요 구성 종목을 중심으로 개별 종목 투자로 발전하는 것도 자연스러운 다음 단계가 될 수 있다. ETF는 시장 전체의 흐름을 이해하는 데 좋은 출발점이 되고, 그 안에 포함된 대표 기업들을 살펴보는 과정에서 투자자가 산업 구조와 기업 경쟁력을 이해하는 눈도 함께 길러지기 때문이다. 이렇게 ETF에서 시작해 점차 투자 범위를 넓혀 가는 과정은 개인투자자가 보다 안정적으로 투자 경험과 실력을 쌓아 가는 현실적인 방법이라고 할 수 있다.

10

ETF 투자에 도움이 되는
책과 사이트, 유튜브

강환국, 『거인의 포트폴리오』(페이지2북스, 2021)

ETF 투자를 통해 최악의 순간에도 15% 이상을 잃지 않으면서 10~15%의 연 복리 수익률을 낼 수 있는 투자 거인들의 자산배분 전략과 마켓타이밍 전략들을 소개한 책. 저자는 이 책에 나오는 전략 중 무엇이든 10년 동안 꾸준히 유지만 한다면 손실이 날 가능성은 0.1%도 아니고 0%라고 말한다.

송민섭, 『나의 첫 ETF 포트폴리오』(토네이도, 2022)

ETF 투자 전 알아야 할 기초 상식부터 ETF를 찾는 방법, 투자 성향과 투자 목적별 ETF 선택법, 최근 크게 관심이 높아진 연금저축펀드에서의 ETF 활용법 등 투자자들이 꼭 알아야 할 사항에 대해 아주 알기 쉽게 설명한 책. 저자는 유튜브 채널 〈수페TV〉의 운영자로 『나의 머니 로드』, 『나는 배당 투자로 매일 스타벅스 커피를 공짜로 마신다』와 같은 투자서도 냈다.

systrader79·이성규, 『주식투자 ETF로 시작하라』(이레미디어, 2018)

2장에서 소개한 『주식투자 리스타트—왜 나는 주식투자로 돈을 못 벌까?』의 저자 systrader79와 자산운용사의 투자전문가가 협력해 펴낸 실전 ETF 투자 매뉴얼. 투자의 기초지식부터 적립식 투자 전략, 모멘텀 투자 전략, 스마트 베타 전략, ETF를 활용한 단기 매매까지 다양한 투자 전략이 제시되어 있다. 저자들은 투자에 성공하기 위해서는 이러한 투자 전략을 숙지하는 것을 넘어 그러한 전략을 인내심을 가지고 10년 이상 장기간 끝까지 유지하는 것이 매우 중요하다고 강조한다.

김성일, 『ETF 처음공부』(이레미디어, 2022)

앞서 소개한 『마법의 투자 시나리오』의 저자가 쓴 책으로 ETF의 기본 개념과 용어 설명부터 국가별·자산별·섹터별 투자 가능한 ETF들과 투자 성과까지 ETF의 모든 것을 알려 주는 책이다. ETF로 언제든 수익을 낼 수 있는 투자 포트폴리오는 물론이고 ETF별 수익률도 모두 조사되어 있어 ETF 투자를 처음 시작하는 초보뿐만 아니라 수많은 ETF 중 어떤 것을 골라야 하는지 갈피를 잡지 못하는 중급 이상의 투자자들에게도 훌륭한 가이드가 되어 줄 것이다.

김지훈, 『단 3개의 미국 ETF로 은퇴하라』(리더스북, 2025)

직장 생활 틈틈이 주식을 공부해 자산 0원에서 34억 원, 그리고 매월 400만 원의 현금 흐름까지 완성한 슈퍼개미가 알려 주는 투자 비결. 저자는 시간이 부족한 직장인의 현실적 투자법으로 자신이 성과를 입증한 '단 3개의 미국 ETF 투자법'을 제시한다. S&P500 ETF로 미국 경제 성장에 따른 자산 증가를, 기술주 중심의 QQQ로 추가적인 고성장을, 여기에 SCHD로 안정적인 배당 수익을 확보하는 전략이다.

김남기, 『당신의 미래, ETF 투자가 답이다』(북오션, 2024)

미래에셋자산운용 ETF 운용 부문 대표가 알려 주는 ETF 투자의 기술. 이 책은 특히 노후 준비에 적합한 ETF 알아보기, 은퇴자 및 예비은퇴자들을 위한 연금 투자 솔루션, DC, IRP 계좌에서 안전자산 ETF 투자하기 등 노후 준비에 초점을 맞춘 ETF 활용법을 알려 준다. 전설적인 투자자 필립 피셔가 "보수적인 투자자는 마음이 편하다."라고 했다면 저자는 "보수적인 ETF 투자자는 마음이 더욱 편안하다."라고 말한다. 왜 그럴까?

김수정, 『나는 ETF로 돈 되는 곳에 투자한다』(경이로움, 2024)

전 세계적으로 한 달에 평균 100개 정도 탄생한다는 ETF 상품 중 나에게 맞는 ETF를 어떻게 고를까? ETF 업계 최고 전문가인 저자는 ETF를 선택할 때 탑다운 방식으로 매크로 분석과 시장의 주인공을 파악하는 습관 기르기가 중요하다고 말한다. 아울러 ETF 투자는 Timing보다 Time, 즉 장기 투자가 더 중요하다는 점도 강조한다.

문일호, 『ETF 투자의 모든 것』(경이로움, 2024)

ETF는 개인의 투자 도구로 더없이 편리하고 효율적인 상품이지만 제대로 활용하지 못하는 사람들이 많다. 이 책은 증권전문기자의 지식과 경험을 바탕으로 입문자용 ETF부터 투자 성향이나 투자 목적별 ETF, 꿀조합 ETF 포트폴리오에 이르기까지 'ETF 투자의 모든 것'을 다룬 책이다. 저자는 고령화 시대에는 노후 대비를 위해 치킨집이 아니라 ETF로 '금융창업'을 해야 한다고 말한다.

잼투리, 『인생을 바꾸는 최고의 ETF』(거인의정원, 2025)

주식에서 성공하는 법은 장기 투자에 적합한 최고의 종목을 찾아 꾸준하

217

게 투자하는 것이다. 평범한 직장인에서 파이어족이 된 저자는 최고의 투자 종목은 미국 ETF, 그중에서도 꾸준히 들고 갈 수 있는 ETF라고 말한다. 저자는 힘들게 개별 종목을 공부하고 사고팔며 고통받지 말고 데이터를 바탕으로 나만의 ETF 포트폴리오를 구축해 투자는 '패시브'로 하고, 인생은 건강을 챙기며 '액티브'하게 사는 것이 진짜 '투자 성공'이라고 말한다.

박민수,『부의 시작—ETF만으로도 꼬박꼬박 연 40% 수익 내는 법』 (길벗, 2021)

분기별 수익률 10%, 연 수익률 40%로 10년만 ETF를 잘 운용하면 7년 안에 원금의 10배가 된다. 이 책은 돈 되는 ETF를 찾기 위한 7단계 종목 분석과 함께 노후 대비 ETF와 40% 수익 내는 섹터별 ETF에 초점을 맞추어 ETF 종목을 소개한다. 저자는 돈을 잃지 않는 것에 집중하겠다면 ETF에 집중하라면서, ETF에 주식 보유 비중 50% 이상을 담으면 주식투자에서 승리할 수 있다고 말한다.

투자에 도움이 되는 사이트와 유튜브

ETF 운용사 홈페이지

국내 ETF에 관한 정보는 네이버 증권의 ETF 메뉴를 클릭하면 대부분 알 수 있지만, 특정 ETF의 정보를 자세히 살펴보고자 할 때는 그 종목의 운용사 홈페이지에서 월간 운용보고서, 투자설명서, 투자 규약 등을 살펴볼 필요가 있다.

ETF 브랜드	ETF 운용사	홈페이지
KODEX	삼성자산운용	www.kodex.com
TIGER	미래에셋자산운용	www.tigeretf.com
KBstar	KB자산운용	www.kbstaretf.com
ARIRANG	한화자산운용	www.arirangetf.com
KINDEX	한국투자신탁운용	www.kindexetf.com
KOSEF	키움자산운용	www.kosef.co.kr

한국거래소(KRX) 정보데이터시스템(data.krx.co.kr)

상장된 모든 ETF의 기본 정보(시가총액, NAV, 괴리율 등)와 개별 종목 시세 추이를 제공한다. 매월 발간하는 『KRX ETF·ETN Monthly』는 ETF·ETN 시장 동향 및 통계(시장 개황, 순자산가치총액, 일평균 거래대금, 수익률 등) 자료집으로 ETF에 투자하기 전에 시장 및 종목의 전체 상황을 파악하기에 좋은 자료다.

세이브로(seibro.or.kr)

세이브로는 예탁결제원이 운영하는 증권 정보 포털이다. 메인 화면에서 ETF 메뉴에 있는 '종목 발행 현황'에 들어가 관심 있는 ETF를 클릭하면 순자산, 거래량, 수익률, 총보수, 자산운용사가 모두 나오기 때문에 비교를 통해 나에게 맞는 ETF를 고를 수 있다. 'ETF 투자가이드' 메뉴에 있는 수익률 계산기를 통해서는 종목명과 투자 시작일만 넣으면 수익률이 계산되어 나온다.

ETF 체크(etfcheck.co.kr)

한국거래소의 전산 관련 자회사인 코스콤이 만든 ETF 정보 플랫폼으로, 첫 화면에서 최근 가장 자금이 많이 유입된 ETF, 기관과 외국인이 가장 많이 매수한 ETF, 기간별 수익률, 거래량, 자금 유입 랭킹 TOP10 ETF 등을 확인할 수 있다. ETF 간 비교도 가능해 비슷한 기초지수의 상품을 선택할 때 유용하게 사용할 수 있다.

ETF.com

실시간 ETF 뉴스와 분석을 제공해 투자자들에게 정보를 제공하고 ETF 관련 금융 지식을 향상시키는 플랫폼으로 해외 ETF에 투자하는 사람은 꼭 알아 두어야 하는 사이트. 궁금한 ETF를 검색하면 최근 수익률, 많이 담고 있는 10개 종목, 운용사, 운용 보수, 펀드 규모 등의 정보가 모두 나온다. 좀 더 자세한 사용법을 알고 싶다면 송민섭의 『나의 첫 ETF 포트폴리오』를 참고하면 좋다.

5장

배당주 투자
어떻게 해야 하나요?

배당주 투자가 무엇이고
어떤 장점이 있나요?

사례

첫 직장 생활을 2014년 일본의 대기업에서 시작했습니다. 세금 떼고 기숙사비를 떼니 실수령액은 약 120만 원에 불과했습니다. 그때부터 소위 말하는 '짠돌이'가 되었습니다. 구내식당의 500엔짜리도 비싸 보여서 100엔짜리 맥도날드 버거 2개와 24엔짜리 마트 콜라로 한 끼를 해결하는 길이 반복되었습니다. 그러나 절약만으로는 한계가 있다는 것을 깨닫고, 더 이상 이렇게 살 수 없다는 판단에 한국으로 돌아와 월급뿐만 아니라 다양한 부업을 통해 수익을 늘렸고, 저축한 돈을 재투자하면서 3년 만에 1억 원을 모았습니다.

이 돈을 어디에 투자하면 높은 수익을 얻을 수 있을까요? 본업으로 바쁜 직장인에게 딱 맞는 투자법은 고배당주 중에서도 저평가된 종목을 찾아 버티는 것입니다. 배당주에 투자하면 월급처럼 매월 꾸준히 현금흐름이 생기고 심리적으로 안정감이 들면서 누구나 장기적인 성과를 낼 수 있었습니다. 더불어 배당금을 다시 배당주에 재투자함으로써 복리 효과를 극대화할 수 있습니다. 저렴한 맥도날드 버거와 콜라로 연명했던 제가 이제는 어느덧 연 3000만 원에 가까운 배당금을 받고 있습

니다.[4]

배당주 투자로 월급 이외에 연 3000만 원의 안정적 소득을 올리는 직장인의 사례다.

배당주 투자는 문자 그대로 배당을 주는 기업에 투자해 수익을 올리는 투자다. 배당이란 기업의 이익을 주주에게 나눠 주는 부분이고 이익의 나머지는 기업 성장을 위한 투자에 쓰이거나 자본잉여금으로 기업 내부에 축적된다. 배당은 보통 현금 형태로 이루어지지만 주식배당도 있고 현물배당도 있다.

투자 대상으로서의 배당주는 크게 고배당주, 배당성장주, 배당 ETF의 세 가지 유형으로 구분할 수 있다. 먼저 고배당주는 현재 주가 대비 배당금 비율이 높은 기업을 의미한다. 성숙 단계에 접어든 산업에 속한 기업들이 많으며, 안정적인 현금 흐름을 바탕으로 비교적 높은 배당을 지급하는 것이 특징이다. 미국에서는 엑슨 모빌, AT&T 같은 기업들이, 그리고 한국에서는 KT, 신한금융지주 등이 대표적인 고배당주 기업이라고 할 수 있다.

배당성장주는 현재 배당률은 높지 않더라도, 장기간에 걸쳐 배당금을 꾸준히 늘려 온 기업을 말한다. 배당의 '현재 크기'보다 '증가의 지속성'이 핵심 기준이다. 미국에서는 코카콜라, Procter & Gamble처럼 수십 년간 배당을 늘려 온 기업들이 대표적이다. 한국에서는 삼성전자나 SK텔레콤처럼 안정적인 이익 구조를 바탕으로 배당 확대 흐름을 이어 온 기업들이 배당성장주로 분류된다.

마지막으로 배당 ETF는 여러 종목을 하나로 묶어 운용하면서, 투자자에게 정기적으로 현금 분배를 해 주도록 설계된 상품으로 크게 두 가지 유형

------

4) 주식쇼퍼(김태환), 『나는 1년간 129번 배당을 받습니다』(원앤원북스, 2024)

으로 나뉜다.

첫째는 배당을 꾸준히 주는 기업들만 모아 만든 배당 ETF다. 이 유형은 실제 기업들이 지급하는 배당금을 재원으로 삼으며, 장기적으로 안정적인 현금 흐름을 추구한다. 미국에서는 SCHD(Schwab U.S. Dividend Equity ETF), VYM(Vanguard High Dividend Yield ETF) 등이 대표적이며 한국에서는 KODEX 고배당, TIGER 배당성장 등이 잘 알려져 있다.

둘째 유형은 옵션 전략을 활용해 추가 수익을 만들어 분배금을 지급하는 ETF다. 이 ETF는 보유 주식에서 나오는 배당금뿐 아니라, 커버드콜(covered call) 전략으로 콜옵션을 매도해 얻는 프리미엄 수익을 더해 정기적으로(대개 매월) 분배금을 지급한다. 쉽게 말하면, ETF가 가진 주식으로 기본 배당을 받고 동시에 옵션 수익을 더해 현금 흐름을 늘리는 구조라고 이해하면 된다. 미국에서는 JEPI(JPMorgan Equity Premium Income ETF)가 대표적이고, 한국에서는 TIGER 미국S&P500커버드콜과 KODEX 미국나스닥100커버드콜이 대표 상품이다.

배당주와 배당 ETF는 모두 배당을 통해 현금 흐름을 얻는다는 공통점이 있지만, 실제 투자 방식과 성격에는 분명한 차이가 있다. 배당주는 개별 기업이 벌어들인 이익을 주주에게 나눠 주는 주식으로, 배당수익률과 배당 성향, 현금 흐름, 기업의 재무 안정성에 따라 성과가 크게 달라진다. 특정 기업의 실적 악화나 배당 정책 변화가 발생하면 배당이 줄거나 중단될 위험도 직접적으로 감수해야 한다. 반면 배당 ETF는 여러 배당주를 한 바구니로 묶어 추종 지수에 따라 운용되며, 정기적인 리밸런싱을 통해 배당이 줄어든 종목은 비중이 낮아지고 배당이 늘어난 종목은 새로 편입되는 구조를 가진다. 따라서 배당주는 종목 분석과 관리 능력이 성과에 더 크게 작용하는 투자 방식이라면, 배당 ETF는 개별 기업 리스크를 분산하면서 안정적인 현금 흐름을 추구하는 중장기 투자 수단이라고 할 수 있다. 각각의 장단점과 적합한 투자자를 요약하면 다음과 같다.

구분	정의	장점	단점	적합한 투자자
고배당주	현재 배당 수익률이 높은 기업	즉시 높은 현금 흐름 확보, 인컴 중심 투자에 유리	성장성 낮을 수 있음, 배당 감소 위험 존재	당장 현금 흐름이 필요한 투자자
배당 성장주	배당을 매년 꾸준히 늘리는 기업	장기 복리 효과 강력, 주가·와 배당 동반 성장	초기 배당률이 낮을 수 있음	장기 투자·복리 효과 추구 투자자
배당 ETF	여러 배당주를 묶은 패키지형 상품	분산 투자 효과, 안정성 높음, 관리 용이	개별 종목보다 낮은 수익률	초보자·안정적 배당 수익 원하는 투자자

배당주 투자의 주요 장점으로는 다음과 같은 것들이 있다.

첫째, '잃지 않는 투자'라는 원칙에 가장 잘 부합하는 투자라는 점이다. 꾸준히 배당을 지급하는 기업은 일반적으로 재무구조가 탄탄한 경우가 많다. 이러한 기업들은 시장이 급락하는 상황에서도 주가 하락 폭이 상대적으로 작은 편이며, 시장이 회복될 때 주가 역시 비교적 빠르게 회복되는 경향이 있다. 또한 주가가 일시적으로 하락하더라도 배당 수익을 통해 손실의 일부를 보완할 수 있다는 점도 중요한 장점이다.

둘째, 복리의 마법을 실현하기에 적합한 투자라는 점이다. 배당주는 대체로 주가 변동성이 크지 않아 큰 손실을 피하기 쉽고, 배당금을 다시 투자하는 방식으로 장기적인 복리 효과를 극대화할 수 있다. 여기에 주가 상승에 따른 매매 차익과 배당 수익을 동시에 기대할 수 있다는 점도 배당주 투자의 매력이다.

셋째, 제2의 연금을 마련할 수 있는 투자라는 점이다. 배당주는 월배당이나 분기배당 등을 통해 연금과 유사한 형태의 정기적이고 안정적인 현금 흐

름을 제공한다. 또한 시간이 지날수록 배당이 증가할 가능성이 높아 복리
효과가 누적되면 은퇴 이후 공적연금을 보완하는 '민간형 연금'의 역할을 할
수도 있다.

배당주 투자 관련 핵심 용어

배당률, 배당수익률, 총수익률

배당률은 과거에는 액면가 대비 배당금 비율의 의미로 사용된 적이 있으나 지금은 배당수익률과 동일한 의미로 사용된다. 배당수익률은 투자자가 현재 주가 기준으로 실제 얼마나 수익을 얻는지를 나타내는 지표로, 배당금 ÷ 현재 주가 × 100으로 계산한다. 배당수익률이 투자 기간 동안 배당금만으로 얻은 수익의 비율이라면, 총수익률은 배당뿐 아니라 주가 상승(또는 하락)까지 모두 합친 실제 투자 성과다. 공식은 총수익률 = (매도가-매수가+배당금) ÷ 매수가 × 100이다.

예를 들어 주식을 10만 원에 사서 11만 원에 팔고, 배당금 3000원을 받았다면, 배당수익률은 3%, 총수익률은 (1만 + 3천) ÷ 10만 = 13%다.

배당 성향(Dividend Payout Ratio)

배당 성향은 기업이 벌어들인 순이익 중 얼마를 배당으로 지급했는지를 보여 주는 지표로, 배당금 ÷ 순이익 × 100으로 계산한다. 일반적으로 30~60% 정도는 안정적인 배당 수준, 70% 이상이면 배당 부담이 커질 수 있는 수준, 20% 이하이면 배당이 낮은 기업으로 해석하는 경우가 많다. 따라

227

서 배당 성향은 기업의 이익 규모와 산업 특성을 함께 고려해 판단하는 것이 중요하다.

배당성장률(Dividend Growth Rate)

배당성장률은 기업의 배당금이 해마다 얼마나 증가하고 있는지를 보여 주는 지표로, (당해 연도 배당금 - 전년도 배당금) ÷ 전년도 배당금 × 100으로 계산한다. 예를 들어 주당 배당금이 1000원에서 1100원으로 늘었다면 배당성장률은 10%다. 일반적으로 배당이 꾸준히 증가하는 기업일수록 안정성과 성장성이 높은 배당주로 평가된다.

연배당, 분기배당, 월배당

연배당은 1년에 한 번 배당금을 지급하는 방식으로, 한국 기업에서 가장 일반적이다.

분기배당은 1년에 네 번 배당을 지급하는 방식으로, 미국 기업과 ETF에서 널리 사용된다.

월배당은 매달 배당이나 분배금을 지급하는 방식으로, 정기적인 현금 흐름을 원하는 투자자에게 적합하다.

배당킹, 배당귀족, 배당성취자, 배당블루칩

배당킹(Dividend King)은 50년 이상 연속으로 배당을 늘려 온 기업을 말하며 대표 기업으로 Coca-Cola가 있다.

배당귀족(Dividend Aristocrat)은 25년 이상 연속으로 배당을 증가시킨 기업을 말하며 대표 기업으로 Procter & Gamble이 있다.

배당성취자(Dividend Achiever)는 10년 이상 연속으로 배당을 늘린 기업을 말하며 대표 기업으로 Microsoft가 있다.

배당블루칩(Dividend Blue Chip)은 공식적인 연수 기준보다는 재무구조가 안정적이고 꾸준히 배당을 지급하는 우량 배당기업을 의미하며 대표 기업으로 Johnson & Johnson이 있다.

이러한 배당킹·배당귀족·배당성취자·배당블루칩이라는 구분은 배당을 중요하게 여기는 미국 주식시장의 배당 투자 문화 속에서 만들어진 분류 기준이다.

배당(Dividend)과 분배금(Distribution)

배당은 기업이 벌어들인 이익의 일부를 주주에게 현금이나 주식으로 나누어 주는 것이다. 분배금은 ETF나 펀드가 보유 자산에서 발생한 배당, 이자, 매매차익 등 운용 과정에서 얻은 수익을 투자자에게 나누어 주는 금액을 말한다. 예를 들어 커버드콜 ETF는 보유 주식의 배당과 함께 콜옵션 매도에서 얻는 프리미엄 수익을 모아 분배금 형태로 투자자에게 지급하는 대표적인 사례다.

커버드콜과 커버드콜 ETF

커버드콜(Covered Call)은 주식이나 ETF를 보유한 상태에서 콜옵션을 매도해 옵션 프리미엄을 받는 투자 전략으로, 주가가 크게 오르지 않아도 정기적인 수익을 얻을 수 있는 방식이다. 커버드콜 ETF는 이러한 전략을 ETF 형태로 운용하는 상품으로, 보유 자산의 배당과 옵션 프리미엄 수익을 모아 투자자에게 분배금 형태로 지급하는 것이 특징이다.

3

배당주 투자 종목 선정
어떻게 해야 하나요?

배당주 투자를 하기로 했다면 종목 선정은 어떻게 하면 좋은가? 배당금을 많이 주는 기업이면 좋은가, 아니면 배당금이 현재는 많지 않지만 매년 배당금이 늘어나는 기업이 좋은가? 투자 목적은 노후 대비인가, 아니면 당장 받을 수 있는 현금 흐름인가? 투자국은 미국 기업이 좋은가, 아니면 한국 기업이 좋은가? 투자 대상은 개별 종목으로 할 것인가? 아니면 ETF로 할 것인가?

먼저 투자 지표부터 살펴보자. 배당주를 고를 때 기본으로 보는 지표는 배당수익률, 배당 성향, 배당지속성, 배당성장률 등이 있다. 가장 많이 보는 것은 배당수익률이지만, 배당주 투자에서 높은 배당수익률은 선물일 수도 있고 경고등일 수도 있다. 배당수익률은 배당금이 늘어나도 올라가지만, 주가가 크게 빠져도 올라가기 때문이다. 문제는 현실에서 높은 배당수익률의 상당수가 배당금 증가가 아니라 주가 급락의 결과로 나타난다는 점이다. 주가는 회사의 위험 신호에 실적보다 먼저 반응하는 경우가 많아서 배당이 줄어들기 전에 배당수익률이 높게 나타나는 상황이 자주 나타난다. 그래서 배당주 종목 선정에서는 '배당률 높은 종목 찾기'와 함께, 높은 배당률이 왜 생

주식투자법 100문 100답

겼는지 살펴보는 작업이 병행되어야 한다. 안전한 배당주 투자를 위해서는 배당금과 주가 상승(하락)분을 합해 투자금으로 나눈 총수익률이 높은 기업을 고르고, 그다음 배당수익률을 살펴보는 것이 좋다.

배당수익률과 함께 배당의 지속성도 종목 선정에서 꼼꼼히 살펴봐야 할 지표다. 배당을 한두 해 지급한 기업은 많지만, 오랫동안 배당을 유지한 기업은 많지 않다. 2008년 글로벌 금융위기와 2020년 팬데믹 시기 때 많은 기업들이 실적 악화와 함께 배당을 삭감하거나 중단했지만, 안정적인 현금 흐름을 가진 기업들은 배당을 유지하거나 최소한의 조정에 그쳤다. 이 기업들의 공통점은 과도한 부채가 없고, 경기 변동에 크게 흔들리지 않는 사업 구조를 갖고 있었다는 것이었다. 위기 속에서도 배당이 유지되었다는 것은, 기업의 재무적 안정성이 검증되었음을 의미한다.

배당성장률은 장기 투자 성과를 좌우하는 가장 중요한 지표다. 처음 배당수익률이 3%인 기업이 매년 배당을 10%씩 늘린다면, 10년 후 처음 투자한 금액 대비 배당수익률은 약 8% 수준까지 올라간다. 반면 처음에 6% 배당을 주지만 10년 동안 배당이 전혀 늘지 않는 기업은 물가 상승을 고려하면 실질 배당 가치가 감소한다. 배당성장이 장기적으로 이루어지면 복리의 마법이 작용해 시간이 갈수록 투자 성과가 좋아진다.

배당 성향은 회사가 벌어들인 이익 중에서 얼마를 주주에게 배당으로 나눠 주는지를 보여 주는 지표다. 배당 성향이 높으면 당장은 배당을 많이 받아 좋을 수 있지만, 회사가 미래를 위해 투자할 돈이 줄어든다는 문제점이 있다. 또 경기가 나빠져 이익이 감소하면 배당을 줄여 배당의 지속이나 성장을 어렵게 만들 가능성도 커진다. 결국 중요한 것은 당장 받는 배당금이 아니라, 그 배당을 앞으로도 계속 지급할 수 있는 능력을 갖고 있는지다.

투자 목적에 따라서도 배당주 종목 선정의 기준이 다를 수 있다. 노후 대비로 꾸준한 현금 수입을 만드는 것이 목표라면, 지금 배당이 조금 낮더라

231

도 해마다 배당을 늘려 가는 기업에 더 관심을 두는 것이 좋다. 시간이 지날수록 배당금이 커지고 주가도 함께 오르면, 마치 연금처럼 안정적인 수입 효과를 기대할 수 있기 때문이다. 반대로 지금 당장 현금이 필요한 사람이라면 일정 수준 이상의 배당수익률을 주는 종목이 더 적합하다.

미국 배당주에 투자할지, 한국 배당주에 투자할지도 결정해야 한다. 미국은 오래전부터 배당 문화가 정착되어 있고, 수십 년 동안 배당을 꾸준히 늘려 온 기업들을 따로 분류해 관리하는 전통도 있다. 이에 비해 한국은 배당 문화가 상대적으로 취약하지만, 최근 들어 정부의 자본시장 개혁 정책과 맞물려 기업들의 주주 환원 노력이 강화되면서 배당주에 대한 관심이 빠르게 높아지고 있다.

투자자의 입장에서는 어느 나라가 무조건 더 좋다고 단정하기보다 우선 자신이 더 잘 알고 이해하기 쉬운 시장부터 시작하되, 장기적으로는 한국과 미국을 함께 담아 분산 투자하는 것이 현실적인 방법이다. 배당 투자는 오랜 시간이 필요한 전략이기 때문에, 특정 국가의 경기 상황이나 환율, 정책 변화에 따라 수익률이 크게 달라질 수 있기 때문이다.

마지막으로 배당주에 투자할 때는 개별 종목으로 투자할지, ETF로 투자할지도 결정해야 한다. 배당주는 안정적인 투자처럼 보이지만, 개별 종목에 투자하게 되면 생각보다 신경 써야 할 일이 많다. 무엇보다 좋은 배당주를 선별하는 것 자체가 쉽지 않다. 단순히 배당수익률이 높다는 이유만으로 투자했다가는 오히려 위험에 노출될 수 있기 때문이다. 배당수익률이 높게 보이는 이유가 일시적인 실적 악화로 주가가 급락했기 때문인지, 아니면 기업이 지속적으로 안정적인 현금을 창출하고 있기 때문인지부터 꼼꼼히 살펴봐야 한다. 또한 기업의 배당 정책이 장기적으로 유지될 수 있는지, 산업 환경이 악화되어 배당 여력이 줄어들 가능성은 없는지도 지속적으로 확인해야 한다.

　이러한 관리가 부담스럽다면 개별 종목보다는 배당주 ETF로 시작하는 것이 더 현실적인 방법일 수 있다. ETF는 여러 배당주에 분산 투자되어 있고, 정해진 규칙에 따라 일정 주기마다 종목을 교체하거나 비중을 조정한다. 따라서 특정 기업의 실적 악화나 배당 삭감으로 인해 투자 성과가 크게 흔들리는 위험을 줄일 수 있다. 또한 ETF는 한 번의 투자로 여러 기업의 배당을 동시에 받을 수 있기 때문에 관리가 비교적 간단하고 투자 효율도 높다. 특히 배당 투자 경험이 많지 않은 초보 투자자라면 개별 종목 선정에 지나치게 많은 시간을 쓰기보다 ETF를 활용해 배당 투자의 구조와 흐름을 먼저 익히는 것이 보다 안정적인 출발점이 될 수 있다.

4

배당주 투자 매수·매도
언제 어떻게 해야 하나요?

배당주 투자에서 투자할 종목이 선정되었다면 매수·매도는 언제 어떻게 하면 좋은가? 먼저 배당주 투자 고수들의 조언부터 살펴보자.

켈리 라이트는 『절대로 배당은 거짓말하지 않는다』라는 책에서 배당수익률을 바탕으로 주가가 저평가 영역일 때 주식을 사고, 고평가됐을 때 파는 방식으로 수익을 극대화할 수 있다고 말한다. 켈리 라이트의 배당주 매수·매도 방식을 요약하면 다음과 같다.

좋은 기업들을 선별한다 → 선별된 기업 중에서 배당을 지급한 기업에 주목한다 → 이 기업들의 역사적인 배당수익률을 조사해 배당수익률의 저점과 고점을 찾아낸다 → 배당수익률의 고점에 도달했거나 혹은 고점을 상회한 기업을 매수한다 → 매수한 기업의 주가가 상승해 배당수익률이 역사적인 저점에 도달하면 차익을 실현한다.

스스로를 '저PER공략가'라고 표현할 정도로 낮은 PER를 중시하는 '가치주 황제'답게 저평가이면서 꾸준한 이익과 배당을 주는 기업에 주목한 존 네프

주식투자법 100문 100답

는 단순히 배당수익률만 보지 않고, 다음과 같은 기준을 충족시키는 종목을 매수대상으로 했다.

- PER 10 미만 종목
- 장기간의 이익 성장률(EPS 성장률) 연 7% 이상
- 배당수익률 5% 이상
- 총회수율 = ((이익 성장률 + 배당수익률)/PER)을 계산해 2.0 이상인 기업

여기서 총회수율은 네프 공식(Neff Ratio)이라고도 하는데, 네프는 이 값이 1.5 이상이면 기본 조건 충족, 2.0 이상이면 강력한 매수 후보, 3.0 이상이면 적극 매수 구간으로 판단했다. 단 고성장주를 좋아하지 않았기 때문에 성장률이 너무 높아 공식 값이 급등한 기업은 경계했다.

위에서 켈리와 네프의 매매기준을 간단히 살펴보았는데, 켈리는 고배당주에 초점을 맞춘 매매 방식을 이야기하고 있고 네프는 저평가 배당주에 초점을 맞추어 이야기하고 있다. 저평가 배당주 혹은 가치주에 대해서는 다음 장에서 보다 상세한 논의가 이루어지기 때문에 여기에서는 배당주 투자자들이 가장 관심이 많은 고배당주와 배당성장주의 매수·매도에 대해서만 좀 더 살펴보기로 한다.

먼저 고배당주는 언제 사고 언제 파는 것이 좋을까? 배당주는 단순히 배당수익률이 높다는 이유만으로 선택하면 위험할 수 있다. 고배당주는 경기 침체나 금리 변화로 주가가 떨어질 때 배당수익률이 일시적으로 크게 올라가 나타나는 경우도 많기 때문이다. 그래서 고배당주의 매수와 매도 판단을 위해서는 단순히 배당률 숫자만 볼 것이 아니라, 그 배당이 앞으로도 계속 유지될 수 있는지, 그리고 현재의 배당수익률이 과거와 비교해 어느 수준에 있는지를 살펴보는 것이 중요하다.

배당수익률이 과거에 비해 높은 구간에 있다면, 주가가 일시적으로 낮아졌을 가능성이 있다. 이때 중요한 것은 회사가 앞으로도 배당을 계속 줄 수 있는지의 여부다. 최근 몇 년간의 잉여현금 흐름, 영업 이익의 안정성, 배당 성향을 확인해 무리 없이 배당을 유지할 수 있는지 살펴봐야 한다.

매도는 단순히 배당수익률이 낮아졌다고 해서 결정하지 않는다. 고배당주에서 가장 중요한 매도 신호는 배당을 계속 유지하기 어려운 상황이다. 실적이 나빠지거나 부채가 빠르게 늘어나면 기업의 배당 여력이 약해질 수 있다. 그렇게 되면 앞으로 배당이 줄어들 가능성이 커진다. 고배당주는 배당이 줄어들면 주가가 크게 하락하는 경우가 많기 때문에, 배당 기반이 흔들리는 조짐이 보이면 빠르게 점검해야 한다.

또 하나의 매도 신호는 배당수익률이 과거에 비해 매우 낮은 수준까지 내려갔을 때다. 이는 주가가 많이 올라 기업의 가치가 충분히 반영되었다는 뜻일 수 있다. 이익과 배당이 크게 늘지 않았는데 배당수익률만 낮아졌다면, 시장의 재평가가 이미 이루어졌을 가능성이 높다.

정리하면 고배당주는 배당수익률이 과거 대비 높은 수준에 있고, 재무적으로 배당을 유지할 힘이 충분할 때 매수하는 것이 좋다. 반대로 배당을 유지하기 어려워지거나, 배당수익률이 과거 대비 매우 낮은 구간에 들어서면 매도를 검토해야 한다.

그렇다면 배당성장주는 언제 사고 언제 파는 것이 좋을까?

배당성장주는 단순히 배당을 많이 주는 기업이 아니라, 오랜 기간 배당을 꾸준히 늘려 온 기업을 말한다. 그래서 매수와 매도 판단도 배당을 현재 얼마나 많이 주느냐보다 앞으로도 계속 늘릴 수 있느냐에 초점을 맞춰야 한다. 핵심은 배당 증가 속도와 지속 가능성, 그리고 이를 뒷받침하는 기업의 이익 구조가 흔들리지 않는지 확인하는 것이다.

매수를 고려할 때 가장 먼저 살펴봐야 할 것은 배당 증가 이력이다. 보통

10년 이상 매년 배당을 늘려 온 기업은 안정적인 수익 구조와 일관된 배당 정책을 가지고 있을 가능성이 크다. 여기에 더해 과거 몇 년간의 이익 성장률, 매출 증가 추이, 잉여현금 흐름을 함께 살펴본다. 배당이 단순히 일시적인 여유 자금에서 나온 것이 아니라, 실제 사업 성과에서 나온 것인지 확인하는 과정이다. 배당은 결국 이익의 결과이기 때문에, 이익이 흔들리면 배당도 흔들릴 수밖에 없다. 따라서 이익의 안정성과 성장성이 가장 중요한 판단 기준이 된다.

매도 검토는 배당을 계속 늘릴 힘이 약화될 때다. 첫 번째 신호는 배당 증가율이 눈에 띄게 둔화되는 경우다. 오랫동안 일정한 속도로 배당을 늘려오던 기업이 인상 폭을 줄이기 시작하면, 실적이나 현금 흐름에 부담이 생겼을 가능성이 있다. 두 번째 신호는 배당 성향이 급격히 높아지는 경우다. 이는 이익 증가 속도보다 배당 부담이 더 빠르게 커지고 있다는 의미일 수 있다. 이런 상황이 지속되면 배당성장주의 강점이 약해질 수 있다. 마지막으로 PER가 업종 평균이나 과거 평균보다 지나치게 높아진 경우도 매도를 고려할 수 있다. 이는 이미 이 기업이 시장에서 높은 평가를 충분히 받은 상태일 가능성이 크기 때문이다.

정리하면, 배당성장주는 오랜 배당 증가 이력과 안정적인 이익 기반, 그리고 과도하지 않은 주가 수준이 함께 갖춰졌을 때 매수하는 것이 일반적이다. 반대로 배당 증가 속도가 둔화되거나 재무 기반이 약해지거나, 주가가 지나치게 비싸진 경우에는 매도를 검토해야 한다.

5

배당주 투자 수익률은
어느 정도인가요?

배당주에 투자하면 과연 어느 정도의 수익을 기대할 수 있을까? 이 질문에 대한 답을 찾기 위해서는 먼저 오랜 기간 배당을 중요한 투자 기준으로 삼아 온 투자 대가들의 성과를 살펴볼 필요가 있다.

미국에서 배당을 활용한 가치투자의 대표적 인물로 꼽히는 존 네프는 1964년부터 1995년까지 약 31년 동안 윈저 펀드(Windsor Fund)를 운용했다. 그는 이 기간 동안 총수익률 5546%, 연평균 약 13~14%의 수익률을 기록했다. 이는 같은 기간 S&P 500 수익률을 크게 웃도는 성과였다. 배당수익률이 높고 저평가된 기업을 꾸준히 발굴해 장기 보유한 결과였다.

또 다른 사례로는 마이클 오히긴스가 소개한 '다우의 개' 전략이 있다. 그는 다우존스 산업평균지수 구성 종목 가운데 배당수익률이 가장 높은 10개 종목을 매년 교체해 보유하는 방식을 제시했다. 이 전략은 1970년대 초반부터 약 20년 동안 연평균 17~18% 수준의 수익률을 기록하며, 같은 기간 다우지수 평균 수익률 10~13%를 꾸준히 상회한 것으로 알려져 있다.

배당주 재투자를 하면 수익률이 어떻게 될까? 제레미 시겔은 『Stocks for the Long Run』이라는 책에서 배당을 지급하는 주식이 그렇지 않은 주식보다 더 높은 수익률을 기록했으며, 특히 배당을 재투자한 경우 장기적으로 연평균 약 10~12% 수준의 안정적인 수익률을 보이며 시장을 상회하는 성과를 나타냈다고 설명했다.

국내에서도 배당주 투자로 경제적 자유를 이룬 투자자가 있다. 『배당 투자, 나는 50에 은퇴했다』의 저자 정명주는 배당주 투자로 월 1000만 원의 배당금을 확보한 뒤 50세에 퇴사했다. 그는 자신의 투자 성과를 공개하며 연평균 약 8% 수준의 수익률을 기대한다고 밝혔다. 해외 사례와 비교하면 수익률은 다소 낮아 보일 수 있지만, 안정적인 현금 흐름을 기반으로 한 현실적인 목표 수익률이라는 점에서 의미가 있다.

이 사례들을 종합해 보면, 배당주 투자 수익률은 전략과 시장 환경, 그리고 투자 대상 국가에 따라 상당한 차이를 보인다는 사실을 알 수 있다. 미국과 일본, 한국 등 각국의 경제 성장률, 기업 문화, 배당 정책의 차이는 장기 수익률에 직접적인 영향을 미친다. 특히 이러한 수익률 격차가 10년, 20년 이상 장기간 누적될 경우 그 차이는 복리 효과로 인해 매우 크게 벌어진다.

결국 배당주 투자에서 기대 수익률은 단순히 배당률에 의해 결정되는 것이 아니다. 어떤 시장에 투자하는지, 어떤 기준으로 종목을 선별하는지, 배당을 재투자하는지 여부에 따라 장기 성과는 크게 달라진다. 배당주 투자의 성패는 종목 선택만큼이나 투자 대상 국가의 선정도 중요하다는 점을 잊지 말아야 한다.

다음에는 한국 주식시장에서 배당 유무가 수익률에 미치는 영향을 살펴보자. 홍용찬이 『퀀트 투자 처음공부』에 소개한 현금 배당 유무에 따른 연평균 수익률(CAGR) 표를 보면 배당금이 있는 그룹의 22년간 CAGR은 11.15%로 배당금이 없는 그룹의 4.80%보다 훨씬 높은 것으로 나타났다. 2001년 100만 원으로 전년도에 배당금을 준 주식에 전부 다 투자했다면 2022년 말에는 총 1022만 원이 되었을 텐데, 전년도 배당금을 주지 않은 종목에 투자했다면 거우 284만 원이 되었을 것이라는 계산이다. 기간별로 보면 배당금 여부에 따른 투자법의 유용성이 이전 기간에 비해 2018~2022년은 많이 줄어든 것으로 나타난다. 배당금을 주는 주식만 골라서 투자하기만 해도 수익률이 높았던 과거와 달리 최근에는 배당 여부만으로 투자하기에는 어려운 상황으로 되고 있음을 의미한다.

	2001~2022	2001~2017	2018~2022
배당 있음(%)	11.15	13.26	4.26
배당 없음(%)	4.86	5.54	2.59
KOSPI(%)	7.00	9.79	-1.95
KOSDAQ(%)	1.17	2.49	-3.18
배당 있음 - 배당 없음(%p)	6.28	7.72	1.67
배당 있음 - KOSPI(%p)	4.14	3.47	6.21
배당 있음 - KOSDAQ(%p)	9.97	10.77	7.44

그래서 배당 여부가 아닌 배당수익률을 기준으로 배당수익률이 높은 종목에 투자하면 투자 수익률이 높아지는지도 살펴보자. 아래 표에서 1그룹은 배당수익률이 가장 높은 상위 10%의 종목들이고, 10그룹은 배당수익률이 가장 낮은 하위 10%의 종목들인데, 이에 대해 백테스트로 수익률을 비교한다. 결과를 보면 배당수익률이 높을수록 투자 수익률도 높고, 배당수익률이 낮을수록 투자 수익률도 낮은 것으로 나타난다. 기간별로는 배당 유무 때와 마찬가지로 최근 기간일수록 이러한 투자법의 유용성이 낮아지는 것으로 나타난다. 투자자의 수준이 높아지고 주식시장의 효율성이 높아지면서 투자의 난이도가 점점 더 높아지는 상황이라고 할 수 있다.

	2001~2022	2001~2017	2018~2022
1그룹(%)	15.02	18.03	5.34
10그룹(%)	2.14	3.86	-3.50
1그룹-10그룹(%p)	12.88	14.18	8.84
KOSPI(%)	7.00	9.79	-1.95
KOSDAQ(%)	1.17	2.49	-3.18
1그룹-KOSPI(%p)	8.02	8.25	7.29
1그룹-KOSDAQ(%p)	13.85	15.55	8.52

지금까지 살펴본 것을 간단히 요약하면, 배당주 투자의 연평균 수익률은 배당투자 환경이 양호한 미국은 10% 이상 기대할 수 있지만, 한국은 고수의 경우에도 10% 이하이고 이마저도 단기투자로는 기대하기 힘든 수익률이라고 할 수 있다. 그래도 KOSPI나 KOSDAQ의 수익률이 워낙 낮아 상대적으로 배당주 투자의 수익률이 양호한 것으로 나타난다. 커다란 변곡점이 나타난 2025년 이후의 한국 주식시장에서는 배당주 투자의 수익률이 어떻게 될까?

5장 배당주 투자 어떻게 해야 하나요?

배당주 투자 리스크 관리
어떻게 해야 하나요?

배당주 투자는 안정적인 투자 방식으로 알려져 있다. 주가가 크게 오르지 않더라도 정기적으로 현금을 받을 수 있기 때문에 많은 투자자들이 배당주를 '편안한 투자'라고 생각한다. 특히 은퇴자나 장기 투자자에게 배당주는 매력적인 투자 대상이다. 그러나 배당주 투자 역시 결코 위험이 없는 투자 방식은 아니다. 배당이 안정적으로 지급될 것이라는 기대가 무너지거나 기업의 구조적 변화가 발생하면 배당주 역시 큰 손실을 가져올 수 있다. 따라서 배당주 투자에서 중요한 것은 단순히 높은 배당수익률을 찾는 것이 아니라 배당이 지속될 수 있는 구조를 분석하고 리스크를 관리하는 것이다.

배당주 투자에서 가장 먼저 고려해야 할 리스크는 배당 삭감 위험이다. 많은 투자자들이 배당주를 선택할 때 현재의 배당수익률만을 보고 투자하는 경우가 많다. 그러나 배당은 기업이 벌어들인 이익의 일부를 주주에게 돌려주는 것이기 때문에 기업의 실적이 악화되면 언제든 줄어들거나 중단될 수 있다. 이를 흔히 '배당컷(dividend cut)'이라고 한다. 배당이 삭감되면 투자자는 두 가지 손실을 동시에 겪는다. 먼저 기대했던 현금 흐름이 사라지고, 동시에 배당 축소 소식이 시장에 알려지면서 주가가 크게 하락하는 경우가 많다. 따라서 배당주 투자를 할 때는 현재 배당수익률보다 배당의 지속 가능성을 먼저 살펴보는 것이 중요하다. 이를 위해서는 배당 성향과 이익의 안정성을 함께 확인해야 한다. 배당 성향이 지나치게 높거나 기업의 영업이익이 불안정하다면 배당이 장기적으로 유지되기 어렵다. 일반적으로 안정적인 배당 기업은 꾸준한 현금 흐름을 창출하고 부채 부담이 크지 않으며 장기간 배당을 유지해 온 기록을 가지고 있다. 따라서 배당주 투자에서는 단순히 '높은 배당'보다 '오랫동안 유지되는 배당'을 기준으로 종목을 선택하는 것이 리스크를 줄이는 가장 기본적인 방법이다.

두 번째 리스크는 고배당 함정이다. 배당수익률이 지나치게 높은 종목은 오히려 위험 신호일 수 있다. 배당수익률은 배당금을 주가로 나눈 값이기 때문에 주가가 급락하면 배당수익률이 인위적으로 높아 보일 수 있다. 예를 들어 기업의 실적이 악화되면서 주가가 크게 하락했지만 아직 배당이 줄어들지 않은 경우 겉보기에는 매우 높은 배당주처럼 보일 수 있다. 그러나 이러한 상황에서는 기업의 실적 악화가 결국 배당 삭감으로 이어질 가능성이 높다. 이런 상황을 흔히 '배당 함정(dividend trap)'이라고 부른다. 배당 함정에 빠지면 배당도 줄고 주가도 하락하는 이중 손실을 겪게 된다. 따라서 배당주를 선택할 때는 단순히 배당수익률이 높은 종목을 찾기보다 그 배당이 기업의 실제 이익과 현금 흐름에 의해 충분히 뒷받침되고 있는지를 확인해야 한다. 특히 배당수익률이 시장 평균보다 지나치게 높다면 그 이유가 무엇인지 반드시 분석해야 한다.

세 번째 리스크는 성장성 부족이다. 배당을 많이 지급하는 기업은 일반적으로 성숙 산업에 속한 경우가 많다. 기업이 벌어들인 이익을 신규 투자나 연구개발에 사용하는 대신 배당으로 지급하기 때문이다. 이러한 기업은 안정적인 현금 흐름을 유지할 수 있지만 장기적으로 높은 성장률을 기대하기는 어렵다. 특히 기술 혁신이 빠르게 진행되는 시대에는 성장 산업의 기업들이 훨씬 빠르게 가치가 상승하는 경우가 많다. 만약 투자 포트폴리오가 지나치게 배당주 중심으로 구성되어 있다면 시장의 큰 성장 기회를 놓칠 수도 있다. 따라서 배당주 투자에서는 안정성과 성장성의 균형을 고려해야 한다. 예를 들어 안정적인 배당을 지급하는 기업을 기본 포트폴리오로 구성하되 일부 자금은 성장 가능성이 높은 기업이나 산업에 배분하는 방식이 효과적일 수 있다. 이렇게 하면 안정적인 현금 흐름을 확보하면서도 장기적인 자산 성장의 기회를 함께 가져갈 수 있다.

네 번째 리스크는 금리 변화와 시장 환경 변화다. 배당주는 금리와 경쟁 관계에 있는 자산이다. 금리가 상승하면 채권이나 예금의 수익률이 높아지기 때문에 상대적으로 배당주의 매력이 감소할 수 있다. 이 경우 배당주에서 자금이 빠져나가면서 주가가 하락하는 현상이 나타나기도 한다. 따라서 배당주 투자에서는 금리 환경을 함께 고려해야 한다. 금리가 급격히 상승하는 시기에는 배당주의 비중을 줄이거나 금리 상승의 영향을 덜 받는 자산으로 분산하는 전략이 필요하다. 반대로 금리가 안정되거나 하락하는 시기에는 배당수익의 매력이 다시 높아질 수 있지만, 성장주 등 다른 자산과의 상대적인 성과를 함께 비교해 판단하는 것이 중요하다.

결국 배당주 투자의 핵심은 높은 배당수익률을 찾는 것이 아니라 안정적인 현금 흐름을 장기간 유지할 수 있는 기업을 찾는 것이다. 배당 삭감 가능성을 점검하고, 고배당 함정을 피하며, 성장성과 안정성의 균형을 유지하고, 금리 환경 변화에 대응하는 것이 배당주 투자에서 가장 중요한 리스크 관리 전략이다. 이러한 원칙을 지킨다면 배당주 투자는 단순히 배당금을 받는 투자에 그치지 않고 장기적인 자산 형성과 안정적인 현금 흐름을 동시에 가져다주는 효과적인 투자 전략이 될 수 있다.

7

배당주 투자 미래 전망은 어떤가요?

배당주 투자는 오랫동안 한국 주식시장에서 중심적인 투자 전략으로 자리 잡지 못했다. 미국이나 유럽과 달리 한국 기업들은 이익이 발생하면 이를 주주에게 환원하기보다 사업 확장이나 설비 투자에 재투자하는 것을 우선해 왔다. 기업이 성장 단계에 있다는 인식이 강했던 시기에는 배당을 확대하기보다 시장 점유율을 높이고 새로운 사업에 투자하는 것이 더 중요하게 여겨졌다. 이러한 환경에서는 배당이 기업 경영의 핵심 정책이라기보다 여유가 있을 때 지급하는 부수적인 요소로 인식되는 경우가 많았다.

그 결과 한국 주식시장에서는 배당보다 주가 상승에 따른 시세 차익이 투자 수익의 중심으로 자리 잡았다. 투자자들도 기업의 배당 정책보다는 성장 가능성과 단기적인 주가 상승 재료에 더 큰 관심을 보였다. 자연스럽게 시장의 관심은 성장주나 테마주로 집중되었고, 배당주는 상대적으로 주목받지 못하는 투자 영역으로 남아 있었다. 배당을 장기 투자 전략으로 활용하는 문화 역시 크게 자리 잡지 못했다.

이러한 흐름에 변화가 나타나기 시작한 것은 자본시장이 점차 성숙하면서부터였다. 1990년대 이후 외국인 투자자가 본격적으로 한국 시장에 유입

245

되면서 기업 지배구조와 주주가치에 대한 논의가 활발해졌다. 특히 1997년 외환위기 이후 기업 구조조정이 진행되면서 기업 경영의 투명성과 주주 권익 보호가 중요한 이슈로 떠올랐다. 이 과정에서 기업의 이익을 주주와 어떻게 나눌 것인가에 대한 논의도 점차 확대되기 시작했다.

2000년대 이후 기업의 수익성이 개선되고 자본시장이 안정되면서 배당에 대한 관심도 서서히 증가했다. 특히 저금리 환경이 장기간 이어지면서 안정적인 현금 흐름을 확보하려는 투자자들이 늘어나기 시작했다. 예금 금리가 낮아지자 배당을 통해 일정한 현금을 받을 수 있는 주식이 새로운 투자 대안으로 주목받기 시작한 것이다. 이때부터 배당은 단순한 현금 지급이 아니라 장기 투자 전략의 하나로 인식되기 시작했다.

ETF의 등장 역시 배당 투자 확대에 중요한 역할을 했다. 여러 기업의 배당을 한 번에 받을 수 있는 배당 ETF는 개별 종목을 분석하기 어려운 투자자에게 현실적인 대안을 제시했다. 특히 고배당 ETF는 비교적 안정적인 현금 흐름을 추구하는 투자자들에게 새로운 투자 수단으로 자리 잡았다. 이로 인해 배당 투자에 대한 접근성이 크게 높아졌고 개인투자자들도 배당 전략을 보다 쉽게 활용할 수 있게 되었다.

최근에는 배당을 바라보는 시장의 시각도 점차 변화하고 있다. 과거에는 기업이 성장 단계에 있을 때 배당을 줄이는 것이 자연스럽다고 여겨졌지만, 이제는 일정 수준 이상의 주주 환원 정책을 유지하는 것이 기업가치를 평가하는 중요한 기준으로 인식되고 있다. 일부 대기업들은 중장기 배당 정책을 발표하거나 배당 성향 목표를 제시하는 등 주주 환원 정책을 보다 명확하게 제시하고 있다. 배당과 함께 자사주 매입과 소각을 병행하는 사례도 늘어나고 있으며, 이는 기업이 주주 친화적인 경영을 강화하고 있다는 신호로 받아들여지고 있다.

이러한 흐름을 고려할 때 배당주 투자의 미래는 몇 가지 중요한 변화 속에

주식투자법 100문 100답

서 전개될 가능성이 높다.

먼저 정부 정책의 변화가 배당주 투자 환경에 중요한 영향을 미칠 것으로 보인다. 오랫동안 한국 주식시장은 낮은 주주 환원율과 지배구조 문제로 인해 '코리아 디스카운트'라는 평가를 받아왔다. 이를 개선하기 위해 정부와 정책 당국은 기업의 주주 환원을 확대하고 자본시장의 신뢰를 높이기 위한 다양한 제도 개선을 추진해 왔다.

특히 2025년 이재명 정부 출범 이후 이러한 변화는 더욱 분명한 정책 방향으로 나타나고 있다. 정부는 한국 증시의 구조적인 저평가를 해소하기 위해 자본시장 개혁 정책을 추진하며 기업 지배구조와 주주 환원 정책을 동시에 강화하고 있다. 이사의 충실의무 대상을 '회사'에서 '회사 및 주주'로 확대하고, 이사에게 총주주의 이익을 보호할 의무를 부담하도록 하는 내용의 상법 개정안이 2025년 7월, 그리고 주식 투자자들이 기대하던 배당소득 분리과세 관련 법안이 2025년 12월 국회 본회의를 통과했다. 또한 기업가치 제고를 목표로 하는 '기업 밸류업 프로그램'이 추진되면서 기업들이 배당 확대와 자사주 매입·소각 등 주주 환원 정책을 보다 적극적으로 시행하도록 유도하고 있다.

이러한 정책 변화는 단순히 제도 개선에 그치지 않고 기업의 경영 방식에도 영향을 미치고 있다. 과거에는 기업이 이익을 대부분 내부 투자에 사용하는 것이 일반적이었지만 최근에는 주주가치와 기업가치를 동시에 고려하는 경영이 점차 확대되고 있다. 정부의 정책 방향과 글로벌 투자자들의 요구가 맞물리면서 기업들은 배당 정책과 주주 환원 전략을 보다 명확하게 제시할 필요성을 느끼고 있다. 일부 기업들은 중장기 배당 정책을 발표하거나 배당 성향 목표를 공개하며 투자자와의 신뢰를 높이려 하고 있다. 이러한 변화가 확대되면 배당은 단순한 이익 분배가 아니라 기업 경영의 중요한 원칙으로 자리 잡게 될 가능성이 높다.

5장 배당주 투자 어떻게 해야 하나요?

정부 정책과 기업 경영의 변화는 투자자의 행동에도 영향을 미치고 있다. 과거에는 단기적인 주가 상승을 노리는 투자 방식이 개인투자자 사이에서 널리 확산되어 있었지만, 최근에는 안정적인 현금 흐름을 중시하는 투자 전략에 대한 관심이 점차 커지고 있다. 특히 인구 구조의 변화와 함께 연금 자산이 빠르게 증가하면서 장기적으로 꾸준한 현금 흐름을 확보하려는 투자 수요가 확대되고 있다. 퇴직연금, 연금저축, IRP 같은 장기 투자 계좌가 확대되면서 배당주와 배당 ETF는 장기 투자 자산으로서 점점 더 중요한 역할을 할 가능성이 있다.

배당 투자는 단순히 현금을 지급받는 투자 방식이 아니라 시간이 지날수록 배당금이 증가하고 재투자를 통해 복리 효과를 기대할 수 있는 전략이다. 이러한 특성 때문에 배당 투자는 단순한 투자 전략을 넘어 장기적인 자산 형성과 노후 준비를 위한 또 하나의 연금 수단으로 인식되기 시작하고 있다. 일정한 현금 흐름을 제공하면서도 장기적으로 자산을 성장시킬 수 있다는 점에서 배당 투자는 점점 더 많은 투자자의 관심을 끌고 있다.

결국 최근 나타나는 변화는 하나의 방향으로 수렴하고 있다. 정부의 자본시장 정책 변화가 기업의 주주 환원 정책을 강화시키고, 이러한 기업 경영의 변화가 다시 투자자의 투자 방식과 자산 배분 전략을 변화시키는 흐름이다. 이러한 변화가 지속된다면 한국 주식시장에서 배당의 의미는 과거와 크게 달라질 가능성이 높다. 배당은 더 이상 일시적인 보너스가 아니라 기업의 장기적인 주주 환원 정책의 일부로 인식되고 있으며 이러한 변화가 지속된다면 배당주의 투자 매력 역시 자연스럽게 확대될 것이다. 이러한 흐름 속에서 배당주 투자는 앞으로 한국 주식시장에서 지금보다 훨씬 중요한 투자 영역으로 성장할 것으로 예상된다.

8

배당주 투자 고수들의
필살기를 알려 주세요

배당주 투자는 수익률이 낮고 지루한 투자처럼 보이기 쉽다. 하지만 배당을 재투자하고 시간을 무기로 삼아 복리의 마법을 작동시키면, 그 성과는 결코 평범하지 않다. 여기에서는 배당주의 이런 잠재력을 실제 성과로 증명해낸 투자 고수들의 필살기를 살펴보기로 한다.

가치주 투자 대가로 알려져 있는 워런 버핏은 배당주 투자에서도 탁월한 성과를 보여 준다. 버핏은 1988~1989년, 블랙 먼데이 이후 시장 공포가 극대화된 국면에서 코카콜라를 대규모로 매수했다. 당시 그의 평균 매입 단가는 주당 약 11달러 수준으로 추정된다. 매수 시점의 배당수익률은 약 3%에 불과했지만, 이후 30년이 넘는 기간 동안 코카콜라는 배당을 거의 매년 인상했다. 그 결과 현재 코카콜라의 연간 배당금은 주당 1.6달러를 넘어섰고, 버핏의 매입가 기준 배당수익률은 14%를 훌쩍 넘는 수준이 되었다. 이는 고배당주를 고른 것이 아니라, 배당이 계속 성장하는 기업을 고른 결과다. 코카콜라는 이 기간 동안 주가도 5배 이상 상승해 배당과 시세 차익이 동시에 증가했다.

버핏이 2016년 이후 대규모로 매수한 애플 역시 배당성장주였다. 매수 당

249

시 애플의 배당수익률은 높지 않았다. 그러나 애플은 막대한 잉여현금 흐름을 바탕으로 배당을 꾸준히 늘렸고, 자사주 매입까지 포함한 주주 환원 규모는 수백억 달러에 달했다. 이 과정에서 애플은 버핏 포트폴리오 최대 비중 종목이 되었고, 버핏은 배당 증가와 주가 상승과 지분율 확대를 통해 배당성장주 투자의 이상적인 모델을 보여 주었다.

이 두 사례에서 드러나는 버핏의 배당 투자 필살기를 요약하면 다음과 같다. 첫째, 현재 배당률이 아니라 미래 배당을 키울 수 있는 현금 흐름과 경쟁우위를 본다. 둘째, 시장 공포로 기업 가치와 가격이 벌어질 때 매수한다. 셋째, 배당이 성장하는 시간을 믿고 매도하지 않고 오래 보유한다. 버핏에게 배당은 수익의 일부가 아니라, 좋은 기업을 끝까지 들고 가게 만들어 복리 이익을 극대화시키는 마법의 도구였다. 이 관점에서 보면, 버핏은 역사상 가장 성공적인 배당성장주 투자자라고 해도 과언이 아니다.

일본에서 미국 배당주 투자로 최고의 성과를 올리고 일본인이 쓴 미국 주식 책 중 가장 잘 팔린 책이라는 평가를 받는 『미국 배당주 투자』라는 책을 쓴 버핏타로는 누구나 쉽게 수익을 낼 수 있는 배당주 투자법을 소개한다. 방법은 간단하다. 미국의 초대형 연속 고배당주 10종목에 균등 분산 투자하고 배당을 받으면 재투자하는 것이 전부다. 연속 고배당주에 투자하는 이유는 주식 수를 더 많이 늘릴 수 있으며, 그 결과 강세장에서 수익을 폭발시킬 수 있기 때문이다. 배당금을 재투자해서 주식 수를 늘리면 배당금으로 산 주식에서도 추가로 배당금을 받을 수 있으므로 말 그대로 '돈이 돈을 낳는 머니 머신'이 된다. 투자 종목의 판단 포인트는 영속적으로 안정된 현금 흐름을 기대할 수 있느냐와 함께, 주주 환원에 적극적인가 아닌가다. 예컨대 코카콜라는 이익의 약 80%를, 프록터앤드갬블은 이익의 약 절반을 주주에게 환원하고 있는데, 이런 종목에 투자하면 주주는 배당금을 재투자해서 보유 주식을 늘림으로써 수익을 최대화할 수 있다. 투자 관리는 한 달에 딱 한

번, 3분이면 끝이라고 한다. 이 정도의 시간 투자라면 아무리 바쁜 직장인이 나 자영업자라도 누구나 쉽게 할 수 있을 것이라고도 말한다.

다음은 한국의 배당주 투자 고수의 필살기를 살펴보자.

배당연금술사는 배당 투자의 경험을 담은 『최강의 배당연금투자』라는 책에서 배당 투자를 단기투자나 단순한 장기 투자가 아닌 '평생 투자'로 규정한다. 그가 말하는 평생 투자란, 시장 상황에 따라 사고파는 전략이 아니라 인생 전반에 걸쳐 현금 흐름을 설계하는 투자 방식이다. 핵심은 단 두 가지다. 평생 모아 가기, 그리고 평생 보유하기. 저가 매수에 집착하기보다 일정한 주기로 수량을 꾸준히 늘리고, 배당이 성장하는 시간을 믿고 매도하지 않는 것이다. 이렇게 수량을 축적한 배당성장 자산은 시간이 지날수록 복리가 작동하며, 주가 변동과 관계없이 점점 더 안정적인 배당연금 파이프라인을 만들어 낸다. 배당연금술사는 최고의 투자 기술은 매도 타이밍을 맞히는 능력이 아니라, 매도하지 않아도 되는 구조를 만드는 것이라고 강조한다.

배당연금술사는 또한 배당주 투자와 함께 레버리지 ETF의 제한적 활용을 강조한다. 이는 배당연금 투자를 투기적으로 만들기 위함이 아니라, 오히려 전략 이탈을 막기 위한 현실적인 보완 장치다. 배당성장 ETF는 하락장과 횡보장에서 강력한 방어력을 제공하지만, 강한 상승장에서는 상대적으로 심심해 보일 수 있고 이 과정에서 투자자는 FOMO에 흔들리기 쉽다. 레버리지 ETF는 이러한 심리적 공백을 메워 주는 '공격수' 역할을 한다. 소액의 레버리지 노출만으로도 상승장의 수익 참여감을 확보할 수 있어, 배당 자산을 성급히 매도하거나 전략을 포기할 가능성을 낮춰 준다. 물론 전제는 명확하다. 비중을 엄격히 제한하고, 변동성을 감당할 수 있는 범위 내에서만 활용해야 한다. 배당연금술사가 말하는 레버리지 ETF는 수익을 극대화하기 위한 도박이 아니라, 평생 투자를 지속하기 위한 심리적·구조적 안전장치에 가깝다.

배당주 투자 공부와 훈련은
어떻게 해야 하나요?

『나는 배당 투자로 한 달에 두 번 월급 받는다』

『나는 미국 월배당 ETF로 40대에 은퇴한다』

『배당 투자, 나는 50에 은퇴했다』

『배당주로 월 500만 원 따박따박 받는 법』

『나는 1년간 129번 배당을 받습니다』

『월 50만 원으로 8억 만드는 배당머신』

『배당성장주 투자 불변의 법칙―평생 월급 1000만 원 받는 배당 투자 시
크릿』

시중에 나와 있는 배당주 투자 관련 책들의 제목이다. 책 제목대로만 된
다면 얼마나 좋을까?

이런 배당주 투자 고수가 되기 위해서는 어떤 공부와 훈련이 필요할까? 여
기에서는 이 문제를 배당주 투자로 경제적 자유를 이룩한 투자 고수들의 조
언을 통해 살펴보기로 한다.

송민섭(수페TV)은 『나는 배당 투자로 매일 스타벅스 커피를 공짜로 마신다』

라는 책에서 평생 월 500만 원씩 버는 ≪30일 마스터 배당 투자 가이드≫를 제시한다. 이 가이드는 경제적 자유를 이루기까지 배당주 투자에서 겪었던 수많은 실패와 성공 사례를 분석해 낮은 리스크로 꾸준한 수입을 얻을 수 있는 최상의 배당 투자 전략과 실전 노하우를 정리한 것이다. 투자 용어, 투자 마인드셋, 예상 투자 수익금과 리스크 파악, 기업정보 분석, 개인 투자 성향별 ETF 찾는 법과 포트폴리오 관리 등 배당주 투자에 관련된 모든 내용을 담아 30일 동안 날짜별로 실행과제를 제시하고 있어 배당주 투자에 대한 공부와 훈련을 체계적으로 할 수 있도록 구성되어 있다.

30일 마스터 배당 투자 가이드

단계	주요 내용
STEP 1(DAY 01~06) 종잣돈과 투자 기간 설정	- 나의 소득과 지출, 자산 상태 파악 - 투자 예상 수익금과 리스크 파악 - 주식과 부동산 투자 비교 - 배당률과 배당성장을 계산 방법, 배당금 재투자 효과 분석
STEP 2(DAY 07~19) 기업평가를 통한 종목 선정	- 배당 왕주주 & 배당 귀족주 기업정보 분석 - 최고의 배당성장 기업 찾는 법 - 주식으로 투자하는 부동산 투자, 리츠주 - 내게 맞는 ETF 찾는 법
STEP 3(DAY 20~30) 실전을 통한 월급 배당금 획득	- 배당주 매수 타이밍 분석 - 리스크를 낮추는 투자 마인드셋 - 최신배당 정보 찾는 사이트 활용법 - 투자 성향에 맞는 포트폴리오 분석 - 세금전략, 연금저축펀드, 인생 투 트랙 전략

배당 투자와 자산설계 분야의 전문가로 『나는 배당 투자로 두 번 월급 받는다』라는 책도 냈던 곽병열은 『배당 투자 기적의 루틴』이라는 책에서 배당 투자로 경제적 자유를 이루는 단계별 계획을 제시한다.

자산 형성기(20~30대 초중반): 종잣돈을 만들고 '배당성장'을 쌓는다

- 투자 전략 키워드: 성장 + 습관화 + 장기보유
- 추천 전략
  - 배당성장 ETF(예: 미국의 SCHD, VIG/국내 KODEX 배당성장 ETF 등) 정기 매수
  - 꾸준한 배당증가 이력이 있는 기업(예: 코카콜라, J&J, P&G등)에 소액 분산 투자
  - 배당 재투자 활용: 배당금을 재투자해 복리 효과 극대화

자산 확대기(30대 후반~40대 후반): 배당금은 계속 쌓이고, 투자규모는 본격적으로 커진다

- 투자 전략 키워드: 분산 + 업종별 조합 + 중배당전략
- 추천 전략
  - 업종 분산 배당 ETF 활용(예: VYM, DVY, IDV, 국내 TIGER 리츠 배당 ETF 등)
  - 리츠와 금융, 필수 소비재 고배당주의 조합
  - 배당성장과 고배당 간 자산 배분 비율 조정(예: 성장 60%, vs 고배당 40%)

자산 전환기(50대~은퇴 직전): 자산에서 현금 흐름 중심으로 전환한다

- 투자 전략 키워드: 고배당 + 현금 흐름 최적화 + 위험 축소
- 추천 전략
  - 고배당주 중심의 포트폴리오 리밸런싱
  - 월배당 ETF(예: JEPI, QYLD, 국내 월배당 리츠)비중 확대
  - '생활비 커버율'을 설정해 매월 수령하는 배당금으로 고정지출 커

버 목표 설정

자산 소득기(은퇴 이후): 은퇴 후 배당이 생활을 책임진다

- 투자 전략 키워드: 정기수입 ＋ 세금관리 ＋ 유산 설계
- 추천 전략
  - 연금계좌를 통한 고배당 ETF 투자(세금이연효과 ＋ 수령 시 분리
    과세 가능)
  - 매월 고정적으로 돌아오는 배당을 중심으로 소비 설계
  - 상속·증여를 고려한 ETF/배당주 설계(자녀계좌에 분산 배당 이체
    등)

요약하면 자산 형성기에는 투자습관, 자산 확대기에는 포트폴리오 성장, 자산 전환기에는 안정적 수익화, 자산 소득기에는 소비 기반으로의 전환 순으로 배당 투자 로드맵을 설계해 경제적 자유를 실현하는 것이다.

배당주 투자에 도움이 되는 책과 사이트, 유튜브

곽병열,『배당 투자 기적의 루틴』(한스미디어, 2025)

매달 50만 원씩 배당주에 적립투자 해서 30년 후에는 매달 500만 원 이상의 배당금이 나오는 기적을 만드는 배당주 투자 실전 가이드. 투자 전략 애널리스트이자 배당 투자 전문가인 저자는 배당은 현재의 시간을 투자해 미래의 나에게 선물하는 '평생 월급'으로 긴 시간을 견딘 자에게만 보상해 주는 화려하지는 않지만 정직한 자산이라며, 이 책은 '단숨에 부자되는 법'이 아니라 '조금 느려도 확실히 부자되는 길'을 안내하는 책이라고 말한다.

이래학,『배당주 투자 무작정 따라 하기』(길벗, 2021)

이 책은 배당주의 기초상식부터 투자 종목 발굴법과 수익률 높이는 방법, 미국 배당주와 ETF 투자법, 투자 성향별 배당주 투자법에 이르기까지 배당주 투자 초보부터 배당주 투자로 수익률을 높이고 싶은 투자자까지를 대상으로 한 안내서. 저자는 장기적으로 복리 효과를 극대화하기 위해서는 '원금을 잃지 않는 것'과 재투자의 확률이 높고 시간을 내 편으로 만들 수 있는 배당주 투자가 가장 적합한 투자법이라고 말한다.

배당연금술사, 『최강의 배당연금투자』(헤리티지북스, 2023)

이 책은 기업의 배당금을 통해 연금과 같은 안정적인 현금 흐름을 만드는 배당연금 투자법을 알려 주는 책이다. 저자는 공무원 연금처럼 월급의 10% 정도를 적립식으로 30년 이상 꾸준히 투자하면 40년 이상 일하지 않아도 될 만큼의 강력한 현금 흐름을 만들 수 있다고 말한다. 핵심은 장기 투자, 즉 "평생 모아 가기 그리고 평생 보유하기"다.

쭈압, 『배당 투자, 나는 50에 은퇴했다』(체인지업, 2024)

「평생 월 1000만 원씩 받아 내는 배당주 입장권」이라는 부제가 붙어 있는 이 책은 직장 생활을 하면서 3000만 원으로 시작해 50세에 은퇴할 때 월 1000만 원의 배당금을 받을 수 있게 된 과정과 노하우를 알려 주는 책이다. 저자는 국내 배당주는 올라갈 일만 남은 저평가 모범생이라면서 미국 배당주를 이기는 국내 배당주 투자 비법에 대해서도 알려 준다.

임인홍, 『가속화 장기 투자 법칙』(길벗, 2025)

이 책은 평범한 직장인이 4000만 원으로 시작해 10년 만에 40억 원을 만든 경험을 토대로, 저평가 우량주 발굴과 배당 재투자 등 복리의 힘을 극대화해 장기 투자 하는 방법을 제시하는 책이다. 저자는 10년 동안 24%의 연평균 수익률을 올린 성과를 바탕으로 많은 투자 대가들이 추천하는 평균 수익률 10% 수준의 S&P500 지수 추종 ETF 투자에는 관심없다고 말한다.

현영준, 『배당성장주 투자 불변의 법칙』(체인지업, 2025)

배당주의 안정성과 성장주의 시세 차익의 장점을 함께 얻을 수 있는 배당성장주 투자로 40대 초반에 20억 원이 넘는 시드머니와 1억 원이 넘는 배당금을 달성한 방법을 알려 주는 책. 저자는 배당성장주 투자는 주가가 하락해도 상승해도 마음편한 투자라면서, 투자자가 집중해야 할 것은 주가가 아니라 회사의 사업과 배당금이 계속 성장할 주식을 찾아 투자하는 것이라고 말한다.

송민섭, 『나는 배당 투자로 매일 스타벅스 커피를 공짜로 마신다』(21세기북스, 2023)

이 책은 배당주 투자에 익숙해지기 위한 학습 가이드로, 나의 자산상태 파악, 배당 투자 효과 분석, 배당 투자 종목 선정방법, 배당주 매수 타이밍 분석, 배당 정보 찾는 사이트 활용법, 투자 성향에 맞는 포트폴리오 분석 등으로 구성되어 있다. 저자는 "잘 키운 배당주 하나가 마르지 않는 돈의 샘물이 된다!"라면서 "튼튼한 배당주 하나, 열 테마주 안 부럽다!"라고 말한다.

김태환, 『나는 1년간 129번 배당을 받습니다』(원앤원북스, 2024)

이 책은 고배당주 위주로 저평가주를 선별해 주가 하락 시기에 매수하는 전략으로 시장보다 꾸준히 높은 성과를 내고, 2023년에는 연간 129번 배당금을 받아 약 3000만 원의 수익을 낸 노하우가 담겨 있는 책이다. 저자는 이 책을 읽는다고 1년 만에 부자가 되는 일은 없겠지만, 책의 내용을 숙지하고 실천으로 옮긴다면 은퇴 시점에 돈 걱정하는 일은 없을 것이라고 자신 있게 말한다.

김수현, 『배당주로 월 500만 원 따박따박 받는 법』(잇콘, 2023)

전세 6000만 원짜리 원룸에서 신혼 생활을 시작한 전업주부가 어떠한 상황에도 흔들리지 않는 안정적인 배당주 투자법으로 매년 1억 원 이상의 투자 수익을 내는 비결을 알려 주는 책. 저자는 배당수익률에 따라 배당수익률 10% 이상인 '초고배당주', 배당수익률 4~5% 대의 '고·중배당주', 배당수익률 1~2%대의 '배당성장주'로 구분하고, 각자 생애주기에 맞는 종목으로 포트폴리오를 구성하도록 가이드를 제시한다. 2025년판에는 「눈여겨볼 배당주 30종목」이 포함되어 있다.

안혜신·김인경, 『주린이도 술술 읽은 친절한 배당 투자』(메이트북스, 2024)

배당 투자에 대한 거의 모든 것을 다루면서도 이보다 쉽고 명쾌한 책은 없다고 저자들이 자신 있게 말하는 배당 투자 안내서. 배당 투자를 왜 해야 하는지 모르거나, 배당 투자의 기본개념도 모르거나, 배당주를 어떻게 고를지 막막하거나, 배당주 ETF가 뭔지 모르거나 어떻게 고를지 혼란스럽다면 이 책으로 탄탄한 기본기를 갖출 수 있다.

투자에 도움이 되는 사이트와 유튜브

아이투자 스톡워치(itooza.com)

국내 주식의 배당금은 네이버 증권의 '배당' 메뉴에서 확인할 수 있지만 지급 내역을 3년치밖에 제공하지 않아서 배당삭감 이력등을 제대로 확인할 수 없다. 아이투자 스톡워치에서는 10년치 배당 정보와 재무제표를 볼 수 있기 때문에 개별 종목을 분석할 때 유용하다. 10년 이상의 배당 정보를 확인하려면 세이브로(seibro.or.kr)의 '배당 정보' 메뉴에 들어가 검색한다.

시킹알파(seekingalpha.com)

배당주만을 대상으로 한 사이트는 아니지만 개별 종목의 배당률, 배당금, 배당 성향, 배당성장률, 배당증가이력 등 미국 주식 배당관련 각종 정보를

259

확인할 수 있는 사이트. 배당ETF에 대한 정보는 ETF.com이나 ETFdb.com 에서 확인하는 것이 좋다.

디비던드 닷컴(dividend.com)

미국 배당주 정보 관련 가장 대중적인 사이트로, 배당률 4% 이상의 고배당주 리스크가 잘 정리되어 있는 곳. 스크리너를 통해 조건에 맞는 배당주를 발굴할 수 있고, 월 배당을 지급하는 종목, 배당 ETF, 우선주, 리츠 등 배당에 관한 모든 정보를 얻을 수 있다. 이름은 비슷하지만 별개 사이트인 슈어디비던드닷컴(suredividend.com)에서는 배당우량 기업인 배당킹, 배당귀족, 배당성취자, 배당블루칩 기업들을 확인할 수 있다.

수페TV(youtube.com/@supe-tv)

『나는 배당 투자로 매일 스타벅스 커피를 공짜로 마신다』, 『나의 첫 ETF 포트폴리오』의 저자가 운영하는 채널로 노후 대비를 위한 배당 투자를 초보 투자자도 쉽게 따라 할 수 있도록 안내하고 있다.

6장

가치주 투자
어떻게 해야 하나요?

1

가치주 투자가 무엇이고
어떤 장점이 있나요?

사례

1985년 제 통장 잔고는 16만 원, 그 돈을 털어서 주식을 샀습니다. 매수 후 3일째부터 3일 연속 상한가를 기록했습니다. 초심자의 행운이었는데, 1988년 집을 사기 위해 주식을 모두 정리할 때까지 매년 100%씩의 수익을 얻었던 것으로 기억합니다.

2004년 말 저평가 가치주로 선정한 종목의 수치를 따지면서 주식투자를 하기에 가장 좋은 시기로 판단한 저는 자금을 주식투자에 몰아넣기 시작했습니다. 그러나 2008년 글로벌 금융위기가 일어나면서 코스피 지수는 40.7%, 코스닥 지수는 52.8% 하락했습니다. 2개월 혹은 단 2주도 버텨 내기 힘들었던 그 시기 저는 버티기로 일관했습니다. 2010년 10월 코스피 지수가 2007년 연말 지수를 넘어서는 것을 보면서 확인한 것은 가치에 비해 싼 주식을 보유하고 있다면 시장이 아무리 어려워도 버티면 되더라는 것입니다.

2020년 4월, 중소기업 임원직을 끝으로 은퇴하며 전업 투자자로 변신했습니다. 투자 수익과 배당금으로 한결 여유로운 은퇴 생활을 맞이하게

주식투자법 100문 100답

된 저는 앞으로 주식투자와 독서를 평생 직업으로 삼으며 더욱 가슴 뛰는 노후를 보낼 계획입니다.[5]

16만 원에서 시작한 가치투자로 여유롭고 가슴뛰는 은퇴를 맞이하게 된 투자자의 사례다.

가치투자란 무엇인가? 위 사례의 주인공 숙향은 가치투자 철학에는 세 가지 핵심 요소가 있다면서 다음과 같이 말한다.

① 가치투자란 저평가 종목에서 투자 기회를 찾아내는 상향식 투자 전략이다.
② 가치투자란 상대 수익률이 아니라 절대 수익률을 지향하는 투자 전략이다.
③ 가치투자란 위험 회피 투자법이다. 즉 투자 수익을 얻는 것(수익)뿐만 아니라 손실을 보는 것(위험)에도 만전을 기하는 투자법이다.

가치투자 대가들이 말하는 가치투자의 정의를 핵심만 간결하게 정리하면 다음과 같다.

벤저민 그레이엄: "가치투자란 내재가치보다 충분히 싸게 사서, 안전마진을 확보하는 투자다."
워런 버핏: "가치투자란 훌륭한 기업을 합리적인 가격에 사서 오래 보유하는 것이다."
피터 린치: "가치투자란 성장 대비 가격이 저렴한 기업을 찾는 것이다."

---

5) 숙향, 『이웃집 워런 버핏, 숙향의 투자일기』(부크온, 2016)

가치투자는 크게 자산가치주, 이익가치주, 성장가치주 투자로 구분된다.

자산가치주 투자는 기업의 청산가치나 보유자산 대비 주가가 과도하게 낮은 종목을 매수하는 방식으로, 벤저민 그레이엄이 주창한 '안전마진 중심의 가치투자'가 여기에 해당한다.

이익가치주 투자는 현재 안정적으로 창출되는 이익과 현금 흐름 대비 주가가 저평가된 기업에 투자하는 방식으로, 워런 버핏이 강조한 '지속 가능한 수익력을 가진 훌륭한 기업을 합리적인 가격에 사는 투자'가 대표적이다.

성장가치주 투자는 향후 이익 성장 가능성에 비해 주가가 아직 충분히 반영되지 않은 기업에 투자하는 방식으로, 피터 린치가 말한 '성장 대비 저평가된 기업(GARP)' 투자가 전형적인 사례다.

성장가치주와 성장주는 어떻게 다른가? 성장가치주가 앞으로의 높은 성장 가능성에 비해 주가가 아직 오르지 않은 저평가된 기업을 선별해 투자하는 방식이라면, 성장주는 현재 주가 수준과 무관하게 매출·이익·시장점유율이 빠르게 확대되는 기업에 집중하는 투자로, 높은 밸류에이션을 감수하더라도 성장 모멘텀 자체에 베팅하는 방식이다. 그래서 가치투자의 반대말은 성장주 투자가 아니라 모멘텀 투자라고 말하기도 한다. 가치주 투자가 성장주 투자와 가장 구별되는 특징은 가치주는 과거부터 현재까지의 실적을 기준으로 하는 반면, 성장주는 미래의 수익을 더 중요하게 본다는 점이다.

같은 기업이라도 특정 기간에는 성장주로, 다른 기간에는 가치주로 분류되기도 한다. 예를 들어 음식료 업종은 과거에 전통적인 가치주로 분류되었지만, 2010~2015년 중국 수출 증가와 함께 성장주로 재평가되었고, 현재는 다시 가치주로 분류되고 있다.

가치주 투자의 장점은 무엇인가?

첫째, 내재가치 대비 저평가된 가격에 매수함으로써 안전마진을 확보할 수 있다는 점이다. 안전마진이 확보된 투자는 예상과 다른 상황이 발생하더라도 손실 위험을 줄일 수 있기 때문에, 다른 투자 방식에 비해 '잃지 않는 투자'를 할 가능성이 높다.

둘째, 단기 트레이딩에 비해 매매 횟수가 훨씬 적어 거래 비용을 줄일 수 있다. 가치주 투자는 기업의 본질적인 가치에 초점을 맞추고 장기적인 관점에서 투자하는 방식이기 때문에, 잦은 매매로 인한 수수료 부담이나 감정적 매매의 위험을 줄일 수 있다.

셋째, 성장 가능성이 있는 가치주에 장기 투자할 경우 '잃지 않는 투자'와 기업 성장, 그리고 복리 증식 효과가 결합되어 큰 부를 축적할 수 있다. 저평가된 기업이 시간이 지나며 본래의 가치에 도달하고, 동시에 기업의 이익과 가치가 꾸준히 성장한다면 투자 수익은 장기간에 걸쳐 눈덩이처럼 불어날 수 있다.

워런 버핏의 다음 말을 떠올리며 가치투자에 대한 논의를 시작해 보자.

"복리는 언덕에서 눈덩이를 굴리는 것과 비슷하다. 작은 눈덩이로 시작해 오랫동안 언덕을 굴러 내려가다 보면 점점 더 많은 눈이 붙어 결국 거대한 눈덩이가 된다."

2

가치주 투자 관련 핵심 용어

내재적 가치(Intrinsic Value)와 본질 가치(Fundamental Value)

내재적 가치는 기업이 앞으로 벌어들일 이익과 현금 흐름을 바탕으로 이론적으로 계산한 기업의 가치를 말한다. 가치투자에서는 이 수치와 현재 주가를 비교해 저평가 여부를 판단한다.

본질 가치는 숫자로 계산된 가치뿐 아니라, 사업의 경쟁력·브랜드·시장 지위·경영진의 질 같은 정성적 요소까지 포함한 기업의 실제 가치를 뜻한다. 내재적 가치는 본질 가치를 수치로 표현한 결과에 가깝고, 본질 가치는 기업의 질과 구조까지 포함한 더 넓은 개념이라고 할 수 있다.

안전마진(Margin of Safety)

안전마진은 기업의 내재적 가치보다 충분히 낮은 가격에 사서 실수나 불확실성을 견딜 여유를 확보하는 개념이다. 어떤 기업의 내재적 가치가 10만 원으로 계산됐고, 이 주식을 7만 원에 매수했다면 안전마진은 30%다. 이후 가치 평가가 다소 빗나가 실제 가치가 9만 원으로 낮아져도 손실이 발생하지 않는다. 안전마진은 수익을 키우기보다 손실을 먼저 막기 위한 방어 장치다.

경제적 해자(Economic Moat)

경제적 해자는 경쟁 기업이 쉽게 따라오지 못하도록 기업을 보호하는 지속적인 경쟁우위를 말한다. 브랜드, 특허, 기술력, 규모의 경제 같은 요소가 해자 역할을 하며 기업의 이익과 시장 지위를 오래 유지하게 해 준다.

주당순이익(EPS)과 주가수익비율(PER)

주당순이익(EPS, Earnings Per Share)은 기업의 순이익을 발행 주식 수로 나눈 값으로, 주식 한 주가 얼마의 이익을 만들어 냈는지를 보여 주는 지표다. 주가수익비율(PER, Price Earnings Ratio)은 주가가 주당순이익(EPS)의 몇 배로 거래되고 있는지를 나타내는 지표로, 기업의 이익에 비해 주가가 비싼지 싼지를 판단하는 데 사용된다. 일반적으로 PER가 낮을수록 저평가, 높을수록 고평가로 해석하는 경우가 많지만, 기업의 성장 기대가 클수록 높은 PER가 정당화되기도 한다.

현재 PER와 미래 PER(Forward PER)

현재 PER은 현재 주가를 최근 실적 기준의 주당순이익(EPS)으로 나눈 값으로, 이미 발생한 이익을 기준으로 계산한 PER다. 미래 PER(Forward PER)은 앞으로 예상되는 EPS를 기준으로 계산한 PER로, 기업의 성장에 대한 시장의 기대감이 반영된 지표다. 주가는 미래 이익에 대한 기대를 반영해 움직이기 때문에 투자 판단에서는 일반적으로 현재 PER보다 미래 PER를 더 중요하게 참고한다.

PER과 PBR과 ROE

PER은 이익 대비 주가 수준을, ROE는 자기자본으로 얼마나 효율적으로 이익을 내는지를, PBR은 자산 대비 주가 수준을 보여 주는 지표다. 이 세

6장 가치주 투자 어떻게 해야 하나요?

지표는 PBR = PER × ROE라는 관계로 연결된다. 전통적 가치투자에서는 ROE가 높고 안정적인 기업이 시간이 지나며 가치를 증명한다고 보고, 그런 기업이 PER가 일시적으로 낮아질 때를 좋은 매수 기회로 판단한다.

PEG(Price Earnings to Growth Ratio)

PEG는 성장가치주 투자로 유명한 피터 린치가 널리 알린 지표로, 주가수익비율(PER)을 이익 성장률로 나눈 값이다. PER만으로는 성장주를 제대로 평가하기 어렵다는 한계에서 출발해 이익 성장 대비 주가가 비싼지 싼지를 보여 주는 지표로, 성장률이 높은 기업은 PER가 높아도 비싸지 않을 수 있다. PEG가 1 이하이면 성장 대비 저평가, 1 전후는 적정, 1.5 이상이면 고평가로 해석하는 경우가 많다.

주식투자법 100문 100답

3

가치주 투자 종목 선정
어떻게 해야 하나요?

가치주 투자를 하기로 했다면 종목 선정은 어떻게 해야 할까? 먼저 가치투자 대가들의 종목 선정 기준부터 살펴보자.

주식투자에 가치투자라는 체계적인 이론을 처음 도입한 벤저민 그레이엄은 주식을 단순한 가격 변동의 대상이 아니라 기업의 일부를 사는 행위로 보았다. 따라서 종목 선정의 핵심은 기업의 내재가치를 분석하고, 그 가치보다 충분히 낮은 가격에서 매수하는 것이다. 그는 기업의 안정성과 수익성을 특히 중요하게 여겼다. 최소 10년 이상 안정적인 영업 실적과 꾸준한 이익을 기록한 기업을 선호했으며, 일시적인 유행이나 테마에 휘둘리지 않았다. 또한 재무구조의 건전성을 강조해 부채 비율이 낮고 유동자산이 충분한 기업을 선택해야 한다고 보았다. 이익의 일관성과 배당의 지속성 역시 중요한 판단 기준이었다. 가격 측면에서는 PER과 PBR이 낮은 저평가 종목을 선호했으며, 특히 주가가 내재가치보다 현저히 낮은 기업을 선택해 안전마진(Margin of Safety)을 확보해야 한다고 강조했다.

가치투자의 대표적인 대가인 워런 버핏은 스승인 벤저민 그레이엄의 철학을 계승하면서도 단순히 '싼 주식'을 찾는 데서 한 걸음 더 나아갔다. 그는

269

지속적으로 성장할 수 있는 우량 기업을 찾아내는 데 초점을 맞추었다. 버핏은 첫째로 이해하기 쉬운 사업인지를 가장 먼저 살핀다. 복잡한 산업 구조나 일시적인 유행에 의존하는 기업보다는, 단순하고 명확한 비즈니스 모델을 가진 기업에 투자해야 한다고 강조한다.

둘째, 그는 지속적인 경쟁우위를 가진 기업을 선호한다. 이는 경쟁자가 쉽게 따라올 수 없는 '경제적 해자(Economic Moat)'를 의미한다. 강력한 브랜드, 특허 기술, 독점적 유통망, 규모의 경제 등이 이에 해당한다.

셋째, 그는 경영진의 자질을 매우 중요하게 본다. 정직하고 주주 중심적인 사고를 갖고 있으며 장기적인 관점에서 회사를 운영하는 경영자를 가진 기업을 선호한다.

넷째, 꾸준한 수익력과 높은 자기자본이익률(ROE)을 중요한 지표로 본다. 단기적인 실적 변동보다 장기간 안정적으로 이익을 창출하고 자본을 효율적으로 활용하는 기업이 진정한 가치 기업이라고 판단했다.

다섯째, 그는 부채가 적고 재무구조가 건전한 기업을 선호한다. 이는 경기 침체나 금융위기와 같은 어려운 상황에서도 기업이 버틸 수 있는 재무적 안정성을 확보하기 위해서다.

마지막으로 버핏은 아무리 좋은 기업이라도 내재가치보다 높은 가격에 거래된다면 매수하지 않는다. 반대로 시장의 과도한 비관론이나 일시적인 악재로 인해 가치보다 싸게 거래되는 기업은 적극적으로 매수한다.

결국 워런 버핏의 종목 선정 기준은 이해할 수 있는 사업, 지속 가능한 경쟁우위, 신뢰할 수 있는 경영진, 높은 수익력, 건전한 재무구조, 그리고 내재가치 대비 저평가된 가격을 갖춘 기업을 찾는 것이다. 그는 시장의 단기적인 소음보다는 기업의 장기적인 본질 가치에 집중하며 "좋은 기업을 적절한 가격에 사서 오래 보유하는 것"이 진정한 가치투자라고 강조한다.

한편 피터 린치의 종목 선정 기준은 "당신이 아는 기업에 투자하라."라는 말로 잘 알려져 있다. 그는 투자자가 일상생활 속에서 투자 아이디어를 발견할 수 있다고 보았다. 사람들이 매일 사용하는 제품이나 자주 방문하는 매장에서 새로운 투자 기회를 찾을 수 있다는 것이다. 린치는 "월가의 전문가들은 쇼핑몰에서 벌어지는 일을 모르지만, 주부들은 그 변화를 매일 본다."라고 말하며 생활 속 관찰의 중요성을 강조했다.

둘째, 그는 기업의 성장 가능성을 중요한 기준으로 보았다. 단기 실적보다는 시장 점유율 확대, 신제품 성공, 산업의 구조적 성장 등 장기적인 성장 요인이 있는 기업을 선호했다. 특히 시장의 관심을 받지 못한 채 꾸준히 성장하는 기업을 '텐배거(10배 상승 종목)'의 후보로 보았다.

셋째, 그는 PER만 보는 단순한 가치평가 대신 PEG(Price Earnings to Growth) 지표를 활용했다. PEG는 기업의 이익 성장률과 PER를 함께 고려하는 지표다. 린치는 "성장률이 20%인데 PER가 10이라면 훌륭한 투자지만, 성장률이 10%인데 PER가 20이라면 비싼 주식"이라고 설명했다. 일반적으로 PEG가 0.5 이하이면 저평가, 1.5 이상이면 고평가로 판단하는 경우가 많다. 이 지표는 성장성과 가치평가를 동시에 고려할 수 있다는 점에서 성장가치주 투자에서 중요한 기준으로 활용된다.

넷째, 그는 경영진의 성실성과 주주 친화적 태도를 중요하게 보았다. 경영진이 자사주를 보유하고 있으며 주주의 이익을 함께 고려하는 기업을 신뢰했다.

다섯째, 그는 산업 내 경쟁 구조도 분석했다. 경쟁이 지나치게 치열하고 유행 변화가 빠른 산업보다는, 성장 속도는 다소 느리더라도 경쟁자가 적고 안정적인 수익을 낼 수 있는 산업을 선호했다.

여섯째, 그는 항상 주가와 기업 가치의 괴리를 점검했다. 린치는 "좋은 기업이라도 너무 비싸게 사면 나쁜 투자가 된다."라고 강조했다.

그렇다면 우리나라 가치투자자들은 어떤 기준으로 종목을 선정할까?

최준철·김민국은 『한국형 가치투자』에서 좋은 종목을 찾기 위해서는 세 가지 조건이 필요하다고 말한다. 첫째는 좋은 기업이다. 사업 모델이 이해 가능하고 경영진이 신뢰할 수 있어야 한다. 둘째는 좋은 가격이다. 기업의 적정 가치보다 충분히 낮은 가격에서 거래되고 있어야 한다. 셋째는 변화의 씨앗(촉매)이다. 시장이 아직 인식하지 못한 변화나 오해가 존재해 향후 기업 가치가 재평가될 가능성이 있어야 한다는 것이다. 즉 "좋은 기업 + 좋은 가격 + 변화의 촉매"라는 세 가지 조건이 겹치는 지점에서 투자 기회를 찾아야 한다는 것이다.

종목 발굴 과정

항목	설명
종목 유형 구분	좋은 주식을 성장의 지속성과 기울기, 저평가의 정도 등에 따라 장기 투자 복리 수익형, 매출과 이익 성장형, 수익가치 혹은 자산가치 저평가형, 기업가치 턴어라운드형의 4유형으로 구분
투자 아이디어 획득	공시, 정기간행물, 각종 보고서, 인적 네트워크, 구매체험, 소셜 네트워크 서비스, 스크리닝을 통한 투자 아이디어 획득
촉매 요인 확인	주가가 기업가치를 좀 더 빨리 반영하도록 하는 변화 요인으로, 회사 내부로부터 일어나는 내적 촉매와 외부로부터 일어나는 외적 촉매 확인

'한국의 이웃집 워런 버핏'이라고 불리는 숙향은 『이웃집 워런 버핏, 숙향의 투자일기』라는 책에서 투자할 기업을 선정할 때 다음 네 가지 조건을 제시한다.

① PER 10 이하: 낮을수록 좋음

② PBR 1 이하: 낮을수록 좋음

주식투자법 100문 100답

③ 배당수익률이 은행 정기예금 금리 이상: 높을수록 좋음

④ 순현금 기업: 현금은 많을수록 좋음

첫 번째와 두 번째 조건은 절대적으로 저평가된 주식을 찾기 위한 기준이며, 세 번째 조건은 배당을 받으면서 기업 가치가 재평가될 때까지 편안하게 기다릴 수 있도록 해 준다. 네 번째 조건은 재무적으로 매우 안정적인 기업을 선택하기 위한 안전장치다. 이러한 기준을 충족하는 종목들로 포트폴리오를 구성하면 최소한 '잃지 않는 투자'에 가까운 투자를 할 수 있다는 것이다.

만약 개별 기업을 분석하는 것이 어렵거나 분산 투자를 선호한다면 가치주 ETF도 좋은 대안이 될 수 있다. 가치주 ETF는 PER나 PBR 같은 가치 지표를 기준으로 종목을 선별해 자동으로 포트폴리오를 구성하기 때문에 투자자가 개별 기업을 직접 분석하지 않아도 가치주 묶음에 투자할 수 있다는 장점이 있다. 결국 가치주 투자에서 종목 선정의 핵심은 기업의 본질 가치와 가격의 괴리를 찾아내는 데 있으며, 이해 가능한 사업 구조와 경쟁력, 재무 안정성, 경영진의 신뢰도를 종합적으로 분석해 내재가치보다 충분히 낮은 가격에서 매수하고 장기적으로 보유하는 것이 중요하다.

4

가치주 투자 매수·매도
언제 어떻게 해야 하나요?

가치주 투자에서 종목 선정이 이루어졌다면 다음으로 고민해야 할 것은 언제 매수하고 언제 매도할 것인가 하는 문제다. 먼저 앞서 종목 선정에서 언급했던 투자 대가들의 매수·매도 방법부터 살펴보자.

워런 버핏의 매수·매도 철학은 그가 남긴 몇 가지 명언 속에 잘 압축되어 있다.

"훌륭한 회사를 적정한 가격에 사는 것이, 그저 그런 회사를 싸게 사는 것보다 훨씬 낫다.", "만약 당신이 10년 동안 주식을 보유할 생각이 없다면, 10분도 보유하지 말라.", "주식시장은 조급한 사람에게서 인내심 있는 사람에게 돈을 옮겨 주는 장치다."

이 말을 한 문장으로 정리하면 다음과 같다.

"훌륭한 회사를 적정한 가격에 사서, 그 가치가 유지되는 한 오래 보유하라."

그는 또한 다음과 같은 유명한 말을 남겼다.

"남들이 두려워할 때 탐욕을 부리고, 남들이 탐욕스러울 때 두려워하라.", "주식이 단기간에 50% 하락했을 때 심각한 곤란에 빠질 것이라면 애초에 주식에 투자하지 말라."

이는 공포 속에서 매수하고 과열 국면에서는 경계하라는 역발상 투자 원칙을 의미한다.

워런 버핏이 이러한 철학으로 매수한 대표적인 기업이 바로 코카콜라다. 버핏은 1987년 10월 19일 블랙 먼데이로 미국 증시가 폭락했을 때 코카콜라 주식을 적극적으로 매수했다. 코카콜라는 독특한 레시피와 강력한 브랜드라는 무형 자산을 바탕으로 소비자들에게 강력한 충성도를 확보하고 있었고, 이러한 브랜드 경쟁력은 경쟁사가 쉽게 따라올 수 없는 경제적 해자로 작용하고 있었다. 버핏은 이후 오랫동안 코카콜라를 보유하며 막대한 배당 수익을 얻고 있으며, 주가 역시 장기간에 걸쳐 크게 상승했다. 이 사례는 좋은 기업을 적절한 가격에 매수해 장기 보유하는 가치투자의 대표적인 성공 사례로 자주 언급된다.

그렇다면 성장가치주 투자의 대가인 피터 린치는 어떤 매수·매도 전략을 사용했을까?

버핏이 철저한 분석을 바탕으로 소수의 우량 기업에 집중 투자하고 장기 보유하는 방식을 선호했다면, 린치는 비교적 많은 종목에 분산 투자하는 전략을 사용했다. 그는 자금이 허락하는 범위 내에서 가능한 한 다양한 기업을 조사하고 투자했으며, 새로운 투자 기회가 발견되면 기존에 보유하고 있던 덜 매력적인 종목을 정리하고 더 좋은 기업으로 교체하는 방식을 활용했다.

워런 버핏이 확신이 가는 소수의 기업에 집중 투자하는 방식이라면, 피터 린치는 10개의 종목 가운데 6개 정도만 성공해도 전체적으로 만족스러운 수익을 낼 수 있다고 보았다. 성공한 몇 개의 종목이 나머지 종목의 손실을 충분히 보상해 줄 수 있기 때문이다.

피터 린치는 매도 시점에 대해서도 명확한 기준을 제시했다. 그는 기업의 유형에 따라 조금씩 차이는 있지만 기본적으로 기업의 성장 스토리가 끝날 때가 매도 시점이라고 보았다. 구체적으로는 다음과 같은 경우다.

첫째, 기업의 이익이 더 이상 증가하지 않을 때

둘째, 산업의 구조적 성장 요인이 사라질 때

셋째, 시장의 과열로 주가가 내재가치 이상으로 상승했을 때

넷째, 더 나은 투자 기회가 나타났을 때

그렇다면 한국의 가치투자 고수들은 어떻게 매수와 매도를 하고 있을까?

최준철·김민국은 『한국형 가치투자』에서 가치주 투자에서 매도보다 매수가 더 중요하다고 강조한다. 좋은 종목을 싼 가격에 사는 것이 수익의 출발점이며, 주식의 수익률은 사실상 매수 시점에서 상당 부분 결정된다고 보기 때문이다.

이들이 제시하는 매수 원칙은 다음과 같다.

매수 제1원칙: 리서치는 평소에 하고 주식은 빠질 때 산다.

매수 제2원칙: 주식은 회의감이 팽배할 때 사야 한다.

이들은 특히 다음과 같은 주식 격언을 중요하게 여긴다.

"주가가 내려갈 때 주식이 없는 사람은 올라갈 때도 없다."

"남들이 두려워할 때 욕심을 부려라."

그렇다면 매도는 언제 해야 할까? 이들은 투자 아이디어가 실현되었을 때 매도한다고 말한다. 저평가가 해소되어 주가가 적정 가치에 도달했거나, 기대했던 이벤트가 현실화되어 주가가 상승했다면 기다림의 대가로 얻은 수익을 실현해야 한다는 것이다.

반대로 투자 아이디어가 틀린 것으로 판명되었을 때도 매도를 해야 한다. 이는 일반적인 손절매와는 조금 다른 개념이다. 손절매는 일정 가격 이하로 하락하면 기계적으로 매도하는 방식이지만, 가치투자에서의 매도는 투자 판

단 자체가 틀렸다는 것이 확인될 때 이루어진다. 따라서 매수가보다 주가가 높더라도 투자 논리가 무너졌다면 매도할 수 있다.

물론 지속적인 성장이 예상되는 기업이라면 그 상황이 바뀌기 전까지는 매도를 미룰 수도 있다. 이러한 생각을 최준철·김민국은 다음과 같은 매도 원칙으로 정리한다.

매도의 제1원칙: 상황이 바뀌면 투자의견도 바뀌어야 한다.
매도의 제2원칙: 잘 뛰고 있는 선수를 서둘러 빼지 말라.

또한 이들은 투자에서 바닥에서 모든 주식을 사고 천장에서 모든 주식을 파는 것은 현실적으로 불가능한 목표라고 말한다. 저점이라고 생각해 매수한 이후에도 주가는 더 하락할 수 있고, 고점이라고 판단해 매도한 이후에도 주가는 더 상승할 수 있기 때문이다. 이러한 불확실성에 대응하는 가장 현실적인 방법이 바로 분할 매수와 분할 매도다.

가치투자자들은 기본적으로 미래를 완벽하게 예측할 수 없다는 사실을 전제로 투자한다. 아무리 철저하게 분석해도 틀릴 수 있다는 점을 인정하기 때문에 개별 종목에서는 안전마진을 확보하려 하고, 여기에 분산 투자를 더한다. 분산 투자는 위험을 줄이는 측면에서 안전마진의 중요한 보완 수단이며, 이는 결국 포트폴리오 구성으로 이어진다.

『이웃집 워런 버핏, 숙향의 투자일기』의 저자 숙향 역시 매도보다 매수가 더 중요하다고 말한다. 매도는 수익률의 크기를 결정하지만 매수는 수익의 여부 자체를 결정하기 때문이다.

그는 "떨어지는 칼날을 잡지 말라."라는 증권가의 격언을 좋아하지 않는다. 오히려 매수하고 싶었던 종목이 목표 가격에 가까워질 때 분할 매수를 시작한다. 주가가 하락할수록 안전마진이 커지기 때문에 지나치게 두려워할 필요가 없다는 것이다. 다만 그는 투자자금이 바닥날 때까지 추가 매수를 할 수는 있어도 돈을 빌려 투자하지는 않는다. 그의 투자 원칙에서 신용 매수는 존재하지 않는다.

또한 그는 많이 오른 종목을 일부 매도해 크게 하락한 종목을 매수하기도 한다. 어떤 종목이 먼저 상승할지 알 수 없기 때문에 적절한 분산 포트폴리오가 중요하다는 것이다. 숙향은 투자 종목을 신중하게 선택하고 예상치 못한 하락이 나타났을 때 추가 매수를 주저하지 않으며, 주가가 오른다는 이유만으로 뒤늦게 따라 사지 않는 것이 시장에서 오래 살아남을 수 있었던 비결이라고 말한다.

한편 가치투자자 깡토는 『손실은 짧게, 수익은 길게』에서 가치투자에 트레이딩 전략을 접목한 방법을 제시한다. 기본적으로 가치투자는 싸게 사는 전략이고, 트레이딩은 상승 추세에서 매수하는 전략이기 때문에 두 방식은 매수 시점이 서로 다르다. 그래서 두 전략을 단순히 혼합하는 것은 쉽지 않다.

깡토는 이 두 가지 접근법을 연결하는 방법으로 추세 추종 전략을 제시한다. 예를 들어 바닥권에서 횡보하고 있는 종목을 분석한 결과 좋은 기업이라고 판단되었다면, 기존의 가치투자 방식에서는 바로 매수해 장기 보유했을 것이다. 하지만 추세 추종 가치투자에서는 해당 종목을 관심 종목으로 두었다가 거래량이 증가하면서 강한 상승 신호가 나타날 때 매수하는 방식을 사용한다.

이러한 방식이 특히 효과적인 부분은 매수 시점보다 매도 시점이다. 추세 추종 전략의 핵심은 상승 추세가 유지되는 동안 최대한 수익을 늘리고, 추세가 꺾이면 빠르게 대응하는 것이다. 결국 이 전략은 가치투자의 원칙 위에 '손실은 짧게, 수익은 길게'라는 트레이딩 원칙을 더한 투자 방식이라고 할 수 있다.

5

가치주 투자 수익률은
어느 정도인가요?

가치투자를 하는 투자자들의 수익률은 얼마나 될까?

먼저 투자 고수들의 수익률부터 살펴보자.

가치투자의 대가로 알려진 워런 버핏은 2025년 말 공식적으로 은퇴했다. 그가 이끌어 온 버크셔 해서웨이의 누적 수익률은 1965년부터 60년간 610만%, 연평균 수익률로는 약 20.2%로, 같은 기간 시장 평균 수익률인 S&P 500의 배당 포함 누적 수익률 3만 9000%, 연평균 수익률 10.4%를 크게 압도하는 성과다. 버핏의 성과에서 더 중요한 것은 수익률의 크기보다 '지속된 복리의 시간'이다. 그는 60세 무렵 이미 상당한 부를 이뤘지만, 이후 30년이 넘는 시간 동안 복리가 작동하며 자산이 폭발적으로 증가했다. 흔히 "버핏 자산의 90%는 60대 이후에 만들어졌다."라고 말하는 이유가 여기에 있다. 가치투자의 힘은 단기 성과가 아니라 시간과 결합된 복리에 있다.

미래에 텐배거로 성장할 가능성이 높은 성장가치주에 투자한 피터 린치의 성과도 대단하다. 그는 1977년부터 1990년까지 피델리티의 마젤란 펀드를 운용하며 연평균 약 29%라는 경이적인 수익률을 기록했다. 일부에서는 "피터 린치의 성과가 워런 버핏보다 더 대단하다."라고 평가하는데, 그 이유

279

는 버핏은 자신의 자금을 중심으로 비교적 자유롭게 투자할 수 있었던 반면, 린치는 위기 때마다 쏟아지는 펀드 환매 요구라는 압박 속에서도 이 성과를 달성했기 때문이다. 같은 수익률이라도, 투자 환경의 난이도는 전혀 달랐다고 볼 수 있다.

그런데 마젤란 펀드의 이러한 탁월한 성과에도 불구하고 이 펀드에 투자한 투자자들의 절반 이상은 오히려 손실을 입었다. 그 이유는 투자자들의 매매 타이밍이 펀드의 성과와 정반대로 움직였기 때문이다. 시장이 급락하면 공포에 환매했고, 성과가 다시 좋아지면 뒤늦게 재가입하는 행동이 반복되면서, 실제 투자자들의 평균 수익률은 펀드 수익률을 크게 밑돌았다. 이것은 아무리 좋은 가치투자 펀드를 고르더라도 투자자가 운용자의 투자 원칙과 따로 논다면 원하는 수익률을 올릴 수 없음을 의미하는 것이라고 할 수 있다.

그렇다면 한국의 가치투자 고수들의 수익률은 어떠할까.

직장 생활을 병행하며 가치투자로 성공했고, 그 경험을 『이웃집 워런 버핏, 숙향의 주식투자 이야기』라는 책으로 남긴 숙향은 2006년부터 2024년까지 19년간 연평균 19.9%의 수익률을 올렸다고 밝힌 바 있다. 또 유튜브 채널 '신사임당'을 인수하며 화제가 되기도 한 디피는 약 18년간 연평균 40% 수준의 수익률을 기록했다고 알려져 있다. 투자 과정에서 보유 종목의 주가가 30~40% 이상 하락하는 경험을 수차례 겪었지만, 사업과 기업가치에 대한 확신으로 이를 견뎌냈고, 초기 자금 1300만 원을 수십억, 나아가 수백억 원 규모의 자산으로 키웠다고 전해진다. 자영업자에서 전업 투자자가 된 포즈랑 역시 가치투자로 13년간 약 7000%의 누적 수익률을 기록했다고 공개했다. 연평균으로 환산하면 30% 내외의 고수익이다. 이 밖에도 박영옥, 김태석 등 수많은 가치투자 성공 사례가 존재한다.

가치투자를 하면 모두가 이런 수익률을 올릴 수 있을까? 앞에서 홍용찬이

『퀀트 투자 처음공부』에서 소개한 백테스트 방법에 따라 가치투자 지표별 수익률이 어느 정도인지 살펴보자.

측정대상의 가치투자 지표는 PER, PBR, PCR과 이들 지표를 혼합한 지표이다. 1그룹은 각 지표가 가장 낮은 10% 종목이고, 10그룹은 각 지표가 가장 높은 10% 종목이다. 결과를 보면 각 지표가 낮은 기업일수록 수익률이 높고(PER 14.24%, 가치혼합 20.74), 각 지표가 높은 기업일수록 수익률이 낮은 것으로 나타났다. 가치투자 지표를 잘 활용하면 높은 수익률을 올릴 수 있다는 의미이다. 그러나 가치투자 지표 역시 배당수익률 지표 때와 마찬가지로 최근 연도가 될수록 유용성이 낮아지지만 KOSPI나 KOSDAQ의 수익률보다는 훨씬 높은 것으로 나타났다.

	PER	PBR	PCR	가치혼합
1그룹(%)	14.24	21.86	20.12	20.74
10그룹(%)	2.86	-4.10	1.87	-2.78
1그룹 - 10그룹(%p)	11.38	25.96	18.25	23.52
KOSPI(%)	7.00	7.00	7.00	7.00
KOSDAQ(%)	1.17	1.17	1.17	1.17
1그룹 - KOSPI(%p)	7.34	14.86	13.12	13.74
1그룹 - KOSDAQ(%p)	13.07	20.69	18.95	19.57

이상의 결과를 요약하면, 가치투자 고수들은 연평균 30~40%의 높은 수익률을 기대할 수 있고, 가치투자 펀드도 30% 가까운 수익률을 올릴 수 있지만 그것은 장기간 가치투자의 원칙에 따라 일관되게 행동할 수 있을 때만 가능한 수익률이다.

보통의 투자자들은 가치투자 지표가 충분히 낮은 기업을 골라 투자할 수 있다면 연평균 7~10% 정도의 수익률을 올릴 수 있지만, 가치투자 지표가 높은 종목에 투자한다면 마이너스의 수익률을 경험할 가능성이 높은 것으로 나타났다. 가치투자 지표가 충분히 낮은 기업을 골라 장기간 가치투자의 원칙에 충실히 따르는 것이 높은 수익률의 비결이라고 할 수 있다.

주식투자법 100문 100답

6

가치주 투자 리스크 관리
어떻게 해야 하나요?

　가치주 투자는 기업의 내재가치에 비해 시장에서 저평가된 종목을 찾아 장기적으로 투자하는 전략이다. 벤저민 그레이엄과 워런 버핏 같은 투자 대가들이 이 전략을 통해 큰 성공을 거두면서 가치주 투자는 오랫동안 가장 정통적인 투자 방식으로 여겨져 왔다. 특히 시장이 과열되거나 거품이 형성되는 시기에는 가치주 투자가 상대적으로 안정적인 전략으로 평가되기도 한다. 그러나 가치주 투자 역시 위험이 없는 전략은 아니다. 실제로 가치주 투자에서 발생하는 손실의 상당 부분은 기업의 진짜 가치와 시장의 평가 사이의 차이를 잘못 판단하거나 시장 구조의 변화를 제대로 이해하지 못하는 데서 발생한다. 따라서 가치주 투자의 성공을 위해서는 저평가된 종목을 찾는 능력뿐 아니라 가치주 투자에서 발생할 수 있는 다양한 리스크를 이해하고 관리하는 능력이 필요하다.

　가치주 투자에서 가장 흔하게 발생하는 리스크는 이른바 '가치 함정(value trap)'이다. 가치 함정이란 겉으로 보기에는 주가가 저평가된 것처럼 보이지만 실제로는 기업의 경쟁력이나 성장성이 약화되어 장기적으로 기업 가치가 하락하고 있는 상황을 말한다. 예를 들어 주가수익비율(PER)이나 주가순자산비율(PBR)이 낮다고 해서 반드시 저평가된 기업이라고 볼 수는 없다. 시장이 그 기업을 낮게 평가하는 데에는 나름의 이유가 있을 가능성이 크다. 산업 구조가 변화하면서 해당 기업의 사업 모델이 약해지고 있거나 기술 경쟁력이 떨어지고 있을 수도 있다. 이런 기업에 투자하면 주가가 낮은 상태에서 오랫동안 움직이지 않거나 오히려 더 하락하는 경우가 많다. 따라서 가치 함정을 피하기 위해서는 단순히 재무지표만 보는 것이 아니라 기업의 경쟁력과 산업 구조의 변화까지 함께 분석해야 한다. 매출과 영업 이익의 장기적인 추세, 시장 점유율 변화, 산업의 성장성 등을 함께 살펴보는 것이 가치 함정 리스크를 줄이는 중요한 방법이다.

두 번째 리스크는 시장이 가치를 인정하지 않는 '장기 저평가' 리스크다. 가치주 투자의 기본 가정은 시장이 언젠가는 기업의 내재가치를 반영한다는 것이다. 그러나 현실에서는 시장이 그 가치를 인정하기까지 매우 오랜 시간이 걸리는 경우도 많다. 기업의 가치가 분명히 존재하더라도 투자자들의 관심을 받지 못하거나 시장의 유행에서 벗어나 있으면 주가는 오랫동안 정체될 수 있다. 이 기간 동안 투자자는 자금이 묶이게 되고 다른 투자 기회를 놓칠 수도 있다. 이러한 리스크를 관리하기 위해서는 투자 기간과 투자 비중을 적절히 조절하는 것이 중요하다. 가치주 투자라고 해서 모든 자금을 장기간 한 종목에 묶어 두기보다 여러 종목으로 분산 투자하고, 기업 가치가 현실화될 가능성이 높은 종목을 중심으로 포트폴리오를 구성하는 것이 효과적인 전략이 될 수 있다.

세 번째 리스크는 산업 구조 변화 리스크다. 가치주로 분류되는 기업들은 대체로 성숙 산업에 속한 경우가 많다. 이런 산업은 안정적인 수익을 유지하는 장점이 있지만 기술 혁신이나 시장 구조 변화에 취약할 수 있다. 예를 들어 디지털 기술이 발전하면서 전통적인 유통업이나 제조업의 경쟁 구조가 크게 바뀐 사례를 쉽게 찾아볼 수 있다. 과거에는 안정적인 현금 흐름을 창출하던 기업도 산업 환경이 급격히 변화하면 빠르게 경쟁력을 잃을 수 있다. 가치주 투자에서는 이러한 구조적 변화를 간과하는 경우가 적지 않다. 따라서 투자자는 해당 산업이 앞으로도 지속 가능한 경쟁력을 가질 수 있는지, 기술 변화나 규제 변화가 기업의 사업 모델에 어떤 영향을 미칠 수 있는지를 지속적으로 점검해야 한다. 산업이 장기적으로 쇠퇴하는 방향으로 움직이고 있다면 아무리 현재의 재무지표가 좋아 보이더라도 투자에 신중할 필요가 있다.

네 번째 리스크는 경영진과 지배구조 리스크다. 가치주 투자에서는 기업의 내재가치가 시장에서 저평가되어 있는 경우가 많다. 그런데 이런 상황이 장기간 지속되는 기업들 가운데 상당수는 지배구조 문제나 주주 친화적 정책의 부족이라는 공통점을 가지고 있다. 경영진이 소수 지분으로 기업을 지배하면서도 주주가치를 높이기 위한 노력을 하지 않는 경우 기업의 가치가 제대로 평가받기 어려울 수 있다. 또한 대주주의 이해관계가 일반 주주와 충돌하는 경우 기업의 이익이 주주에게 돌아가지 않고 내부에 머물거나 다른 방식으로 사용될 가능성도 있다. 따라서 가치주 투자를 할 때는 재무지표뿐 아니라 기업의 지배구조와 경영진의 의사결정 구조도 함께 살펴보는 것이 중요하다. 배당 정책, 자사주 매입 정책, 주주 환원 정책 등을 확인하면 기업이 주주가치를 얼마나 중요하게 생각하는지를 어느 정도 파악할 수 있다.

결국 가치주 투자에서 중요한 것은 단순히 저평가된 종목을 찾는 것이 아니라 그 저평가가 일시적인 현상인지 구조적인 문제인지 구분하는 것이다. 가치 함정을 피하고, 장기 저평가 리스크를 관리하며, 산업 구조 변화와 지배구조 문제를 함께 분석하는 것이 가치주 투자에서 가장 중요한 리스크 관리 전략이다. 이러한 원칙을 지킨다면 가치주 투자는 단순히 싼 주식을 사

는 전략이 아니라 시장의 비효율성을 활용해 장기적으로 안정적인 수익을
추구하는 효과적인 투자 방식이 될 수 있다.

7

가치주 투자 미래 전망은
어떤가요?

한국에서 가치주 투자의 역사는 1990년대 저PER 혁명에서 시작된다. 1990년대 초반 한국 증시에 외국인 투자가 허용되면서, 그들은 기업의 이익 대비 주가 수준을 평가하는 PER(주가수익비율) 개념을 본격적으로 도입했다. 그전까지 국내 시장은 미래의 성장 기대를 중심으로 한 투기적 흐름이 지배했지만, 외국인 자금이 PER가 낮은 종목(저PER주) 을 집중 매수하면서 시장은 처음으로 '이익 대비 저평가된 기업이 더 가치 있다'는 새로운 투자 기준을 받아들이게 되었다. 이로 인해 대형 제조업·수출기업 중심으로 주가 재평가가 일어났고, 기업들은 주가 부양을 위해 배당 확대·재무구조 개선·자산가치 공개 등 자발적인 가치 제고 노력을 시작하게 되었다. 결국 '저PER 혁명'은 한국 자본시장이 성장 기대 중심의 투기적 시장에서 실적 기반의 가치평가 시장으로 전환되는 첫 전환점이 되었다.

1990년대 중반까지는 이런 가치주 중심의 장세가 이어졌지만 1990년대 후반 정보통신(IT)과 인터넷 산업이 등장해 닷컴 기업들이 하루가 멀다 하고 상장되면서 투자자들의 관심은 이익보다 '미래의 꿈'으로 옮겨갔다. PER가 수백 배여도 '기술과 아이디어가 있다면 주가는 계속 오른다'는 성장주의 시

287

대가 열린 것이다.

그러나 성장주의 시대는 오래 가지 않았다. IT버블이 붕괴하면서 2000년 3월 사상 최고치인 5049포인트를 기록했던 나스닥 종합지수는 2002년 10월 1114포인트까지 무려 78% 하락했다. 우리나라의 코스닥지수도 2000년 3월 사상 최고치인 2834포인트에서 2002년 초, 약 400포인트 수준까지 폭락했다. 수많은 벤처기업이 사라지고 시장의 관심이 다시 이익이 나는 기업, 현금 흐름이 있는 기업으로 돌아서면서 2000년대 초반은 성장주의 시대에서 가치주의 재조명기로 전환되었다. 이 시기에 자산운용사들은 '한국형 가치펀드', '고배당 펀드', '저PBR 펀드' 등을 잇달아 출시하면서 저평가 기업 매수와 장기보유, 배당수익 복리화 철학을 내세워 가치투자의 제도권 정착을 이끌었다.

그러나 이런 가치주의 시대도 중국경제의 급성장과 펀드 열풍에 힘입어 2007년 주가지수가 2000을 돌파하면서 막을 내리게 된다. 주가가 크게 올라 저평가된 주식을 찾기가 어려워졌기 때문이다. 이어 2008년에 터진 글로벌 금융위기로 주가지수가 900 이하로까지 하락하면서 다시 가치주의 시대로 회귀하는가 했지만, 위기 극복을 위해 세계 각국 중앙은행들이 금리를 거의 제로에 가깝게 낮추고 대규모 양적완화를 시행하면서 저금리와 풍부한 유동성의 환경에 더 유리한 성장주의 시대가 전개되고 가치주는 상대적으로 위축되는 시기를 맞이하게 된다.

이런 가치주의 위축은 저금리시대가 계속 이어진 2010년대 내내 지속되고, 2020년 코로나 위기가 터졌을 때 그 극복을 위해 양적 완화가 더욱 확대되는 기간까지 이어졌다.

그러나 저금리와 양적완화의 확대의 결과로 소비자물가가 9%를 넘어서자 미국 연준은 물가를 잡기 위해 2022년 금리를 0.25%에서 4.50%로 전례없이 급격한 인상을 하게 된다. 이러한 금리 인상으로 성장주가 크게 하락하면서 가치주가 다시 회생하는 모습을 보이기도 했다. 그러나 4차 산업혁명, 특히 AI를 전문가의 도구에서 대중의 도구로 전환시킨 촉매 역할을 한 2022년의 챗GPT 등장 이후 전개된 AI 혁명은 성장주의 시대가 아직 끝나지 않았음을 보여 주고 있다.

그렇다면 앞으로 가치주 투자의 미래는 어떻게 전개될 것인가. AI 혁명론자와 성장주 투자를 선호하는 투자자들 가운데 상당수는, AI 혁명은 이제 막 출발한 단계에 불과하며 앞으로도 상당 기간 성장주의 시대가 이어질 것이라고 주장한다. 이들의 시각에서는 기술 혁신이 기업 가치의 핵심 동력이 되고, 빠른 성장을 이어가는 기업들이 시장을 주도할 수밖에 없다. 이런 관점이 옳다면, 상대적으로 성장성이 낮아 보이는 가치주의 입지는 당분간 좁아질 수밖에 없다. 실제로 일부 성장론자들은 "가치주의 시대는 이미 끝났다."라고 단정적으로 말하기도 한다.

하지만 이러한 가치주 비관론에 대해 반론도 적지 않다. 가치투자자이지만 시장 사이클도 중시하는 미국의 하워드 막스는 투자 메모와 저서를 통해 시장은 항상 '과열과 냉각'을 반복하는 사이클 속에 있으며, 특정 자산에 대한 낙관이 극단으로 치우칠수록 그 반대 방향의 조정 가능성 또한 커진다고 강조한다. 막스는 특히 성장주에 대한 기대가 과도하게 반영될 경우 기업의 실제 이익과 가격 사이에 괴리가 발생하고, 이러한 불균형은 결국 가격 조정을 통해 해소될 수밖에 없다고 지적한다. 그리고 이러한 조정 국면에서는 과도하게 고평가된 성장주보다 안정적인 이익과 현금 흐름을 가진 가치주가 상대적으로 강한 회복력을 보이며 다시 시장의 중심으로 부상할 가능성이 높다고 전망한다.

이와 비슷한 시각은 일본의 대표적인 가치투자자 사와카미 아스토에게서도 찾아볼 수 있다. 그는 『금융버블 붕괴』라는 책에서, 금융시장은 주기적으로 과열과 붕괴를 반복해 왔으며 현재의 글로벌 증시 역시 버블 국면에 근접해 있다고 진단한다. 사와카미는 기술 혁신 그 자체를 부정하지는 않지만, 혁신에 대한 기대가 기업의 실제 수익력과 괴리될 때 반드시 조정이 뒤따른다고 강조한다. 그리고 그 과정에서 다시 기업의 실질 가치와 현금 흐름을 중시하는 가치주의 시대가 되돌아올 것이라고 전망한다.

어떤 견해가 맞을까? 성장의 시대가 언제까지 지속될지, 그리고 버블이 언제 꺼질지 알 수 있을까? 미국의 주식시장과 한국의 주식시장이 상호 긴밀한 연관은 있지만 항상 같은 궤적을 그리는 것도 아니라면 한국의 주식시장에서 가치주 투자는 앞으로 어떤 모습을 보일까? 또 현재 진행되고 있는 AI 혁명은 가치주 투자의 모습을 어떻게 바꿀까? 예측은 대부분 틀리고 그래서 "예측보다 대응이 중요하다."라고 하는 투자 격언대로라면 가치주 투자는 앞으로 어떤 대응을 하는 게 좋을까? 여기서는 지면상 해답 대신 질문만 던져 놓는다. 대답은 AI 혁명의 시대답게 각자 챗GPT의 도움을 받아 직접 찾아보는 것도 투자 공부에 많은 도움이 될 것이다.

8

가치주 투자 고수들의
필살기를 알려 주세요

가치투자의 길은 쉽지 않지만, 그 길을 통해 경제적 자유를 이룬 투자자들도 적지 않다. 여기에서는 가치투자를 통해 커다란 부를 이루고 경제적 자유를 실현한 투자 고수들의 투자 원칙과 필살기를 살펴본다.

먼저 디피의 사례를 살펴보자. 디피는 초기 투자금 약 1300만 원으로 투자를 시작해 추가 입금 없이 투자 수익을 재투자하는 방식으로 장기간 가치투자를 지속하며 연평균 약 40%의 복리 수익률로 수십억 원 규모의 자산을 형성한 투자자다. 많은 사람들이 '종잣돈이 있어야 투자를 시작할 수 있다'고 생각하지만, 디피는 오히려 종잣돈을 모으는 시간부터 시장에 들어와 시행착오를 빨리 끝내는 것이 더 중요하다고 말한다. 투자 초기에 1300만 원으로 시작해 추가 입금 없이도 자산을 키웠다는 그의 사례는 핵심이 '저축'이 아니라 투자 역량과 재투자 구조에 있다는 점을 보여 준다.

디피의 첫 번째 필살기는 '아는 것만 사는 것'이다. 그는 반도체·철강·조선처럼 구조가 복잡한 산업은 잘 알지 못한다는 이유로 투자 대상에서 제외한다. 대신 넷플릭스 같은 IT 서비스나 소비재처럼 직접 사용해 보고 판단할 수 있는 사업에 집중한다. 이 원칙은 단순한 취향이 아니라 하락장을 버티

291

게 하는 생존 장치다. 자신이 이해하는 사업이라면 주가가 20~50% 하락해도 기업의 본질이 훼손된 것인지 시장이 과민반응을 보이는 것인지 판단할 수 있기 때문이다.

두 번째 필살기는 사업가처럼 기업을 분석하는 리서치다. 그는 보고서를 몇 장 읽고 끝내는 수준의 공부를 경계한다. 투자할 때는 "내가 이 회사를 운영한다면 어떤 전략을 세울까" 하는 관점에서 산업 구조와 경쟁 우위를 분석한다. 이 과정은 시간과 노력이 많이 들지만 한 번 확신이 생기면 선택과 집중이 가능해지고 거래 횟수도 크게 줄어든다.

세 번째 필살기는 시장이 공포에 빠졌을 때 매수하는 전략이다. 디피는 대부분의 주식이 평소에는 적정 가격에 거래된다고 본다. 따라서 평소에는 무리하게 매수하지 않고 코로나와 같은 충격이나 업종 공포가 확산되는 시기를 기다린다. 시장이 정상적인 판단을 하지 못하는 시기, 즉 가격이 기업 가치에 비해 지나치게 하락한 순간을 매수 기회로 삼는 것이다.

네 번째 필살기는 분산 투자를 통한 리스크 관리다. 그는 초기에는 업종이 다른 세 종목에 집중했고 자산 규모가 커지면서 5~10개 종목으로 분산했다. 업종을 분산하면 특정 기업의 문제가 전체 자산에 미치는 영향을 줄일 수 있다. 디피는 투자에서 가장 중요한 요소는 기술이 아니라 멘탈이라고 강조한다.

마지막 필살기는 단순한 매도 원칙이다. 그는 가격이 하락했다는 이유로 손절하는 경우가 거의 없다고 말한다. 대신 기업이나 산업 구조가 악화되거나 더 좋은 투자 기회가 나타났을 때만 매도한다. 매수는 6개월에서 1년에 걸쳐 신중하게 진행하지만 매도는 매우 드물다. 이러한 방식은 거래 횟수를 줄이고 투자 에너지를 기업 분석에 집중하게 만든다. 디피의 투자 방식은 결국 '아는 기업에 집중 → 공포 국면 매수 → 장기 보유 → 수익 재투자'라는 구조를 반복하는 전략이라고 할 수 있다.

다음으로 자영업을 하다가 전업투자자가 되어 가치투자로 13년 동안 약 7000%의 수익을 올린 포즈랑의 필살기를 살펴보자. 그는 『포즈랑의 투자 이야기』에서 "투자는 공격적으로 하되 운용은 보수적으로 한다."라는 말을 투자 모토로 제시한다. 젊은 시절 단기간에 부자가 되는 것보다 노후에 안정적인 삶을 유지할 수 있는 투자 구조를 만드는 것이 더 중요하다는 것이다.

포즈랑은 가치투자의 핵심을 '주가가 빨리 오를 기업'이 아니라 '가치가 빨리 증가할 기업'을 찾는 것이라고 설명한다. 가치투자자에게 가장 큰 위험은 주가 하락이 아니라 사업 구조의 변화라고 보기 때문이다. 따라서 투자 전에 기업의 사업 모델과 산업 구조를 충분히 조사하는 리서치 과정이 반드시 필요하다고 강조한다.

그는 좋은 투자 기회를 찾기 위해 가능한 많은 기업을 조사해야 한다고 말한다. 피터 린치가 강조했던 것처럼 가장 많은 돌을 뒤집어 보는 사람이 좋은 종목을 발견할 확률이 높다는 것이다. 관심 종목과 관심 산업을 계속 확장하고 투자 경험을 통해 성공 사례를 축적하는 것이 투자 능력을 키우는 과정이라고 설명한다.

포즈랑은 장기 보유에 대해서는 다소 신중한 입장을 보인다. 투자 초기부터 종목을 묻어 두고 몇 년 동안 기다리는 방식은 투자 능력을 발전시키는 데 도움이 되지 않을 수 있다는 것이다. 대신 6개월에서 1년 정도의 기간 동안 30~100%의 수익을 기대할 수 있는 종목을 찾고 이러한 과정을 반복하는 것이 더 현실적인 전략이라고 설명한다.

그는 투자에서 중요한 것은 종목의 속성에 맞는 투자 방법을 사용하는 것이라고 말한다. 경기 민감주는 경기 민감주답게, 성장주는 성장주답게, 배당주는 배당주답게 투자해야 한다는 것이다. 이러한 관점에서 보면 포즈랑의 성공 비결은 가치주를 가치주답게 투자한 것이라고 할 수 있다.

마지막으로 가치투자와 추세 추종 트레이딩을 결합한 투자 방식으로 경제적 자유를 실현한 깡토의 필살기를 그가 쓴『손실은 짧게, 수익은 길게』라는 책을 통해 살펴보자.

깡토의 첫 번째 필살기는 생활 속에서 투자 아이디어를 찾는 것이다. 그는 가족이나 주변 사람들의 소비 패턴을 관찰하는 것만으로도 투자 아이디어를 발견할 수 있다고 말한다. 예를 들어 삼양식품의 불닭볶음면이 마트에서 꾸준히 판매되는 모습을 보고 투자 기회를 발견했다. 다만 단순한 인기만 보는 것이 아니라 해당 제품이 회사 매출에서 어떤 비중을 차지하는지, 향후 성장 가능성이 있는지 등을 함께 분석하는 것이 중요하다고 강조한다.

두 번째 필살기는 경기민감 업종에서의 역발상 투자다. 많은 한국 기업이 경기 흐름에 따라 실적이 크게 변하는 시클리컬 산업에 속해 있기 때문에 이러한 특성을 이해하는 것이 중요하다고 말한다. 시클리컬 산업에서는 단순히 주가가 싸 보인다는 이유로 매수하기보다 경기 침체기에 매수하고 경기 회복기에 매도하는 전략이 필요하다는 것이다.

세 번째 필살기는 가치투자와 추세 추종 전략의 결합이다. 전통적인 가치투자는 저평가된 기업을 매수하는 전략이고 추세 추종은 상승 추세가 나타난 종목을 매수하는 전략이다. 두 전략은 매수 시점이 다르기 때문에 동시에 적용하기 어렵다고 여겨지지만 깡토는 두 방식을 결합할 수 있다고 설명한다. 저평가된 기업 중에서 상승 추세가 형성되는 종목을 선택하면 가치투자의 장점과 추세 추종의 장점을 동시에 활용할 수 있다는 것이다.

그는 이러한 방식의 하이브리드 가치투자를 통해 평균 승률 30%대의 낮은 승률에도 불구하고 큰 수익을 얻을 수 있었다고 말한다. 손실은 짧게 끊고 수익이 나는 종목은 길게 보유하는 전략을 통해 장기적으로 큰 자산을 형성할 수 있었다는 것이다.

세 투자자의 방법은 서로 달라 보이지만 공통점도 분명하다. 자신이 이해하는 기업을 깊이 연구하고, 시장이 과도하게 흔들릴 때 기회를 잡으며, 잦은 매매보다 기업 가치의 변화에 집중한다는 점이다. 결국 가치투자의 필살기는 특별한 매매기법이 아니라 기업을 이해하는 공부와 인내, 그리고 복리를 믿는 태도라고 할 수 있다.

9

가치주 투자 공부와 훈련은
어떻게 해야 하나요?

내재가치보다 주가가 훨씬 낮은 수준에 있고, 매수하고 기다리면 언젠가는 주가가 내재가치와 부합되는 수준까지 올라 수익을 올린다는 가치주 투자를 통해 큰돈을 벌었다는 고수들은 어떤 공부와 훈련을 통해 그런 성공을 거둔 것일까?

고수들이 알려 주는 공부와 훈련 방법은 다양하지만 여기서는 가치주 투자를 통해 경제적 자유를 실현하고 36세에 은퇴한 여신욱이 『운을 극복하는 주식 공부』라는 책에서 제시한 공부와 훈련 방법을 살펴보기로 한다.

여신욱은 먼저 무작정 공부 시간을 늘린다고 투자 실력이 늘어나는 것은 아니라고 말한다. 텔레그램 보다가 유튜브 보다가 책도 읽다가 리포트도 보다가 스터디에서 추천받은 종목 아무거나 샀다가…… 이렇게 하면 동네 축구에서 무턱대고 공을 쫓아가듯 절대 수익을 낼 수 없고 실력도 쌓을 수 없다는 것이다.

투자자들은 보통 본업이 따로 있는 경우가 많은데, 이런 본업과 병행해 투자 공부를 하려면 가성비 높은 방법으로 공부를 해야 한다. 여신욱이 자신의 경험을 바탕으로 한정된 시간으로 실력을 가장 빠르게 늘리는 방법으로 제시하는 방법은 하루에 최소 1시간 정도 공부 시간을 가지고 1주일 동안 한 개 종목에 대한 분석을 진행하는 루틴으로 요일별 공부 내용은 다음과 같다.

월: 산업 리포트

관심 가는 리포트를 최소 두 개 이상 읽고 핵심 내용을 발췌해 옮겨 적거나 표시해 둔다.

긴 내용에서 가장 중요한 문장을 고르는 건 투자 아이디어를 다듬기 위한 훈련이다.

화: 기업 리포트

위에 선정한 산업에 관련된 기업 중 관심이 생긴 기업의 리포트를 검색해 찾아본다. 여기서도 중요한 문장을 두 개 찾아 발췌한다.

수: 사업보고서

해당 기업의 사업보고서를 읽고 사업 내용과 핵심 경쟁력, 향후 전망을 요약해 본다.

목: 관심 기업 뉴스 모음

뉴스 검색을 통해 수요일까지의 공부에 포함되지 않은 리스크나 호재를 발견할 수 있다. 중요한 뉴스의 링크를 복사해 붙여 두고 뉴스와 관련된 내 의견을 짧은 코멘트로 적어 둔다.

금: 재무제표 정리

네이버 증권에 요약된 기업 실적 분석을 복사해도 되고 형식은 자유이

지만 ① 최근 3년 이상의 분기별 실적(매출액/영업 이익/당기순이익)과 ②
부채 비율, 적자 발생 여부는 꼭 작성되어야 한다. 실적의 큰 변화가 있
는 시기에 대해서는 그 이유를 적어 놓는다.

토: 투자 아이디어 정리

금요일까지 공부한 내용을 '기업 분석'으로 직접 써 본다. 자유롭게 쓰
되 꼭 들어가야 할 내용은 ① 기업 개요, ② 실적 및 재무제표, ③ 사업
요약, ④ 리스크, ⑤ 밸류에이션/목표가/매수가, ⑥ 투자 아이디어이다.
투자 아이디어에는 ① 이 기업의 주가가 오를 이유와 ② 이 기업의 주가
가 떨어질 이유에 대해 작성한다.

일: 적정 매수가/보유 기간 제시

먼저 투자 아이디어가 실현되었을 때의 적정주가/시총을 적어 보고 지
금 주가 대비 상승 여력을 구해 본다. 추가로 아이디어가 실현될 때까지
기다릴 수 있는 적정 보유 기간도 적는다. 보유 기간을 고려한 기대 수익
률이 내 목표 연평균 수익률을 상회하면 투자를 고려한다. 최소 1년에
20% 이상, 2년에 40~50% 이상의 수익이 기대되는 경우를 찾아본다.

이렇게 일주일을 정리하면 관심 종목이 하나 만들어진다. 이런 노력을 3
개월 정도 해 관심 종목이 10개 정도 쌓이면 훨씬 성장했다는 것을 체감한
다. 1년이 지나면 관심 종목이 50개, 2년이면 100개로 늘어난다. 이 정도의
관심 종목이 만들어져야 투자 초보를 벗어날 수 있다.

여신욱은 이런 공부를 혼자 하기보다는 투자 스터디를 만들어 공부하면
공부 내용의 심화와 공유를 통해 훨씬 더 시간을 효율적으로 활용할 수 있
는 만큼 가능하면 투자 스터디 모임에 참여하거나 스스로 모임을 만들어 운

영해 보라고 조언한다.

여신욱은 이런 주식투자 공부법을 온라인 클래스와 지인들을 통틀어 1000명이 넘는 사람들에게 알려 주었지만 끝까지 실천한 사람은 다섯 손가락 정도였다고 한다. 누구나 할 수 있지만 정말 소수만 실천하는 비법인데 여기서 투자 성과가 달라진다고 한다.

가치주 투자에 도움이 되는
책과 사이트, 유튜브

최준철·김민국,『한국형 가치투자』(이콘, 2023)

한국의 가치투자를 대표하는 VIP자산운용 공동대표이자 '가치투자의 전도사'라고 불리는 두 저자가 2002년 출간한『한국형 가치투자 전략』을 20년 동안의 실전 경험을 더해 재건축이 아닌 신축 개정판으로 낸 책. 20년 전보다 가치투자에 대한 확신이 훨씬 더 커졌다고 말하는 저자들은 이 책을 통해 이미 투자에서 성공하고 있는 분들은 확신과 재미를 더 갖길, 실패한 분들은 다시 시작할 용기와 주식시장에 맞설 무기를 갖길 희망한다고 말한다.

이채원,『이채원의 가치투자』(이콘, 2016)

1998년 국내 최초의 가치투자 펀드인 '밸류이채원펀드'를 개발 운용했고, 우리나라 가치투자의 산 역사인 저자가 가슴을 뛰게 하는 기업을 찾아 고민하고 연구했던 기록이다. 저자는 가치투자를 통해 돈을 버는 것에서 잃지 않는 것으로 사고방식을 바꾼 것은 투자 인생에서 '패러다임의 전환'을 의미하는 것이었다고 말한다. 내용은 가치투자 종목 선택의 비밀, 가치투자의 사고 체계, 가치투자에 대한 오해와 진실로 구성되어 있다.

숙향, 『이웃집 워런 버핏, 숙향의 주식투자 이야기』(한스미디어, 2025)

이 책은 '이웃집 워런 버핏'이라는 불리는 가치투자자가 직장 생활과 병행한 35년간의 투자 경험과 기록을 바탕으로 가치투자의 자세와 방법을 알려주는 책이다. 저자는 가치투자의 진정한 힘을 믿고, 수입의 90%는 생활비로 쓰고 10%만 투자하면 누구나 부자로 은퇴할 수 있다고 말한다. 저자는 또한 엄청난 독서와 함께 투자 과정의 기록이 곧 다음 투자를 위한 밑천이고, 그를 키운 것 역시 팔 할이 '기록'이었다고 말한다. 이 책은 저자가 2016년에 펴낸 첫 책『이웃집 워런 버핏, 숙향의 투자일기』를 독서와 투자 기록의 업데이트를 통해 2020년의 개정판에 이어 2025년에 특별판으로 낸 책이다.

김현준, 『사요 마요』(위즈덤하우스, 2024)

가치투자의 한 길을 걷다가 자산운용사를 창업해 12년 만에 누적 수익률 963%의 성과를 낸 투자 고수가 주식투자자들이 가장 궁금해하는 주식으로 돈 버는 질문 40가지에 대해 답한 책. 12년 만에 누적 수익률 963%의 성과를 낸 비결을 알고 싶다면 저자가 쓴 다른 책『에이블』, 그리고 여기서 특히 주식 종목을 고르는 방법에 대해 더 알고 싶다면『부자들은 이런 주식을 삽니다』도 읽어 보면 좋다.

박영옥, 『주식투자 절대원칙』(센시오, 2021)

'한국의 워런 버핏', '주식농부'로 불리고 투자 기업의 지분 총액이 수천억 원에 이르는 한국의 대표적 가치투자자가 30년 동안 가꾸어 온 가치투자의 철학과 방법을 집대성해 주식투자의 절대원칙으로 '주식농부의 투자 10계명'을 만들고, 10계명의 각각에 대해 상세히 설명한 책. 저자는 평생 동행하면서 소통할 수 있는 기업을 3~4개만 가질 수 있다면 반드시 큰 부자가 될 수 있다고 말한다.

김기백, 『주주환원 시대 숨어 있는 명품 우량주로 승부하라』(세이코리아, 2024)

10년간 1,100개 이상의 기업과 2,500회가 넘는 기업 미팅을 진행하여 '기업 탐방왕'과 '걸어다니는 리서치 센터'라는 별명을 갖고 있는 저자가 "앞으로 3년, 기업 지배구조의 변화와 주주환원으로 코리아 디스카운트가 사라진다"면서 다가올 주주환원시대에 승부를 걸어야 할 명품 중소형 우량주 발굴법을 실제 기업 사례를 통해 알려 준다. 직접 설계한 주주환원가치주 액티브ETF도 운용하고 있는 저자는 '대박 투자'란 연 10%의 수익을 30년 동안 꾸준히 달성하는 것이라고 말한다.

이건규, 『워런 버핏 익스프레스』(에프엔미디어, 2023)

가치투자에 정통한 베테랑 펀드매니저이자 성장주에도 편견 없이 투자하는 유연성을 가진 '한국 가치투자 차세대 리더'가 가치투자의 기초부터 실전 활용법과 고수의 비법까지 알려 주는 책. "산전수전 겪은 투자자만이 알 수 있는 내용을 이해하기 쉽게 알려 주면서 가치투자의 정수를 담은 책", "초심자에서 고수로 가는 시간을 대폭 줄여줄 '특급열차의 티켓' 같은 책"이라는 찬사를 받은 책이다.

깡토, 『손실은 짧게, 수익은 길게』(이레미디어, 2025)

가치투자와 추세 추종 트레이딩은 조화될 수 있을까? 가치투자를 하면서 추세 추종도 하는 '테크노펀더멘털리스트'인 저자는 펀더멘털 분석으로 관심 종목군을 꾸린 후 관심 종목이 상승 추세를 보이면서 전고점 돌파를 하면 리스크 관리를 통해 손실은 짧게, 추세 추종을 통해 수익은 길게 내는 투자를 한다. 투자자에게도 트레이더에게도 사고의 유연성과 투자 방법의 다양성을 일깨워 주는 책이다.

홍진채, 『거인의 어깨』(포레스트북스, 2022)

　가치투자를 하기 위해 가치투자의 거인인 벤저민 그레이엄, 워런 버핏, 피터 린치의 책을 읽고 싶은데 시간이 부족한 사람들은 어떻게 해야 할까? 이 책 한 권이면 세 가치투자 거인들의 투자의 지혜와 노하우의 핵심을 최고의 성과를 내는 자산운용대표이자 최고의 투자독서가의 꼼꼼하면서도 알기 쉬운 해설로 배울 수 있다. 『위대한 기업에 투자하라』를 쓴 '성장주 장기 투자'의 거인 필립 피셔까지 알고 싶다면 『거인의 어깨 2』를 읽으면 된다. 또 같은 저자의 『주식하는 마음』에서도 투자자에게 읽어 볼 만한 책을 추천하고 있으니 참고하면 좋다.

포즈랑, 『포즈랑의 투자 이야기』(에디터, 2025)

　이 책은 자영업을 하다가 전업투자자가 된 가치투자자가 13년간 7000%의 수익을 올리기까지 겪은 수많은 시행착오와 그 과정에서 얻은 교훈의 기록이다. 현란한 차트 분석이나 마법의 투자기법같은 내용은 없고, 대신 투자자가 어떻게 옳은 방향을 찾고, 꾸준히 투자 능력을 키워 나가며, 시장에서 살아남을 수 있는지를 저자의 생생한 경험을 통해 알려 준다. 저자는 이 책을 파생시장의 전설적 승부사이자 『돈을 이기는 법』의 저자인 알바트로스의 강력한 권유에 의해 썼다고 한다.

박두환, 『투자의 뿌리』(애덤스미스, 2025)

　두 번의 깡통을 경험하고 마이너스 4000만 원의 자산에서 가치투자를 통해 500억 원의 슈퍼개미가 된 가치투자자가 그동안의 투자 과정과 노하우를 담아 펴낸 책. 저자는 저평가된 기업의 내재가치에 대한 분석과 확신으로 만들어지는 '투자의 뿌리'를 갖고 가치투자를 제대로 하면 절대 실패하지 않고 부자가 될 수 있다고 말한다. 장기적 관점에서의 가치투자 과정을 생생

6장 가치주 투자 어떻게 해야 하나요?

하게 보여 주는 다큐멘터리라고 할 수 있는 저자의 3년간 유튜브 출연 영상 풀버전도 함께 수록되어 있다.

곽병열, 『절대 잃지 않는 주식투자』(터닝페이지, 2024)

잃지 않는 가치투자의 핵심이자 좋은 기업을 찾는 도구로서의 안전마진에 초점을 맞추어 안전마진 가치투자의 개념에 대한 이해와 활용법, 한국과 미국의 안전마진 가치주와 ETF까지 상세히 알려 주는 책. 저자의 다른 책『이렇게 쉬운데 왜 주식투자를 하지 않았을까』, 『배당 투자 기적의 루틴』도 함께 읽어 보면 좋다.

강환국, 『주식투자 강환국이 묻고 GPT가 답하다』(헤리티지북스, 2023)

「AI가 퀀트 투자자에게 알려 준 가치투자의 정석」이라는 부제가 붙어 있는 이 책은 인간과 챗GPT가 함께 쓴 최초의 투자서다. 내용은 가치투자의 정의와 대가들의 가치투자 철학 소개, 가치투자의 핵심 내용 배우기, 가치투자에 유용한 책과 사이트 추천, 가치투자의 미래 등으로 구성되어 있다. 주식투자 고수의 예리한 질문과 챗GPT가 축적한 엄청난 지식의 결합을 통해 가치투자의 전체 모습을 일목요연하게 보여 주는 책이다.

신진오·이상민, 『전략적 가치투자(개정판)』(국일증권경제연구소, 2025)

한국에서 가치투자의 선구자인 신진오 회장이 2009년에 펴낸『전략적 가치투자』라는 책을 그가 별세한 후 후학이 '금융위기 이후의 가치투자'를 최신의 데이터와 투자 이론을 바탕으로 업데이트해 공저 형식으로 낸 책. 이책은 기존의 가치투자 서적과는 달리 먼저 시장의 흐름에 따라 리스크를 방어하고 수익을 극대화시키는 베타투자 전략을 다루고 이후에 개별 종목에 집중해 초과수익률을 목표로 하는 투자인 알파투자 전략(구판의 가치투자 전략)과 투자자의 인생주기를 고려해 투자하는 세타투자 전략 등 세 가지를 제시하고 있다.

투자에 도움이 되는 사이트와 유튜브

가치투자연구소(cafe.naver.com/vilab)

가치투자로 큰 성공을 거둔 남산주성이 2005년 개설한 카페로, 가치투자 관련 기업분석, 투자보고서, 투자관련 정책, 투자도서 리뷰, 투자클럽 등 모든 것이 망라되어 있는 가치투자자의 성지다.

숙향의 투자 일기(cafe.naver.com/sookhyang)

가치투자를 실천하는 개인투자자 숙향이 자신의 투자 기록과 철학을 공유하는 네이버 카페로, 독서광인 운영자 덕분에 가치투자와 관련된 책은 여기만 참고해도 될 정도로 잘 소개되어 있다.

깡토의 투자이야기(blog.naver.com/love392722)

가치투자에 트레이딩을 접목한 깡토가 운영하는 블로그로, 가치투자와 트레이딩을 제대로 함께 배우고자 하는 투자자들에게 도움이 되는 글들이 많다.

성장주 투자
어떻게 해야 하나요?

성장주 투자가 무엇이고
어떤 장점이 있나요?

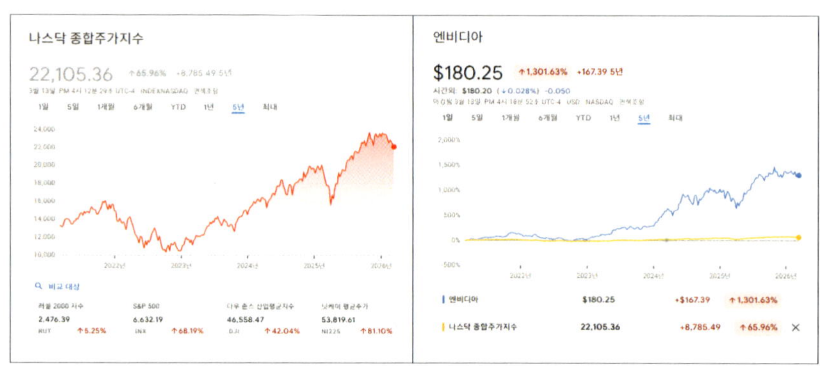

위 차트는 미국의 기술주가 모여 있는 나스닥 종합주가지수와 성장주 엔
비디아의 최근 5년 주가 그래프이다. 왼쪽에 있는 나스닥 지수는 2022년 금
리 인상기에 일시 하락하기는 했지만 이후 지속적 성장세를 보여 5년 수익
률이 65.96%, 연평균 수익률로는 10.7%의 양호한 실적을 보였다(2026년 3월
14일 기준).

오른쪽 그래프는 엔비디아(파란색)와 나스닥 지수(노란색)의 최근 5년간의

주가를 함께 나타낸 것이다. 왼쪽 그래프에서 가파른 성장세를 보였던 나스닥 지수가 성장주 엔비디아의 주가 움직임과 비교하니 거의 움직이지 않은 것처럼 보이는 모양새다. 엔비디아가 도대체 얼마나 올랐길래 나스닥 지수마저 이렇게 움츠린 듯 보일까?

엔비디아의 최근 5년 수익률은 1301.63%, 연평균 수익률로는 69.5%이다. 잘나가는 나스닥 지수도 성장주 엔비디아의 하늘을 뚫고 올라갈 듯한 기세에는 명함도 내밀기 어려운 모습이다.

투자자들이 왜 성장주에 열광하는지 엔비디아의 차트를 보면 바로 이해가 될 것이다.

그렇다면 엔비디아는 왜 이렇게 파죽지세로 올라가는 것일까? 가장 큰 이유는 물론 엄청난 실적 증가에 있다. 그러나 실적만으로 엔비디아의 상승 이유가 모두 설명되지는 않는다. 과거와 현재의 실적도 중요하지만, 더 중요한 것은 미래의 실적에 대한 기대다.

지금까지도 잘해 왔지만 앞으로 훨씬 더 잘할 수 있으리라는 기대, 이것이 폭발적 주가 상승의 핵심 요인이다. 성장주 예찬론자로 자신의 투자 경험을 담아 『성장주 패러다임』이라는 책을 쓴 천백만은 성장주는 이익이 10배 증가하면서 주가가 10배 오르고 미래에 대한 기대인 PER도 10배 상승하면서 결국 총 100배가 오른다고 말한다.

물론 모든 성장주가 엔비디아처럼 성장하는 것은 아니다. 매출과 이익은 성장하고 있지만 미래에 대한 기대는 그에 비례하지 않는 기업도 있을 수 있다. 반대로 현재의 매출과 이익은 별로지만 미래에 대한 기대는 큰 기업도 있을 수 있다. 김학균은 『5000 시대를 위한 투자 대전환』이라는 책에서 성장주는 크게 실체적 성장주와 개념형 성장주라는 두 가지 범주로 나눌 수 있다고 말한다. 실체적 성장주는 매출이나 영업 이익 등 구체적인 재무 항목에 대한 추정을 바탕으로 평가되는 종목이다. 개념형 성장주는 현실 비즈니스에서 뚜렷한 성과 없이 기대감만으로 주가가 형성되는 종목들. 즉 이익이 아닌 '가능성'이 투자 판단의 근거가 되는 종목으로 1990년대 후반 닷컴 버블 때의 인터넷 기업들과 최근 바이오 기업의 일부가 그런 성장주라고 한다.

구조적 성장주와 경기 사이클형(경기민감형·시클리컬) 성장주라는 구분도 있다. 구조적 성장주란 『넥스트 테슬라를 찾아라』라는 책을 쓴 홍성철·김지민에 따르면 '경기 변동과 관계없이 장기적으로 지속 가능한 성장을 해 나갈 기업'으로 정의된다. 현 시대의 구조적 성장주는 4차 산업혁명의 주역으로 디지털 경제와 AI 시대를 선도하고 새로운 혁신을 주도하는 기업이며, 고유의 경제적 해자로 장기간 고성장을 보이는 기업이다. 대표적인 기업은 구글 알파벳, 아마존, 애플, 메타, 마이크로소프트(MS), 엔비디아, 테슬라로 구성된 '매그니피센트 7(Magnificent 7)' 기업들이다.

경기 사이클형 성장주란 경기 확장 국면에서 매출과 이익이 빠르게 증가하며 높은 성장성을 보이지만, 경기 둔화나 침체기에는 실적 변동성이 크게 나타나는 성장주를 말한다. 대표 사례로는 경기 회복기에 수요가 급증하는 반도체, 자동차, 철강, 기계·산업재, 화학 업종의 성장 기업들이 있으며, 이들은 경기 흐름을 잘 타면 폭발적인 수익을 주지만 타이밍이 중요한 투자 대상이라는 특징을 가진다.

성장주 투자의 장점은 무엇인가?

첫째, 높은 수익을 기대할 수 있는 투자법이다. 산업의 판도를 바꾸는 혁신 기업, 새로운 시장을 창출하는 플랫폼 기업, 기술 패러다임을 선도하는 기업들은 시간이 흐르면서 실적이 기하급수적으로 증가해 주가가 몇 배, 많게는 열 배 이상 상승하기도 한다. 텐배거(10배 상승 종목)의 대부분이 성장주에서 나온다.

둘째, 추세 매매의 장점을 적극적으로 활용할 수 있는 투자법이다. 성장주는 실적 개선과 수급 집중이 맞물리며 강한 상승 추세를 형성하는 경우가 많다. 일정한 매수·매도 원칙과 손절 기준을 적용해 추세 매매를 하면 불필요한 장기 보유나 '물타기' 위험을 줄일 수 있고, 상승 구간에서는 피라미딩 전략으로 수익을 확대할 수 있다.

셋째, 투자 시간 대비 가성비가 높은 투자법이다. 가치주는 적정가치 산정과 안전마진 판단에 주관적 요소가 개입될 여지가 크고, 저평가 상태가 장기간 지속될 가능성도 존재한다. 반면 성장주는 이익 증가율, 매출 성장, 신고가 돌파, 상대적 강도 등 비교적 분명한 지표를 통해 선별할 수 있으며, 성장 둔화나 추세 이탈이 나타나면 매도 판단도 빠르게 내릴 수 있다. 또한 산업 변화의 중심에 서 있는 기업에 투자하기 때문에 시대적 흐름과 함께 성장하는 경험을 할 수 있다는 점도 매력이다.

2

성장주 투자 관련 핵심 용어

주도주

주도주는 시장의 자금과 관심이 집중되며 실적과 스토리를 바탕으로 상승 추세를 이끄는 핵심 종목으로, 단순히 많이 오른 종목이 아니라 산업의 구조적 성장과 기업의 경쟁력을 바탕으로 시장 전체의 방향성을 주도하는 종목이다. 예를 들어 미국 시장에서는 AI 산업 성장과 함께 엔비디아가, 그리고 한국 시장에서는 2025년 이후 반도체 슈퍼사이클로 삼성전자와 SK하이닉스가 대표적이다.

멀티플(Multiple)

멀티플은 기업의 주가나 기업가치를 이익, 매출, 자산 같은 기준과 비교해 몇 배로 평가되는지를 나타내는 지표다. PER, PBR, PSR 같은 지표가 대표적인 멀티플이며, 투자에서는 이러한 멀티플을 통해 기업이나 시장의 밸류에이션(valuation), 즉 가격이 비싼지 싼지를 판단하는 기준으로 활용한다. 성장주 관점에서 멀티플은 현재의 실적이 아니라 미래에 대한 성장 기대를 얼마나 앞당겨 가격에 반영하고 있는지를 나타내는 지표로, 투자자는 이 멀티플을 통해 기업의 향후 성장 속도와 지속 가능성 대비 현재 주가가 과도한지 또는 합리적인지를 판단하게 된다.

상대적 강도(RS, Relative Strength)

성장주 투자 대가인 윌리엄 오닐이 자신의 CANSLIM 전략에서 성장주 투자 전략의 핵심 지표로 주도주 여부를 확인하기 위해 체계화하고 대중화한 개념이다. 지난 52주간의 주가 상승률을 시장 전체와 비교해 점수를 매긴 것으로, 상승률이 가장 높으면 99점, 가장 낮으면 1점의 값을 갖는데, 80점 이상의 상대적 강도를 갖는 종목을 매수해야 한다고 말한다. 이 지표는 일정 기간 동안의 주가 상승 폭과 하락 폭을 비교해 현재 주가가 과매수인지 과매도인지 판단하는 모멘텀 지표인 '상대적 강도 지수(RSI)'라는 기술적 지표와는 전혀 다른 개념이다.

추세(Trend)와 추세 매매(Trend Following)

추세는 주가가 일정 기간 동안 한 방향으로 이어지는 흐름을 말한다. 추세 매매는 이러한 흐름을 따라 상승 추세가 형성되면 매수하고, 상승 흐름이 꺾이면 매도하는 투자 방법이다. 성장주 투자에서는 실적 성장과 시장의 기대가 반영되면서 형성되는 상승 추세를 따라 투자하는 전략이 자주 활용된다.

모멘텀(Momentum)과 모멘텀 투자(Momentum Investing)

모멘텀은 주가가 일정 기간 동안 강하게 상승하거나 하락하는 가격의 힘을 말한다. 모멘텀 투자는 최근 상승률이 높은 종목이나 산업에 투자하고, 상승세가 약해지면 다른 강한 종목으로 옮겨가는 투자 전략이다. 성장주 투자에서는 실적 성장과 시장 기대가 반영되어 강한 상승 흐름을 보이는 종목을 찾는 데 모멘텀이 중요한 기준으로 활용된다.

돌파 매매와 눌림목 매매

돌파 매매는 주가가 오랫동안 넘지 못했던 가격대나 신고가를 강한 거래량과 함께 돌파할 때 매수하는 방법으로, 성장주가 새로운 상승 추세에 들어갈 때 진입하는 전략이다. 눌림목 매매는 상승 추세가 형성된 이후 일시적인 조정으로 주가가 잠시 내려왔을 때 매수하는 방법으로, 상승 흐름이 이어지는 과정에서 비교적 낮은 가격에 진입하는 전략이다.

PSR(Price Sales Ratio)과 EV/EBITDA

PSR(주가매출비율)은 주가가 기업의 매출에 비해 몇 배로 평가되고 있는지를 보여 주는 지표로, 주가 ÷ 주당매출(SPS) 또는 시가총액 ÷ 매출로 계산한다. 성장주 투자에서는 아직 이익이 작거나 적자인 기업도 평가할 수 있다는 장점이 있다. 일반적으로 PSR이 1 이하이면 저평가, 1~3은 보통 수준, 3 이상이면 성장 기대가 크게 반영된 고평가 구간으로 해석하는 경우가 많다.

EV/EBITDA는 기업가치(EV)를 EBITDA로 나눈 지표로, 기업 전체 가치 대비 실제 영업을 통해 창출되는 현금 흐름의 수준을 평가하는 밸류에이션 지표이다. 여기서 EBITDA는 이자비용, 법인세, 감가상각비를 차감하기 전의 영업이익으로, 기업의 순수한 영업활동에서 발생하는 현금창출력을 나타낸다. 이 지표는 기업의 본질적인 수익창출력을 비교하는 데 유용하며, 특히 이익이 불안정하거나 적자인 성장 초기 기업에서도 상대적으로 왜곡 없이 활용할 수 있다는 장점이 있다. 따라서 성장주 투자에서는 초기 단계의 기업 가치를 판단하는 핵심 기준으로 활용되며, 이후 이익이 안정화되면 PER 등과 함께 보완적으로 사용된다.

3

성장주 투자 종목 선정
어떻게 해야 하나요?

앞에서 성장주 투자의 장점을 보고 성장주에 투자하기로 했다면 종목 선정은 어떻게 하면 좋은가? 먼저 성장주 투자 대가들의 종목 선정 기준부터 살펴보자.

성장주 투자로 5000달러의 투자 원금을 1년 만에 20만 달러로 늘리고 30세의 나이로 뉴욕증권거래소의 최연소 회원이 된 윌리엄 오닐은 오늘날 성장주 투자의 고전이 된 『최고의 주식, 최적의 타이밍』이라는 책에서 CANSLIM 모델을 제시한다.

CANSLIM 모델의 종목 선정 기준은 첫째, 최근 분기 이익(C)이 전년 동기 대비 최소 25% 이상 증가하고 있는가를 본다. 단순 흑자가 아니라 가속 성장 여부가 핵심이다. 둘째, 연간 이익(A)이 3년 이상 꾸준히 증가하고 자기자본이익률(ROE)이 높은 기업을 선호한다. 일시적 호재가 아니라 구조적 성장 기업을 찾기 위함이다. 셋째, 신제품·신서비스·신경영(N)이라는 '새로움'이 있는가를 본다. 위대한 주가는 언제나 새로운 변화에서 시작된다고 그는 강조했다. 넷째, 수급(S)이다. 유통주식 수가 과도하게 많지 않고, 기관 투자자의 매집이 동반되는 종목을 선호한다. 주가는 결국 수요와 공급이 결정한다는 원칙 때문이다. 다섯째, 업종 내 주도주(L)인가를 확인한다. 그는 늘 "가장 강한 말에 올라타라."라고 말하며 2등주보다 업계 1등주를 선택했다. 여섯째, 기관의 참여(I) 여부다. 대형 펀드와 연기금이 들어오는 종목은 추세가 길어질 가능성이 높다고 보았다. 마지막으로 시장 방향(M)이다. 아무리 좋은 종목도 약세장에서는 힘을 쓰기 어렵기 때문에, 그는 대세 상승장이 확인될 때만 공격적으로 매수했다. 또한 매수 시점은 저점이 아니라 '신고가 돌파 구간'이었으며, 손실은 7~8% 이내에서 신속히 제한했다. 그의 철학은 저평가된 기업을 싸게 사는 것이 아니라, 강하게 성장하는 기업을 강한 추세에서 사고, 추세가 꺾이면 미련 없이 파는 것이다.

윌리엄 오닐의 제자로 성장주 투자 이론을 더욱 발전시키고 전미투자대회에서 세 차례 우승해 명실상부한 세계 최고수로서의 실력을 입증한 마크 미너비니는 『초수익 성장주』라는 책에서 SEPA(Specific Entry Point Analysis) 모델을 제시한다.

SEPA 모델의 핵심 내용은 첫째, 강력한 실적 성장이다. 최근 분기 이익과 매출이 전년 동기 대비 큰 폭으로 증가하고, 연간 이익 역시 뚜렷한 상승 추세를 이어가는 기업만을 선별한다. 단순한 턴어라운드가 아니라 이미 시장에서 검증된 이익 가속 구간에 있는 기업이어야 한다. 둘째, 업종 내 최강자 여부다. 상대강도(RS)가 시장 평균을 크게 상회하고, 동종 업계에서 주가 흐름이 가장 강한 선도주를 선택한다. 그는 2등주가 아닌 '가장 빠른 말'에 올라타야 한다고 강조한다. 셋째, 철저한 차트 구조 분석이다. 수개월 이상 조정을 거치며 고점과 저점의 변동 폭이 점차 줄어드는 변동성 수축 패턴(VCP)이 형성되는지를 확인하고, 거래량이 감소하며 매물이 정리되는 과정을 거친 뒤 상단 저항을 강한 거래량으로 돌파하는 순간을 매수 시점으로 삼는다. 넷째, 수급과 유통 물량이다. 과도하게 무거운 종목은 피하고, 기관의 점진적 매집이 동반되는 종목을 선호한다. 다섯째, 시장 방향에 대한 엄격한 판단이다. 전체 시장이 상승 추세에 있을 때만 적극적으로 포지션을 확대하며, 시장 내부 구조가 약화되면 과감히 현금 비중을 높인다. 마지막으로 리스크 관리다. 매수 후 손실이 5~8%에 이르면 예외 없이 손절하며, 수익이 발생하면 추세가 유지되는 한 피라미딩 전략으로 수익을 극대화한다. 요약하면, SEPA 모델은 단순히 좋은 종목을 찾는 것이 아니라 실적·추세·수급·시장 환경이라는 여러 조건이 동시에 충족되는 특정 구간에서만 진입하는 전략이라고 할 수 있다.

한국의 성장주 투자 고수들은 종목 선정을 어떻게 하고 있을까?

성장주 투자로 수백억 원의 돈을 벌고 그 경험을 담아 『성장주에 투자하라』는 책을 낸 슈퍼개미 이정윤은 가치, 정보, 가격으로 성장주를 찾는 '삼박자 투자법'을 제시하고 있다. 첫째 가치로 성장주를 찾는 방법은 수년간의 재무제표를 분석해 매출액, 영업 이익, 당기순이익이 지속적으로 증가했는지 체크하는 것이다. 둘째 정보로 성장주를 찾는 방법은 증권사 리포트나 경제 관련 기사를 통해 성장 산업에 대한 분석과 함께 업종 내 탑픽(Top Pick) 종목이 제시된 글을 체크하는 것이다. 셋째 가격으로 성장주를 찾는 방법은 차트를 통해 주가 움직임을 확인하는 것이다.

이 세 가지 방법을 다 잘하면 최상이지만 현실적으로 쉽지 않기 때문에 차트로 성장주를 찾는 것이 가장 쉽고 정확한데, 그가 제시하는 성장주 차트의 조건은 다음과 같다.

① 역사적 신고가 경신일부터 1년이 지나지 않은 종목

② 역사적 신고가 대비 30% 이상 조정을 받지 않은 종목

③ 52주 신고가를 경신하고 상승하는 종목

④ 월봉상 20월선을 지키고 있는 종목

⑤ 일봉상 정배열 종목

성장주 중심으로 12조 원의 투자 자금을 운용한 경력을 갖고 있는 서재형은 『서재형의 투자교실』이라는 책에서 성장주 종목 발굴의 노하우를 알려 준다. 그는 기술, 문화, 환경, 인구 구조, 세계 패권의 변화라는 다섯 기둥을 중심으로 성장주 종목을 발굴한다.

발굴 방법은 매일 뉴스와 책을 읽으면서 미래를 상상하고, 상상한 미래가 현실화할 경우 어떤 기업이 유망할지를 찾아보는 방식이다. 괜찮은 기업을 발견했다면 다음 작업은 회사 경영자가 내가 생각하는 미래에 대해 알고 있고 준비를 하고 있는지를 확인하는 것이다. 그 다음으로는 이 회사가 관련 투자를 진행할 만한 재무·기술적 여력이 있는가를 확인한다. 돈도 기술도 없이 유망산업에 뛰어들겠다고 하면 절대 접근해서는 안 될 '테마주' 기업이라고 할 수 있다. 마지막으로는 성장의 과실을 주주와 나눌 기업인가를 확인한다.

성장주 투자자들은 투자 고수들이 제시한 이러한 성장주의 종목 선정 기준을 참고해 실전에 적용하고 경험을 쌓으면서 자신만의 투자 종목을 만들어 나갈 필요가 있다.

4

성장주 투자 매수·매도
언제 어떻게 해야 하나요?

성장주 투자에서 투자할 종목 선정이 이루어졌다면 매수·매도는 언제 어떻게 하면 좋은가? 먼저 종목 선정에서 언급했던 투자 고수들의 조언부터 살펴보자.

윌리엄 오닐은 매수와 매도의 출발점을 기업 분석이 아니라 차트 분석에서 찾았다. 그는 "차트를 보지 않고 투자하는 것은 의사가 엑스레이를 보지 않고 수술하는 것과 같다."라고 말하며, 아무리 뛰어난 실적을 가진 기업이라도 가격과 거래량이 뒷받침되지 않으면 매수하지 않았다. 특히 주가가 장기간 조정을 거치며 기초를 다지는 '베이스(base)' 형성 과정을 중시했는데, 그 대표적 패턴이 바로 '컵 위드 핸들(cup-with-handle)'이다. 이는 주가가 완만한 곡선을 그리며 하락 후 회복해 '컵' 모양을 만들고, 이후 짧은 조정을 거쳐 '손잡이(handle)'를 형성한 뒤 저항선을 돌파하는 구조를 말한다. 오닐은 이 손잡이 구간에서 거래량이 줄어드는 현상을 매물 소화 과정으로 해석했고, 상단 저항을 강한 거래량으로 돌파하는 순간을 최적의 매수 시점으로 보았다. 즉, 싸게 보이는 저점이 아니라 신고가에 근접한 돌파 지점이 가장 안전한 자리라는 것이다.

319

매도 원칙 또한 매우 엄격했다. 첫째 그는 매수 후 주가가 매입가 대비 7~8% 하락하면 어떤 예외도 두지 않고 즉시 손절했다. 작은 손실을 인정하지 못하면 큰 손실로 이어진다는 것이 그의 철칙이었다. 둘째 주가가 단기간에 20~25% 상승하면 최소 일부 차익을 실현해 수익을 확보했다. 주가가 정확히 천정까지 올랐을 때 팔려고 하지 말고 모든 사람들에게 아주 강하게 보일 때가 매도 시점이라는 것이다. 셋째 고점 대비 큰 폭의 하락이나 50일 이동평균선 이탈과 같은 기술적 약세 신호가 나타나거나 상승 탄력이 둔화되면 미련 없이 정리했다. 상승 추세가 확인될 때만 매수하고, 추세가 꺾이면 매도하는 것, 그리고 희망이나 예측이 아니라 가격과 거래량이 보여 주는 객관적 신호에 따르는 것, 그것이 오닐이 평생 강조한 성장주 매매의 핵심이었다.

윌리엄 오닐의 투자 철학을 계승·발전시킨 마크 미너비니는 성장주 투자에서는 헐값 종목이 아니라 비싸 보이는 주도주를 매수해야 한다고 말한다. 주식시장에서는 저렴하게 보이는 것이 실은 비싼 것이고, 비싸 보이는 종목이 초고수익 종목이 될 가능성이 높기 때문이다. 이런 관점에서 가치주 투자에서 중요시하는 PER 지표는 과거의 결과를 반영할 뿐 미래의 성장은 고려하지 않는다는 점에서 가장 쓸모없는 지표 중의 하나라고 비판한다. 최고의 성장주는 대부분 낮은 PER에 거래되지 않는다. 과거의 초고수익 종목을 분석해 보면 대부분 주가가 가장 많이 상승하기 전에 PER가 30~40배로 거래되었다고 한다. 그는 플라스틱 신발업체인 크록스사의 예를 들면서 PER가 60배(역사상 최대치) 이상일 때 크록스 주식을 샀다면 20개월 만에 700%의 수익률을 거둘 수 있었겠지만 주가가 합리적인 수준이 될 때까지 기다렸다가 PER가 역사적으로 저점에 내려왔을 때 매수했다면 1년이 채 못되어 자금의 99%를 잃었을 것이라고 말한다. 그래서 성장주 투자는 가치주 투자와는 달리 '고PER에 사서 저PER에 팔라.'라는 투자 격언도 있다.

미너비니는 성장주 매수의 진입 시점으로 주식 주기 4단계에서 저평가된 무관심 국면의 1단계가 아닌 상승하기 시작하는 2단계 국면에 주목한다. 주식 주기 4단계란 월스트리트의 전설적인 시장 분석가 스탠 와인스타인이 『주식투자 최적의 타이밍을 잡는 법』이라는 책에서 제시한 것으로, 그는 차트상의 주식 주기 4단계와 주가의 이동평균선을 활용해 고수익 성장주의 매수 시점을 제시한다. 1단계에 있는 종목 중에서도 나중에 크게 성장하는 종목이 있겠지만 그것은 가치주 투자에서 관심을 갖는 성장가치주이고 미너비니는 2단계의 현재 성장하고 있는 주도주만이 관심 대상이다.

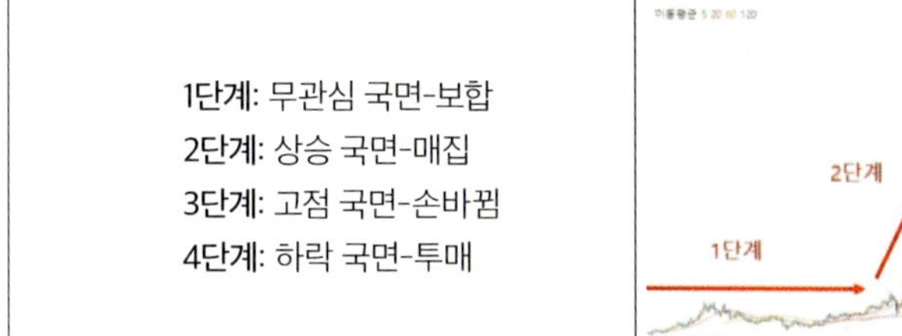

미너비니의 매도 원칙 역시 윌리엄 오닐만큼이나 명확하고 기계적이다. 첫째, 매수 후 주가가 매입가 대비 5~8% 하락하면 어떠한 예외도 두지 않고 즉시 손절한다. 그는 큰 손실은 단 한 번의 방심에서 비롯되며, 계좌를 파괴하는 것은 수많은 작은 손실이 아니라 통제되지 않은 한 번의 큰 손실이라고 강조한다. 따라서 손절은 선택이 아니라 생존을 위한 전제 조건이다. 둘째, 상승이 시작되어 추세가 이어질 경우에는 섣불리 차익을 실현하지 않는다. 대신 10주 이동평균선이나 주요 추세선을 기준으로 보유를 이어가며, 거래량을 동반한 추세 이탈이 나타날 때 비로소 비중을 줄인다. 그는 "크게 벌기 위해서는 오래 보유할 줄 알아야 한다."라고 말하며, 작은 등락에 흔들려 큰 추세를 놓치는 것을 경계했다. 셋째, 고점 부근에서 변동성이 급격히 확대되고 장대 음봉이 거래량 증가와 함께 출현하는 등 위험한 신호가 나타나면 수익 중이라도 과감히 정리한다. 또한 전체 시장의 흐름이 2단계 상승에서 3단계 횡보 혹은 4단계 하락으로 전환된다고 판단되면 개별 종목이 아무리 견조해 보여도 현금 비중을 크게 늘린다. 요컨대 미너비니의 매도 전략은 추세가 보이면 끝날 때까지 따라가되, 추세가 꺾이는 순간에는 냉정하게 물러나는 것이다.

다음에는 한국 성장주 투자 고수들의 매수·매도 기준에 대해 살펴보자.

이정윤은 성장주의 종목 선정이 잘 되었다면 주가의 흐름이 예상대로 우상향으로 상승하며 움직일 것이므로 매수 타이밍 잡는 것은 어려운 일이 아니라고 말한다. 달리 말하면 매수 타이밍 잡기에 어려움을 느낀다면 그것은 매수 종목 선정을 제대로 하지 않았기 때문이고 그 경우 주식계좌에서 당장 돈을 빼야 한다고 말한다.

매도는 '매수의 이유가 사라졌을 때' 하면 된다. 실적이 좋아서 종목을 선정했다면 실적 시즌에 어닝 쇼크(실적 충격)가 나올 경우 팔면 된다. 또 정배열 종목이 좋아서 매수했으면 역배열로 바뀔 때 팔면 된다. 이처럼 매도 타이밍은 종목 선정의 이유가 사라지는 순간 즉시 팔면 된다.

매매 타이밍의 리스크를 낮추기 위해서는 매매 타이밍 분산 투자, 즉 분할 매매가 중요하다. 분할 매매는 매수가 또는 매도가를 평균화시키기 때문에 위험을 낮출 수 있다. 그러나 잘못된 판단으로 보유 종목의 주가가 떨어지고 있는데 평균단가를 낮추기 위해 매수하는 물타기는 전혀 좋은 전략이 아니라고 말한다. 이정윤은 투자금을 최고의 성장주 매수에 쓸 것인가, 아니면 주가가 하락한 허접한 종목의 매수에 쓸 것인가의 차이가 투자에서 굉장히 큰 결과의 차이를 낳게 될 것이라고 말한다.

성장주 투자의 달인 서재형은 주가가 계속 내려가는 주식은 절대로 사지 않는다. 그와 반대로 이유는 모르지만 계속 주가가 오르는 주식을 발견하면 즉시 리서치에 들어간다. 성장주 투자에서는 "덜 올랐으니 이제는 오를 거다" 하는 사고방식은 잘 통하지 않고, 오히려 "많이 오른 이유가 있다"라고 접근하는 편이 수익률 측면에서 훨씬 유리하기 때문이다.

그는 또 시가총액 5000억 원 미만 종목은 거래하지 않기를 권한다. 커버하는 증권사가 거의 없고 공시 등도 체계적으로 이루어지지 않아 검증이 무척 어렵기 때문이다. 실제로 그는 1조 원 미만 기업은 쳐다보지도 않는다고 한다.

그가 가장 관심을 갖는 구조적 성장주의 매매에 대해서는 트렌드가 끝나기 전에는 팔지 않아야 한다고 말한다. 특정 문화의 변화로 구조적 성장기에 돌입한 시점에 매수를 해서 회사의 성장을 견인해 주는 그 문화가 끝나기 전까지는 계속 보유해야 한다는 것이다. 예컨대 고령화 수혜를 입고 있는 임플란트주는 고령화 추세가 이어지는 동안은 계속적인 회사 성장을 기대할 수 있다는 것이다. 단 이때 반드시 고려해야 할 것은 경쟁자의 등장이다. 기술의 진입장벽이 낮아 경쟁자가 다수 등장하는 산업이라면 세상의 변화가 계속 진행 중이라도 해당 기업의 성장은 멈출 수 있기 때문이다. 또 새로운 섹터에서 더 좋은 구조적 성장주가 나타났다면 보유한 구조적 성장주와 비교해 더 좋은 쪽으로 포트폴리오를 옮겨가는 것은 당연하다.

성장주 매도에서 또 하나 중요한 요소는 금리다. 구조적 성장주는 대부분 고PER 종목으로 금리에 매우 민감하다. 서재형은 『서재형의 투자교실』이라는 책에서 "저금리와 성장 스토리는 성장주 가치를 기하급수적으로 키우는 두 축이고, 이 두 축이 반대로 움직이면 곧 매도 시점"이라고 말한다. 금리가 오르기 시작하면 성장주의 미래 가치가 빠르게 할인되기 때문에 이때는 좋은 성장주라도 비중을 줄이거나 매도하는 것이 일반적으로 유리하다는 것이다.

　결국 성장주 투자의 매수·매도는 저평가 여부가 아니라 성장성과 추세, 그리고 금리와 시장 환경의 변화에 따라 판단해야 하며, 상승 추세에서는 과감히 올라타고 추세가 꺾이면 미련 없이 대응하는 원칙을 일관되게 지키는 것이 장기적으로 높은 수익을 만들어 내는 비결이라고 할 수 있다.

5

성장주 투자 수익률은
어느 정도인가요?

성장주에 투자한 투자자들의 수익률은 얼마나 될까?

먼저 투자 대가나 고수들의 수익률부터 살펴보자. 성장주 투자의 최고수이자 CANSLIM 모델의 창시자인 윌리엄 오닐은 25년간 연평균 40%에 달하는 수익률을 기록한 것으로 소개되어 있다. 또 오닐의 제자이자 그의 성장주 투자법을 더욱 공격적으로 발전시킨 마크 미너비니는 1994~2000년에 연평균 220%의 수익률을 올리면서 1997년(155%)과 2021년(335%) 전미투자대회(US Investing Championship)에서 두 차례 우승했고, 이후 그가 지도한 제자들 역시 연간 수백 %에 달하는 수익률로 같은 대회에서 연이어 우승을 차지했다.

성장주 투자와 트레이딩 대가들의 수익률은 가치주 투자 대가들의 수익률에 비해 높게 나타나는 경향이 있다. 프레더릭 반하버비크의 『초과수익 바이블』에 있는 〈10년 이상 투자한 대가들의 연복리 수익률 추정치〉를 보면, 성장주 투자 대가 윌리엄 오닐은 40%, 트레이딩 대가인 리처드 데니스는 120%인데 비해, 가치주 투자 대가 워런 버핏은 23%, 성장가치주 투자 대가 피터 린치는 29.2%의 수익률을 올린 것으로 나와 있다.

325

성장주+트레이딩		가치투자	
이름	수익률(운용 햇수)	이름	수익률(운용 햇수)
윌리엄 오닐	40%(25년)	벤저민 그레이엄	21%(20년)
리처드 데니스	120%(19년)	워런 버핏	23%(54년)
빅터 스페란데오	72%(19년)	존 템플턴	15%(38년)
애드 세이코타	60%(30년)	존 네프	14.8%(31년)
폴 튜더 존스	26%(19년)	피터 린치	29.2%(13년)

한국의 성장주 투자 고수들은 어느 정도의 수익률을 올리고 있을까? 성장주 투자 경험을 담은 책을 통해 살펴보면 『성장주에 투자하라』를 쓴 슈퍼개미 이정윤은 투자를 시작해 3년 만에 100억 원을 벌고 20년이 넘게 성장주에 투자해 원금 200배 수익을 달성했다고 한다. 20년에 원금 200배 수익이라면 매년 약 30%씩 복리로 증가한 결과다. 또 『한국형 모멘텀 투자 실전 매매법』을 쓴 이가근은 2021년 이후 연평균 103%의 투자 수익률을 기록 중이라고 하고, 프랍 트레이더로 『주도주 투자 수익의 정석』을 쓴 김진은 2001년부터 2023년 말까지 연평균 15% 정도의 수익을 냈다고 말하고 있다.

성장주에 투자한다면 미국과 한국의 성장주 수익률은 어느 정도일까? 이를 시장 평균에 가까운 성과를 보여 주는 성장주 ETF를 통해 살펴보자. 미국의 성장주 ETF로는 QQQ를, 한국의 성장주 ETF로는 KODEX 코스닥150을 대표 사례로 삼아, 지난 10년간의 투자 수익률(2026년 3월 14일 기준)을 비교해 보자.

주식투자법 100문 100답

위 그림을 보면 10년 누적 수익률은 QQQ는 503.91%, KODEX 코스닥 150은 95.82%이다. 연평균 수익률로 계산하면 QQQ는 연 19.7%, 코스닥150은 6.9% 수준이다. 10년 전에 1000만 원을 미국의 QQQ에 투자했다면 약 6039만 원으로 불어났을 것이고, KODEX 코스닥150에 투자했다면 약 1958만 원에 그쳤을 것이다. 표면적으로는 둘 다 성장주 시장이었지만, 복리로 축적되는 성과의 크기는 네 배 가까운 차이를 만들었다.

성장주 투자 지표로 PSR을 사용한다면, 이 지표가 수익률에 미치는 영향은 어느 정도일까? PSR은 시가총액/매출액으로 계산되는데, 이 지표는 미래 이익을 매출 성장으로 먼저 평가해 이익이 아직 없거나 매우 불안정한 성장 기업에도 적용할 수 있다는 점이 장점이다. 아래 표를 보면 PSR 지표값이 가장 낮은 기업들은 20% 이상의 수익률을 보이는 반면, PSR 지표값이 커질수록 수익률이 하락하는 것으로 나타났다. 그러나 PSR 지표값이 낮은 기업들도 최근 들어서는 수익률이 낮아지는 경향을 보이고 있다.

7장 성장주 투자 어떻게 해야 하나요?

	2001~2022	2001~2017	2018~2022
1그룹(%)	21.03	25.14	8.03
10그룹(%)	-1.70	-0.86	-4.51
1그룹 - 10그룹(%p)	22.73	26.00	12.54
KOSPI(%)	7.00	9.79	-1.95
KOSDAQ(%)	1.17	2.49	-3.18
1그룹 - KOSPI(%p)	14.03	15.35	9.96
1그룹 - KOSDAQ(%p)	19.86	22.65	11.21

이상의 내용을 요약하면, 성장주 투자 고수들은 연평균 30% 이상의 수익률을 올리기도 하지만 일반 투자자는 미국에 투자했을 경우는 20% 수준, 한국에 투자했을 경우는 4% 수준의 수익률을 올리는 게 최대치였을 것으로 생각된다. 이것도 성장주의 특성인 격심한 변동성을 견디고 얻을 수 있는 수익률이고, 이러한 변동성을 견디지 못하고 투자자 자신의 충동성에 따라 투자했다면 수익률은 더욱 낮아졌을 것으로 추정된다.

6

성장주 투자 리스크 관리
어떻게 해야 하나요?

성장주 투자는 앞으로 빠르게 성장할 가능성이 높은 기업에 투자해 높은 수익을 얻는 전략이다. 기술 혁신이나 산업 구조 변화 속에서 새로운 시장을 개척하는 기업에 투자하는 방식이기 때문에 성공할 경우 매우 큰 수익을 얻을 수 있다. 실제로 지난 수십 년 동안 세계 주식시장의 가장 큰 수익을 만들어 낸 기업들 가운데 상당수는 성장주였다. 그러나 성장주 투자는 높은 수익 가능성만큼이나 높은 리스크를 동반한다. 성장에 대한 기대가 꺾이거나 시장 환경이 변하면 주가는 매우 빠르게 하락할 수 있기 때문이다. 따라서 성장주 투자를 할 때는 성장 가능성만 보는 것이 아니라 그 성장의 지속 가능성과 함께 다양한 리스크를 관리하는 전략이 필요하다.

성장주 투자에서 가장 큰 리스크는 성장 기대가 무너지는 위험이다. 성장주의 주가는 현재의 실적보다 미래의 성장 가능성에 의해 결정되는 경우가 많다. 기업의 매출과 이익이 빠르게 증가할 것이라는 기대가 높을수록 투자자들은 더 높은 가격을 지불하게 된다. 그러나 시장이 기대했던 성장 속도가 실제로 나타나지 않으면 주가는 크게 하락할 수 있다. 성장주가 급격히 하락하는 경우 대부분은 기업의 성장 스토리가 약해졌다는 신호에서 시작

329

된다. 매출 성장률이 둔화되거나 시장 점유율이 감소하고 경쟁이 심화되는 경우가 대표적이다. 이러한 리스크를 관리하기 위해서는 기업의 성장 스토리를 단순한 기대나 유행이 아니라 실제 사업 구조와 시장 규모를 통해 검증하는 과정이 필요하다. 시장 규모가 충분히 큰지, 기업의 기술이나 제품이 경쟁 우위를 유지할 수 있는지, 매출과 이익이 장기적으로 확대될 수 있는 구조인지 등을 지속적으로 점검해야 한다.

두 번째 리스크는 높은 밸류에이션 위험이다. 성장주는 미래의 높은 성장 기대를 반영해 이미 높은 주가수익비율(PER)이나 주가매출비율(PSR)을 기록하는 경우가 많다. 이런 종목은 기업의 실적이 조금만 기대에 미치지 못해도 주가가 크게 하락할 수 있다. 특히 시장 전체가 성장주에 열광하는 시기에는 기업의 실제 가치보다 훨씬 높은 가격이 형성되는 경우도 있다. 이런 상황에서 시장 분위기가 바뀌면 성장주 전반이 동시에 큰 폭으로 하락하기도 한다. 이러한 리스크를 줄이기 위해서는 성장주 투자에서도 가격을 고려하는 태도가 필요하다. 아무리 좋은 기업이라도 지나치게 높은 가격에 매수하면 수익을 얻기 어렵기 때문이다. 기업의 성장 속도와 시장 규모, 경쟁력 등을 고려해 합리적인 가격 범위에서 투자하는 것이 중요하다. 또한 주가가 단기간에 과도하게 상승했을 경우 일부 이익을 실현하거나 비중을 조절하는 전략도 리스크 관리에 도움이 된다.

세 번째 리스크는 산업과 기술 변화 리스크다. 성장주는 대체로 새로운 기술이나 산업 변화와 밀접한 관련을 가지고 있다. 그러나 기술 혁신이 빠르게 진행되는 산업에서는 기업의 경쟁 우위가 오래 지속되지 않는 경우도 많다. 한때 시장을 선도하던 기업이 새로운 기술 변화에 뒤처지면서 급격히 경쟁력을 잃는 사례도 흔하다. 특히 플랫폼, 반도체, 인터넷, 바이오와 같은 산업에서는 기술 경쟁이 매우 치열하기 때문에 기업의 위상이 빠르게 바뀔 수 있다. 따라서 성장주 투자를 할 때는 단순히 현재의 성장률만 보는 것이 아니라 기업의 경쟁력이 장기적으로 유지될 수 있는지 확인해야 한다. 기술력, 특허, 브랜드, 네트워크 효과 등과 같은 경쟁 우위 요소가 있는 기업인지 살펴보는 것이 중요하다. 또한 특정 산업에 투자 비중이 지나치게 집중되지 않도록 여러 산업으로 분산 투자하는 것도 산업 변화 리스크를 줄이는 효과적인 방법이다.

네 번째 리스크는 시장 환경 변화 리스크다. 성장주는 금리 변화와 같은 거시경제 환경의 영향을 크게 받는 자산이다. 금리가 상승하면 미래 이익의 현재 가치가 낮아지기 때문에 성장주의 밸류에이션이 하락하는 경향이 있다. 특히 장기적인 성장 기대가 높은 기업일수록 금리 변화에 민감하게 반응한다. 실제로 글로벌 금융시장에서 금리 상승기에는 성장주보다 가치주나 배당주가 상대적으로 강세를 보이는 경우가 많았다. 따라서 성장주 투자를 할 때는 금리와 유동성 환경을 함께 고려해야 한다. 금리가 빠르게 상승하는 시기에는 성장주 비중을 줄이고 포트폴리오를 조정하는 전략이 필요할 수 있다. 반대로 금리가 안정되거나 하락하는 환경에서는 성장주의 투자 매력이 다시 높아질 가능성이 크다.

결국 성장주 투자에서 중요한 것은 단순히 높은 성장률을 가진 기업을 찾는 것이 아니라 그 성장의 지속 가능성과 투자 가격을 함께 고려하는 것이다. 성장 기대가 무너질 가능성을 점검하고, 지나치게 높은 밸류에이션을 경계하며, 산업 구조 변화와 거시경제 환경을 주의 깊게 관찰하여 신속하게 대응하는 것이 성장주 투자에서 가장 중요한 리스크 관리 전략이다.

7

성장주 투자 미래 전망은
어떤가요?

한국에서 성장주 투자는 어떤 과정을 거쳐 발전해 왔나?

한국 경제는 1960년대 경제개발을 시작한 이래 전 세계에 유례없는 고도 성장을 계속해 왔지만 주식시장에서의 성장주 투자는 1997년 외환위기 이후 정부가 벤처기업을 새로운 성장 동력으로 육성하기 시작하면서 본격화되었다고 할 수 있다. 외환위기는 산업 구조와 자본시장의 체질을 동시에 바꾸는 계기가 되었고, 구조조정과 정부의 벤처기업 육성 정책, 정보통신 인프라 확충은 새로운 산업군의 등장을 촉진했다. 이 시기 코스닥 시장을 중심으로 하나로통신, 새롬기술, 다음, 한글과컴퓨터 등 정보통신 및 인터넷 관련 기업이 폭발적인 주가 상승을 기록했다. 투자자들은 전통적인 가치평가 기준보다 '미래 성장 가능성'을 중시하기 시작했고, 그 결과 주식시장은 성장주 중심의 투자 패러다임으로 전환되었다. 그러나 2000년대 초 나스닥 버블이 붕괴하자 한국 주식시장도 급락하여 벤처 중심의 과열 국면은 단기간에 종식되었다.

IT버블 붕괴 이후 한국 경제는 수출 중심의 회복세를 보였다. 특히 중국의 고성장과 원자재 수요 확대로 인해 자동차, 조선, 철강, 반도체 등 제조업이 높은 실적을 기록했다. 이 시기의 주도주는 현대자동차, 현대중공업, 포스코, 삼성전자 등으로, 이들 기업은 글로벌 경쟁력을 기반으로 실적을 확대했다. 이에 따라 한국 주식시장은 수출 대기업 중심의 구조로 재편되었고, '가치'와 '성장'이 결합된 실적 중심 장세가 전개되었다.

IT버블 붕괴 이후 한국 경제의 성장 동력이 된 것은 2001년 WTO에 가입해 본격적으로 성장하기 시작한 중국으로부터의 산업화 및 도시화에 필요한 각종 원자재와 운송 선박의 수요였다. 이러한 중국 특수에 힘입어 현대중공업과 포스코 등 조선주와 철강주가 주도주로 부각되었다.

2008년 글로벌 금융위기는 주식시장에 엄청난 하락 충격을 주었지만 중국 특수 덕분에 그 충격을 어느 정도 완화할 수 있었다. 2009년부터 20011년까지는 중국의 내구재 수입 확대로 '차화정'(자동차, 화학, 정유)이 주도주가 되었고, 2012년에서 2016년까지 주가지수가 장기 횡보하는 장세에서도 중국의 사치성 소비재의 구매 확대로 우리나라의 아모레퍼시픽이나 호텔신라 등 화장품, 여행 관련주가 주도주 역할을 했다.

2010년대 중반 이후는 스마트폰의 확산과 4차 산업혁명 담론이 확산되었다. 삼성전자와 SK하이닉스를 중심으로 한 반도체 산업과 플랫폼 기반의 비즈니스 모델로 무장한 네이버와 카카오가 핵심 성장축을 형성했다. 이 시기의 특징은 기술력과 독점적 플랫폼을 보유한 기업이 장기간 시장의 주도권을 유지했다는 점인데, 이는 한국 경제가 제조 중심에서 지식·정보산업 중심으로 이행했음을 보여 주는 현상이었다.

2020년 코로나 위기 때는 저금리와 유동성 확대, 비대면 소비 확산이 결합하면서 2차전지, 바이오, AI, 메타버스 등 신성장 산업이 크게 성장하면서 LG에너지솔루션, 삼성SDI, 에코프로, 셀트리온 등이 대표적 주도주로 등장했다. 그러나 2022년 이후 인플레이션 우려로 급격한 금리 인상이 이루어지면서 성장주 투자는 조정기에 진입했다.

이처럼 성장주 투자는 금리, 해외수요, 정부 정책 등에 따라 역동적인 변화를 보여 왔는데, 앞으로는 어떤 성장주가 유망할까?

성장주 투자 고수 이정윤은 『성장주에 투자하라』는 책에서 비메모리 반도체, 제약·바이오, 전기·수소차, 자율주행차, 메타버스, 게임(NFT 포함), 로봇(AI 포함), 우주항공(신소재 포함) 등이 유망하다고 말한다.

성장주 투자의 선도자로 활동하고 있는 천백만은 『성장주 패러다임』이라는 책에서 AI 특화 반도체 NPU, 우주항공, 비트코인이 100배 성장 유망 섹터라고 말한다.

성장주 중심으로 10조 원 규모의 펀드 운용 경험이 있는 서재형은 『서재형의 투자교실』이라는 책에서 미래에 투자할 산업으로 반도체, 2차전지, AI, 방위산업을 꼽는다.

성장주 투자의 이론과 실전에서 탁월한 성과를 보인 김학주는 『텐배거 포트폴리오』라는 책에서 시장의 미래를 바꿀 주식으로 AI 반도체, 소형 원자로, 자율주행·로봇·바이오, 양자컴퓨터, 사이버 보안, 알트코인 관련 TOP 50을 소개한다.

그렇다면 성장주 투자의 세계 최고수로 인정받고 있는 마크 미너비니는 어떤 산업, 어떤 주식을 성장 산업, 성장 주식이라고 생각할까? 미너비니는 의외로 어떤 산업이 성장 산업이라고 명시적으로 말하지 않는다. 미너비니는 특정 산업을 미리 단정하기보다는, 주가와 실적이 먼저 증명되는 산업이 진짜 성장 산업이라고 강조한다. 그는 "지금 성장하고 있는 산업을 확인하는 것이 성장주 투자의 핵심"이라면서 "미래 산업을 예측하려 하지 말고, 시장이 선택한 승자를 따라가라."라고 말한다.

8

성장주 투자 고수들의
필살기를 알려 주세요

성장주 투자는 커다란 기회와 커다란 위험이 공존하는 투자법이다. 투자 고수는 기회를 최대한 활용하고 위험을 최소한으로 줄여 안정적으로 높은 수익을 내는 사람들이다. 여기서는 그런 성장주 투자 고수들의 필살기를 살펴보기로 한다.

먼저 성장주 투자 세계 최고수인 마크 미너비니의 필살기에 대해 살펴보자. 미너비니의 종목 선정과 매수·매도의 필살기에 대해서는 앞에서 이미 살펴본 바 있지만, 여기서는 잘 알려져 있지 않지만 매우 중요한 그의 필살기를 소개한다.

미너비니는 1997년 전미투자대회에서 우승했을 때 그 비결을 다음과 같이 말했다.

"제가 전미투자대회를 우승할 수 있었던 이유는 최대한 시장 노출을 줄이려고 했기 때문입니다. 전미투자대회가 열렸던 1997년에 저는 1년의 절반가량 동안 현금을 보유하고 있었습니다."

1년 내내 매매를 하는 게 아니라 필살기가 먹히는 기간에만 매매를 하는 것이 그의 또 하나의 숨겨진 필살기였던 셈이다. 2년 만에 3만 %에 가까운 역사상 가장 뛰어난 성과를 올린 댄 쟁거도 그 비결을 묻는 질문에 "최대한 시장에서 매매하는 시간을 줄이는 것입니다."라고 답변했다.

미너비니와 쟁거의 답변은 시장을 이기는 필살기도 그 필살기가 먹히는 기간에만 사용하고 나머지 대부분의 기간은 현금을 보유하는 것이 진정한 필살기임을 말해 주는 것이라고 할 수 있다.

『나는 주식투자로 250만불을 벌었다』라는 책으로 유명한 성장주 투자의 또 다른 전설적 고수 니콜라스 다비스의 필살기도 살펴보자. 다비스의 필살기는 이미 잘 알려진 것처럼 '박스 이론(Box Theory)'이다. 강한 성장주는 일정 가격 범위 안에서 횡보하다가 어느 순간 위로 돌파하는 패턴을 반복한다. 다비스는 이 횡보 구간을 '박스'로 정의했고, 이를 시장의 에너지가 축적되는 구간으로 보았다.

그는 박스 안에서는 절대 사지 않았다. 아무리 성장성이 뛰어나 보여도 주가가 박스를 벗어나기 전까지 기다렸다. 그리고 박스 상단을 강력히 돌파하는 순간에만 매수했다. 이것은 싸게 사서 비싸게 판다는 전통적인 매매 방식과는 정반대였다. 다비스는 가장 비싸 보이는 순간이 오히려 가장 안전한 진입 지점이라고 생각했다. 이미 시장이 그 기업의 성장 추세를 보여 주었기 때문이다. 그러나 예상과 달리 주가가 다시 박스 안으로 들어오면 즉시 매도했다. 판단이 틀렸음을 인정하는 데 미련이 없었다. 반대로 주가가 예상대로 움직이면 새로운 박스가 형성될 때마다 비중을 늘리는 피라미딩 전략을 사용했다. 처음부터 크게 베팅하지 않고, 시장이 자신의 판단을 증명해 줄 때만 투자 규모를 키웠다. 요컨대 다비스 필살기의 핵심은 박스 돌파를 통해 성장 추세가 증명된 종목만 사는 것. 그리고 그 이후에도 주가가 보여 주는 추세에 따라 매수·매도를 하는 추세 추종 매매였다.

다음에는 한국 성장주 투자 고수의 필살기를 살펴보자.

애널리스트 출신으로 2021년 이후 4년간의 하락장에서도 성장주의 모멘팀 투자로 연평균 103%의 수익률을 올린 이가근은 그의 투자 경험과 필살기를 담아 펴낸 『한국형 모멘텀 투자 실전 매매법』이라는 책에서 가치투자는 끝났고 이제는 모멘텀 투자의 시대라면서 한국 주식시장에서 돈 벌려면 모멘텀 투자가 답이라고 말한다. 그가 말하는 모멘텀은 사전적 의미로는 주가가 상승하고 있을 때 얼마나 더 상승할 것인지, 또는 주가가 하락하고 있을 때 얼마나 더 하락할 것인지를 나타내는 지표인데, 주식시장에서는 흔히 '호재(주가가 상승할 만한 긍정적인 뉴스)'의 다른 표현으로 사용된다.

모멘텀 투자에서 가장 중요한 것은 시장이 모두 인정할 만한 호재(Something new)가 등장하며 거래량이 평소보다 10배 이상 터지면서 장대양봉이 나오는 것이다. 해당 기업은 그날이 '제2의 창업일'인 셈인데, 그날 이후 그 기업과 주식은 새롭게 태어나면서 전혀 다른 스토리를 쓰고 전혀 다른 밸류에이션으로 시장에서 재평가를 받게 된다. 여기에 기관과 외국인의 매수세까지 이어진다면 '완벽하게 새롭게 태어나는 기업'이 된다. 이런 기업의 주식은 이벤트가 발생한 첫날 반드시 투자해야 하는데, 이가근은 이 같은 모멘텀 투자 방식으로 40개월 누적 수익률 1232%를 기록했다.

베스트 애널리스트 출신으로 성장주 투자로 큰 수익을 올린 김학주는 『주식투자는 설렘이다』라는 책에서 성장 스토리를 이해한 종목을 좋은 가격에 사서, 불필요한 매매 없이 설렘을 갖고 기다리는 것이 성장주 투자의 본질이라고 말한다. 구조적 성장 국면에 있는 기업은 좋은 소식 뒤에 더 좋은 소식이 이어지는 경향이 있다. 그 과정에서 반드시 조정이 발생해 차익 실현 물량이 쏟아지며 주가는 잠시 숨을 고르는데, 그는 이 구간을 가장 중요한 매수 기회로 본다. 즉, 그의 필살기는 성장주의 눌림목 매매다. 눌림목에서 매수한 뒤에는 불필요한 매매를 하지 않고 다음 성장 모멘텀이 나타날 때까지 설렘을 안고 기다린다.

매수할 때는 반드시 '매수 이유'를 글로 적으라고 강조한다. 시간이 지나며 시장에 널리 알려진 이유는 하나씩 지워간다. 개별 종목 투자는 남보다 더 깊이 아는 만큼만 초과 수익을 얻을 수 있기 때문이다. 그는 투자는 "아는 데까지만 하라." 하면서 다음과 같이 말한다.

"개인투자자 입장에서 인구의 노령화와 함께 헬스케어의 수요가 강화되는 것까지 파악했다면 바이오지수에 투자할 수 있고, 그 가운데 암을 극복하는 방법으로 인간의 면역을 조절하는 것이 당분간 대세라는 것에 동의하면 면역항암제 ETF를 사면 된다. 만약 면역을 조절하는 다양한 방법과 그 혁신을 주도하는 주력 기업의 핵심기술까지 이해했다면 그 개별 기업에 투자할 수 있다. 만약 바이오산업에 대해 전혀 아는 것이 없다면 단순히 성장 기업이 모여 있는 나스닥 지수에 투자하면 된다. 개별 기업에 투자할 수 있는 전문가는 보유기술의 미래를 보면 장기 투자도 가능하지만 단기 모멘텀을 활용한 트레이딩도 가능하다. 시장지수에 의존하는 일반 투자자일수록 장기 투자를 통해 구조적 성장을 기다리는 것이 바람직하다."

9

성장주 투자 공부와 훈련은
어떻게 해야 하나요?

주식으로 인생이 바뀌었다고 말하는 투자자들의 이야기를 살펴보면 그 중심에는 성장주 투자가 있는 경우가 많다. 한 종목이 열 배 이상 오르는 '텐배거'가 나오면 1000만 원은 1억 원이 되고, 그 자산을 다시 성장주에 재투자하는 선순환이 이어질 수 있다. 이론적으로만 보면 10억, 100억 자산가의 길도 멀어 보이지 않는다.

하지만 성장주는 그만큼 변동성이 큰 투자이기도 하다. 기대와 달리 주가가 반 토막, 반의 반 토막 나는 일도 흔하다. 그래서 성장주 투자는 단순히 유망해 보이는 기업을 찾는 것만으로 성공하기 어렵다. 시장의 흐름을 이해하고, 종목을 선별하고, 매수와 매도 타이밍을 판단하는 체계적인 공부와 훈련이 반드시 필요하다.

성장주 투자 공부와 훈련의 중요성을 가장 극적으로 보여 주는 인물이 바로 성장주 투자 분야의 세계적인 고수로 평가받는 마크 미너비니다. 그는 1990년대 약 5년 동안 연 복리 220%라는 전설적인 수익률을 기록해 잭 슈웨거의 『시장의 마법사들』에 소개되었고, 1997년과 2021년 두 차례 미국 투자 챔피언십에서 우승하며 실력을 입증했다. 하지만 이런 성과 뒤에는 오랫

339

동안 계속된 혹독한 공부와 훈련의 시간이 있었다.

미너비니는 중학교를 중퇴한 뒤 제대로 된 직업도 없이 주식투자를 시작했다. 처음 투자에 나섰을 때 그의 자금은 몇 천 달러에 불과했고, 증권 중개인의 권유를 믿고 투자했다가 큰 손실을 경험했다. 이후 그는 무려 6년 동안 단 한 푼도 벌지 못했고 오히려 손실만 반복했다. 많은 사람이 이런 상황에서 시장을 떠나지만 그는 포기하지 않았다. 오히려 실패의 원인을 찾기 위해 공부와 훈련에 몰두했다.

당시 그는 책을 살 돈조차 없어 공공도서관을 찾아다니며 투자 관련 서적을 닥치는 대로 읽었다. 마음에 남는 문장이 나오면 작은 수첩에 필사했고, 집에 돌아와 반복해서 읽으며 자신의 생각을 정리했다. 그는 하루에 10시간 이상 차트와 기업 데이터를 분석했고, 일주일에 70~80시간을 공부에 쏟기도 했다.

그러나 단순히 책을 많이 읽는 것만으로 실력이 늘지는 않았다. 미너비니가 가장 중요하게 여긴 공부 방법은 실패한 매매를 철저히 분석하는 것이었다. 그는 자신이 했던 모든 거래를 기록했고, 왜 매수했는지, 왜 손실이 났는지, 매도 시점은 적절했는지 등을 하나하나 복기했다. 이 과정을 통해 그는 자신이 반복적으로 저지르는 실수를 발견했고, 같은 실수를 다시 하지 않도록 매매 원칙을 하나씩 만들어 갔다.

그는 또한 실패한 종목 뿐만 아니라 성공한 종목에 대해서도 그 공통점을 철저히 연구했다. 그는 과거 주식시장에서 크게 상승했던 종목들을 조사해 어떤 특징이 있는지를 분석했다. 실적 성장률은 어떠했는지, 주가 차트는 어떤 형태였는지, 거래량은 어떻게 증가했는지 등을 비교하면서 상승하는 종목들의 공통 패턴을 찾아냈다. 이 과정에서 그는 윌리엄 오닐, 제시 리버모어, 니콜라스 다비스와 같은 투자 대가들의 전략과, 학계에서 제시된 다양한 실증 연구를 함께 참고하며 자신의 투자 방식을 정립해 나갔다. 감각이나 직감이 아니라 데이터와 확률을 기반으로 투자해야 한다는 생각이 이때 자리 잡았다.

미너비니는 투자 공부를 할 때 특히 세 가지 훈련을 강조한다.

첫째, 차트를 매일 보는 습관을 만드는 것이다.

그는 매일 수백 개의 종목 차트를 확인하며 상승하는 종목들의 공통된 패턴을 찾았다. 이런 반복적인 관찰을 통해 어떤 차트가 강한 종목인지, 어떤 차트가 실패 가능성이 높은 종목인지를 점점 구별할 수 있게 되었다. 미너비니는 '차트는 투자자의 언어'라고 말하며, 차트를 많이 볼수록 시장의 움직임을 이해하는 속도가 빨라진다고 강조한다.

둘째, 소액으로 실제 매매 경험을 쌓는 것이다.

그는 손실 부담이 없는 모의 투자보다는 실제 돈을 걸고 매매해 보는 경험이 중요하다고 말한다. 다만 금액은 반드시 감당 가능한 수준이어야 한다. 잃어도 생활에 문제가 없는 금액이지만, 손실이 나면 마음이 아플 정도의 금액이 훈련에 적절한 수준이라고 한다. 이런 방식으로 실제 시장에서 매매 경험을 쌓아야 투자 판단 능력이 빠르게 성장한다는 것이다.

셋째, 모든 거래를 기록하고 복기하는 것이다.

그는 매매 일지를 통해 자신의 투자 과정을 기록하고, 매매가 끝난 뒤 반드시 복기했다. 특히 실패한 거래를 분석하는 과정에서 가장 많은 것을 배웠다고 말한다. 잘된 거래는 운이 작용했을 수도 있지만, 실패한 거래는 반드시 원인이 있기 때문이다.

이러한 공부와 훈련의 결과로 탄생한 것이 바로 미너비니의 SEPA(특정 진입 구간 분석)전략이다. 이 전략은 단순히 차트만 보는 것이 아니라 기업의 실적 성장, 시장의 추세, 거래량 증가, 정확한 매수 타이밍을 함께 고려하는 체계적인 투자 방법이다.

여기서 무엇보다 중요한 것은 손실을 철저히 관리하는 원칙이다. 미너비니는 "성장주 투자는 얼마나 벌 수 있느냐가 아니라 얼마나 잃지 않느냐에서 시작된다."라고 말한다. 그는 매수 전에 항상 손절 기준을 정해 두고, 손실이 일정 수준을 넘으면 미련 없이 정리했다. 손실을 작게 관리할 수 있어야 상승 폭이 큰 종목을 끝까지 보유할 수 있기 때문이다.

그의 투자 성공 스토리는 성장주 투자를 꿈꾸는 개인투자자에게 중요한 교훈을 준다. 성장주 투자에서 성공하는 길은 타고난 재능이나 비밀 전략에 있는 것이 아니라 지속적인 공부와 반복적인 훈련에 있다는 점이다. 차트를 매일 관찰하고, 소액으로 실제 매매 경험을 쌓고, 매매 일지를 통해 자신의 실수를 분석하는 과정을 꾸준히 반복하다 보면 시장을 보는 눈이 점점 달라진다. 결국 성장주 투자는 대박 종목을 찾기보다는 주도 종목을 찾고, 시장을 이해하려는 지속적인 공부와 데이터에 근거한 분석, 반복적인 실전 경험과 철저한 복기를 통해 자신만의 원칙을 만들어 가는 과정 속에서 비로소 성과가 나타나는 투자라고 할 수 있다.

10

성장주 투자에 도움이 되는
책과 사이트, 유튜브

이정윤, 『성장주에 투자하라』(베가북스, 2022)

성장주에 투자해 원금 200배 수익을 달성한 슈퍼개미의 성장주 투자 노하우, 최적 포트폴리오 구축법이 담겨 있는 책이다. 저자는 자신을 "탑다운으로 업종을 선택, 삼박자 분석으로 성장주를 선정하고 최고의 매매 타이밍을 잡아서 최적의 포트폴리오를 구축해 20년 이상 정글 같은 주식시장에서 살아남은 성공한 주식투자자"라고 말한다. 저자가 2025년에 펴낸 『초보자를 단숨에 고수로 만드는 주식투자 핵심 수업』도 함께 읽어 보면 좋다.

천백만, 『성장주 패러다임』(거인의정원, 2023)

「100배 주식을 골라내는 초수익 성장주 투자 수업」이라는 부제가 붙어 있는 이 책은 루닛, 레인보우로보틱스 등의 텐배거 성장주를 발굴하고 현재 '성장주 투자의 전도사'로 활동하고 있는 저자가 구조적 성장주에 투자해야 하는 이유, 성장주 발굴 노하우와 밸류에이션, 투자 타이밍, 100배 성장 유망 섹터, 그리고 대세 상승을 시작한 비트코인 매매 전략까지 수십 년간 쌓은 노하우와 인사이트를 알려 주는 책이다.

343

이가근, 『한국형 모멘텀 투자 실전 매매법』(메이트북스, 2025)

애널리스트로 10년, 트레이더로 10년간 활동한 후 투자회사를 설립해 모멘텀 투자로 2021년 이후 4년간의 하락장에서도 연평균 103%의 수익률을 올린 투자의 노하우를 공개한 책. 저자는 한국 주식시장은 철저히 '가는 놈만 가는' 쏠림의 시장이라면서 가치투자의 시대는 끝났고 모멘텀 투자가 가장 적합한 투자법이라고 말한다.

최철, 『미국 주식투자의 정석』(황금부엉이, 2025)

미국 주식투자 전문 유튜브 채널 〈미국 주식으로 은퇴하기〉 운영자가 알려 주는 미국 주식투자의 정석. 정석이라고 하지만 저자는 주식 대가들이 말하는 8가지 조언을 멀리해야 투자에 성공할 수 있다고 말한다. '주식 시장 최고의 발명, ETF를 멀리하라'는 조언도 정석과는 거리가 있다. 그러나 저자의 투자법은 설득력도 있고 성과도 양호하다.

김학주, 『주식투자는 설렘이다』(메이트북스, 2023)

애널리스트로 시작해 펀드매니저부터 최고투자책임자에 이르기까지 각 분야에서 최고의 성과를 낸 투자전문가가 알려 주는 성장주 투자법. 성장주 투자에서 꼭 알아야 할 사항과 함께 유망한 각 성장 분야별로 지금까지 주가에 반영된 사실들, 아직 시장이 간과하고 있는 미래와 주력 기업들을 알려 준다. 저자는 최근 저서 『텐배거 포트폴리오』에서 3년 안에 10배 버는 주식으로 시장의 미래를 바꿀 주식 TOP 50을 소개하고 있으니 함께 읽어 보면 좋다.

홍성철·김지민, 『넥스트 테슬라를 찾아라』(에프엔미디어, 2021)

「현직 1등 펀드매니저의 미국 구조적 성장주 투자 로드맵」이라는 부제가 붙어 있는 이 책은 성장이 희귀해진 시대에 구조적 성장주 투자의 중요성과 구조적 성장의 3가지 핵심 테마로 미국의 구조적 성장주 65종목, 배당성장주 15종목, ETF 20종목을 소개하는 책이다. 책 마지막에 미국 주식투자에 유용한 사이트가 잘 정리되어 있다.

김대현·systrader79, 『돌파 매매 전략』(이레미디어, 2024)

돌파 매매는 세계 최고의 트레이더들이 공통적으로 구사하는 현존 최강의 트레이딩 기법이자 성장주 투자의 핵심매매법이기도 하다. 이 책은 윌리엄 오닐, 니콜라스 다비스, 마크 미너비니 등 성장주 투자 세계 최고수들의 돌파 매매법을 한국 주식시장에 적용해 설명한 책이다. 이 책에 이어 저자 중의 한 명인 김대현이 단독으로 쓴 『주도섹터 돌파 매매 전략』은 특정 산업의 특정 종목이 어떻게 주도섹터의 주도주가 되는지 그리고 이들을 어떻게 기술적 분석에 반영하는지에 대해 더욱 상세히 설명한다.

권중현, 『지금 당장 양자컴퓨터에 투자하라』(애덤스미스, 2024)

성장주에 인생의 모든 것을 건 한 투자자의 고투의 과정을 생생하게 기록한 책. 인공지능 시대 다음은 양자컴퓨터 시대가 온다고 확신하는 저자는 양자컴퓨터 산업의 1등 기업인 아이온큐에 집중 투자 및 장기 투자를 하고 있다. 유튜브 채널 〈가을바람월드〉를 운영하며 양자컴퓨터 산업의 최신 동향 및 정보를 전달하고 있고 아이온큐 본사를 직접 방문하기도 했다. 저자는 "포기하지 않는 자만이 최후의 승자가 된다."라고 말한다.

채상욱, 『주식 부자 프로젝트』(비에이블, 2020)

이 책은 2008년 글로벌 금융위기 때 자산의 90%를 날린 경험을 계기로 애널리스트가 된 후 알게 된 10배 성장 기업의 특징과 그 발굴법, 그리고 앞으로 절대 수익을 안겨 줄 100배 성장 산업과 투자 아이디어, 성장주 투자에서의 리스크 관리법까지를 알려 주는 책이다. 저자는 이 책을 읽고 나면 숫자에 약하고 재무제표를 몰라도 스스로 성장주를 찾고, 성장주의 법칙을 이해하고, 수익을 내는 투자의 기초 체력을 키울 수 있다고 말한다.

서재형, 『서재형의 투자교실』(헤리티지북스, 2023)

이 책은 12조 원을 굴리는 펀드매니저로 재직한 7년 동안 한번도 손실을 내지 않았던 '한국의 피터 린치'가 투자의 기초부터 10배 성장주 발굴법과 미래유망산업, 리스크 관리 전략과 공매도 이기는 법까지 알려 주는 책이다. 저자는 피터 린치처럼 50대 초반에 은퇴했다가 한국의 투자 문화를 바꾸고 개인의 투자에 도움이 되고 싶다는 생각으로 유튜브 채널 〈서재형의 투자교실〉을 열고 담쌤(담임 선생)을 맡아 적극적인 투자 조언을 하고 있다.

투자에 도움이 되는 사이트와 유튜브

주식투자 슬기로운 금융생활(www.tradinghow.co.kr)

인터넷상에서 Thales라는 필명으로 글을 올리고 있는 성장주 투자 고수의 홈페이지. 미국의 성장주 투자 대가인 윌리엄 오닐과 마크 미너비니의 투자법을 집중적으로 소개하고 있다. 홈페이지 개설 이전에는 tistory에서 주슬금 '주식투자 슬기로운 금융생활 by Thales(moneyway.tistory.com/207)'이라는 이름으로 글을 올렸는데 함께 읽어 보면 좋다.

트레이딩뷰(kr.tradingview.com)

다양한 차트 도구와 기술적 지표, 실시간 시세, 커뮤니티 아이디어 공유 기능을 제공해 주식투자자가 시장 흐름을 직관적으로 분석하고, 전략을 검증하며, 트레이딩 결정을 효과적으로 내릴 수 있도록 돕는 종합 분석 플랫폼. 상세한 사용법을 알고 싶으면 IT동아가 2024년 25회에 걸쳐 연재한 '차트 분석 도구 트레이딩뷰 파고들기'를 참고하면 좋다.

서재형의 투자교실(youtube.com/@karrlseo)

10조 원 규모 자금을 운용한 전직 펀드매니저의 실전 경험을 바탕으로 엔비디아·팔란티어 등 성장주와 시장 사이클을 깊이 있게 분석하는 것이 강점으로, 투자자가 장기 성장주의 흐름과 타이밍을 전문가 시각에서 이해하고 전략적으로 대응하도록 돕는 성장주 분석 중심 채널

8장

테마주 투자
어떻게 해야 하나요?

1

테마주 투자가 무엇이고
어떤 장점이 있나요?

사례

서른넷까지 12년간 사법시험을 준비했으나 결국 낙방, 서른다섯에 월급 100만 원 비정규직 아르바이트로 사회생활을 시작했지만 벌이의 한계는 명확했습니다. 서른여덟이 되던 2015년 결혼을 결심하고 전세자금을 마련한다는 목적으로 주식을 시작했습니다.

저는 투자의 시작을 테마주와 함께 했습니다. 2015~2016년을 오롯이 재료와 차트에 집중했던 저는 2017년 한 가지를 깨닫습니다. 차트와 재료를 따로 볼 게 아니라 같이 봐야 한다는 것. 재료, 차트, 거래량의 삼박자, 일명 '재-차-거'를 깨달은 저는 안정적으로 월 1000만 원, 많게는 월 1억의 수익을 거두게 됩니다.

이렇게 해 3년 만인 2017년 누적 수익 30억 원을 달성했습니다. 오로지 '단타'로 이뤄 낸 수익이었습니다. 그 이후에는 단타에서 벗어나 투자 방식과 포트폴리오를 다변화하면서 2018년 40여억 원, 2020년 123억, 2021년 97억의 수익을 거두었고 2022년까지 주식투자로 총 300억 원이

넘는 수익을 거두었습니다.[6]

테마주로 3년 만에 30억 원을 벌고 이후에는 올라운드 투자로 5년 만에 300억 원을 번 전설 같은 투자 성공 사례다.

테마주란 무엇인가? 테마주란 특정한 산업이나 정책, 사회적 이슈, 기술 변화와 같은 공통된 재료를 중심으로 함께 움직이는 종목들을 말한다. 기업의 실적이나 재무 상태와 같은 개별 기업의 기본적 요소보다 특정한 이야기나 기대감, 즉 '테마'가 투자자들의 관심을 끌면서 주가가 움직이는 경우가 많기 때문에 붙여진 이름이다.

테마주는 주식시장에서 매우 다양한 형태로 나타난다. 먼저 산업 성장과 관련된 테마주가 있다. 새로운 기술이나 산업이 등장할 때 그 산업과 관련된 기업들이 하나의 테마를 형성하는 경우다. 인공지능, 반도체, 전기차, 2차전지, 바이오, 우주항공 산업 등이 대표적인 예다. 이러한 테마는 실제 산업의 성장과 연결되어 있기 때문에 비교적 오랜 기간 시장의 관심을 받는 경우가 많다. 두 번째는 정책 테마주다. 정부가 특정 산업을 육성하거나 규제를 완화하는 정책을 발표하면 그 정책과 관련된 기업들이 동시에 움직이면서 하나의 테마를 형성한다. 예를 들어 친환경 정책, 인프라 투자, 재생에너지 정책 등이 발표될 때 관련 기업들이 함께 상승하는 경우가 여기에 해당한다. 세 번째는 정치 테마주다. 선거 시기나 정치적 이슈가 등장할 때 특정 정치인과 연관된 기업들이 테마주로 묶여 움직이기도 한다. 기업의 사업과 직접적인 관련이 없더라도 학연, 지연, 인맥 등의 이유로 특정 정치인과 연결된 것으로 알려지면 주가가 크게 움직이기도 한다. 네 번째는 사회적 이슈나 이벤트 테마주다. 특정 사건이나 사회적 관심이 집중되는 이슈가 발생하

---

6) 유목민, 『나의 월급 독립 프로젝트』(리더스북, 2022)와 동 저자, 『유목민의 투자의 정석』(리더스북, 2024)에서 발췌.

면 그와 관련된 기업들이 동시에 주목받는 경우다. 예를 들어 팬데믹 시기에는 백신, 진단키트, 비대면 플랫폼 기업들이 테마를 형성하며 크게 움직이기도 했다.

테마주를 왜 알아야 하는가?

첫째, 소규모 투자금으로 자산 규모를 키울 수 있는 거의 유일한 통로이기 때문이다. 장기 투자와 분산 투자는 자산을 지키는 데 탁월한 전략이지만, 소규모 투자금을 빠르게 증식시키는 데에는 한계가 있다. 소규모 투자금으로 시작해 경제적 자유를 실현한 개인투자자들의 초기 이력을 살펴보면, 상당수가 단기 트레이딩과 테마주 매매를 경험한 것으로 나타난다.

둘째, 시장이 움직이는 방식을 생생하게 보여 주기 때문이다. 테마주는 한 기업의 실적만으로 움직이지 않는다. 정치 일정, 정책 변화, 산업 트렌드, 기술 이슈, 사회적 사건 등 시장을 둘러싼 거의 모든 요소가 주가에 즉각적으로 반영된다. 테마주를 따라가다 보면 자연스럽게 "지금 시장은 무엇에 반응하는가", "어떤 뉴스에 돈이 몰리는가", "누가 먼저 사고 누가 나중에 파는가"를 관찰하게 된다. 이는 단순한 종목 분석을 넘어 자금 흐름과 투자 심리를 읽는 훈련으로 이어진다. 테마주를 이해한다는 것은 곧 시장의 현재 언어를 이해하는 것과 같다.

셋째, 트레이딩 실력과 리스크 관리 능력을 동시에 키울 수 있기 때문이다. 테마주는 변동성이 크기 때문에 잘 대응하면 짧은 시간에 성과를 낼 수 있지만, 원칙 없이 접근하면 손실 역시 빠르게 커진다. 이 과정에서 투자자는 자신의 성향을 정확히 마주하게 된다. 욕심이 강한지, 손실을 견디지 못하는지, 규칙을 지킬 수 있는지 여부가 테마주 매매에서 그대로 드러난다. 투자 고수들이 "테마주는 가장 위험한 동시에 가장 솔직한 스승"이라고 말하는 이유다. 단, 이 훈련은 반드시 소액으로, 감당 가능한 범위 내에서 이루어져야 한다. 테마주는 계좌를 키우는 도구이기 전에 계좌를 무너뜨릴 가능성이 높은 투자 영역이기 때문이다. 위험을 무시하고 뛰어들면 파국으로 끝나지만, 시장의 흐름을 읽는 능력과 리스크 관리 능력을 키우는 훈련 도구로 사용한다면 테마주는 투자 고수로 성장하기 위한 중요한 경험 자산이 될 수 있다.

테마주 투자 관련 핵심 용어

대장주

대장주는 특정 테마나 업종에서 가장 먼저 상승하고 가장 강한 상승 흐름을 보이며 다른 관련 종목들의 움직임을 이끄는 대표 종목을 말한다. 테마주 투자에서는 자금과 관심이 대장주에 가장 먼저 몰리기 때문에 대장주의 흐름이 테마 전체의 방향을 판단하는 중요한 기준이 된다. 주도주가 시장 전체 상승을 이끄는 종목이라면, 대장주는 특정 테마 안에서 상승을 이끄는 대표 종목이라는 점에서 차이가 있다.

테마주와 세력주

테마주와 세력주는 모두 특정 이슈나 수급에 의해 단기간에 큰 가격 변동이 나타나는 종목이라는 공통점이 있다. 그러나 테마주는 정책, 산업 변화, 정치 이벤트 등 특정 '이야기'나 이슈를 중심으로 형성되는 종목을 말하는 반면, 세력주는 특정 자금이나 투자 집단이 매집과 수급 조절을 통해 주가 흐름에 영향을 미치는 종목을 의미한다. 즉 테마주는 이슈를 기준으로 한 분류이고, 세력주는 움직임의 주체를 기준으로 한 분류라는 차이가 있다.

상한가 따라잡기

테마주에서의 상한가 따라잡기는 특정 이슈나 재료로 상한가를 기록한 종목을 보고, 테마가 이어질 것이라는 기대에 다음 날 추격 매수하는 전략이다. 테마주의 경우 상한가가 나오면 같은 테마로 자금이 빠르게 확산되면서 단기간에 연속 급등이 나타나기도 한다. 그러나 테마주는 실적보다 재료와 수급에 의해 움직이기 때문에, 상한가 다음 날이 테마 주도세력의 차익 실현 구간이 되는 경우도 많다.

짝짓기 매매

짝짓기 매매는 테마주 매매에서 같은 테마에 속한 종목들을 서로 비교해 상대적으로 덜 오른 종목을 매수하는 전략이다. 테마가 형성되면 대장주가 먼저 급등하고, 이후 비슷한 사업 내용이나 연관성을 가진 후발 종목으로 순환하는 경우가 많다. 이때 이미 많이 오른 종목을 쫓기보다 대장주와의 가격·상승률 격차가 큰 종목을 노리는 방식이 짝짓기 매매다.

시황과 시황 매매

시황은 시장에 유입되는 자금의 흐름과 투자자 심리, 그리고 어떤 테마가 주목받고 있는지를 종합적으로 보여주는 환경을 의미하며, 특정 이슈나 뉴스에 따라 자금이 어느 방향으로 이동하는지를 파악하는 기준이 된다.

시황매매는 이러한 시황을 바탕으로 현재 시장에서 가장 강하게 자금이 몰리는 테마와 종목에 빠르게 대응해 진입하고, 관심과 자금이 약해지기 전에 이탈하는 매매 방식으로, 기업의 본질가치보다는 흐름과 타이밍을 중시하는 단기 중심의 투자 전략이다.

8장 테마주 투자 어떻게 해야 하나요?

테마주와 테마 ETF

테마주와 테마 ETF는 테마라는 말이 들어가 있어 비슷해 보이지만, 실제 내용과 투자 방식은 상당히 다른 경우가 많다. 특히 정치 테마주는 특정 인물이나 선거, 정책 이슈처럼 일회성과 불확실성이 큰 재료를 기반으로 움직이기 때문에 개별 종목 중심으로 형성되며, 객관적 기준과 지속성이 필요한 ETF로는 만들기 어렵다. 이런 테마주는 실적보다 기대와 수급에 의해 주가가 급변하는 경우가 많아 투자 성격이 단기에 가깝다. 반면 테마 ETF는 반도체, AI, 친환경처럼 산업과 기술의 구조적 변화를 기준으로 여러 종목을 묶어 구성되고, 추종 지수와 정기적인 리밸런싱을 통해 운용되기 때문에 특정 이슈에 베팅하기보다는 테마의 방향성에 중장기적으로 참여하는 투자 수단의 성격을 가진다.

3

테마주 투자 종목 선정 어떻게 해야 하나요?

테마주 투자는 단기간에 큰돈을 벌 수 있는 기회임과 동시에 순식간에 큰돈을 잃을 수도 있는 하이 리스크 하이 리턴의 투자법이다. 이런 특성을 갖는 테마주 투자에서 돈을 잃지 않고 투자 수익을 올리기 위해서는 종목 선정을 어떻게 해야 할까?

먼저 테마주 투자 고수들의 조언을 살펴보자.

서희파더는 『빅 트레이더의 주도주 매매법』이라는 책에서 지금 가장 뜨거운 종목, 즉 주도주와 대장주에 투자하라고 말한다. 주도주란 시장 전체를 이끌어 가는 당일 또는 며칠간의 스타주, 때로는 몇 달간 시장의 중심주로 많은 투자자의 이목을 집중시키며 큰 거래대금을 동반하며 시장 분위기를 리드하는 종목이다. 주도주는 어떻게 찾는가? 가장 일반적인 방법은 시장 전체를 보며 대표주를 찾는 방법으로, 최근 이슈가 되고 있는 업종이나 테마에서 관련주들이 상한가를 가는 등 단체로 급등하는 종목들 중에서 찾는 것이다. 예를 들면 2024년 엔비디아의 급등에 따라 우리나라 관련주로 폭발적으로 상승한 SK하이닉스, 한미반도체, 이수페타시스 등의 종목이다. 서희파더는 주도주 중에서도 1등주, 즉 대장주만을 거래하는데, 종목이 좋

357

으면 어떤 기법을 쓰든 통한다고 말한다.

2015년 500만원으로 시작하여 테마주로 2017년까지 30억, 2022년까지 300억 원이 넘는 수익을 거둔 유목민은 『투자의 정석』이라는 책에서 재료, 차트, 거래량, 시황이라는 단어를 압축한 '재차거시'를 테마주 투자종목의 기준으로 제시한다.

1. 주가를 급등시키는 주요 재료를 가진 종목
2. 단기, 중기, 장기 이평선 조정 상태거나 바닥 차트인 종목
3. 과거에 1과 2가 동시에 발현됐을 때 상한가를 기록했거나 거래량이 1000만주 이상 터진 종목
4. 재료, 차트, 거래량이 완비된 종목이 '현재' 시장에서 관심을 받고 있는지를 알려주는 '시황'

유목민은 이 모든 걸 다 보는 투자가 어렵지만 변동성이 심한 한국 주식 시장에 맞는다고 생각하여 기본적 분석과 기술적 분석을 통해 위 '재차거시' 라는 네가지 단계를 모두 분석한 다음 투자에 적합한 종목을 선정한다.

이정윤은 『주식투자 핵심수업』이라는 책에서 테마주의 투자 종목 선정에 가장 효과적인 방법은 매일 상한가 종목 포함 일간 상승률 TOP 30종목을 분석하는 방법이라고 말한다. 일간 상승률 TOP 30종목을 매일 분석하면서 동일 테마주 종목들을 묶어 내는 연습을 하다 보면 테마주의 상승 흐름이 보이기 시작하고, 이러한 흐름들을 추적해 나가면서 시장의 흐름과 테마주의 흐름을 읽어 낼 수 있게 된다는 것이다. 이 분석 방법은 기간을 길게 설정할 경우 중장기 테마주 분석에도 매우 중요한 도구가 된다. 즉 주간 상승률 TOP 30 또는 월간 상승률 TOP 30을 분석하면 해당 주나 월의 가장 강한 테마주와 시장의 흐름을 파악할 수 있다.

주식투자법 100문 100답

이렇게 종목 분석을 하려면 물론 상당한 시간 투입이 필요하다. 이정윤은 종목 분석을 위한 시간 투자를 아까워하지 말라고 하면서 만약 누군가가 그에게 "어떻게 일간 상승률 TOP 30종목을 매일 3시간씩 분석을 할 수가 있었죠?"라고 묻는다면 하루에 3시간도 분석하지 않으려는 투자자들 덕분에 감사하게도 20년 동안 주식시장에서 살아남을 수 있었다고 대답해 주고 싶다고 말한다.

테마주 투자로 20대의 나이에 수백억의 슈퍼개미가 된 시간여행TV는『테마주 백과사전』이라는 책에서 테마주 대부분은 상승에 대한 저항이 대형주 대비 작은 소형주에서 시작한다고 하면서 1) 시가총액 700억 미만의 종목 중에서 2) 실적이 준수하고 부채가 적으며 3)현재는 시장의 관심을 받지 못하고 있으나 과거에는 시장의 관심을 받아서 유동성이 풍부했던 종목에 관심을 가질 필요가 있다고 말한다. 그러나 다음과 같은 조건에 해당하는 소형주는 매우 위험하므로 피해야 한다고 말한다.

- 3년 이상 적자가 발생한 종목
- 자본잠식률이 50%에 근접한 종목
- 원리금을 미지급하고 있는 회사
- 주가조작 등으로 인해 상장을 폐지당한 경험이 있는 회사
- 저점 대비 2배이상 상승한 소형주
- 최근 3년 동안 일 거래대금이 100억을 돌파하는 적이 없는 종목
- 유상증자, 전환사채(CB), 신주인수권부사채(BW) 등 메자닌 발행이 있는 종목
- 자회사에 금전대여를 하는 기업
- 주식담보 대출로 편법M&A를 하는 기업
- 최근 1년 동안 호재성 뉴스가 4회 이상 나온 소형주

　이들의 조언을 종합해 보면, 테마주 종목 선정의 핵심은 시장의 관심이 실제 자금으로 이동하고 있는지를 확인하고, 테마의 지속 가능성을 점검하며, 그 안에서 대표성과 최소한의 안정성을 갖춘 종목을 고르는 것이다.

　한편, 정보 부족이나 특정 종목에 대한 집중 투자 리스크가 부담스럽다면 테마 ETF를 대안으로 고려할 수 있다. 다만 테마 ETF는 우리가 흔히 생각하는 단기 테마주 묶음이라기보다는, 장기적인 관점에서 향후 거시적으로 파괴적 혁신을 가져올 트렌드를 예측하고, 해당 트렌드가 현실화되는 경우 고성장이 예상되는 종목을 모은 것으로, 성장주 ETF에 가까운 성격을 띠는 경우가 많다. 그래서 '테마주 대신 테마 ETF'라는 단순한 대체 개념으로 접근하면 오히려 기대와 다른 결과를 얻을 수 있다는 점에서 주의가 필요하다. ETF전문가인 수페는 『나의 첫 ETF 포트폴리오』라는 책에서 테마 ETF를 선택할 때는 내가 분석한 기업, 투자하고 싶은 기업이 그 ETF에서 어느 정도 비중을 차지하고 있는지 살펴보고, 스스로 매력을 느끼는 기업이 있다면 그 기업에 대한 ETF의 투자 비중을 고려해 종목을 선택하는 것도 괜찮은 방법이라고 말한다.

4

테마주 투자 매수·매도 언제 어떻게 해야 하나요?

테마주 투자에서 종목 선정이 이루어졌다면 매수·매도는 어떻게 해야 할까?

먼저 매수에서는 언제 매수할 것인지가 중요하다. 테마주 고수 시간여행 TV는 『테마주 백과사전』이라는 책에서 이상적인 테마주 매매 방법은 아무도 관심을 가지지 않을 때가 매수 시점이며 다른 시장 참여자들이 관심을 가져서 유동성이 풍부해지고 거래량이 터지는 시점이 매도 시점이라고 말한다.

남석관도 『손실 없는 투자 원칙』이라는 책에서 테마주 매매의 기본은 이슈가 발생하는 초기에 매수하고 테마 이슈가 소멸하기 전 매도하는 것이 원칙인데, 테마주의 유형에 따라 매수와 매도의 방법이 조금 다르다고 말한다. 1~2주 동안 진행되는 단기 테마는 데이트레이딩 등 단기 매매법을 활용하면 되지만 대응하기가 매우 힘든 만큼 되도록 무시하는 것이 좋고, 2020년의 코로나 테마나 대선 테마주, 정책 테마주처럼 중장기로 진행되는 테마는 중장기 매매법을 활용하면 된다는 것이다. 다만 테마주는 큰 상승세를 보이다가도 대주주를 비롯한 회사 주요 관계자의 매도 물량이 시장에 출회되거나 그간 상승을 이끈 테마와 이슈가 희석 또는 소멸하면 급락세로 전환되는 일이 자주 있는 만큼 시장 상황을 예의주시하며 급락 리스크에 대비해야 한다고 조언한다.

문제는 테마주를 다른 사람들이 알기 전에 매수한다는 것이 그 필요성은 알면서도 실행은 쉽지 않다는 점이다. 테마주의 존재를 알게 된 시점에서는 이미 주가가 상당폭 올라 있는 경우가 많기 때문이다. 장진영은 『실전 증권 사관학교 X파일』이라는 책에서 테마주를 상승 초기에 매수하려면 먼저 시장 흐름을 알아야 한다고 말한다. 테마군의 모든 종목들이 동반 상승하기 전에 한두 종목이 먼저 상승하는 경우가 많은데, 한 종목씩 조회해서 시장 흐름을 파악하려 한다면 많은 시간이 소요될 뿐만 아니라 판단 착오도 생길 수 있는 만큼 먼저 상승하는 강세 종목들의 유사점을 분석함으로써 강세 테마를 파악한다는 것이다. 이런 강세 테마를 통해 시장의 흐름과 함께 테마 형성 가능성도 분석할 수 있는데, 이를 통해 시장테마를 포착한다면 다른 투자자보다 한발 먼저 매수할 수 있다고 말한다.

테마주 고수인 서희파더는 『빅 트레이더의 주도주 매매법』이라는 책에서 주도주, 대장주에 초점을 맞추어 '트레이딩 Big 4'라고 부르는 4가지 매매법을 제시한다. '트레이딩 Big 4'는 눌림매매, 상한가 따라잡기, 돌파 매매, 종가 베팅이다.

눌림매매는 주가가 하락조정할 때 분할 매수해 반등 시 수익을 내는 방법이다. 상한가 따라잡기는 상한가를 굳히는 종목을 매수해 다음 날 갭상승 혹은 연속상한가를 통해 고수익을 올리는 방법이다. 돌파 매매는 주가가 전고점을 돌파할 때 또는 돌파를 예상한 지점에서 매수해 수익을 극대화하는 방법이다. 종가베팅은 다음 날의 상승을 예측하고 장 마감 동시호가에 매매하는 방법으로 가장 확실한 종가베팅은 상한가 따라잡기다.

서희파더는 이 중에서 특히 상한가 따라잡기의 중요성을 강조하고 있는

데, 그 이유는 상한가 따라잡기가 계좌를 급속도로 불려줄 뿐만 아니라, 주식시장 돈의 흐름을 알 수 있고, 종목의 특성을 이해하게 해 주는 이점을 갖고 있기 때문이라고 한다.

테마주 매매에서는 추세 상승하는 종목을 매수하는 것도 중요하다. 테마주 고수로 『주식의 道』라는 책을 쓴 생존재테크는 단기 매매를 주로 하는 사람들은 제 아무리 우량주라 하더라도 아니 우량주보다 더한 초우량 종목이라도 단기적 추세가 무너져서 하락하거나 횡보하는 종목은 쳐다보지도 말아야 한다고 말한다. 상승 추세종목에서 매매를 해야 하락 추세종목보다 수익확률이 높아지는 만큼 단기투자자라면 추세 상승하는 종목에 몸을 담그고 있어야 미래발전 가능성이 있다는 것이다.

테마주 고수들은 시황매매의 중요성도 강조한다. 시황매매는 당일에 출현한 뉴스나 재료를 기반으로 매매를 하는 것으로 뉴스매매라고 부르기도 한다. 시황매매는 하루에도 출현빈도가 매우 많고 상승률 또한 매우 크기 때문에 가장 빨리 큰돈을 벌 수 있는 방법으로 테마주 투자자들의 관심이 높은 매매법이다. 그러나 시황매매는 뉴스를 보자마자 다른 투자자보다 먼저 매수를 하고 매도도 먼저 해야 하는 매매이기 때문에 대응을 잘못하면 가장 빨리 가장 크게 손해를 볼 수도 있는 위험한 매매법이다. 따라서 이것은 초보의 매매법이 아니라 초를 다투어 매매하는 스캘핑의 고수 영역에 있는 매매법이라고 할 수 있다.

그러나 무엇보다 테마주 매매에서 가장 중요한 것은 돈을 잃지 않기 위한 리스크 관리다. 돈을 벌려고 테마주 시장에 뛰어들었다가 모든 돈을 잃고 시장에서 강제로 퇴출되는 경우도 적지 않기 때문이다. 유목민은 초심자로서 투자를 할 때 경험을 쌓으면서 손실을 최소화하기 위해 경전처럼 꼭 지켜야 하는 규칙을 매수 13계명, 매도 10계명으로 정리해 제시하고 있다. 매수 13계명은 종목 선정에서 다룬 내용과 중복되는 것이 많으므로 '매도 10계명'

의 핵심 내용만을 살펴보면 다음과 같다.

매도 10계명

① 남들도 다 아는 재료가 되었다면, 즉 '재료 소멸'이라면 즉시 비중을 반으로 줄인다.

② 강한 지지선을 깰 경우 리스크 시그널이므로 즉시 비중을 줄인다.

③ 예상보다 빨리 주가가 오르는 경우 즉시 비중을 반으로 줄인다. 시간을 사자.

④ 항상 매수의 근거가 유지되고 있는지를 점검하라. 매수의 근거가 바뀌면 바로 비중을 줄인다.

⑤ '조금만 더'라는 욕심이 들면 즉시 비중을 반으로 줄인다. 자신의 심리는 중요한 보조지표다.

단기 트레이딩 고수 강창권도 『수익 내는 주식 매매 타이밍』이라는 책에서 "시황매매 주식 초보라면 소액으로 연습부터 하라", "수익난 금액은 무조건 지켜라", "테마주는 절대로 한 바구니에 담지 말라", "급등락 심한 테마주는 대응가능한 투자자만 매매하라"와 같은 조언을 한다.

주린이를 위한 실전 단타 입문서 『주식 단타로 매일매일 벌어 봤어?』라는 책을 낸 양선호는 단타도 장세 판단이 최우선이라고 말한다. 강세장에서는 단타를 해도 공격적으로 접근해도 되고 투자금액과 목표수익률을 평소보다 높일 수 있고 자신 있다면 미수나 신용을 사용해서 더 큰 수익을 올릴 수도 있지만 하락장에서는 상한가 따라잡기나 돌파 매매같은 테마주의 공격적인 매매기법은 성공할 확률이 많이 떨어지는 만큼 보수적으로 접근해서 투자금액이나 목표수익률을 평소보다 낮추는 것이 좋고 신용이나 미수도 자제해야 한다고 말한다.

주식투자법 100문 100답

한편, 개별 테마주가 아닌 테마 ETF의 매수·매도는 언제 어떻게 하면 좋은가? 먼저 테마 ETF는 개별 테마주와 성격이 다르다는 점을 이해해야 한다. 테마 ETF는 단기 이슈에 반응하는 테마주 묶음이 아니라, 특정 산업·기술·미래 트렌드를 장기 관점에서 묶어 낸 성장형 ETF에 가깝다. 전기차 ETF, AI ETF, 로봇 ETF, 클린에너지 ETF 등은 향후 5~10년 동안 산업 구조가 성장할 것이라는 전제 위에서 설계된다. 따라서 개별 테마주의 급등과 급락을 그대로 따라가지 않으며, '테마의 장기 생존력'이 주요 판단 기준이 된다.

테마 ETF의 매수는 시장 조정이나 금리 부담 등으로 해당 테마에 대한 관심과 투자 심리가 약화되며 주가가 일시적으로 하락했을 때가 유리하다. 단기 이슈에 반응하기보다 특정 산업·기술의 중장기 성장 스토리에 베팅하는 방식이기 때문에, 조정 구간에서 분할 매수하는 전략이 효과적이다. 또한 ETF가 추종하는 지수의 구성 방식과 리밸런싱 기준, 테마를 이끄는 핵심 종목의 비중을 확인하고, 주요 기업들이 여전히 해당 테마를 주도할 경쟁력을 유지하고 있는지를 점검해야 한다.

매도는 금리 상승 등으로 시장 환경이 변화하거나, 해당 테마에 대한 관심과 모멘텀이 약해지는 신호가 나타날 때 고려하는 것이 좋다. 특히 핵심 종목들의 실적 부진, 기술 경쟁력 약화, 점유율 하락이 동시에 나타난다면 테마의 성장 스토리가 흔들리고 있는 것으로 보고, 보유 비중을 줄이거나 단계적으로 정리하는 것이 바람직하다.

테마주 투자 수익률은
어느 정도인가요?

테마주에 투자하는 투자자들의 수익률은 어느 정도일까?

먼저 투자 고수들의 수익률부터 살펴보자. 테마주 투자자라고 하진 않지만 테마주 투자의 핵심무기인 단기 매매의 원조 제시 리버모어는 15세에 5달러로 주식투자를 시작해 52세가 된 1929년에 1억 달러(현재 가치는 20억 달러)를 벌었다고 한다. 연평균 수익률로는 57.5%인데, 이러한 수익률은 정상적인 장기 복리 투자라기보다 제시 리버모어가 보여 준 극단적 레버리지, 대규모 집중 투자, 반복적인 고위험 베팅이 결합된 특수한 투자행동에서만 가능한 수치라고 할 수 있다.

한국의 테마주 고수들은 어떤가?

『시간여행TV의 테마주 백과사전』을 쓴 시간여행TV는 26살의 나이에 총 5종목에 대해 5% 공시를 한 슈퍼개미로 2020년 유튜브채널에 200억 수익을 인증한 테마주 전문가다. 투자 원금과 투자 기간이 나와 있지 않아 연평균 수익률을 알긴 어렵지만 잭 슈웨거의 『시장의 마법사들』에 나오는 세계 최고의 트레이더에 못지않은 수익률을 올린 것으로 짐작된다.

박민수는 『한 권으로 끝내는 테마주 투자』에서 종잣돈 3천만 원으로 시작한 주식투자로 8억 원 이상 수익을 거두었다고 말한다. 그는 이 책 외에도 『부의 시작—ETF만으로도 꼬박꼬박 연 40% 수익 내는 법』, 『아들아, 주식 공부해야 한다: 재무제표 및 공시 편』등의 책을 내고 있어 테마주만이 아니라 다양한 투자를 한 것으로 보이지만 연평균 수익률로만 보면 39% 수준의 높은 수익률을 올린 것으로 보여진다.

종잣돈 500만 원으로 테마주 투자를 시작한 3년 만에 30억을 번 유목민은 다시 3년 후에는 단기투자와 중장기 투자를 병행해 300억을 번 슈퍼개미로 변신했다. 테마주 단기 매매에 집중한 초기 3년의 연평균 수익률은 743%, 월평균 수익률로는 19.4%라는 엄청난 수익률이다. 워런 버핏이 1년에 올리는 평균 수익률을 한 달 만에 올리면서 복리로 투자금을 늘려 온 결과라고 할 수 있다.

성경호는 『상위 1%가 되는 주식투자의 비밀』이라는 책에서 단기 매매를 해 복리식으로 매월 10~20%의 수익을 거둔다면 1년이면 200~300% 이상의 수익률이 나온다고 말한다. 복리식으로 한 달에 10%씩 꾸준히 수익을 올릴 수만 있다면 1000만 원을 2억 원 이상으로 만드는 것은 3~4년이면 가능하다는 것이다.

테마주에 투자하는 일반 투자자의 수익률은 어떠할까? 다음 기사 제목만 봐도 대략 짐작이 될 것이다.

- 「[천방지축 테마주] ⑥ 써니전자, 2800% 폭등… 손실률도 1위」, 『아시아경제』, 2012. 12. 31.
- 「정치 테마주, 개미 투자자 10명 중 7명은 '쪽박'」, 『헤럴드경제』, 2017. 1. 12.
- 「반도체株 수익낸 개미, 테마株로 더 큰 손실」, 『매일경제』, 2022. 6. 5.
- 「정치 테마주 몰락… 대박 꿈꿨으나 계좌 반토막」, 『아시아경제』,

2025. 6. 5.

- 「금양, 한때 2차전지 테마주… 지금은 '상폐 위기 목전'」, 『한국금융경제신문』, 2025. 12. 30.

    몇 가지 조사나 연구 결과도 살펴보자. 금융위원회가 2017년 5월 발표한 '19대 대선 정치 테마주 대응 성과' 자료에 따르면, 개인은 19대 대선 정치 테마주 투자 주체 비중 96.6%를 차지했고 외국인은 2.9%, 기관은 0.2%에 불과했다. 하지만 투자 성과는 형편없었다. 개인투자자는 투자한 테마주 224개 종목 중 83%에 해당하는 186개 종목에서 손실을 봤다.

    외국에서는 어떤가? 2020년 상파울루대의 한 논문에 따르면 브라질의 데이트레이더 1600명을 1년간 추적한 결과 그중 97%가 돈을 잃은 것으로 나타났다. 또 2013년 대만에서 나온 논문에 따르면 1% 미만의 개인 트레이더만이 지속적인 초과수익을 낸 것으로 나타났다.

    테마주 ETF의 수익률은 어떨까? 국내 투자자들에게 '돈나무언니'로 알려진 캐시 우드(Cathie Wood)가 이끄는 ARKK ETF는 테마주 ETF의 명암을 가장 극적으로 보여 주는 사례다. ARKK는 2020년 코로나 팬데믹 이후 기술 혁신과 성장 스토리에 대한 기대가 폭발하면서 150%가 넘는 기록적인 수익률을 올리며 전 세계 투자자들의 주목을 받았다. 당시 ARKK는 전통적인 지수 ETF를 압도하는 성과를 내며 '미래에 투자하는 ETF'의 상징처럼 여겨졌다.

    그러나 이 성공은 오래가지 않았다. 2021년 이후 금리 인상과 유동성 축소가 시작되자, ARKK ETF는 2021~2022년에 걸쳐 큰 조정을 겪었다. 아래 표에서 알 수 있는 것처럼 테마주 ETF는 특정 산업과 스토리에 집중 투자하기 때문에 상승장에서는 폭발적인 수익을 낼 수 있지만, 시장 환경이 바뀌면 하락 폭 역시 훨씬 커지는 엄청난 변동성을 보여 장세변화에 신속하게 대

응할 수 있는 능력이 없다면 개인투자자가 수익을 내기는 쉽지 않은 것으로
보인다.

2020	2021	2022	2023	2024	2025
+151.9%	-23.4%	-67.0%	+67.6%	+8.4%	+35.5%

테마주 투자 리스크 관리
어떻게 해야 하나요?

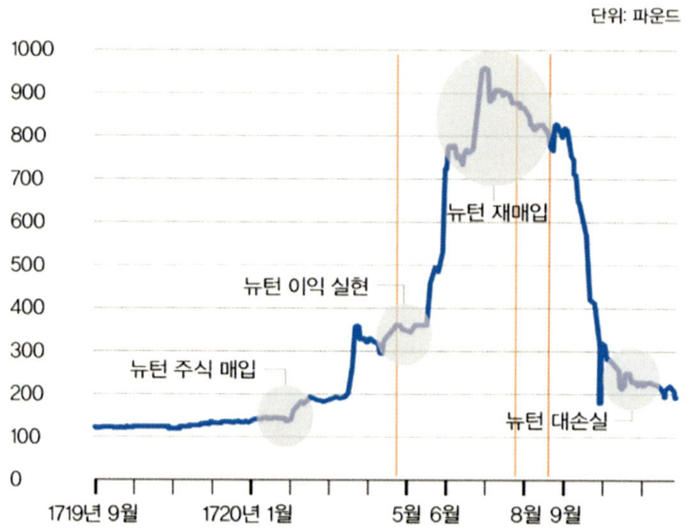

　　세기의 과학자 아이작 뉴턴이 "나는 천체의 움직임은 계산할 수 있지만, 인간의 광기는 계산할 수 없다."라고 탄식한 테마주 투자 실패사례를 차트 움직임으로 나타낸 그림이다.

뉴턴은 1720년 영국의 남해회사 주식이 급등하자 초기에는 '충분히 올랐다'고 판단해 차익을 실현했고, 그 결과 투자금의 몇 배에 이르는 큰 수익을 거두었다. 그러나 주가가 이후에도 계속 상승하자 그는 시장 밖에 남아 있는 자신을 견디지 못했다. 결국 뉴턴은 다시 주식시장으로 돌아와, 이전보다 훨씬 높은 가격에서 남해회사 주식을 재매수했다.

문제는 이 회사가 내세운 이야기였다. 남해 무역 독점이라는 거창한 미래 테마는 투자자들의 상상력을 자극했지만, 실제 사업 성과와 수익 구조는 그 기대를 전혀 뒷받침하지 못했다. 주가는 기업의 실적이 아니라 군중 심리와 투기 열풍에 의해 비정상적으로 부풀려져 있었고, 결국 거품은 붕괴되었다. 주가가 폭락하면서 뉴턴은 70대 후반의 나이에 평생 모은 자산 대부분을 잃고 말았다.

뉴턴의 이 실패 사례는 테마주 투자의 본질을 적나라하게 보여 준다.

첫째, 테마주는 기업의 실적보다 인간의 광기에 의해 움직이는 경우가 많다는 점이다. 이 광기를 정확히 읽고 활용할 수 있다면 테마주 투자는 '한 방에 인생을 바꿀 수 있는 투자'가 되기도 한다. 그러나 대응을 조금만 잘못하면, 뉴턴처럼 '한 번의 선택으로 나락으로 떨어지는 투자'가 될 수도 있다.

이러한 인간의 광기가 가장 극단적으로 드러난 사건은 그보다 앞선 튤립 버블이었다. 당시 네덜란드에서는 튤립 구근이 집 한 채 값에 거래될 정도로 가격이 폭등했다. 사람들은 튤립이 왜 비싼지를 묻지 않았다. 중요한 것은 "내일 더 비싸게 팔 수 있느냐"였다. 실체 없는 기대는 서로를 자극하며 폭발적으로 증폭됐고, 거품이 꺼졌을 때 남은 것은 막대한 손실과 후회뿐이었다. 우리나라에서도 이러한 인간의 광기는 정치 테마주에서 가장 노골적으로 반복된다. 선거, 정권 교체, 정책 기대와 같은 이슈가 등장할 때마다 실적과 무관한 기업들이 급등하고, 이벤트가 지나가면 흔적 없이 무너지는 장면은 수없이 반복돼 왔다.

둘째, 테마주의 광기는 단순히 투자자 개인의 집단 심리만으로 만들어지지 않는다. 그 이면에는 이를 의도적으로 증폭시키는 배후 세력의 작전이 존재하는 경우가 많다. 남해회사 역시 국가 부채 정리와 독점 무역권이라는 거대한 명분을 앞세워 정치권과 내부자 세력이 결합했고, 기대를 조직적으로 부풀린 끝에 군중의 투기 열기를 극대화했다. 이런 구조 때문에 남해회사 사건은 오늘날 우리가 말하는 테마주·세력주 투자의 원형으로 평가되며, '세계 최초의 세력주 사건'으로 불리기도 한다. 테마는 우연히 생겨난 것이 아니라 설계되었고, 기대는 자연스럽게 커진 것이 아니라 의도적으로 키워졌다. 한국의 많은 테마주 역시 이와 크게 다르지 않다. 금융감독원이 2024년 2월 '정치 테마주 관련 투자자 유의사항 안내'라는 제목으로 낸 자료를 보면 '풍문의 생산·유포를 이용한 불공정거래 행위와 유인성 주문 등을 통한 시세조종 행위'가 어떤 과정을 통해 이루어지는지 생생하게 나타나 있다.

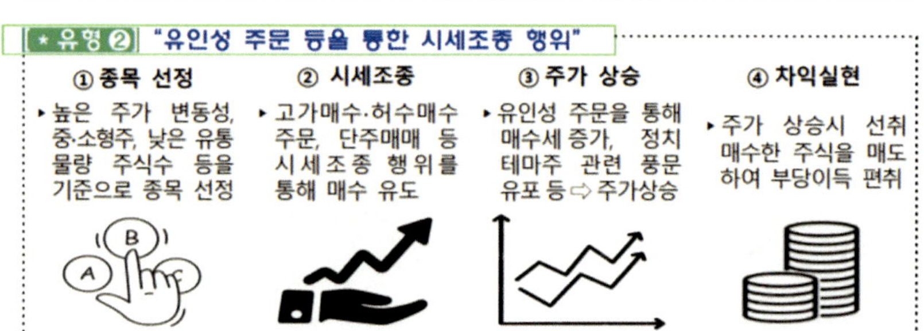

그렇다면 이런 테마주의 리스크관리는 어떻게 하면 좋은가?

먼저 테마의 힘이 얼마나 오래 지속될지를 판단해야 한다. 그 테마가 단순한 기대와 풍문에 기대고 있는지, 아니면 실제 산업 구조 변화나 기술 혁신, 정책 집행과 연결된 것인지 구분해야 한다. 인공지능, 반도체, 전기차처럼 산업의 장기 변화와 맞물린 테마는 비교적 오래 지속될 가능성이 있지만, 선거 이벤트나 인맥, 발언, 단기 정책 기대에 기대는 정치 테마주는 대개 수명이 짧고 변동성이 훨씬 크다.

또한 테마주의 상승 과정에서는 과열과 거품의 위험을 항상 경계해야 한다. 거래량이 갑자기 폭증하고 단기간에 주가가 몇 배씩 상승하며, 기업의 실적이나 사업 구조보다 '이야기'가 가격을 끌고 가기 시작할 때는 이미 위험 구간에 들어섰을 가능성이 높다. 이때 투자자들이 흔히 빠지는 실수가 바로 기회를 놓칠까 두려워 뒤늦게 추격 매수하는 것이다. 그러나 테마주의 고점은 대개 시장의 관심과 기대가 가장 뜨거운 순간에 만들어지는 경우가 많다. 따라서 테마주 투자에서는 상승 초기를 포착하는 것이 중요하지만, 과열 국면에 들어섰다고 판단되면 무리한 추격 매수보다는 일부 이익을 실현하거나 투자 비중을 줄이는 대응이 필요하다. 테마주를 장기 투자 자산처럼 생각하며 "언젠가는 다시 오르겠지" 하고 버티기 시작하면, 짧은 시간 안에 큰 손실로 이어질 수 있다.

정보 비대칭과 작전 위험도 반드시 경계해야 한다. 테마주는 시장의 관심이 집중되는 종목이기 때문에 일부 세력이나 대형 자금이 개입해 주가를 의도적으로 움직이는 경우가 적지 않다. 특히 거래량이 적은 중소형주는 소수의 자금만으로도 주가가 크게 변동할 수 있어 개인투자자가 불리한 위치에 놓이기 쉽다. 따라서 단순히 '관련주'라는 이유만으로 투자하기보다는 기업의 실제 사업 내용과 매출 구조가 해당 테마와 얼마나 연결되어 있는지 확인하는 과정이 필요하다. 이름만 연관되어 있을 뿐 실제 사업과 관련이 없는 종목과, 실질적인 수혜가 가능한 종목을 구분하는 것이 중요하다.

마지막으로 테마주 투자에서는 매수보다 먼저 매도 전략과 손절 기준을 정해 두는 것이 필요하다. 테마주는 상승 속도만큼 하락 속도도 빠르기 때문에 일정 수준 이상의 손실이 발생하면 정리하겠다는 기준을 미리 정해 두어야 한다. 또한 일정 수준 이상의 수익이 발생했을 때 일부 이익을 실현하는 원칙을 세워 두는 것도 중요하다. 투자 비중 역시 제한해야 한다. 한 종목에 자금을 집중하기보다는 여러 종목으로 나누거나 전체 자산 중 일부만 테마주에 배분하는 방식이 변동성 위험을 줄이는 데 도움이 된다.

요약하면 테마주 투자의 리스크 관리는 테마의 구조를 이해하고, 과열을 경계하며, 정보의 신뢰성을 확인하고, 손절과 비중 원칙을 지켜 치명적인 손실을 피하는 것이라고 할 수 있다.

테마주 투자 미래 전망은
어떤가요?

우리나라에서 테마주 투자의 역사는 비교적 오래되었다. 일반적으로 한국 최초의 테마주 사례는 1984년 북예멘 유전 개발 루머로 시작된 자원개발 테마주로 알려져 있다. 당시 일부 기업이 해외 유전 개발과 관련되어 있다는 소문이 퍼지면서 관련 종목 주가가 약 6개월 사이 2~3배 상승했다. 다만 당시에는 주식시장이 지금처럼 대중화되지 않았기 때문에 테마주 현상이 크게 확산되지는 않았다. 당시 국내 주식투자자는 약 70만 명 수준에 불과했고, 주식시장은 아직 제한된 투자자 중심의 시장이었다.

그러나 1980년대 후반 3저 호황과 국민주 열풍이 이어지면서 상황은 크게 달라졌다. 주식투자자가 급격히 늘어나면서 테마주에 대한 관심도 함께 확대되었다. 주식시장이 대중화되기 시작하면서 특정 산업이나 정책, 사건과 관련된 종목들이 동시에 움직이는 현상이 점차 자주 나타나기 시작했다.

테마주가 본격적으로 시장의 중심에 등장한 시기는 1990년대 후반 인터넷 시대의 도래와 함께였다. 당시 정보통신과 인터넷 산업이 급격히 성장하

375

면서 관련 기업들의 주가가 폭발적으로 상승했다. PC용 소프트웨어 기업인 한글과컴퓨터는 약 1년 동안 주가가 147배 상승했고, 인터넷 포털 사업을 추진하던 골드뱅크는 6개월 만에 약 55배 상승했다. 무료 국제전화 서비스 '다이얼패드'를 내세운 새롬기술 역시 적자가 지속되고 있었음에도 불구하고 약 6개월 사이 주가가 150배 상승하며 시가총액이 삼성전자를 넘어서는 상황까지 나타났다.

하지만 이러한 상승은 오래 지속되지 못했다. 2000년 IT버블이 붕괴되면서 대부분의 인터넷 테마주는 급격한 하락을 겪었다. 한글과컴퓨터는 약 96% 하락했고, 새롬기술은 약 98% 하락했다. 골드뱅크는 결국 상장폐지라는 결과를 맞이했다. 이 사건은 테마주 투자의 극단적인 상승과 붕괴를 동시에 보여 주는 대표적인 사례로 남게 되었다.

2000년대 이후에도 테마주는 다양한 형태로 반복적으로 등장했다. 2004년에는 황우석 교수의 줄기세포 연구 성과 발표를 계기로 바이오 테마주가 급등했다. 관련 기업인 산성피앤씨는 약 4개월 사이 주가가 35배 상승했지만, 연구 결과가 허위로 밝혀지면서 주가는 급격히 하락했다.

정치 테마주 역시 한국 증시의 대표적인 테마로 자리 잡았다. 2011년 안철수의 서울시장 출마설과 대선 출마 가능성이 거론되면서 안랩 주가는 약 6개월 사이 700% 이상 상승했다. 그러나 정치 일정이 변화하면서 주가는 급격히 하락했다. 2007년에는 이명박 정부의 4대강 사업 기대감으로 이화공영 주가가 약 4개월 사이 25배 상승했다가 단기간에 급락하기도 했다.

산업 정책과 글로벌 트렌드 역시 테마주 형성의 주요 요인이 되었다. 2010년대 초반에는 태양광 산업이 새로운 성장 산업으로 주목받으면서 OCI 등 관련 기업의 주가가 급등했다. 그러나 이후 중국 기업들의 대규모 투자와 가격 경쟁이 시작되면서 산업 환경이 악화되었고 주가는 크게 하락했다.

2018년에는 남북 정상회담 이후 남북경협 기대감이 높아지면서 철도와 건설 관련 기업들이 남북경협 테마주로 급등했다. 하지만 남북 관계가 다시 경색되면서 대부분의 종목은 상승분을 반납했다. 2020년 코로나19 확산 시기에는 치료제 개발 기대감으로 신풍제약이 약 30배 상승했지만 이후 치료제 개발 실패와 내부자 매도 논란이 이어지면서 주가는 다시 급락했다.

최근에도 유사한 사례는 반복되고 있다. 2024년 윤석열 정부가 동해 심해 석유·가스 탐사 가능성을 발표하면서 관련 기업들이 '대왕고래 프로젝트' 테마주로 급등했다. 그러나 탐사 결과 경제성이 낮다는 결론이 나오면서 주가는 다시 급락했다.

2025년에는 대통령 탄핵 이후 조기 대선이 실시되면서 정치 테마주가 다시 시장의 중심에 등장했다. 이재명 대통령과 관련된 테마주로 분류된 상지건설은 영업손실 기업이었음에도 불구하고 약 보름 사이 주가가 13배 상승했다. 그러나 대선 이후 기대감이 사라지자 주가는 다시 급락했다.

이처럼 한국 주식시장에서 테마주는 40년 가까이 반복적으로 등장해 왔다. 산업 변화, 정책 발표, 정치 이벤트, 기술 혁신 등 다양한 사건이 새로운 테마를 만들어 냈고 투자자들은 단기간에 큰 수익을 기대하며 테마주에 몰려들었다. 상승 속도와 하락 속도가 모두 매우 빠르다는 점이 테마주의 가장 큰 특징이었다.

그렇다면 앞으로 테마주 투자의 미래는 어떻게 전개될 것인가.

먼저 개인투자자의 구조적 특성을 고려하면 테마주는 앞으로도 쉽게 사라지지 않을 가능성이 높다. 한국 주식시장은 개인투자자의 비중이 매우 높은 시장이다. 개인투자자는 단기간에 높은 수익을 기대하는 경향이 강하며 이러한 투자 성향은 새로운 테마를 빠르게 확산시키는 요인으로 작용한다. 특히 한국 특유의 '빨리빨리' 문화는 단기간에 성과를 얻고자 하는 투자 심리와 결합되면서 테마주 형성을 반복적으로 자극해 왔다. 이러한 구조적 특징은 앞으로도 크게 달라지기 어렵기 때문에 테마주 자체는 계속 등장할 가능성이 높다.

두 번째 변화는 기관과 외국인 투자자의 투자 방식에서 나타날 가능성이 있다. 과거에는 테마주가 개인투자자 중심의 시장으로 인식되는 경우가 많았지만 최근에는 기관과 외국인 투자자도 단기 전략을 적극 활용하고 있다. 특히 인공지능 기반의 알고리즘 트레이딩과 고빈도 매매 기술이 확산되면서 단기 뉴스와 수급 변화에 빠르게 대응하는 투자 전략이 증가하고 있다. 이러한 기술이 확대되면 테마주 시장은 과거처럼 일부 세력이 주도하는 형태보다는 데이터 기반의 초단기 수급 변화에 의해 빠르게 움직이는 구조로 변화할 가능성이 있다.

세 번째 변화는 이러한 환경 속에서 개인투자자의 성공 확률이 더욱 낮아질 가능성이 있다는 점이다. 기관과 외국인이 AI와 알고리즘을 활용해 초단기 매매 전략을 강화할 경우 개인투자자는 정보 속도와 분석 능력에서 불리한 위치에 놓일 수 있다. 과거에는 특정 테마가 형성되면 비교적 오랜 기간 상승이 이어지는 경우도 있었지만 앞으로는 상승과 하락이 훨씬 빠르게 진행될 가능성이 높다. 이 경우 테마주에 뒤늦게 진입한 개인투자자는 단기간에 큰 손실을 입을 수도 있다.

테마주는 앞으로도 한국 주식시장에서 반복적으로 등장할 가능성이 높다. 그러나 기술 발전과 시장 구조 변화로 인해 테마주의 상승과 붕괴 속도는 더욱 빨라질 가능성이 있다. 이러한 환경에서는 단순한 기대감만으로 투자하기보다 실적과 성장성에 대한 객관적 검증, 수급과 가격 흐름에 대한 분석, 그리고 손절 기준과 투자 비중 관리 등 체계적인 리스크 관리가 더욱 중요한 투자 원칙이 될 것이다.

8

테마주 투자 고수들의
필살기를 알려 주세요

테마주 투자는 소액의 투자금으로 거액의 자산을 만들 수도 있지만, 거액의 자산을 한번에 날릴 수도 있는 '양날의 투자법'이다. 이런 양날의 투자법을 가장 극적으로 보여준 사람은 '트레이더의 전설'로 불리는 제시 리버모어다. 제시 리버모어는 테마주 투자자는 아니지만 테마주 투자자라면 반드시 알아두어야 할 인물이기에 먼저 그에 대해 소개하기로 한다.

제시 리버모어는 5달러로 투자를 시작해 1억 달러를 벌어 월스트리트 역사상 가장 위대한 개인투자자로 불렸지만 세 차례 파산을 겪는 등 극적인 성공과 몰락을 반복한 끝에 결국 스스로 생을 마감한 비운의 트레이더다.

리버모어의 첫 번째 필살기는 '선도주 추종의 원칙'이다. 약세 종목, 저가 종목이 아니라 업종 내 최강세 종목, 당일 시장을 주도하는 종목들에만 초점을 맞추라는 것인데, 주도 종목에서 이익을 낼 수 없다면 시장에서도 이익을 내기 어려울 것이기 때문이다. 선도주에만 초점을 맞춘다면 매매대상 범위가 최소화되고 따라서 이에 대한 통제권이 강화되어 승률이 높아진다는 것이다. 실제로 그가 큰 수익을 거둔 국면은 늘 거래량이 급증하고, 이전 고점을 돌파하며, 시장의 관심이 집중된 이후였다. 테마주로 말하면, 아직

379

소문 단계가 아니라 뉴스와 이슈가 붙고 거래대금이 폭발한 종목만 공략한 셈이다.

두 번째 필살기는 '절대로 돈을 잃지 말라'는 자금관리 원칙이다. 매매에 나서기 전에 손절매 수준을 확실히 정해두고, 손실 규모는 투자자본의 10%를 넘지 않도록 했다. 손실이 10% 한계선을 넘으면 자동으로 청산이 이루어지도록 했다. 또 매수 후 주가가 자신의 시나리오와 다르게 움직이면, 이유를 불문하고 즉시 정리했다. 반면 예상대로 움직이기 시작한 종목은 성급히 팔지 않았다. 1907년 금융공황 당시, 그는 시장이 약세 추세로 확실히 기울었다는 신호를 확인한 뒤 공매도를 유지했고, 중간 반등에도 흔들리지 않으며 역사적인 수익을 거두었다.

세 번째 필살기는 흔히 '피라미딩'이라고 불리는 상승 추세에서의 추가매수다. 그는 매수한 주식의 가격이 하락하면 절대 추가매수하지 않고, 상승할 때에만 추가로 매수 물량을 늘렸다. 예를 들어 돌파 이후 1차 매수, 추세 확인 후 2차 매수, 시장이 확신을 줄 때 추가 매수하는 방식이다. 테마주 매매에서도 대장주가 신고가를 경신하거나, 조정 후 다시 치고 나갈 때 '불타기'로 비중을 늘리는 전략은 리버모어의 '피라미딩' 기법과 비슷하다.

정리하면, 제시 리버모어의 필살기는 주도 종목만 거래하고, 하락하면 즉시 손절하며, 상승하면 끝까지 따라가면서 '피라미딩'으로 비중을 늘리는 것인데, 이것은 테마주 투자 고수들이 보여주는 필살기와 비슷한 것이라고 할 수 있다.

서희파더는 테마주의 핵심 동력을 차트가 아니라 이슈와 모멘텀에서 찾는다. 많은 투자자들이 저점에서 거래량을 동반한 장대양봉을 상승의 신호로 해석하지만, 그는 이를 테마주 투자에서 가장 위험한 착각 중 하나로 본다. 단순히 장대양봉이 나왔다는 이유만으로 매수하는 것은 이슈와 모멘텀이 충분하지 않은 종목에 발을 담그는 것과 같기 때문이다. 실제로 이런 종목들은 며칠 후 주가가 다시 원위치로 돌아가는 경우가 많고, 투자자는 본의 아니게 지루한 장기 보유에 묶이게 된다. 그는 "장대양봉보다 상한가가 훨씬 중요하다."라고 강조한다. 상한가는 단순한 상승이 아니라, 시장이 해당 이슈에 강하게 반응하고 있다는 집단적 의사표시다. 반면 상한가 없이 나온 장대양봉은 이슈의 힘이 약하거나 단발성일 가능성이 높다고 판단한다.

그의 필살기는 '전상매매'다. 전상매매란 전일 상한가를 기록한 종목을 대상으로 다음 날 매매하는 방식이다. 이 매매법은 특히 상승장에서 위력을 발휘하며, 2020년 코로나 국면처럼 시장 전체에 강한 모멘텀이 형성될 때 큰 수익을 만들어 냈다. 상한가 따라잡기가 부담스러운 시장 환경에서는, 다음 날 시초가와 흐름을 확인한 뒤 전상매매로 대응하는 것이 보다 현명하고, 하락장에서는 상한가 종목이 갭하락으로 출발하기도 하는데 이때 전상매매는 다른 매매법보다 훨씬 매력적이라는 것이다.

리스크 관리는 이슈의 소멸 여부로 판단한다. 상한가 이후에도 거래대금과 관심이 유지되면 보유하지만, 이슈의 힘이 약해졌다고 판단되면 미련 없이 정리한다. 그는 테마주의 가장 큰 위험은 '이슈가 끝났는데도 주가 모양만 보고 버티는 것'이라고 말한다.

강창권은 테마주 투자 경력 25년의 단기 트레이딩 고수다. 그는 2004년 10월, 투자에 거듭 실패한 끝에 계좌에 남은 시드머니 400만 원으로 더 이상 물러설 곳 없는 상황에서 매매를 시작했고 매일 아침 마지막이라는 각오로 시장에 앉았다. 그리고 9개월 후인 2005년 9월, 그의 계좌는 5000% 수익률을 기록하며 2억 원에 근접하게 되었다. 2008년 즈음에는 모든 빚을 청산했고 신용불량자라는 낙인도 지울 수 있었다. 그가 자신의 투자 경험과 노하우를 담아 펴낸 『주식투자 단기 트레이딩의 정석』에서 밝힌 내용이다. 어떻게 9개월이라는 짧은 기간에 이런 반전이 가능했을까? 그는 단타 수익률 5000%는 '지키는 전략'에서 시작되었다면서 다음과 같이 말한다.

중요한 건 수익이 아니라 손실을 막는 일이었다. 수익이 조금 났다고 자만하지 않았고, 매일 수익이 조금이라도 났다면 그것에 감사하며 지켜내는 훈련을 했다. 이렇게 감정에 휘둘리지 않고 손실을 통제하는 훈련을 반복하자 자연스럽게 매매에 규칙이 생겼다. 언제 들어가고 언제 나올지를 미리 정해 두었고 계획된 손절과 익절을 따르는 습관이 자리 잡기 시작했다.

매매시간도 철저히 관리했다. 매매 시간대를 정해 놓고 그 외 시간에는 아예 HTS나 MTS를 보지 않았다. 아무 때나 매매하지 않는다는 원칙은 내 계좌를 지켜 낸 핵심 습관 중 하나였다.

9

테마주 투자 공부와 훈련은
어떻게 해야 하나요?

테마주는 성장주와 세력주의 길목에 있는 주식이다. 장세의 흐름을 주도하는 성장주의 특성을 보이는 경우도 있고, 세력의 은밀한 작전을 통해 주가가 급변동을 보이는 세력주의 특성을 보이는 경우도 있다. 따라서 테마주는 성장주와 세력주에 대한 공부와 훈련이 함께 되어 있어야만 유연한 대응이 가능한 고수가 될 수 있다. 그런 고수가 되기 위해서는 어떤 공부와 훈련이 필요한가? 이것을 테마주의 고수들이 알려 주는 노하우를 통해 살펴보자.

유목민은 『투자의 정석』이라는 책에서 주식을 잘하기 위해서는 엄청난 공부가 필수라고 하면서 ≪초보 탈출 100일 챌린지≫ 플랜을 제시하고 있다.

이 플랜의 〈공부 1단계〉는 매일 그날 '상한가'를 기록한 종목과 '거래량 1000만주' 이상 터진 종목을 정리하고 원인을 조사하는 것이다. 여기서 중요한 것은 정리 그 자체가 아니고, 그 종목들이 왜 상한가를 가고, 왜 천만주 거래량이 터졌는지 이유를 아는 것이다. 뉴스 검색을 하고 전자공시도 찾아보고 회사 홈페이지에도 들어가보고 IR에 전화도 해 보는 등 온갖 방법을 동원해서 이유를 알아내야 하는데, 아무리 검색해도 이유를 알 수 없는 경

383

우도 많다. 그래서 처음에는 이 두 가지를 정리하는데 시간이 오래 걸리는데, 꾸준히 계속해 가다 보면 어느 순간 이슈가 반복된다는 걸 알게 된다.

이렇게 해서 상한가와 '거래량 1000만주' 찾기가 어느 정도 익숙해지면 미래를 보는 능력을 배양하기 위해 <공부 2단계>로 장 마감 이후 핵심 뉴스 선정 및 관련 종목 찾기에 들어간다. 장이 끝난 후 나온 뉴스 가운데 다음 날 주식시장에 반영될 만한 기사와 공시 중 가장 중요하다고 여겨지는 이슈를 정리하고 관련주를 찾아서 기록하는 작업이다. 그렇게 정리한 재료와 주식이 실제로 주식시장에서 큰 시세를 주는 것을 확인할 때 실력이 레벨업되고 자신감이 상승함을 느낄 수 있다는 것이다.

≪초보 탈출 100일 챌린지≫ 플랜의 날짜별 공부와 훈련 내용은 그의 또 다른 저서 『나의 투자는 새벽 4시에 시작된다』의 부록에 나와 있으니 참고하면 된다. 그런데 그는 이 책에서 엄청난 공부와 함께 도움을 받을 수 있는 고수를 옆에 두는 노력도 필요하다면서 다음과 같이 말한다.

투자는 누구나 성공할 수 있는 영역이 아닙니다. 투자로 성공하는 사람은 극소수에 불과합니다. 1%? 아니 0.1% 이내 아닐까요? 투자로 성공하기 위해서는 무엇보다 남들과 비교되지 않는 노력이 기본입니다. 하지만 노력한다고 성공적인 투자자가 되는 것은 아닙니다. 진정한 투자는 노력은 기본이고 재능, 전문 지식, 경험, 정신력이 모두 필요합니다……. 이 책에서 소개한 것들은 한 사람이 성공적으로 해내기에 버겁습니다……. 자신보다 한 단계나 반 단계 정도 앞서 있는 사람과 친해져야 합니다. 멀리 가려면 함께 가야 합니다. 마음 맞는 동료를 찾으세요. 그리고 누군가에게 그런 동료가 되어 주세요.

2000만 원으로 시작해 테마주 단기 트레이딩으로 수백배에 달하는 자산을 이루고 월 억대 수익을 얻는 '트레이더들의 스승'으로 불리는 서희파더는 그의 저서 『빅 트레이더의 주도주 매매법』에서 테마주를 통해 월 1000만 원을 벌 수 있는 ≪월 천 프로젝트 5개년 계획≫을 제시한다.

1단계인 1년 차에서는 10만 원 정도의 소액으로 대장주를 자주 매매해 보고 10번 이상 깡통을 차 보는 경험을 하라고 말한다. 2단계인 2~3년 차에서는 예수금을 100만 원으로 늘려 매매하고, 장 마감 후 관심 종목 정리 및 매매 시나리오를 완성하는 훈련을 한다.

3단계인 4~5년 차에서는 감당할 수 있을 만큼의 손실을 예상하고 테마 이슈 종목에 베팅하는 단계로 하루 평균 100만~300만 원의 수익과 손실의 경험을 통해 투자 내공을 단련해 가는 시기다. 손실의 경험이 있어야 복구하는 법도 익힐 수 있고, 한단계 더 레벨업도 할 수 있기 때문이다. 서희파더는 이 계획을 실행에 옮겨 5년 안에 월 1000만 원 수익을 올리지 못한다면 주식투자를 그만두어야 한다고 말한다.

월 천 프로젝트 5개년 계획

구분		실전 내용	목표 수준
1 단 계	1년 차	1. 주식용어, 기본적인 차트, 어렵지 않은 보조지표 익히기	- 10만 원으로 10번 이상 깡통 차라
		2. 테마주 이해, 대장주 익히기	
		3. 많은 매매 하기, 10만 원으로 대장주 매매하기 - 이때 손익에 연연하지 말자	
		4. 장 마감 후 복기 및 관심 종목 정리하기	
2 단 계	2년 차	1. 테마주 이해, 대장주 찾기	- 1단계를 거쳤다면 웬만해선 깡통 차지 않을 시기 - 많이 매매하고 비중 베팅 연습
		2. 개별 이슈 종목 매매하기	
		3. 예수금 100만 원으로 매매하기	
	3년 차	4. 장 마감 후 관심 종목 정리 및 매매 시나리오 완성	
3 단 계	4년 차	1. 테마주 이해, 대장주 찾기, 개별 이슈 종목 매매하기	- 하루 평균 100만 ~300만 원의 수익 과 손실이 일어나는 시기 리스크 관리
		2. 예수금이 쌓이는 경험하기	
		3. 잦은 매매 피하고 대장주만 매매하기	
	5년 차	1. 테마주 이해, 대장주 찾기, 개별 이슈 종목 매매하기	
		2. 잦은 매매 피하고 오전장 집중하기	
		3. 베팅 전 최악에 대비하기 - 5년 차는 이미 예수금도 많이 불어났을 것이고, 이에 따라 순간의 판단 미스로 큰 손실을 입을 수 있다. 따라서 감당할 수 있을 만큼의 손실을 예상 하고 종목에 베팅해야 한다.	

주식투자법 100문 100답

10

테마주 투자에 도움이 되는
책과 사이트, 유튜브

성경호,『마법의 주식투자 공식』(매일경제신문사, 2011)

'차트박사'라는 필명으로 〈주식차트연구소〉라는 국내 최대의 차티스트 카페를 운영하는 단기 매매 고수가 테마주의 종목 선정과 매수·매도 비법을 알려 주는 책. 승률 80% 이상 매매기법이 다수 소개되어 있지만, 리스크 관리를 강조하는 「PART 3 주식투자의 자금관리」, 「PART 4 주식투자의 마인드 컨트롤」에 단기 매매 트레이더들이 귀담아들어야 할 중요한 내용들이 많이 담겨 있다.

서희파더,『빅 트레이더의 주도주 매매법』(이레미디어, 2024)

2020년에서 2021년 사이 코로나 펜데믹 때 테마주 단타매매로 50억에 가까운 수익을 낸 빅 트레이더가 알려 주는 주도주 매매법. 저자는 매매의 기술을 익히고 인생을 바꿀 수 있는 가장 빠른 방법은 테마주 트레이딩이라고 말한다. 그는 거래량과 거래대금이 많은 "지금 가장 뜨거운 종목에 투자하라!"라면서 종목이 좋으면 어떤 기법을 쓰든 통한다고 말한다. 부록으로 각 테마별로 핵심 종목이 담긴 '주요 테마주 현황'이 있다.

유목민, 『투자의 정석』(리더스북, 2024)

500만 원으로 시작해 3년 만에 30억 벌고 '월급 독립' 해서 7년 만에 약 300억 원의 누적 수익을 거둔 '개미의 전설'이 알려 주는 투자의 정석. 저자의 첫 책인 『나의 월급 독립 프로젝트』에서는 하루 12시간씩 일하면서도 어떻게 월급 독립에 성공할 수 있었는지의 생생한 스토리를 담았고, 이 책에서는 그러한 성공경험을 바탕으로 주식에 관한 기초 지식부터 실전 투자를 위한 노하우까지 모두 집대성해 낸 책이다.

시간여행TV, 『시간여행TV의 테마주 백과사전』(시간여행티비주식회사, 2020)

26살의 젊은 나이에 상장사 5곳에 5% 지분공시를 하고 300억 주식계좌를 인증한 테마주 전문가가 테마주에 대해서 아무것도 모르는 초보들을 위해 테마주 매매의 기초부터 상위 1% 투자자의 매매기법까지 알려 주는 책. 저자는 이 책 전에 『시간여행TV의 주식투자 전략』이라는 책도 냈는데, 서로 보완되는 내용이어서 함께 읽어 보면 좋다.

양선호, 『주식 단타로 매일매일 벌어 봤어?』(넥서스, 2022)

혼자가 아닌 수백 명의 회원과 함께 하는 공개 단기 트레이딩으로 실력을 검증받은 단타 고수가 알려 주는 주린이를 위한 실전 단타 입문서. 저자는 "노력하면 월 천은 누구나 할 수 있다!"라고 말한다. 월 천은 한 달에 1000만 원을 순수익으로 가져간다는 것으로, 세후로 연봉 1억 7000만 원 수준이다. 이 책은 월 천을 벌기 위한 단타 고수들의 트레이딩 테크닉과 마인드 컨트롤에 대해 상세히 알려 준다.

강창권, 『주식투자 단기 트레이딩의 정석』(길벗, 2025)

주식투자에 실패하고 남은 돈 400만 원을 9개월 만에 5000%의 수익률로 2

억 원을 만들어 재기에 성공한 25년 경력의 단기투자 최고수가 단타 입문자를 위한 HTS·MTS 세팅, 종목 선정, 테마 분석의 기초부터 실전투자 전략과 NWT 매매 전략까지 알려 주는 책. 저자는 트레이더가 성공하기 위해서는 시장을 이기려 하지 말고 자신의 조급함부터 먼저 이겨야 한다고 말한다.

미녀53, 『쩐의 흐름을 타라』(에디터, 2009)

대부분의 성공적인 트레이더들이 추구하는 기법인 추세 추종 트레이딩이란 무엇인가에 대해 알려 주는 책. 저자는 트레이딩은 추세를 먹는 게임이고, 추세 추종이란 시세의 버블에 동참하는 것이라고 말한다. 끈질기게 추세를 쫓다 보면 분명 큰 버블에 동참할 수 있는 순간이 오게 되고 그 버블이 붕괴될 때까지 끝까지 함께 가는 트레이더는 신분상승을 이룰 만큼 큰 돈을 벌고 시장의 승자가 된다는 것이다.

한봉호·김형준 외, 『주식시장의 승부사들』(이레미디어, 2020)

세계 최고의 트레이더들과의 인터뷰 내용을 기록한 잭 슈웨거의 『시장의 마법사들』처럼 한국 최고의 트레이더들과의 인터뷰 내용을 기록한 책. 스캘핑, 데이트레이딩, 스윙매매, 재료매매, 시황매매, 돌파 매매, 눌림목 매매, 주도주 매매, 낙주매매, 상한가 따라잡기 등 단기 트레이딩에서 생길 수 있는 모든 관심 사항에 대해 고수들의 의견과 조언을 들을 수 있다.

박민수, 『한 권으로 끝내는 테마주 투자』(길벗, 2020)

테마주 투자와 가치투자는 조화될 수 있을까? 이 책은 가치투자의 치명적 단점인 장기간 소외의 문제점을 개선하기 위해 가치투자에 테마를 접목해 수익은 올리고 리스크는 낮춘 테마주 가치투자의 방법을 제시한다. 테마주 가치투자 원칙 7가지, 테마주 매수와 매도 전략 각 6가지, 테마주 심리전술

5가지와 함께 테마주 실전종목 분석의 내용으로 구성되어 있다.

원정연, 『원칙으로 수익 내는 단타의 기술』(길벗, 2024)

2020년 실전투자대회에서 22살의 대학생 신분으로 수익률 1187%의 기적을 이뤄 내면서 혜성같이 등장했던 트레이더가 이후 4년의 경험을 더해 20억 원을 벌고 올라운드 트레이더로 성장하는 과정에서 습득한 단타 매매법과 리스크 관리법을 알려 주는 책. 저자는 단기 트레이더이지만 주식은 1~2년의 짧은 싸움이 아닌 10년 이상의 긴 싸움이기 때문에 리스크는 줄이고 손익비를 높이는, 느리지만 안정적인 길을 걸어가고 있다고 말한다.

투자에 도움이 되는 사이트와 유튜브

주식차트연구소(cafe.naver.com/stockschart)

"누구나 교육을 통해 트레이더로 성장할 수 있다."라는 캐치프레이즈를 내건 차티스트들의 국내 최대 커뮤니티로, 주식정보 공유와 투자교육이 함께 이루어지는 곳이다. 상하한가 종목 및 시장 분석, 실전 매매 일지, 테마주분석 등이 활발히 공유되고 있다.

더트레이딩tv(youtube.com/@thetrading2021)

"방향이 맞다면 목표에 분명히 도달한다"는 캐치프레이즈를 내걸고 테마주 투자 고수들의 실전 트레이딩과 함께 실패한 트레이더에 대한 코칭을 해 주는 채널로 트레이딩 교육을 하는 '더트레이딩 아카데미'도 운영하고 있다.

주덕(youtube.com/@joodeok)

중권사 퇴사 후 7년간의 전업투자자 그리고 현재는 유튜브도 함께 하고 있는 개인투자자가 국내증시 시황 및 다양한 정보에 대한 분석으로 투자 인사이트를 함께 공유하는 채널. 중장기 투자와 함께 단기 매매 전략인 눌림목과 스윙 투자를 많이 하고 있고 일정, 모멘텀, 재료매매, 디테일한 차트 분석을 통한 전략을 주로 활용한다.

9장

세력주 투자
어떻게 해야 하나요?

세력주 투자가 무엇이고
어떤 장점이 있나요?

사례

30대 직장인 A 씨는 지난 2019년 말 투자를 권유하는 친척을 믿고 어머니와 함께 3억 원을 투자했습니다. A 씨와 어머니 명의의 휴대폰과 공인인증서, 계좌를 넘겼고, 이후 총수익 액수는 친척이 보낸 계좌 사진으로만 확인할 수 있었습니다. 최근 주가 폭락 사태로 계좌를 직접 확인했을 때는 두 사람 앞으로 빚이 27억 원 넘게 늘어나는 것을 지켜볼 수밖에 없었습니다.

[A 씨/투자자: 매도를 할 수가 없는 거예요. 비밀번호를 모르잖아요. 갑자기 20억의 빚이 생긴 거예요.]

주가 조작 의혹 일당이 A 씨 모자의 수익금뿐 아니라 일당이 챙기는 수수료까지 두 사람 명의 계좌로 CFD, 차액결제거래를 하면서 손해가 눈덩이처럼 커진 겁니다.

[A 씨/투자자: 제 이름으로 된 다른 계좌를 만든 거예요, 주식 계좌를. 그걸 가지고 또 몇 배 해서 (투자를) 한 거예요.]

[A 씨/투자자: 가장 어이없었던 건 제가 전문 투자자가 돼 있는 거예요. 저는 그걸

한 적이 없는데. 250%를 더 (투자)한다는 엄청난 건데 그게 이렇게 쉽게 내가 (전문 투자자가) 돼 있다는 게 말이 되나?]

이번 사태로 투자 피해를 본 10여 명은 주가조작 의혹 일당을 1일 검찰에 고소했습니다.[7]

작전세력에 당해 나락에 빠진 투자자의 참담한 모습이다.

세력주라고 하면 투자자들은 보통 이런 작전세력을 머리에 떠올린다. 그러나 세력은 음지에서 불법으로 활동하는 작전세력만 있는 것이 아니다. 주가에 커다란 영향을 미치는 기관과 외국인도 세력이고 대주주, 헤지펀드, 사모펀드, 사채업자, 부띠끄, 주식동호회, 리딩방 등 다양한 형태의 세력이 있다. 『세력주 매매공식』을 쓴 와조스키는 세력을 '주가를 원하는 대로 목표 지점까지 올리는 그룹'으로 정의한다. 이런 세력으로는 시가총액 1000억 원 미만의 소형주를 움직이는 소규모 세력 뿐만 아니라 시가총액 1조 원이 넘는 기업도 몇 분 만에 하한가로 갔다가 다시 원래 자리로 돌아오는 움직임을 보여 주는 사례에서 보는 것처럼 취급하는 돈의 규모가 상상을 초월하는 '글로벌 세력'도 존재한다고 추정하고 있다. 이렇게 다양한 모습을 하고 있는 세력이 개입해 주가에 커다란 영향을 미치는 주식을 세력주라고 한다.

실전 단타 입문서 『주식 단타로 매일매일 벌어 봤어?』를 쓴 양선호는 수급주와 세력주를 구분한다. 수급주는 기관과 외국인의 개입이 많은 종목으로 시가총액이 큰 대형주들이 이에 해당되며 수급상황은 HTS에서 쉽게 확인할 수 있다. 수급주의 반대 개념인 세력주는 기관과 외국인의 개입이 거의 없고 개인이 주로 매매를 하는 종목이다. 가끔 외국인이 매매에 참여하는 것으로 나타나기도 하지만 이 외국인은 한국인이 외국계 창구를 통해 매

---

7) 「엄마와 3억 투자한 아들… "비번도 몰라 27억 빚더미"」, 『SBS 뉴스』, 2023. 5. 5., https://news.sbs.co.kr/news/endPage.do?news_id=N1007175769

매를 해서 외국인처럼 보이게 하는 '검은 머리 외국인'인 경우가 많다. 수급주와 세력주는 주가의 속성과 흐름이 많이 다르기 때문에 수급주의 특징에 맞게 매매하는 것을 수급매매라 하고 세력주의 특징에 맞게 매매하는 것을 세력주 매매라고 부르기도 한다.

세력의 존재를 과대평가할 필요는 없다는 견해도 있다. 시장에 선도세력이 있는 것은 사실이지만 그러한 세력이 결코 단일세력은 아니고, 세력이란 자본력과 정보력을 갖추고 시세에 어느 정도 영향력을 미칠 수 있는 시장참가자에 불과하다는 것이다. 시장을 자신이 원하는대로 완벽하게 조종할 수 있는 단일세력은 존재하지 않으며 세력이 시세를 조종하는 것이 아니라 시세가 세력을 조종하는 것이라고 한다. 그러나 이러한 반론에도 불구하고 대부분의 투자 고수들은 세력의 존재를 인정하는 쪽이다.

그렇다면 투자자들이 왜 세력주를 알아야 하는가?

무엇보다 위 사례에서 보는 것과 같은 참담한 일을 당하지 않도록 하기 위해 세력주를 알아야 한다. 작전세력의 주가조작 방식을 몰라 나도 모르게 나락으로 빠지는 일이 있다면 그것만큼 위험하고 억울한 일이 어디 있겠는가?

투자 성과를 올리기 위해서도 세력주의 특성과 작동 방식을 알 필요가 있다.『스스로 수익 내는 주식투자의 모든 것』을 쓴 채종원은 어떤 주식이 오르고 내리는 것은 철저하게 세력의 마음이라면서 그들은 주가를 떨어뜨려 개미들을 내보내기도 하고, 개미들의 힘을 이용해 상승을 함께 견인하기도 하고, 고점에서 넘기기도 한다고 한다. 물론 대부분의 손해는 개미들이 입는다. 세력은 기관이 될 수도, 외국인이 될 수도 있는데 개미가 주식판에서 수익을 내려면 세력의 존재를 인정하고 세력의 메커니즘을 알아야 한다고 말한다.

작전주에 일가견이 있는 알렉스 강도『급등주는 8할은 작전주 패턴으로 움직인다』는 책에서 상승하는 종목에는 반드시 세력이 필요하고, 만일 세력이 없는 종목이라면 가격 변동이 미미하거나 계속 하락하게 될 것이라고 말한다. 급등주의 8할은 작전주 혹은 세력주 패턴으로 움직이니 그 패턴을 잘 알아야만 급등주를 잡을 수 있다는 이야기다.

이제 정체를 알기 어렵지만 나도 모르게 나락으로 빠지는 일이 없도록 그리고 투자 성과를 높이기 위해 세력주의 작동 방식과 주의할 점 등에 대해 살펴보기로 한다.

세력주 투자 관련 핵심 용어

기관 투자자

기관투자자는 연기금, 자산운용사, 보험사, 은행, 증권사, 사모펀드 등과 같이 대규모 자금을 전문적으로 운용하는 투자 주체를 의미하며, 동일한 기관이라 하더라도 운용 목적과 성과 기준에 따라 투자 행태가 서로 다르게 나타난다. 예를 들어 연기금과 보험사는 장기 안정성과 자산배분을 중시하는 반면, 자산운용사와 헤지펀드는 수익률 극대화를 목표로 적극적인 매매를 수행하고, 증권사는 단기 트레이딩이나 시장 조성 역할을 병행하기도 한다. 따라서 기관투자자는 하나의 단일한 세력이 아니라 서로 다른 전략과 시간축을 가진 다양한 투자 주체들의 집합으로 이해하는 것이 중요하다.

외국인 투자자

외국인 투자자는 해외에 기반을 둔 연기금, 자산운용사, 헤지펀드, 국부펀드, 글로벌 투자은행 등 다양한 주체가 국내 시장에 투자하는 자금을 의미하며, 각 주체의 투자 목적과 운용 방식에 따라 투자 행태가 크게 달라진다. 예를 들어 연기금과 국부펀드는 장기적인 자산배분과 안정성을 중시하는 반면, 글로벌 헤지펀드와 투자은행은 거시 환경과 이벤트에 따라 단기적

주식투자법 100문 100답

이고 공격적인 매매를 수행하기도 한다. 또한 외국인으로 분류되지만 실제로는 국내 자본이 해외 법인을 통해 투자하는 이른바 '검은머리 외국인'도 존재하기 때문에, 외국인 투자자도 단일한 성격의 자금이 아니라 서로 다른 전략과 시간축을 가진 다양한 투자 주체들의 집합으로 이해할 필요가 있다.

작전세력, 부띠끄, 리딩방

작전세력은 특정 종목을 미리 매집한 뒤 각종 정보와 수급을 이용해 주가를 인위적으로 끌어올리고 차익을 실현하려는 투자 집단을 말한다.

부띠끄는 소수의 자금력 있는 투자자나 사모 성격의 집단이 특정 종목을 집중적으로 관리하며 매집과 수급을 통해 주가 흐름에 영향을 미치는 세력을 뜻한다.

리딩방은 온라인 메신저나 플랫폼을 통해 특정 종목의 매수·매도 시점을 제시하며 개인투자자를 유도하는 채널을 의미하며, 일부는 단순 정보 공유 수준을 넘어서 특정 종목의 수급을 인위적으로 형성하거나 작전세력과 연계되는 경우도 있어 주의가 필요하다.

매집봉

매집봉은 세력이 향후 주가 상승을 위한 물량 확보를 목적으로 형성하는 캔들 패턴으로, 장대양봉의 형태로 나타나는 경우가 많다. 주가는 매집봉 발생 이후 일정 기간 횡보하는 특징을 가지는데, 최근에는 과거처럼 장기간 횡보하는 전형적인 매집보다 알고리즘 매매와 단기 자금의 영향으로 매집 기간이 짧아지는 경향이 있다.

CB(Convertible Bond)와 리픽싱(Refixing)

CB(전환사채)는 채권처럼 이자를 받다가, 일정 조건이 되면 주식으로 바꿀 수 있는 권리가 붙은 회사채다. 하락 시에는 채권으로 방어하고, 상승 시에는 주식 전환으로 수익을 노릴 수 있다. 리픽싱(전환가 조정)은 주가가 하락할 경우 전환가액을 낮춰 주는 조항으로, 같은 금액으로 더 많은 주식을 받을 수 있게 만든다. 이 때문에 일부 세력이나 대주주가 주가를 눌러 리픽싱을 유도한 뒤, 낮아진 전환가로 주식을 확보해 물량을 늘리거나 차익을 노리는 데 활용되는 사례가 발생하기도 한다.

공매도(Short Selling)

공매도는 주식을 빌려 먼저 판 뒤 가격이 내려가면 다시 사서 갚는 거래로, 하락에 베팅하는 세력의 대표적 수단이다. 자금 규모가 큰 기관이나 헤지펀드가 공매도를 집중적으로 활용하면, 매도 물량 자체가 늘어나 주가 하락 압력이 실제로 커진다. 특히 악재, 실적 둔화, 금리 상승 국면에서는 공매도 세력이 한 방향으로 움직이며 하락 추세를 강화하는 역할을 하기도 한다.

3

세력주 투자 종목 선정
어떻게 해야 하나요?

세력주 투자를 한다고 하면 종목 선정은 어떻게 하는 게 좋은가? 먼저 문제가 되는 것은 어떤 종목이 세력주냐는 것이다. 주가를 끌어올릴 의지와 능력이 있는 세력이 진입한 종목을 어떻게 알 수 있느냐는 것이다.

먼저 세력주 고수들의 의견을 들어 보자.

세력주를 중심으로 종목을 발굴하는 김정수는 『종목 선정 나에게 물어봐』라는 책에서 세력은 거래량을 통해 주식을 매집하는데 다른 것은 다 속여도 거래량은 속일 수 없다면서 급등주, 세력주가 될 가능성이 큰 경우는 주가가 오랜 기간 하락 후 마지막 투매 끝에 거래 급감지역이 형성되고 난 후, 하락을 멈추고 횡보하던 중 대량의 거래가 터지며 장대양봉이 발생하는 경우라고 말한다.

『세력의 매집원가 구하기』라는 책을 쓴 전석의 의견은 조금 다르다. 그는 세력이 차트에서 속이지 못하고 분명하게 티가 나는 모습 중 하나가 매집봉인데, 매집봉은 거래량이 어제 혹은 며칠 전보다 상대적으로 많이 늘어나지만 상승 폭은 크지 않은 양봉이라고 말한다. 거래량이 증가하면 그 증가폭에 비례하는 가격 변동 폭이 큰 장대양봉이 나오는 게 정상인데, 상승률이

401

크지 않고 다소 몸통이 작은 양봉이 나오는 이유는 무엇일까? 그것은 세력이 종목에 쏠리는 관심을 없애고 방해꾼 없이 원하는 물량을 매집하기 위해 가격 변동 폭을 제어하고 있기 때문이다. 세력이 매집봉을 만드는 이유는 무엇인가?

첫째, 말 그대로 은밀히 주식을 모아 가기 위한 것이다. 횡보구간에서 거래량이 갑자기 많아졌지만 다음 날 연속된 시세를 내지 못하고 이후 전저점을 훼손하지 않으면서 다시 횡보하는 모습이 바로 매집의 모습이다.

둘째, 급등하기 전에 개인투자자들이 얼마만큼 물려 있는지 알아보기 위해 살짝 주가를 띄워 보는 물량 테스트다. 많이 물려 있으면 위꼬리가 긴 매집봉이 나오는데, 이때는 개인투자자를 떼어 내기 위해 바로 상승시키지 않고 조금 더 횡보시킨다.

『세력주 투자 기술』을 쓴 백새봄은 거래량을 보면 세력이 보인다면서 거래량의 흐름을 알 수 있는 지표인 OBV(On Balance Volume)를 통해 세력의 매집을 파악한다. 주가가 하락하는데도 불구하고 OBV가 이전 수준 이하로 떨어지지 않는 것은 세력이 주가를 하락시키면서 개인투자자의 물량을 뺏어 가는 매집활동이 진행되고 있다는 의미로, 이 경우 주가는 조만간 상향세로 전환될 것으로 예측할 수 있다는 것이다. 반면 주가가 상승하는데도 불구하고 OBV가 이전의 고점 아래에서 머무르는 것은 주가를 상승시키면서 보유 주식을 처분하려는 세력의 움직임이 일어나고 있다는 의미로, 이 경우 주가는 조만간 하락세로 전환될 것으로 예측할 수 있다고 한다.

백새봄은 세력주의 종목 선정 기준으로 이러한 기술적 분석에 더해 종목에 대한 기본적 분석을 결합한 '디노 테스트'라고 하는 다음과 같은 4가지 기준을 제시한다.

재무제표가 좋은가?	돈 버는 회사인지가 가장 중요하고 적자기업은 탈락한다.
주식의 가격은 상대적으로 덜 올랐는가?	주식은 쌀 때 사서 비쌀 때 팔아야 한다. 주가가 고점대비 -40% 이상이면 +3점, -30% 이상이면 +2점, -20% 이상이면 +1점, 저점대비 +300% 이상이면 -3점, +200% 이상이면 -2점, +100% 이상이면 -1점이다. 달리는 말에는 절대로 올라타지 않는다.
기술적 분석은 만족하는가?	가장 중요한 것은 수급 수급을 파악하는 가장 중요한 도구인 OBV, 투자심리의 과열과 침체를 알려 주는 투자심리도, 시장 상황의 과열 여부를 알려 주는 RSI 등의 지표를 확인한다.
재료가 좋은가?	종목 발굴은 일상생활에 답이 있는 만큼 뉴스를 보면서 관련 종목을 탐색하고 중요 이벤트 일정 챙기기는 필수다.

알렉스 강도 『급등주의 8할은 작전주 패턴으로 움직인다』는 책에서 세력이 가장 선호하는 종목은 작전주에 자주 등장하는 상폐 직전의 동전주가 아니라 개미들의 관심이 커서 조그만 호재로도 주가를 쉽게 올릴 수 있는 우량주와 성장주라고 말한다. 그는 이런 우량주와 성장주의 특성을 갖는 세력주를 발굴하기 위해서는 '기본적 분석'과 '기술적 분석', 그리고 '심리적 분석'의 세 가지가 필요하다고 말한다. '기본적 분석'이란 재무제표를 토대로 기업의 가치를 분석하고, '기술적 분석'이란 차트를 보면서 주가와 추세와 흐름을 분석하며, '심리적 분석'은 거래량과 매매 주체의 심리를 통해 돈의 움직임을 분석하는 것이다.

장지웅은 『주가급등 사유 없음』이라는 책에서 "차트보다 다트(DART)가 더 중요하다."라면서 차트를 통해서는 주가부양세력을 파악할 수 없고, 세력을 파악하기 위해서는 세력의 자금조달이나 주식의 지분확보와 차익실현 등을 위한 매집의 필수장치인 전환사채(CB), 신주인수권부사채(BW), 교환사채(EB)와 같은 메자닌 채권이나 유상증자 등을 기업공시를 통해 살펴보는 것이 훨씬 중요하다고 말한다. 여기서 특히 CB나 BW는 흔히 '리픽싱'이라고 불리는 전환가액 조정에 포인트를 두고 관련공시를 확인해야 하는데, 그 이유는 전환가액이 세력의 매집원가이자 그들의 비용에 대한 청구서가 되기 때문이다.

불법적 작전세력이 아닌 세력의 진입을 가장 확실하게 알 수 있는 것은 기관과 외국인의 매수다. 따라서 세력주 종목 선정을 위해서는 기관과 외국인의 수급 동향을 파악하는 것이 매우 중요하다. 기관과 외국인의 투자 전략이 다르기 때문에 기관과 외국인의 매수·매도가 일치하지 않는 경우가 많은데, 우량종목을 기관과 외국인이 상당기간 쌍끌이 매수를 한다면 가장 안전하고 확률높은 세력의 진입 시그널이 된다.

여기서 중요한 점은 세력주를 하나의 유형으로 단순화해서는 안 된다는 것이다. 세력은 불법 작전세력일 수도 있고 중장기 외국인 자금일 수도 있으며 연기금이나 사모펀드, 혹은 전문 개인투자자 집단일 수도 있다. 따라서 단순히 '세력주'를 찾기보다 '주도세력'을 파악하는 능력이 더 중요하다. 같은 차트라도 어떤 세력이 들어왔느냐에 따라 목표 수익률과 투자 기간, 그리고 감수해야 할 리스크가 완전히 달라지기 때문이다.

세력주 고수들이 공통적으로 강조하는 종목 선정 기준은 '물려도 살아 나올 수 있는 종목'을 선택하라는 것이다. 워런 버핏이 말한 "첫 번째 투자 원칙은 돈을 잃지 않는 것"이라는 원칙은 세력주 투자에서도 그대로 적용된다. 그래서 영업 이익이 지속적으로 적자이고 부채 비율이 과도하며 이자보상배율이 1 미만인 기업은 '사면 안 되는 기업'으로 세력주 후보에서 제외된다. 재무분석은 급등주를 찾기 위한 도구가 아니라 실패하지 않기 위한 안전장치로 세력주 투자에서도 필수불가결하다. 결국 세력주 종목 선정의 핵심은 화려하지만 위험한 급등 신호를 쫓는 것이 아니다. 거래량, 수급, 공시, 재무라는 네 가지 지표를 종합적으로 분석해 '이 종목이 손실 위험을 감당할 수 있는가'를 먼저 판단하는 것이 세력주 투자의 출발점이다.

4

세력주 투자 매수·매도
언제 어떻게 해야 하나요?

　많은 개인투자자들이 세력주 투자에서 실패하는 이유는 종목을 잘못 고르는 것보다 매수와 매도의 타이밍을 잘못 잡기 때문이다. 들어가야 할 때 들어가지 못하고, 나와야 할 때 나오지 못하면 세력주의 큰 변동성은 곧바로 손실로 이어진다. 세력주 투자는 종목 선정만으로 끝나는 것이 아니라 언제 들어가고 언제 나올 것인가를 판단하는 매매 전략이 함께 갖추어져야 한다.

　세력의 움직임을 어느 정도 파악했다고 하더라도 진입 시점이 늦거나 반대로 빠져나와야 할 시점을 놓치면 오히려 세력에게 이용당하는 결과가 되기 쉽다. 따라서 세력주 투자에서는 종목 선정만큼이나 매수와 매도의 기준을 명확하게 세워 두는 것이 중요하다.

　세력주 매매에서 가장 먼저 참고할 수 있는 기준 중 하나가 이동평균선이다. 『세력의 매집원가 구하기』의 저자 전석은 세력주 매수와 매도에서 이동평균선이 매우 유용한 도구라고 말한다. 특히 세력선이라고 불리는 20일 이동평균선에 주목해야 한다고 강조한다. 세력주의 특징인 매집, 흔들기, 시세 분출의 과정이 대개 최소 한 달 정도의 시간을 거쳐 나타나기 때문이다.

405

세력이 실제로 매집을 시작하면 주가는 일정 기간 횡보를 거치면서 20일 이동평균선이 서서히 상승 방향으로 돌아선다. 반대로 세력이 없는 종목은 거래량이 줄어들고 주가가 힘없이 움직이며 20일 이동평균선이 하락 방향을 유지하는 경우가 많다.

전석에 따르면 세력주의 매수 시점은 20일 이동평균선이 우하향에서 우상향으로 전환되는 상승 변곡점을 확인한 뒤 상승 추세 속에서 조정을 받는 구간이다. 상승 과정에서 차익실현 매물이 나오면서 일시적으로 주가가 밀리지만 다시 강한 매수세가 유입되며 상승으로 돌아서는 순간이 바로 눌림목 매수 구간이다. 다시 말해 세력이 본전을 지키며 올라가는 결과물인 "20일 이동평균선 쌍바닥에서 매수하라."라는 것이 그의 핵심 원칙이다.

매도 역시 같은 기준에서 판단할 수 있다. 20일 이동평균선이 다시 하락 방향으로 꺾이고 주가가 이전 저점을 무너뜨리는 흐름이 나타난다면 세력이 이미 이탈했을 가능성이 높다. 이런 상황에서는 저가 매수세도 약해지기 때문에 미련 없이 매도하는 것이 바람직하다. 세력주 투자에서는 상승보다 하락이 훨씬 빠르게 진행되는 경우가 많다는 점도 항상 염두에 두어야 한다.

『세력주 투자 기술』의 저자 백새봄은 세력주의 매수와 매도 시점을 판단할 때 보조지표를 함께 활용하는 방법을 제시한다. 특히 상승이 임박할 때 매수 신호를 주고 하락이 임박할 때 경고 신호를 주는 지표로 RSI와 투자심리선을 활용할 수 있다고 말한다. RSI(Relative Strength Index)는 상대강도지수라고 하며 가격 상승 압력과 하락 압력 사이의 상대적인 힘을 측정하는 지표다. 일반적으로 RSI 값이 50 이상이면 매수세가 우세한 상태로 볼 수 있고 50 이하이면 매도세가 강한 상태로 해석할 수 있다. 여기서 RSI 값이 70 이상이면 과매수 상태로 판단해 매도 시점을 고려할 수 있고 반대로 30 이하이면 과매도 상태로 판단해 매수 기회를 검토할 수 있다. 백새봄은 실제 매매 경험을 통해 RSI가 30 아래로 떨어졌다가 다시 30 위로 올라오는 구간이 최적의 매수 시점이었고 반대로 70 위로 올라갔다가 다시 70 아래로 내려오는 구간이 최적의 매도 시점이었다고 설명한다.

투자심리선 역시 비슷한 원리로 활용할 수 있다. 투자심리선은 최근 10일 동안 주가가 상승한 날의 비율을 계산한 지표로 시장 참여자들의 심리 상태를 파악하는 데 사용된다. 일반적으로 이 값이 75 이상이면 투자 심리가 과열된 상태로 매도 시점으로 판단할 수 있고 25 이하이면 지나치게 위축된 상태로 매수 기회를 검토할 수 있다.

백새봄은 수급과 투자심리 관련 보조지표를 모두 활용해 OBV를 통해서 세력이 매집한 종목을 찾고, RSI와 투자심리선이 동시에 침체하는 구간에 진입했을 때 매수했는데, 그 결과 단기간에 수십%의 수익률을 올릴 수 있었다고 말한다.

세력주의 움직임을 차트가 아닌 전자공시에 뜨는 CB나 BW를 통해 파악하는 장지웅은 전환가액 조정, 즉 리픽싱이 3개월 동안 3번 이상 진행되면 십중팔구 세력주라고 말한다. 세력은 리픽싱을 통해 세력의 매집원가를 낮추고 행사가능 주식수량을 늘리는데, 흔적을 드러내지 않기 위해 CB나 BW를 여러 주체가 받는 방식으로 진행한다. 이후 분산된 물량을 하나로 모으기 위해 무기명식 무이권부 사모전환사채를 발행한다. 무기명식 무이권부 사모전환사채를 발행한 후 20일 이내 최대주주가 변경되면 세력일 가능성이 매우 크다. 이 경우 매수타이밍은 최대주주변경 공시가 나올 때이고, 매도 타이밍은 경영권이 바뀌면서 거래량이 터지고 고점을 형성할 때다.

또 세력이 계약금도 없이 경영권을 인수하고자 할 때 정관변경과 감사인 선임이 동반되고, CB 및 BW가 그 무렵이나 이전에 발행됐다면 그것도 더없이 좋은 세력주 신호라고 한다. 이 경우 매수 타이밍은 대표이사가 신규로 선임되고 주주총회에서 정관을 변경해 사업목적을 추가하는 공시가 나올 때다. 이후 주가가 급등하면 세력은 주가를 유지하기 위해 단일판매·공급계

약 체결 공시를 내는 경우가 많은데 이때가 매도 타이밍으로, 세력주로 돈을 벌기 위해서는 이런 움직임을 전자공시에서 꼼꼼하게 확인해야 한다는 것이다.

아울러 세력주 매매에서 또 하나 중요한 점이 있다. 세력주 매매에서는 주도 세력이 누구인가에 따라 매매 전략이 달라진다는 것이다. 같은 차트와 같은 거래량이라도 주도 세력이 기관인지 외국인인지 작전세력인지에 따라 매수·매도 방식은 크게 달라질 수 있다. 세력마다 자금의 성격과 투자 목적, 그리고 시장을 바라보는 관점이 서로 다르기 때문이다.

따라서 세력주 매매에서 투자자가 가장 먼저 해야 할 일은 "어떤 세력이 이 종목을 움직이고 있는가"를 판단하는 것이다. 기관 세력이 중심이 되는 종목인지, 외국인 자금이 주도하는 종목인지, 아니면 단기적인 시세를 노리는 작전세력이 개입된 종목인지에 따라 접근 방식 자체가 달라져야 한다. 예를 들어 기관 세력이 중심이 되는 종목은 대체로 중대형 기업에서 나타나는 경우가 많고 일정한 추세를 형성하며 비교적 안정적으로 움직이는 특징이 있다. 이런 종목에서는 단기 급등을 쫓기보다 기관의 순매수 흐름과 주가 추세를 함께 확인하면서 눌림목에서 분할 매수하고 추세가 유지되는 동안 보유하는 전략이 효과적일 수 있다.

외국인 세력이 주도하는 종목은 대형주에서 나타나는 경우가 많은데, 글로벌 자금 흐름과 환율 변화의 영향을 크게 받는다는 점이 기관 투자자와 다른 점이다. 외국인 투자자 역시 장기 투자자금과 단기 트레이딩 자금이 혼재되어 있기 때문에 외국인의 매수 자체보다 그 매수가 얼마나 지속되는지를 확인하는 것이 중요하다. 외국인의 순매수가 일정 기간 이어지고 시장의 상승 추세와 맞물려 있을 때 매수 전략을 고려하고, 환율 변화나 외국인 수급이 급격히 바뀌는 신호가 나타날 때는 빠르게 대응하는 것이 필요하다. 특히 외국인과 기관이 동시에 매수하는 종목은 시장의 자금이 집중되는 경

주식투자법 100문 100답

우가 많기 때문에 상대적으로 상승 확률이 높은 구간이 될 수 있다.

반면 작전세력이 개입된 종목은 접근 방식이 완전히 달라져야 한다. 작전세력은 주로 유통 물량이 적은 소형주를 중심으로 단기간에 시세를 만들고 빠져나가는 경우가 많기 때문에 상승 속도와 하락 속도가 모두 매우 빠르다. 이런 종목에서는 장기 보유 전략이 아니라 철저한 단기 대응 전략이 필요하다. 무엇보다 작전세력주에서는 매도 기준을 명확히 정해 두는 것이 중요하다. 상승 과정에서 거래량이 비정상적으로 증가하거나 급격한 하락이 시작될 경우 세력이 물량을 정리하고 있을 가능성을 염두에 두고 신속하게 대응해야 한다.

결국 세력주 매매의 핵심은 세력의 흔적을 찾는 것에서 끝나는 것이 아니라 그 세력의 성격과 전략에 맞추어 매매 방법을 달리하는 데 있다. 기관 세력은 정책과 시장 추세에 따라 움직이며 비교적 안정적인 흐름을 보이고, 외국인 세력은 환율과 글로벌 자금 흐름에 민감하게 반응하며, 작전세력은 소형주와 내부 정보를 활용해 단기간에 시세를 만드는 특징을 보인다. 투자자는 이러한 차이를 이해하고 종목마다 주도 세력이 누구인지 판단한 뒤 그 세력의 전략에 맞추어 매수와 매도의 기준을 세울 필요가 있다.

5

세력주 투자 수익률은
어느 정도인가요?

세력주 투자자의 수익률은 얼마나 될까?

세력의 정의 자체가 명확하지 않기 때문에 세력주의 수익률을 논의하는 것도 쉽지 않다.

세력주의 정의가 명확해진다 하더라도 세력의 수익률과 세력주에 투자한 개인투자자들의 수익률은 같지 않다. 상식적으로 생각한다면 세력주에 투자한 개인투자자들의 수익률은 세력주에 투자한 세력의 수익률을 절대로 넘어설 수 없다.

따라서 여기에서는 먼저 세력주에 투자한 세력의 수익률부터 살펴보고 그것을 바탕으로 세력주에 투자한 개인투자자들의 수익률을 추정해 보기로 한다.

세력주에 투자한 세력은 크게 보아 작전세력, 외국인세력, 기관세력으로 나뉜다.

먼저 작전세력의 수익률부터 살펴보자. 세력주에 관심 있는 개인투자자들은 작전세력이 절대 실패하지 않고 치밀한 계획으로 엄청난 수익률을 올리는 비밀조직으로 생각하는 경향이 있지만 실제로는 무모한 기획과 금융감독당국의 엄격한 감시로 작전성공률이 매우 낮다고 한다. 특히 요즘의 개인 투자자들은 세력들의 주가조작에 당하기는커녕 세력들의 허점을 역이용해 수익을 올리는 스마트 개미들도 적지 않기 때문에 작전의 성공확률도 낮다.

세력주로 몇십배의 이익을 기대하기보다는 폭락하기 전에 10% 정도만 수익을 얻고 안전하게 세력주에서 하차하는 개인투자자들도 적지 않다. 요컨대 작전의 성공률도 낮고 작전의 기대수익률도 낮아지는 상황이기 때문에 작전세력과 작전세력주에 투자하는 개인투자자 모두 제대로 수익을 올리기 어려운 상황이다. 수익을 올리기는커녕 작전세력과 작전세력주 투자자 모두가 함께 동반몰락할 확률이 점점 더 높아지고 있는데, 2023년 4월에 일어난 'SG 사태'는 그 상징적 사례다.

'SG 사태'란 L씨가 대표인 미등록 투자자문업체인 H투자자문의 작전이 실패해 생긴 사건이다. 이들은 매수팀, 영업팀, 정산팀, VIP관리팀까지 갖추고, 연예인, 의사, 기업인 등 고소득층에 접근해 고수익을 약속하는 한편, 새로운 투자자를 데려오면 그에 따른 추가 수익을 공유해 주는 다단계 방식으로 투자자들을 모집해 통장과 계좌를 위임받아 수천 개의 계좌와 CFD(차액결제거래), 신용거래, 허수매매 등을 활용해 3년여에 걸쳐 해당 종목의 주가를 끌어올렸다고 한다. 이런 주가조작이 오랫동안 드러나지 않았던 것은 경영권이 불안한 기업이나 재무 건전성이 취약한 기업 등을 대상으로 단기간에 주가를 올리고 빠지는 식의 과거의 작전세력들과는 달리, 우량한 재무구조를 갖추고 있는 기업들을 대상으로 서서히 상승시키는 수법으로 감시망을 피해갔기 때문이다. 주가 폭락전에 12조 원 이상이었던 8개 종목의 시가 총액은 나흘 만에 4조 원 이하로 떨어져 약 8조 원이 증발한 것으로 나타났고 종목별 하락률은 아래 표와 같다.

'주가조작' 8종목 주가 등락률

종목	2023년 4월 21일	2023년 5월 12일	하락률	2024년 5월 14일	하락률
삼천리	49만 7500원	13만 4100원	-73.0%	9만 1700원	-81.6%
대성홀딩스	13만 100원	2만 4050원	-81.5%	9090원	-93.1%
서울가스	46만 7500원	9만 3500원	-80.0%	5만 6700원	-87.9%
세방	4만 3050원	1만 6190원	-62.4%	1만 2390원	-71.2%
다우데이타	4만 3550원	1만 5260원	-65.0%	1만 2070원	-72.3%
선광	16만 7700원	2만 9200원	-82.6%	1만 7950원	-89.3%
하림지주	1만 6310원	8850원	-45.7%	6510원	-60.1%
다올투자증권	5180원	4010원	-22.6%	3070원	-40.7%

다음에는 외국인세력의 수익률에 대해 살펴보자. 외국인세력은 크게 보아 글로벌 투자 전략에 입각해 중장기 투자를 하는 세력과 헤지펀드처럼 절대수익을 노리고 단기투자를 하는 세력으로 구분할 수 있다. 단기투자를 하는 헤지펀드는 보통 최고수준의 전문성과 경험을 갖춘 인력들이 운용하기 때문에 중장기 외국인 세력에 비해 훨씬 높은 수익률을 올릴 수 있을 것으로 생각되지만 실상은 반드시 그렇지 않다.

LTCM의 사례는 물론이고 워런 버핏과의 10년 대결에서 S&P500보다 낮은 수익률로 압도적으로 패한 헤지펀드의 사례는 시장수익률에 이르지 못하는 성과를 내는 헤지펀드가 적지 않다는 사실을 말해 준다. 반면 중장기 투자 전략으로 들어온 외국인들은 시장수익률, 혹은 그보다 조금 높은 수익률을 올리는 경우가 많다.

기관세력의 경우도 외국인세력과 비슷하다. 연기금처럼 중장기 투자 전략으로 투자하는 경우는 시장수익률 혹은 그보다 조금 높은 수준의 수익률을 올리는 경우가 많다. 반대로 1년 미만의 투자로 성과를 평가받는 기관 투자자는 대부분 시장수익률보다 낮은 수익률을 보이는 경우가 많다.

이상의 이야기를 정리하면 다음과 같다.

첫째, 작전세력과 작전세력주 투자자는 작전의 실패 확률이 높고 작전의 기대수익률도 낮아 작전세력도 작전세력 투자자도 수익률이 마이너스인 경우가 많고, 최악의 경우 패가망신까지 할 가능성이 높다.

둘째, 외국인 세력은 중장기 투자세력은 장세를 주도하거나 장세에 무관한 올웨더 수익률을 올리는 반면, 단기투자 중심의 외국인 세력은 수익률이 불안정한 경우가 적지 않다.

셋째, 기관 투자자도 연기금처럼 중장기 투자를 하는 세력은 비교적 안정적인 수익을 올리는 반면, 1년 미만으로 성과를 평가받는 기관 투자자는 시장수익률에 미치지 못하는 수익률을 올리는 경우가 많다.

그렇다면 세력주에 투자한 개인투자자 중 수익을 올리는 사람들도 있을까? 세력주에 투자한다고 공언하고 수익률을 공개한 투자자는 극히 드문데 백새봄은 『세력주 투자 기술』이라는 책과 카페에서 자신의 수익률을 공개한다. 카페에 2021년 4월부터 2025년 말까지의 성과를 공개한 결과를 요약해 말하면 4년 9개월 동안 총 216개 종목을 추천했는데 이 중 202개 종목에서 수익 실현을 해 투자 성공률은 93.5%, 종목 추천후 수익 실현까지 걸린 기간은 평균 84.9일, 평균 수익률은 10.75%, 연간으로 환산하면 46% 수준이다.

연도	분석 종목 수	수익 실현 종목 수	승률	평균 수익률	평균 보유기간 (거래일)
2021년	102개	81개	79.4%	약 9.4%	83.7일
2022년	41개	39개	95.1%	약 10.6%	124.2일
2023년	31개	33개	106.4%	약 11.3%	154.7일
2024년	21개	21개	100%	약 11.8%	167.1일
2025년	21개	28개	133.3%	약 12.3%	92.4일
누계 (2021~2025)	216개	202개	92.2%	10.75%	84.9일

　백새봄은 어떻게 이런 놀라운 수익률을 올릴 수 있었을까? 그는 세력주를 활용해 수익을 얻고자 할 경우 높은 수익률을 목표로 해 매수·매도를 할 경우 실패 확률이 높다고 한다. 그는 20년의 실전 경험을 통해 세력주에서의 기대수익률은 10% 정도로 하는 것이 가장 안전하고 승률이 높다고 말한다. 개별 세력주에서 기대하는 수익률을 크게 낮추되 대신 회전율을 높여 연간 수익률을 높이는 것이 훨씬 더 효율적인 방식이라는 것이다.

　그러나 세력주 투자자 중에 기대수익률을 10% 정도로 낮춘 사람은 별로 없는 것으로 보인다. 따라서 대부분의 세력주 투자자는 세력주 자체의 높은 실패율과 투자자 자신의 전략 실패가 겹쳐 시장수익률에 크게 미치지 못하거나 감당하기 어려운 수준의 마이너스 수익률을 보였을 것으로 추정된다.

세력주 투자 리스크 관리
어떻게 해야 하나요?

금융감독원의 불법금융신고센터에 올라와 있는 글이다. 유럽 본토의 나폴레옹 전쟁이 막바지에 다다랐던 1814년 2월 나폴레옹이 죽고 연합군이 파리를 점령했다는 거짓 소문을 퍼뜨린 뒤 주가가 오르자 주식을 모두 내다 팔아 막대한 이득을 챙긴 베렝거 일당의 주가조작 사건을 소개하고 있다, 세력주 투자의 위험성을 알려 주는 고전적 사례다.

이로부터 200년도 더 지난 한국의 주식시장은 어떠한가?

2025년 9월 금융위·금감원·거래소 「주가조작 근절 합동대응단」은 대규모

자금을 동원해 2024년초부터 은밀하게 주가를 조작해 400억 원 상당의 부당이득을 취해 온 대형 작전세력을 적발했다. 이 사건은 종합병원, 대형학원 등을 운영하는 슈퍼리치들과 유명 사모펀드 전직 임원, 금융 회사 지점장 등 금융 전문가들이 수십 개의 계좌로 분산 매매해 감시망을 교묘하게 회피하면서 수 만회에 달하는 고가의 가장·통정매매 등을 통해 장기간 조직적으로 시세를 조종해 온 사건이다. 이들은 평소 일별 거래량이 적은 종목을 주가조작 대상으로 정하고 자신들이 운영하는 법인자금, 금융 회사 대출금 등을 동원해 1000억 원 이상의 시세조종 자금을 조달해 유통물량의 상당수를 확보, 시장을 장악(이들의 매수주문량이 시장 전체의 약 1/3 차지)한 후, 고가매수, 허수매수, 시·종가관여 등 다양한 시세조종 주문을 통해 장기간에 걸쳐 꾸준한 주가를 조작하고 투자자를 유인했다. 앞에서 언급한 'SG 사태'와 함께 작전세력주가 얼마나 위험한지를 보여 주는 사례다.

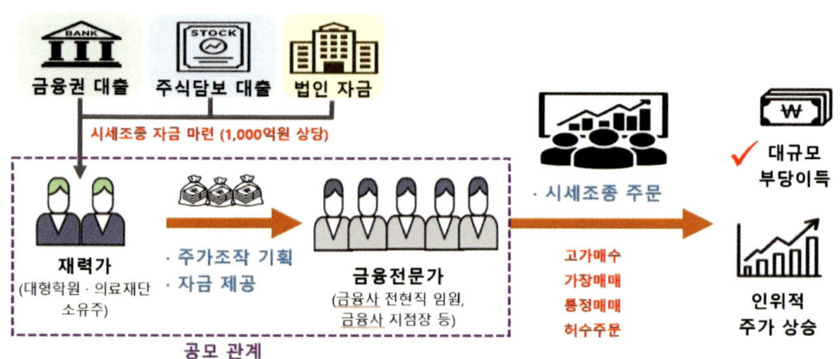

작전세력만 위험한 것이 아니다. 기관 투자자와 외국인 세력 역시 개인투자자에게 위험한 상대가 되는 경우가 적지 않다. 많은 개인투자자들은 이들을 '합법적인 세력'으로 인식하며, 이들의 매매 흐름을 따라가면 비교적 안전하다고 생각하는 경향이 있다. 하지만 실제로 기관과 외국인의 매매 방식을 들여다보면 상황은 그렇게 단순하지 않다.

이들은 이미 알고리즘 트레이딩과 고빈도 매매, 초단기 전략을 적극적으로 활용하고 있다. 실시간으로 시장 데이터를 분석하고 매매를 자동으로 실행하는 시스템을 통해 매우 짧은 시간 동안 대량의 거래를 수행한다. 정보처리 속도와 주문 실행 속도에서 개인투자자가 이들과 정면으로 경쟁하기는 사실상 불가능에 가깝다. 개인이 같은 종목을 같은 시점에 거래한다고 해도 이미 게임의 조건 자체가 다르다고 보는 것이 현실적이다.

기업 내부에서도 또 하나의 중요한 세력이 존재한다. 바로 최대주주와 경영진이다. 이들은 기업의 내부 정보를 가장 잘 알고 있는 주체이며, 그만큼 주가 흐름에 영향을 미칠 수 있는 위치에 있다. 실제 시장에서는 작전세력과 결합해 시세조종에 관여한 사례도 있었고, 반대로 경영권 승계나 지배구조 재편 과정에서 주가를 의도적으로 낮은 수준에서 관리하려는 움직임이 나타난 경우도 있었다. 기업 내부 정보를 가장 잘 아는 주체가 대주주라는 점을 생각하면, 개인투자자가 이들과 같은 정보 수준에서 경쟁하기는 애초에 쉽지 않다.

이처럼 세력주 투자에서 경계해야 할 대상은 단순히 작전세력만이 아니다. 시장에는 기관, 외국인, 자본세력, 기업 내부 세력 등 다양한 형태의 세력이 존재하며, 이들은 서로 다른 방식으로 시장에 영향을 미친다. 목표 수익률도 다르고 투자 기간도 다르며 접근 방식 또한 제각각이다. 어떤 세력은 단기간에 시세를 만들어 빠져나가지만, 어떤 세력은 수년에 걸쳐 지분을 보유하며 장기적인 흐름을 만들어가기도 한다.

417

문제는 개인투자자가 이러한 다양한 세력을 모두 '세력주'라는 하나의 개념으로 묶어 단순하게 대응하려 할 때 생긴다. 차트와 거래량이 비슷하게 보이더라도 그 뒤에서 움직이는 주체가 누구냐에 따라 대응 전략은 완전히 달라질 수 있다. 세력주 투자의 핵심은 차트를 읽는 능력만이 아니라, 그 차트 뒤에서 움직이는 자금의 성격을 이해하는 데 있다.

세력주가 아닌데도 세력주로 오해해서 잘못된 대응을 하는 리스크도 있다. 많은 개인투자자들은 거래량이 급증하거나 매집봉처럼 보이는 구간이 나타나면 세력이 들어왔다고 판단한다. 과거에는 거래량을 동반한 횡보 구간이 세력 매집의 대표적인 신호로 여겨지기도 했다. 그러나 최근 시장에서는 반드시 그런 형태로만 나타나지 않는다. 특히 전환사채(CB) 발행, 유상증자, 파생상품 구조 등이 개입된 경우에는 실제 물량 이동과 차트상의 모습이 크게 어긋나는 일이 적지 않다. 세력은 굳이 눈에 띄는 매집봉을 만들지 않고도 충분히 물량을 확보할 수 있다. 때로는 의도적으로 차트를 깨뜨려 개인투자자를 털어 낸 뒤 다시 물량을 모으기도 한다. 차트만 보고 세력의 의도를 단정하는 것이 위험한 이유가 여기에 있다.

설령 세력의 존재를 어느 정도 인지했다고 하더라도 그것이 반드시 수익으로 이어지지도 않는다. 현실에서 세력 역시 항상 성공하는 것은 아니기 때문이다. 시장 환경이 급변하면 세력이 세워 놓은 시나리오도 언제든 수정되거나 중단될 수 있다. 상승을 계획했던 종목이 예상보다 빨리 무너지거나, 시장 전체의 흐름에 밀려 시세가 제대로 나오지 않는 경우도 흔하다.

결국 세력주 투자의 가장 큰 위험은 세력의 실체와 의도를 정확히 파악하기 어렵다는 데 있다. 따라서 세력주 투자에서는 단순히 차트 신호만을 따라가기보다 세력의 유형과 자금 흐름을 이해하려는 노력과 동시에 판단이 틀렸다고 생각되면 바로 빠져나올 준비를 갖추는 것, 그것이 세력주 투자에서 개인투자자가 살아남는 가장 현실적인 방법이라고 할 수 있다.

7

세력주 투자 미래 전망은
어떤가요?

세력주의 역사는 우리나라에서는 '큰손'의 역사로 시작된다. 큰손은 1977~1978년 사이 건설주를 중심으로 한 폭등장에 등장해 막강한 자금력으로 증시와 주가를 좌지우지했다. 당시로서는 천문학적 규모라고 할 수 있는 2000억 원을 투입해 건설주 폭등장을 만들어 낸 장영자가 대표적이다. 그러나 이때는 주식투자자가 아직 100만 명도 안 되어 주식시장은 소수의 대주주들과 큰손들, 그리고 주식 관련 종사자들만이 참여하는 제한된 시장이었다.

1980년대 후반 3저 호황과 국민주 열풍에 힘입어 주식투자자가 1000만 명 이상으로 폭증하고 주식의 대중화 시대가 열리면서 소수의 세력들에 의해 좌우되는 주식시장에 커다란 변화가 일어나게 된다. 특히 1997년 9월 도입된 HTS는 주식시장에 혁명적 변화를 일으켰다. HTS가 도입된 이후 증권사 직원의 눈치를 보지 않고 거래를 쉽게 할 수 있게 되면서 거래규모도 커지고 거래방식도 쉽게 사고파는 데이트레이딩, 즉 단타가 등장하게 되었다. 그 결과 증권사 객장이 아닌 은밀한 곳에서 치밀한 설계를 통해 일반 투자자들의 돈을 등쳐먹는 작전도 수월해졌는데, 여기에서 '부띠끄'라고도 불리

419

는 작전세력이 생겨났다. 마침 1996년 7월에 개장한 코스닥 시장은 이들 부띠끄에게는 작전을 펼칠 수 있는 최고의 황금어장이 되었다.

이런 환경 변화를 바탕으로 2007년 '작전주의 종합선물세트'라고 불리는 UC아이콜스 사태가 터졌다. UC아이콜스는 전문 작전세력인 부띠끄는 물론이고 명동 사채업자들과 기관 투자자, 그리고 외국계 투자은행과 헤지펀드까지 세력이란 세력은 모두 작전에 가담한 '작전주'이자 '세력주'였다. 작전의 목표는 공격적인 M&A를 통해 대기업으로 변신하는 것이었는데, 반년 만에 이루어진 M&A 성공신화에 속아 개인투자자는 물론 외국인과 기관 투자자까지 매수에 가담해 주가가 2400원에서 2만 8800원까지 10배 이상 수직상승했다. 그러나 처음에 주식담보로 사채업자에게 빌린 자금으로 무리하게 추진된 M&A 작전의 결말은 도중에 자금상환에 애로가 생기면서 작전이 실패하고 결국 UC아이콜스는 13일 연속 하한가와 상장폐지라는 비극적 결말을 맞이하게 된다.

세력이라고 하면 보통 이렇게 작전세력을 떠올리는 경우가 많지만, 외국인 투자가 허용된 1990년대 이후 사실 세력으로서 우리나라 주식시장에 영향력이 더 컸던 것은 외국인 세력이다. 외국인세력은 한국에 투자하는 해외 글로벌 펀드로 이들의 엄청난 자금력과 정보력에 기초한 투자결정이 한국 주식시장에 미치는 영향은 작전세력과는 비교할 수 없을 정도로 크다. 외국인 투자자는 1990년대 초반 한국 주식시장에 진출했을 때 가치투자 지표에 입각한 투자로 '저PER 혁명'을 일으켜 투자문화를 바꾸는데 기여한 바 있다.

1997년 외환위기 때도 외국인 투자자들은 한국 금융시장에서 대규모 자금을 급격히 회수함으로써 외환보유고를 급감시켜 위기를 심화시켰다는 비판을 받았다. 당시 외국계 금융기관과 펀드들은 환율 급등과 금리 상승으로 인해 막대한 손실을 우려해 단기자금을 일시에 철수했고, 이는 원화 가치

폭락과 주가 붕괴를 가속화시켰다.

한국 증시에서 외국인 투자자의 지분비중은 외환위기 이후 자본시장이 개방되면서 빠르게 상승해 2000년대 중반에는 약 30%대 후반 수준까지 확대되었다. 이러한 외국인 유입은 주식시장에 유동성을 공급하고 시장규모를 키우는 긍정적 효과를 가져왔지만, 동시에 외국인 자금이 단기간에 대량 유입 또는 유출될 경우 주가의 단기 급변동과 환율 불안정성 확대라는 부담 요인으로 작용하기도 했다. 특히 원화가 약세로 전환될 때 외국인 투자자는 환위험을 고려해 매도를 확대했고, 이때 주가 하락과 환율의 악순환이 발생하면서 증시 충격이 커지는 경우가 적지 않았다. 그러나 2025년 들어서는 '코스피 5000시대'를 내건 이재명 정부하에서 외국인은 역대급 매수를 통해 한국 증시 사상 최초로 6000을 넘는 상승장을 주도하고 있다.

개인은 세력이 될 수 없는가?

소규모 자금을 투자하는 개인의 특성상 개별적으로는 시장에 영향을 미치는 세력이 되기 어렵지만, 보기 드물게 개인투자자의 집단행동이 세력처럼 보이는 경우가 있었다. 2020년 코로나 팬데믹 이후의 급등장에 나타난 '동학개미'가 바로 그 경우인데 이때 급등장을 주도한 것은 외국인이나 기관이 아닌 젊은 MZ 세대 중심의 개인투자자들이었다. 그러나 동학개미도 결국 수익률에선 마이너스를 보여 장세는 주도했지만 수익은 올리지 못하는 '빛 좋은 개살구'가 되고 말았다.

그렇다면 이렇게 다양한 세력이 영향을 미치고 있는 한국 주식시장에서 세력주 투자의 미래는 어떻게 될까? 세력의 형태가 매우 다양하므로 주요 세력별로 간단한 전망을 해 보면 다음과 같다.

첫째, 작전세력은 이재명 정부가 "주가조작하면 패가망신시킨다."라는 강경한 입장을 밝히며 주식시장의 공정성과 투명성 회복을 강조함에 따라, 정부의 집중 단속과 시장감시 강화로 입지가 크게 줄어들 것으로 전망된다.

그러나 그들의 일부는 리딩방이나 SNS·커뮤니티·유튜브 등을 활용해 주식 초보들의 돈을 빼앗는 '디지털 세력'으로 진화할 가능성이 있다.

둘째, 외국인 투자세력의 영향력은 한층 더 커질 가능성이 높다. 한국 경제의 산업 경쟁력 강화, 이재명 정부의 '코스피 5000 시대' 정책, 그리고 MSCI 선진국 지수 편입 가능성이 맞물려 외국인 자금 유입 여건이 개선되고 있기 때문이다. 한국이 MSCI 선진국 지수에 포함되면 글로벌 패시브 펀드와 연기금 자금이 자동적으로 한국시장에 유입되어 외국인 보유 비중이 크게 늘어날 수 있다. 장기 투자형 외국인 자금이 본격적으로 유입되면 'KOSPI 10000 시대'가 현실화될 가능성도 점점 더 높아질 것이다.

셋째, 기관 투자자의 위상과 역할도 한층 강화될 전망이다. 'KOSPI 10000 시대'를 향한 밸류업(Value-up) 정책과 기업지배구조 개선 기조 속에서 기관 투자자들은 스튜어드십 코드를 강화하고, 배당 확대·자사주 소각·ESG 경영 등 주주가치 제고 활동에 적극 참여해 핵심 축을 담당하게 될 것이다. 또한 연금·ETF 중심의 자금운용 확대로 기관 투자자의 영향력은 더욱 커질 것이다. 결국, 기관 투자자는 ETF 운용과 연금 자금의 효율적 관리라는 두 축을 중심으로, 'KOSPI 10000 시대'를 여는 안정적 자본공급자이자 시장 신뢰의 중추적 역할을 수행하게 될 것이다.

각 세력들의 이러한 변화를 바탕으로 우리나라에서 앞으로 세력주 투자는 불법적 세력(작전세력)이 아닌 합법적 세력(기관·외국인)이 주도하는 시장으로 재편되면서 기업가치와 수급매매 중심의 예측가능한 시장으로 성숙해 갈 것으로 전망된다.

8

세력주 투자 고수들의
필살기를 알려 주세요

세력주 투자는 세력의 실체를 이해하고 그 흐름을 읽어 낼 수 있는 종목 선정 능력과 매매 실력을 동시에 요구한다는 점에서 흔히 주식 고수들의 영역으로 여겨진다. 앞에서 세력주 종목 선정과 매수·매도 방법을 살펴보는 과정에서 여러 투자 고수들의 전략을 소개했지만, 대부분은 중소형주 중심의 사례였다.

이번에는 기관 투자자와 외국인 투자자가 주로 활동하는 대형주 시장에서 세력의 흐름을 활용해 큰 수익을 거둔 사례를 살펴보자. 130만 원의 투자금을 약 20억 원으로 불린 투자자 전황(이종호)의 투자 전략이다. 그는 『대형주 추세 추종 투자법칙』에서 자신의 투자 경험을 통해 대형주 추세 추종 매매의 원리를 설명하고 있다.

전황은 투자 초기에는 기본적 분석과 기술적 분석에만 의존해 매매를 했다고 한다. 그러나 시간이 지나면서 시장의 큰 흐름, 즉 시황을 이해하는 것이 훨씬 중요하다는 사실을 깨닫게 되었다. 특히 그가 주목한 것은 세계적인 산업 테마의 흐름과 외국인·기관 투자자의 자금 흐름이었다.

423

외국인과 기관 투자자는 글로벌 자금 흐름과 산업 트렌드를 따라 움직이는 경우가 많다. 이러한 자금 흐름을 읽어 내면 시장의 방향을 보다 명확하게 이해할 수 있다는 것이다. 전황은 특히 국내 시장에서 지속적인 매매 흐름을 만들어 내는 주체로 기관 투자자를 중요하게 보았다. 기관은 일정한 기준과 전략에 따라 꾸준히 매매하기 때문에 이들의 매수 흐름을 추적하면 투자 기회를 발견할 수 있다는 것이다.

그의 투자 방법은 비교적 단순하다. 매일 기관의 매수 종목을 확인하고 그 가운데 상대강도가 높은 종목을 찾아 함께 매수하는 것이다. 상대강도란 같은 시장에서 다른 종목보다 얼마나 강한 상승 흐름을 보이는지를 나타내는 지표다. 유동성이 공급되고 상대강도가 높은 종목은 시장의 관심이 집중되기 쉽고 추세가 이어질 가능성도 높다.

물론 이런 종목 가운데는 단기간에 급등하는 테마주도 존재한다. 그러나 전황은 자신의 투자 성향과 리스크 관리 원칙에 맞게 대형주 중심의 전략을 선택했다. 대형주는 변동성이 상대적으로 낮지만 기관과 외국인 자금이 지속적으로 유입되는 경우 안정적인 추세 상승을 보이는 경우가 많기 때문이다.

그가 강조하는 또 하나의 요소는 주가지수의 추세다. 지수 추세를 파악하는 것은 투자에서 매우 중요한 작업이다. 시장 전체가 상승 추세에 있는지, 아니면 하락 국면에 있는지를 판단해야 베팅에 나설 시기인지 아니면 관망해야 할지를 결정할 수 있기 때문이다.

전황은 특히 이동평균선이 정배열을 이루는 상승 추세에서 적극적으로 투자해야 한다고 말한다. 지수 차트가 정배열에 들어가면 시장 전체에 자금이 유입되고 있다는 의미이며, 이때 기관과 외국인의 매수 흐름이 나타나는 종목을 선택하면 상승 추세에 올라탈 가능성이 높다는 것이다.

결국 전황의 필살기는 크게 세 가지로 정리할 수 있다. 첫째, 시장의 큰 흐름을 먼저 파악한다. 둘째, 기관과 외국인 자금이 유입되는 종목을 찾는다. 셋째, 그 가운데 상대강도가 높은 대형주를 선택해 추세를 따라간다. 이러한 방식으로 그는 '손실은 작게, 수익은 크게'라는 추세 추종 매매의 원칙을 실천했다.

다음으로는 개인투자자들이 세력을 상대로 맞서 의미 있는 결과를 만들어 낸 사례를 살펴보자. 개인투자자들이 '세력에게 휘둘리는 약자'라는 고정관념을 통쾌하게 깨뜨린 사건, 게임스톱(GME) 사태다.

게임스톱은 한때 미국을 대표하는 오프라인 게임 유통 기업이었지만 디지털 다운로드 시장이 확대되면서 빠르게 경쟁력을 잃어가고 있었다. 시장에서는 이 회사를 "사라질 기업"으로 평가했고, 일부 대형 헤지펀드들은 이를 기회로 삼아 게임스톱 주식에 대규모 공매도를 걸었다.

공매도는 주가 하락에 베팅하는 투자 방식이다. 주식을 빌려 먼저 팔고 이후 가격이 내려가면 다시 사서 갚는 방식으로 차익을 얻는다. 문제는 그 규모였다. 당시 게임스톱의 공매도 잔고는 유통 주식 수를 넘어설 정도로 비정상적으로 높아져 있었다. 사실상 월가의 거대 자본이 한 기업의 몰락에 집단적으로 베팅한 상황이었다.

이 구조적 불균형에 주목한 것은 미국의 온라인 커뮤니티 레딧(Reddit)에 모인 개인투자자들이었다. 그들이 주목한 것은 기업의 가치가 아니라 시장의 거래 구조였다. 공매도가 과도하게 쌓인 상태에서는 주가가 조금만 상승해도 공매도 세력이 손실을 줄이기 위해 주식을 다시 사들여야 한다. 이를 숏커버(short cover)라고 한다. 그런데 숏커버가 시작되면 새로운 매수 압력이 발생하고 주가 상승은 다시 더 많은 숏커버를 유발한다. 이렇게 매수 압력이 연쇄적으로 발생하며 주가가 폭등하는 현상을 숏스퀴즈(short squeeze)라고 부른다.

개인투자자들이 취한 전략은 단순했다. 과도하게 쏠린 공매도 포지션의 반대편에 서는 것이었다. 개인투자자들이 게임스톱 주식을 집중적으로 매수하기 시작하면서 주가가 상승했고 공매도 세력의 손실이 빠르게 커지기 시작했다. 결국 헤지펀드들은 막대한 손실을 감수하면서 주식을 다시 사들일 수밖에 없었다. 그 결과 게임스톱 주가는 단기간에 수십 배 이상 폭등했다. 대표적인 공매도 세력이었던 헤지펀드 멜빈 캐피털(Melvin Capital)은 수십억 달러 규모의 손실을 입고 사실상 청산 수순을 밟았다. 게임스톱 사건은 개인투자자들이 시장의 구조를 이해하고 행동을 함께할 수 있다면 거대 자본을 가진 세력에도 맞설 수 있다는 가능성을 보여 준 상징적인 사건이었다.

그렇다면 개인투자자의 세력화는 현실적으로 어떻게 가능할까. 오늘날에는 과거와 달리 유튜브와 같은 플랫폼을 통해 개인투자자들이 정보를 공유하고 의견을 교환할 수 있는 환경이 만들어져 있다. 특히 100만 명 이상의 구독자를 보유한 주식 관련 유튜브 채널은 개인투자자들에게 상당한 영향력을 미칠 수 있다. 이러한 채널이 단순한 투자 정보 전달을 넘어 자본시장 제도와 기업 지배구조 개선에 대한 목소리를 내는 역할을 한다면 개인투자자의 영향력 역시 커질 수 있다.

그동안 한국 주식시장은 주주친화적이지 않은 기업 경영과 지배구조 문제로 인해 '코리아 디스카운트', '박스피', '국장 탈출은 지능순'과 같은 부정적인 표현으로 언급되는 경우가 적지 않았다. 그러나 2025년 이후 자본시장 개혁 정책이 추진되면서 시장 환경 역시 점차 변화하는 흐름을 보이고 있다. 이러한 변화가 지속된다면 '코스피 5000 시대'를 넘어 '코스피 10000 시대'도 충분히 기대해 볼 수 있다는 전망도 나오고 있다.

이러한 변화가 다시 후퇴하지 않고 주주친화적인 기업 경영과 지배구조가 정착되기 위해서는 개인투자자들의 관심과 참여 역시 중요하다. 100만 명 이상의 구독자를 보유한 주식투자 관련 유튜브 채널을 이 책의 마지막에 소

주식투자법 100문 100답

개한 이유도 바로 여기에 있다. 개인투자자들이 시장의 구조를 이해하고 올바른 투자 문화를 만들어 간다면, 그것 자체가 또 하나의 새로운 세력이 될 수 있기 때문이다.

9장 세력주 투자 어떻게 해야 하나요?

세력주 투자 공부와 훈련은
어떻게 해야 하나요?

세력주 투자는 투자법 중에서 가장 난이도가 높은 투자법이다. 세력의 존재 여부도 확실하지 않고 세력이 존재한다 해도 어떤 세력인지 알기 어렵다. 세력중의 하나인 외국인만 해도 중장기 가치투자를 하는 외국인도 있고, '고빈도 알고리즘 매매(HFT)'로 불리는 초단타 매매를 하는 외국인도 있고, '검은 머리 외국인'도 있어 그 실체와 투자 전략을 파악하기 어렵다. 또 세력의 수익률 목표도 어디까지인지 가늠하기 어렵고, 목표가 있다 하더라도 시장 상황에 따라 실현여부가 불투명하기 때문에 투자자 입장에서는 투자의 객관적 근거를 찾기 어려운 경우가 많다. 때로는 세력의 움직임을 보여 주는 차트마저 세력의 의도에 따라 조작되는 경우가 적지 않기 때문에 투자자 입장에서는 다른 어떤 투자법보다도 대응이 매우 어렵다.

따라서 주식 초보는 먼저 세력주 투자에 대한 관심을 끄는 것이 정도라고 할 수 있다. 경력 30년의 주식투자 전문가인 유지윤은 『차트가 보이고 종목이 읽히는 첫 주식투자 공부』라는 책에서 "대박 나는 세력주? 개살구니 버려라!"라고 힘주어 말한다. 엄청난 대박을 터뜨리는 종목들 대부분이 세력주였던 것은 사실이지만, 하루 종일 주식만 하는 전문가들도 잡기 어려운

게 세력주이고, 세력주라는 것을 뻔히 알면서도 매수하는 개인들은 '불쌍한 개인'이 아니라 '욕심에 사로잡힌 개인'으로 돈을 잃는 것은 당연한 일이라는 것이다. 주식시장에서는 자신만의 매매 방법으로 착실하게 매매하다 잡은 종목이 우연히 세력주가 될 때 수익을 얻을 수 있는 것이지, 세력주만 매매하겠다고 작정하고 종목을 찾아도 손에 들어올 리 없으니 포기가 답이라는 것이다. 세력주의 진정한 고수는 세력주에 관심을 갖지 않는 사람이라는 말도 깊이 새겨봐야 할 말이다.

그럼에도 불구하고 굳이 세력주에 관심을 갖는다고 하면 여기서도 지켜야할 제1원칙은 세력에 당하지 않고, 돈을 잃어도 최소로 잃도록 하는 리스크 관리다. 리스크 관리는 종목 선정, 매수·매도, 기대수익률, 자금관리의 모든 측면에서 주의깊게 이루어져야 한다.

첫째, 종목 선정에서는 최악의 경우에도 손실을 감당할 수 있는 종목을 골라야 한다. 세력주 전문가로『종목 선정 나에게 물어봐』를 쓴 김정수는 5만건 이상 매매 후 만든 단 하나의 종목 선정 기준으로 '물려도 살아 나올 수 있는 종목'을 매수해야 한다고 말한다. 그런 종목은『급등주의 8할은 작전주 패턴으로 움직인다』를 쓴 알렉스 강에 따르면 우량주와 성장주가 되어야 한다.『세력주 투자 기술』을 쓴 백새봄은 세력주로 판단되는 종목에서 영업 이익 적자인 기업, 부채 비율 250% 이상인 기업, 이자보상배율 1 미만인 기업은 절대 매수해서는 안 되고, 영업 이익률이 높은 기업, 유보율이 높은 기업, 부채 비율이 낮으면서 자기자본이익률(ROE)가 높은 기업, 주당순이익(EPS) 추이가 좋아지는 기업에 주목해야 한다고 말한다.

둘째, 매수·매도에서는 세력이 주가를 움직이기 전에 매수하고, 세력이 빠져나가기 전에 먼저 매도하고 빠져나오는 훈련이 필요하다. 여기에서 가장 중요한 것은 급등하는 주식은 절대로 추격 매수하지 않는 것이고, 달리는 말에 올라타지 않는 것이다. 세력은 보통 일정기간 매집하고, 매집이 끝나면 장대양봉과 함께 대량거래를 통해 주가를 급등시킨 후 고점 부근에서 따라 들어온 매수자들에게 물량을 떠넘기며 떠나는 게 일반적인데, 대부분의 개인투자자는 급등이 이미 상당히 진행되고 하락을 앞두고 있을 때 매수해 최고점에 물리면서 결국 큰 손실을 입는 경우가 상당히 많다. 이러한 리스크를 피하기 위해서는 세력이 거짓말할 수 없는 유일한 흔적인 거래량 분석을 통해 세력의 매집가격과 매수·매도 움직임을 파악하는 훈련이 필수불가결하다.

셋째, 기대수익률은 세력주의 경우 최소 100%에서 200~300%의 대박을 기대하는 경우가 많은데 결과는 대박은커녕 최소한의 수익도 챙기지 못하고 회복불가능한 손실을 입는 경우가 많다. 이런 실패를 겪지 않기 위해서는 세력주의 고수 백새봄이 제안한대로 기대수익률도 10% 수준으로 파격적으로 낮추는 노력이 필요하다. 기대수익률을 낮추는 대신 수익을 올릴 수 있는 기회를 늘리는 회전율을 높여 누적 수익률을 높이는 전략이 세력주 투자에 보다 효과적인 방식이라고 할 수 있다.

넷째, 자금관리에서는 한 종목에 투입하는 자금 비중을 전체 투자금의 일정 비율 이내로 엄격히 제한해 리스크를 관리해야 한다. 세력주는 변동성이 극단적으로 크기 때문에, 방향이 틀릴 경우 단기간에 큰 손실로 이어질 수 있다. 따라서 아무리 확신이 드는 종목이라 하더라도 전체 자금의 일부만 투입하는 분할 자금 운용이 필수적이다. 일반적으로 세력주 투자에서는 단일 종목당 투자 비중을 5~10% 이내로 제한하는 것이 기본 원칙으로 제시된다. 이는 손실이 발생하더라도 전체 계좌에 치명적인 타격을 주지 않기 위한 최소한의 안전장치다.

또한 세력주 투자에서 발생한 수익금은 반드시 인출하는 습관을 들여야 한다. 세력주에서 얻은 수익을 다시 같은 방식의 고위험 매매에 재투입하는 순간, 이전의 수익은 손실로 되돌려질 가능성이 높아진다. 따라서 일정 수준의 수익이 실현되면 원금과 수익을 분리해 관리하고, 수익금의 일부 또는 전부를 계좌 밖으로 인출하는 규칙을 예외 없이 실행해야 한다.

세력주의 최고 고수는 세력에 편승해 약간의 수익을 올리는 수준을 넘어 세력을 역이용해 세력 이상의 수익을 올리는 사람이다. 이런 고수가 사용하는 필살기로는 상한가 매매가 있다. 단기간에 수백% 상승하는 세력주의 경우 급등시에 상한가로 출발해 며칠 연속 상한가로 올라가는 경우가 많다. 세력주의 고수들은 이러한 세력주의 특성을 이용한 상한가 매매법을 통해 원금을 짧은 기간에 수백배로 불리는 기적을 만들기도 한다. 주식작전을 역이용해 수익률을 올릴 수 있는 『주식작전 베스트 비법』이라는 책을 쓴 모닝퍼슨은 상한가 매매법은 기본적 분석이나 기술적 분석을 이용해서 하는 매매와는 개념부터 다른 매매법으로 기존에 사용하는 매매법을 개선하거나 새로운 매매 방법을 개발할 때 매우 유용한 힌트를 준다는 점에서 익혀 둘 가치가 있다고 말한다. 그러나 제대로 된 상한가 매매법을 알지 못한 채 어설픈 지식만을 가지고 상한가 매매를 할 경우 단 하루 만에도 쪽박을 찰 수 있는 매우 위험한 매매 방법이기도 한 만큼 철저한 공부와 훈련이 필수불가결하다고 말한다.

세력주 투자에 도움이 되는
책과 사이트, 유튜브

하진수·안재만, 『작전을 말한다』(참돌, 2013)

2009년에 개봉되어 커다란 관심을 끌었던 〈작전〉이라는 영화가 있다. 이 책의 저자인 기자들이 책을 쓰기 위해 취재해 보니 실상은 영화보다 더 영화 같았다고 한다. 이 책은 「투자자라면 반드시 알아야 할 작전의 모든 것」, 「작전세력의 은밀한 실체」, 「고수도 모르는 작전의 진실」이라는 내용으로 구성되어 있다. 작전세력의 실체와 작전세력에 맞서는 법과 피하는 법을 알려주는 책이다.

모닝퍼슨, 『주식작전 베스트 비법』(청출판, 2012)

작전세력은 어떤 방법으로 작전을 하는가? 이 책은 실전작전 14가지 대표사례를 통해 작전세력의 작전방법을 해부한다. 작전주 대응방법도 알려준다. 작전에 대한 최선의 대응방법은 '작전세력에 당하지 않는 것'이다. 주식작전을 역이용해 큰 수익을 내는 방법도 있다. 가장 바람직한 것은 주식작전 초월대응법인데, 저자는 '일반가치투자'와는 다른 '진정가치투자' 법을 제시한다.

백새봄『세력주 투자 기술』(경향BP, 2023)

이 책은 '손실은 적게, 이익은 많게' 내는 세력주 투자법을 알려 주는 책이다. 잃지 않는 세력주 투자를 위해서는 기본적 분석은 꼭 알아야 하고, 세력의 매집을 포착하기 위해서는 기술적 분석도 알아야 한다. 오랜 경험을 바탕으로 가장 현실적인 목표수익률은 10%이고, 수익률보다 회전율을 높여 총수익률을 높이는 것이 보다 현실적이라고 말한다. 저자가 쓴 다른 책『돈이 된다! 급등주 투자법』과 함께 읽어 보면 좋고, 저자가 운영하는 카페와 블로그에도 유용한 정보들이 많다.

전석, 『개미대학 세력의 매집원가 구하기』(오베이북스, 2017)

세력이 만드는 캔들 분석, 거래량을 통한 세력의 입출금 내역 분석, 이동평균선을 통한 세력의 매집원가 및 수익률 분석 등 기술적 분석을 세력의 관점에서 해설한 책. 저자는 이 책이 세상에서 가장 쉽게 기술적 분석을 알려 주고 주식 완전 초보를 최단기간에 고수로 만들어 주는 비법서라고 자신 있게 말한다. 저자가 이 책에 이어 쓴『주식 초보 졸업하고 진짜 수익 내자』와『개미대학 세력의 매집원가 구하기 완결판』도 함께 읽어 보면 좋다.

장지웅, 『주가급등 사유 없음』(이상미디랩, 2020)

세력주를 찾기 위해서는 차트가 아니라 금융감독원 전자공시시스템 다트(DART)가 훨씬 더 중요하다고 말하는 책. 기업 M&A 전문가인 저자는 세력이 주가를 움직이는 길목마다 공시가 보내는 뚜렷한 신호가 있다면서 공시 해석을 통해 세력의 주가급등 패턴을 찾는 매뉴얼을 제시한다. 책 마지막에 M&A 현장에서 만난 세력과 인터뷰한 내용도 있어 세력의 민낯을 살펴볼 수 있다.

김동하, 『코스닥 비밀노트』(한스미디어, 2010)

코스닥은 벤처기업의 산실이기도 하지만 작전주와 세력주의 온상이기도 했다. 이 책은 '쪽박 부르는 코스닥의 함정', '한국의 작전주, 테마주 전격 해부', '코스닥 주무르는 큰손, 명동사채 이야기', '첨단 투자기법에 숨은 검은 헤지펀드의 진실' 등 2010년 당시의 코스닥의 어두운 면을 예리하게 파헤치고 있는 책이다. 꽤 오래전에 나온 책이지만 세력들에 당하지 않고 잃지 않는 투자를 위해서는 지금도 읽어 볼 만한 책이다.

김수헌, 『자본시장의 문제적 사건들』(어바웃어북, 2023)

「30개 국면으로 본 돈의 전쟁 막전막후」라는 부제가 붙어 있는 이 책은 이전에 『기업경영에 숨겨진 101가지 진실』, 『기업공시 완전정복』 등의 책을 써 '기업 해부 장인'이라는 별명을 갖고 있는 저자가 그동안 주식시장과 개미 투자자에 커다란 충격을 주었던 30개 사건들을 해부한 책이다. 시장을 제대로 이해하는데 실제 사건만큼 생생한 교본은 없다. 저자는 이 책이 '개미 잔혹사'에 마침표를 찍을 기업 해부 보고서라고 말한다.

이대호, 『여의도 선수들의 비밀—모르면 당하고 알면 돈 되는 』(트러스트북스, 2023)

이 책은 개미들을 속이는 여의도 선수들, 즉 주식시장의 사기꾼들의 실체를 알려 주는 책이다. 합법과 불법을 넘나드는 리딩방, 매도 리포트 없는 애널리스트의 진실, 트레이딩을 조장하는 실전 투자대회, 마음먹고 속일 수 있는 공시, 기업사냥꾼과 무자본 M&A, 주가조작하는 시장의 검은손 등에 대해 오랫동안 경제부 기자로의 취재와 경험을 바탕으로 주식시장에서 자행되고 있는 각종 불법과 속임수의 민낯을 파헤친다.

알렉스 강, 『급등주의 8할은 작전주 패턴으로 움직인다』(스마트비즈니스, 2017)

이 책은 작전세력이 선호하는 종목은 '동전주'나 '개잡주'가 아니라 '우량주'나 '성장주'이고, 이런 작전주를 찾아 수익을 올리기 위해서는 먼저 '기본적 분석'을 통해 우량주를 찾고, 그중에서 '기술적 분석'을 통해 작전세력의 유무를 검색해 우량주에서 세력이 작전을 진행 중인 것이 포착되면, 심리적 저점 구간에서 매수를 결정하면 된다고 말한다. 세력주를 보는 관점과 접근 방법이 기존의 통념과 달라 사고의 지평을 넓히는 데 도움이 된다.

전황, 『대형주 추세 추종 투자법칙』(사피엔테스, 2025)

세력 중에서도 기관이 사는 대형주에 초점을 맞추어 추세 추종매매를 통해 130만 원의 투자금을 20억으로 만든 실전 매매 전략을 알려 주는 책. 저자는 "추세 추종은 재능이 아니라 노력이다!"라면서 대형주의 안정성과 추세의 힘의 결합이 계좌의 폭발적 성장을 가져왔다고 말한다.

한국의 주식투자 문화를 바꿀 것으로 기대되는 유튜브

삼프로TV(youtube.com/@3protv)

거시경제부터 산업·기업 분석까지 경제학자·애널리스트·산업전문가 등 최전선 실무진의 깊이 있는 분석을 일상 언어로 쉽게 전달하는 국내 최고 수준의 전문 패널 기반 투자 인사이트 채널. 2022년 대선후보 4명을 초청해 경제정책을 검증하는 대담을 해서 엄청난 관심을 불러일으켰다.

김작가TV(youtube.com/@lucky_tv)

성공한 투자자와 경제·금융 전문가들의 인터뷰를 통해 실전 투자 경험과 시장 통찰을 간접적으로 학습할 수 있게 해 주는 채널로, 투자자가 스스로의 관점을 넓히고 장기적인 투자철학을 정립하는 데 큰 도움을 주는 인터뷰 중심 투자 인사이트 채널.

슈카월드(youtube.com/@syukaworld)

투자뿐만 아니라 정치, 경제, 사회 문제 전반에 걸쳐 시사 이슈를 운영자의 유쾌한 해설과 스토리텔링으로 쉽고 재미있게 전달하는 채널.

전인구경제연구소(youtube.com/@moneydo)

거시경제 흐름, 기업 실적, 산업 전망을 실전 투자 관점에서 명확하게 해석해 투자자가 시장 사이클과 업종별 기회를 빠르게 파악하고 현실적인 투자 전략을 세울 수 있도록 돕는 경제·투자 분석 채널.

달란트투자(youtube.com/@talentinvestment)

『대한민국 산업지도』, 『전자공시 100% 활용법』등의 책을 쓴 저자가 운영하는 채널로, 주식투자에 관한 해박한 지식과 실전 경험을 바탕으로 주식 및 시사 이슈에 대해 해당 분야 최고 전문가와의 인터뷰를 통해 투자 인사이트를 이끌어 내는 채널.

815머니톡(youtube.com/@815moneytalk)

4번에 걸친 사업 실패와 성공 경험을 갖고 있는 운영자의 현실적 투자 철학을 바탕으로 리스크 관리와 경제 흐름에 맞춘 실용적이고 균형 잡힌 주식투자 전략 및 마인드를 중시하고 단순 종목 추천보다 중장기 투자 역량과 판단력을 키우는 데 도움을 주는 채널.

와이스트릿(youtube.com/@Ystreet)

다양한 경제·금융 분야 전문가들을 초대해 깊이 있는 인터뷰를 진행하고, 진행자가 어려운 금융 개념도 정확한 질문과 논리적 정리를 통해 시청자가 쉽게 이해하도록 돕는 것이 강점이며, 국내외 시장 트렌드와 투자 전략을 객관적 데이터와 전문 의견중심으로 전달하는 채널.

10장

퀀트 투자

어떻게 해야 하나요?

1

퀀트 투자가 무엇이고
어떤 장점이 있나요?

사례

저는 주식투자 경력이 꽤 길고 깡통도 여러 번 차 봤습니다. 우여곡절 끝에 성장주 투자로 수익을 내던 중 퀀트 투자를 만났어요. 이때부터 성장주 투자와 퀀트 투자를 병행했어요. 그런데 노력해서 투자한 성장주 투자보다 퀀트 투자 수익률이 비교할 수 없을 정도로 높았어요! 수익금은 아래와 같아요.

2019년: 5.9억 | 2020년: 9.4억 | 2021년: 17.4억 | 2022년: -3.8억

시가총액 하위 10% 초소형주 위주로 투자하고 매월 리밸런싱하고 있어요. 소형주 투자에 어려움을 느끼는 분이라면 저의 방식을 추천하진 않지만 저는 약 30억 원 정도의 수익을 냈어요.[8]

성장주 투자보다 퀀트 투자의 성과가 훨씬 좋았다고 말하는 투자자의 고백이다.

------

8) 강환국, 『퀀트 투자 무작정 따라 하기』(길벗, 2022).

퀀트 투자란 무엇인가?

'퀀트'는 계량을 의미하는 단어인 'Quantitative'의 줄임말로, 퀀트 투자는 계량화가 되지 않는 정성적 지표를 배제하고 계량지표에 입각한 투자를 의미한다. 우리나라에서 퀀트 투자의 대중화를 선도해 '퀀트 투자의 전도사'로 불리는 강환국은 퀀트 투자를 한마디로 '레시피 투자'라고 비유하면서 ① 언제 어떤 자산을 사고, ② 얼마나 오래 보유하고, ③ 언제 기존 자산 비중을 조정하거나 팔거나, 다른 자산으로 교체하는지, 즉 투자에 관련한 모든 의사결정이 규칙대로 이루어지는 규칙 기반(rule-based)투자라고 정의한다. 그는 좋은 투자 전략은 요리사가 바뀌어도 문제없는 식당의 레시피처럼 투자자가 바뀌어도 동일한 방법으로 실행할 수 있도록 구체적이며 명확해야 하고, 그러려면 매수, 보유, 매도기준이 체계적이고 계량적이며 오해소지가 없는 명확한 규칙을 따라야 한다고 말한다.

퀀트 투자는 PER, PBR 등의 계량지표를 활용한 투자를 최초로 제안하고, 청산가치보다 시가총액이 낮은 기업을 사는 NCAV 전략 등을 제시한 가치 투자의 아버지 벤저민 그레이엄이 최초의 원조라고 할 수 있다. 그레이엄이 이처럼 기업평가를 위한 계량지표를 도입한 것은 그가 활동하던 시대가 대공황이 발발한 때로 기업의 도산이 일상적이었고 회계기준도 허술해 기업을 믿을 수 없었기 때문이다.

이렇게 출발한 퀀트 투자는 그동안 많은 발전을 해 왔는데, 최근에는 기업 리스크뿐만이 아니고 투자자 리스크 측면에서도 퀀트 투자의 필요성이 강조되고 있다.

투자자 리스크는 2장에서도 살펴본 바 있지만 강환국은 『퀀트 투자 무작정 따라 하기』라는 책에서 투자자의 투자심리편향을 투자전 편향과 투자후 편향으로 나누어 설명하고 있다. 투자전 편향으로는 권위 편향, 호감 편향, 스토리텔링 편향이 있고, 투자후 편향으로는 손실회피 편향, 처분효과 편향,

확증편향, 통제환상 편향등이 있다. 이렇게 많은 투자심리 편향을 극복할 수 있는 방법은 수치와 규칙에 따라 투자하는 방법, 즉 퀀트 투자밖에 없다는 것이 퀀트 투자자들의 주장이다.

퀀트 투자는 이외에도 많은 장점을 갖고 있다. 조재상·최우혁은 『퀀트 & 커버드 콜 전략』이라는 책에서 주식투자에서 성공하려면 좋은 투자 전략으로 장기간 반복적으로 투자(큰 수익 = 좋은 투자 전략 × 오랜 투자 기간)해야 하는데, 좋은 투자 전략의 조건으로는 네 가지가 있다고 말한다.

첫째, 수익이 잘 나는 전략이어야 한다.

둘째, 손익의 변동성이 낮은 전략이어야 한다. 손익의 변동성이 낮아야 장기 투자가 가능하고 언제든지 타이밍에 관계없이 투자할 수 있다.

셋째, 전략이 쉽고 명확해야 한다.

넷째, 투자자가 납득할 수 있는 전략이어야 한다.

이런 네 가지 조건에 가장 부합하는 투자 전략이 퀀트 투자 전략이라는 것이다.

'퀀트 투자 전도사' 강환국도 100세 시대에는 60세만 넘어가도 더 이상 노동으로 생활을 지탱할 수 없고 모아 놓은 돈을 투자해서 나머지 30~40년을 먹고살아야 하는 만큼 누구나 필수적으로 투자를 해야 하는데, 대부분의 사람들은 투자에 많은 시간을 기울일 시간이나 열정이 없기 때문에 퀀트 투자를 해야 한다고 말한다.

2

퀀트 투자 관련 핵심 용어

퀀트 투자가 필요한 주요 투자자 심리편향

- **확증편향**: 자신의 투자 판단이 맞다는 증거만 찾고, 반대되는 정보는 무시하거나 과소평가하는 심리로, 잘못된 투자 판단을 계속 유지하게 만들어 손실 위험 증가

- **손실회피편향**: 이익을 얻는 기쁨보다 손실을 보는 고통을 더 크게 느끼는 투자 심리로, 투자자는 손실이 난 종목을 제때 매도하지 못해 손실 위험 증가

- **과잉확신편향**: 자신의 투자 판단과 분석 능력을 실제보다 지나치게 높게 평가하는 심리로, 투자자는 위험을 과소평가하고 과도한 매매나 집중 투자를 하게 되어 손실 위험 증가

- **앵커링(고착편향)**: 처음의 기준점(주가)에 생각이 묶여 현재의 가치와 리스크를 제대로 보지 못하고 판단이 왜곡되는 심리로, 예를 들어 A 주식을 1만 원에 산 투자자가 기업 가치가 떨어졌는데도 '1만 원만 오면 팔겠다'는 생각에 매도를 미루다 더 큰 손실을 보는 경우가 대표적

443

백테스트(Backtest)

백테스트는 퀀트 투자에서 만든 투자 규칙을 과거 시장 데이터에 적용해 실제로 어떤 성과가 나왔을지를 검증하는 과정이다. 예를 들어 일정 조건에서 매수·매도했다면, 그 규칙을 과거 10년·20년 시장에 그대로 적용해 수익률, 손실, 변동성을 확인한다. 이를 통해 전략이 우연이 아니라 반복 가능한 구조인지, 어떤 상황에서 강하고 약한지를 미리 점검한다.

과최적화(Overfitting)

과최적화는 퀀트 투자에서 전략을 과거 데이터에 지나치게 맞게 설계해 과거에서는 높은 수익률이 나오지만 실제 시장에서는 잘 작동하지 않는 현상을 말한다. 예를 들어 과거 데이터에 맞춰 조건을 지나치게 많이 설정하면 과거 성과는 좋아 보이지만 미래 시장에서는 성과가 크게 떨어질 수 있다. 이러한 문제를 줄이기 위해서는 단순한 규칙을 사용하고, 아웃 오브 샘플 테스트나 장기간 데이터 검증을 통해 전략의 안정성을 확인하는 과정이 필요하다.

아웃 오브 샘플 테스트(Out-of-Sample Test)

아웃 오브 샘플 테스트는 퀀트 투자에서 전략을 만들 때 사용한 데이터와 다른 기간의 데이터를 이용해 전략의 성과를 다시 검증하는 과정이다. 예를 들어 2000~2015년 데이터를 이용해 투자 전략을 만들었다면, 이후 2016~2024년 데이터에 같은 전략을 적용해 성과를 확인하는 방식이다. 이를 통해 특정 기간에만 잘 작동한 전략인지, 실제 시장에서도 적용 가능한 전략인지 판단할 수 있다. 본서의 각 장의 수익률 부분에서 인용한 홍용찬의 책『퀀트 투자 처음공부』가 이 테스트를 활용한 결과를 보여 주고 있다.

알고리즘 매매(Algorithmic Trading)

알고리즘 매매는 사전에 설정된 규칙과 수학적 모델에 따라 컴퓨터가 자동으로 매수·매도를 수행하는 거래 방식으로, 인간의 감정을 배제하고 속도와 일관성을 바탕으로 시장의 가격 변화와 수급 흐름에 기계적으로 대응하는 투자 기법이다. 이는 데이터와 모델을 기반으로 투자 대상을 선정하는 퀀트 투자와 밀접한 관련이 있지만 동일한 개념은 아니며, 퀀트 투자가 '무엇을 살 것인가'를 결정하는 전략의 영역이라면 알고리즘 매매는 그러한 전략을 자동으로 실행하는 수단이라는 점에서 구분된다.

슬리피지(Slippage)

슬리피지는 주문 시 기대한 가격과 실제 체결 가격 사이에 발생하는 차이를 의미하며, 거래량 부족, 매수 가격과 매도 가격의 차이 등의 이유로 발생하고 거래 빈도가 높아지면 누적되어 수익률을 크게 낮출 수 있는 중요한 거래 비용이다.

3

퀀트 투자 종목 선정
어떻게 해야 하나요?

앞에서 말한 퀀트 투자의 장점에 대해 충분히 공감하고 퀀트 투자를 하기로 했다면, 투자 종목의 선정은 구체적으로 어떻게 하는 것인가?

강환국은 『퀀트 투자 무작정 따라 하기』에서 다음과 같이 퀀트 투자에서 종목 선정에 이르는 6단계를 소개하고 있다.

1단계: 책이나 유튜브를 통해 투자 아이디어를 찾는다. 예를 들면 다음과 같은 것들이다.

"저평가된 기업의 주식을 사야 한다(가치주)."

"성장성이 좋은 기업의 주식을 사야 한다(성장주)."

"성장성이 좋은데 아직은 저평가된 기업의 주식을 사야 한다(성장가치주)."

2단계: 투자 아이디어를 계량화가 가능한 지표로 바꾼다. 예를 들면 피터 린치와 윌리엄 오닐은 EPS(주당 순이익)가 가파르게 성장하는 기업이 좋고, 대형주보다는 소형주가 좋다고 했는데, 이것을 다음과 같이 계량화된 투자 전략으로 만든다.

① 최근 분기와 전 분기 순이익이 전년 동기 대비 각각 최소 30% 이상 증가한 기업 20개에 투자

② 그런 기업이 20개 이상일 경우 시가총액이 낮은 순서부터 먼저 매수

③ 분기에 한 번, 분기보고서가 나오는 달 마지막 거래일에 1~2단계를 반복해서 종목 교체

3단계: 계량화된 지표 검증

찾아낸 지표가 투자에 유효한 지표인지 '10분위 테스트'를 통해 분석한다. 예를 들면 과거에 저PER, 저PBR, 고배당수익률 주식에 각각 투자했으면 어떤 결과가 있었는지 분석하는 것이다. 이 과정을 통해 단순한 아이디어가 아닌, 실제로 성과로 이어질 가능성이 있는 지표를 선별하게 된다.

4단계: 계량화된 전략의 백테스트

유효성 검증을 마친 지표 몇 개를 섞어서 투자 전략을 만들고, 이 투자 전략이 실제로 괜찮은지 검증하기 위해 이 전략으로 투자했다면 과거에는 어떤 결과가 있었을지 시뮬레이션을 돌려 본다. 이것을 '백테스트'라고 하는데, 이를 통해 미래 시장에서 이 전략이 어느 정도 통할지 대략적으로 추측해 본다. 알고 싶은 것은 다음과 같은 것들이다.

"이 전략을 썼다면 어느 정도의 수익을 낼 수 있었는가?"

"월 단위, 연 단위 승률이 어느 정도인가?"

"이 전략의 변동성은 어느 정도인가?"

"이 전략이 가장 안 통했던 구간에 어느 정도의 손실이 발생했나?"

"그 손실을 만회하는 데 어느 정도 시간이 걸렸나?"

447

5단계: 전략에 적합한 종목 찾기

전략을 백테스트해서 결과가 좋았다면 전략에 적합한 종목을 찾는다.

6단계: 주기적 리밸런싱

종목을 찾았다고 영원히 그 종목을 보유하는 것은 아니다. 투자 지표의 수치는 계속 바뀌는 만큼 주기적으로 교체할 종목을 찾아 기존 종목을 팔고 교체할 종목으로 대체해야 한다.

예를 들어 '저평가된 소형 가치주에 투자하겠다'는 전략을 세우고 퀀트 투자를 한다면 다음과 같은 과정을 거쳐 종목을 선정한다.

① 소형주(시가총액 하위 20%)
  - 관리종목과 적자기업 등 필터링해 제외
② PER, PGPR, POR, PSR, PBR 5개 지표의 각 순위 계산
③ 5개 지표의 평균순위 계산
④ 평균순위가 우수한 20개 종목에 투자

여기까지 말한 것이 개별 종목 선정에서의 퀀트 투자라면 자산배분 목적의 퀀트 투자는 조금 다르다. 강환국은 투자로 돈버는 3가지 방법으로 종목 선정, 마켓타이밍, 자산배분이 있는데, 주식투자에 가장 중요한 원칙인 '돈을 잃지 않기 위해' 이 중 자산배분이 가장 중요하다면서 종목 선정보다 자산배분을 먼저 해야 한다고 말한다. 자산배분은 문자 그대로 자산을 배분하는 것으로 주식, 채권, 금, 원자재, 부동산, 암호화폐 등으로 자산을 배분해 높은 연복리 수익률을 내면서도 MDD를 최소화하는 것을 목표로 한다. 이러한 자산배분 목적의 퀀트 투자에서 배분자산의 선정원칙은 3가지로 요약된다.

첫째, 장기적으로 우상향하는 자산군을 매수한다.

둘째, 상관성이 낮은 자산군에 투자한다.

셋째, 자산군별 변동성을 비슷하게 유지한다.

이렇게 해서 개별 종목과 자산배분의 조합이 이루어지면 퀀트 투자의 포트폴리오가 완성된다. 기본적으로는 투자 성과에 가장 큰 영향을 미치는 자산배분을 통해 위험자산인 주식투자 비중을 정하고, 정해진 주식투자 비중 내에서 퀀트 투자 방식으로 종목을 선정하는 작업이 이루어진다.

4

퀀트 투자 매수·매도
언제 어떻게 해야 하나요?

앞에서 퀀트 투자 방식으로 이루어지는 개별 종목과 자산배분의 포트폴리오에 대해 살펴보았다. 이렇게 만들어진 포트폴리오는 구성 종목이나 자산을 한번 만들어진 대로 그대로 가져가는 것일까? 그렇지 않다. 시장이나 종목, 자산의 상황이나 매매규칙 등에 변동이 생기면 그에 따라 종목이나 자산의 구성에도 상응한 변화가 필요하다. 이것을 리밸런싱이라고 하는데, 리밸런싱은 정기 리밸런싱과 비정기 리밸런싱, 자산배분 리밸런싱과 종목 리밸런싱, 비중 리밸런싱과 밸류 리밸런싱, 변동성 기반 리밸런싱, 모멘텀 리밸런싱, 계절성·지표 기반 리밸런싱 등 다양한 방식이 있다. 이 중 퀀트 투자에서 특히 중요한 정기 리밸런싱과 비정기 리밸런싱, 자산배분 리밸런싱과 종목 리밸런싱에 대해 살펴보면 다음과 같다.

정기 리밸런싱은 퀀트 투자의 매수·매도를 지탱하는 가장 기본적인 장치다. 앞에서 살펴본 것처럼 퀀트 투자의 종목 선정은 특정 시점의 재무지표와 랭킹을 기준으로 이루어진다. 그러나 기업의 실적과 주가, 자산의 흐름은 시간이 지나면서 끊임없이 변한다. 따라서 한 번 선정한 종목이나 자산을 그대로 장기간 보유하는 것은 퀀트 투자의 방식과 맞지 않는다. 정기 리밸런싱은 월·분기·반기·연 단위처럼 미리 정해 둔 일정에 따라 지표를 다시 계산하고, 기준에서 벗어난 종목은 매도하며 새로 기준을 충족한 종목을 편입하는 방식이다. 예를 들어 연 1회 리밸런싱을 하는 가치 퀀트 전략이라면, 매년 동일한 날짜에 PER·PBR·ROE 등의 지표를 다시 계산해 상위 20개 종목을 새로 구성한다. 이 과정에서 투자자의 판단이나 감정은 개입하지 않는다. '지금 팔아야 할까?'가 아니라 '리밸런싱 날짜가 되었는가?'가 매수·매도의 기준이 된다. 정기 리밸런싱은 수익을 극대화하기 위한 장치이기 이전에, 규칙을 끝까지 지키게 만드는 퀀트 투자의 핵심 운영 원칙이라 할 수 있다.

비정기 리밸런싱은 정해진 날짜가 아니라 특정 조건이 충족될 때 실행되는 리밸런싱이다. 앞선 종목 선정 단계에서 백테스트를 통해 전략의 약점과 위험 구간을 확인했다면, 비정기 리밸런싱은 바로 그 위험을 통제하기 위한 보조 장치다. 예를 들어 시장 지수가 200일 이동평균선을 하향 이탈했을 때 주식 비중을 절반으로 줄이거나, 변동성 지표가 급등했을 때 일부 자산을 현금이나 채권으로 이동하는 방식이 여기에 해당한다. 또 개별 종목 퀀트에서도 주가가 장기 추세선을 이탈하면 정기 리밸런싱을 기다리지 않고 즉시 매도하는 규칙을 둘 수 있다. 비정기 리밸런싱의 목적은 잦은 매매가 아니라, 한 번의 큰 손실을 구조적으로 차단하는 데 있다. 따라서 모든 변동에 반응하기보다는, 미리 정의한 위험 신호에만 제한적으로 작동하도록 설계하는 것이 중요하다. 퀀트 투자에서 비정기 리밸런싱은 시장을 예측하기 위한 장치가 아니라, 최악의 상황에서도 시스템을 지키기 위한 안전벨트에 가깝다.

자산배분 리밸런싱은 개별 종목보다 한 단계 위에서 포트폴리오 전체를 관리하는 방식이다. 앞서 강환국이 강조했듯이, 장기 투자 성과에 가장 큰 영향을 미치는 요소는 종목 선정보다 자산배분이다. 주식, 채권, 금, 원자재, 현금 등으로 구성된 자산배분 포트폴리오는 시간이 지나면서 자산별 수익률 차이로 인해 비중이 자연스럽게 달라진다. 예를 들어 주식 60%, 채권 40%로 시작한 포트폴리오에서 주식시장이 급등하면 어느새 주식 비중이 70% 이상으로 늘어날 수 있다. 이때 자산배분 리밸런싱은 늘어난 주식 일부를 매도해 채권이나 현금으로 옮겨 다시 60:40 비중을 맞춘다. 반대로 금융위기처럼 주식 비중이 크게 줄어들면, 공포 국면에서 주식을 다시 사들이는 역할도 한다. 이 과정은 자연스럽게 오른 자산은 팔고, 내린 자산은 사는 구조를 만들어 장기적인 변동성 관리와 MDD 축소에 기여한다. 자산배분 리밸런싱은 퀀트 투자의 가장 중요한 목표인 '잃지 않는 투자'를 떠받치는 핵심 축이다.

종목 리밸런싱은 앞에서 설명한 6단계 종목 선정 과정이 반복적으로 작동하는 장치다. 퀀트 투자에서 종목은 확신의 대상이 아니라, 규칙이 만들어 낸 결과물이다. 따라서 어떤 종목이든 선정 기준을 벗어나면 미련 없이 교체된다. 예를 들어 저평가 소형주 전략에서 재무지표가 악화되거나 상대 랭킹이 하락해 상위 20위 밖으로 밀려나면 매도 대상이 된다. 반대로 새롭게 기준을 충족한 종목은 과거에 관심이 없던 기업이라도 자동으로 편입된다. 이 과정은 기업의 스토리나 뉴스, 투자자의 기대와 무관하게 진행된다. 종목 리밸런싱은 개별 기업의 흥망을 예측하려는 시도를 포기하는 대신, 시장 전체에서 반복적으로 나타나는 패턴에 베팅하는 방식이다. 퀀트 투자에서 종목 리밸런싱은 '이 기업이 좋다'는 판단이 아니라, '이 규칙이 여전히 유효하다'는 사실을 주기적으로 확인하는 절차라고 볼 수 있다.

결국 퀀트 투자의 매수·매도는 '언제 사고파느냐'의 문제가 아니다. 핵심은 리밸런싱이라는 규칙을 통해 포트폴리오를 어떻게 지속적으로 조정하고, 시장 환경 변화 속에서 시스템의 경쟁력을 어떻게 유지하느냐에 있다. 퀀트 투자는 한 번 잘 만든 전략으로 끝나는 투자가 아니라, 정기와 비정기, 자산과 종목을 아우르는 리밸런싱을 통해 전략을 끊임없이 레벨업시키는 투자다.

퀀트의 성과는 투자 종목의 우수성이 아니라, 투자 규칙을 제대로 만들고, 그 규칙을 오랫동안 일관되게 유지한 결과에서 나오는 것이라는 점을 명심할 필요가 있다.

퀀트 투자 수익률은
어느 정도인가요?

퀀트 투자하는 사람들의 수익률은 얼마나 될까? 먼저 투자 고수들의 수익률부터 살펴보자.

퀀트 투자의 진면목을 보여 준 최고수는 천재적인 수학교수 출신으로 1976년 르네상스 테크놀로지를 설립한 제임스 사이먼스다. 그가 운영한 메달리온 펀드는 1988년부터 2023년까지 연평균 약 66%의 수익률을 기록한 것으로 알려져 있으며, 막대한 운용 보수와 성과급을 제외한 순수익 기준으로도 연 40% 안팎의 수익률을 올린 것으로 평가된다.

특히 이 펀드의 진정한 강점은 상승장이 아니라 위기 국면에서 드러났다. 코로나19로 글로벌 증시가 급락했던 2020년에도 메달리온 펀드는 약 76%의 수익률을 기록했으며, 2000년 IT버블 붕괴나 2008년 글로벌 금융위기 같은 대형 위기 국면에서도 50% 이상의 플러스 수익을 보인 것으로 알려져 있다.

또 다른 퀀트 투자 고수로는 에드워드 소프가 있다. 그는 확률과 통계 기반의 투자 전략을 활용해 1969년부터 1988년까지 운용한 펀드에서 연평균 약 20% 안팎의 수익률을 기록했으며, 이 기간 동안 큰 손실 없이 안정적인 복리 성장을 달성한 것으로 평가된다. 그의 전략은 시장의 비효율을 수학적으로 분석해 규칙적으로 수익 기회를 포착하는 방식으로, 퀀트 투자가 장기적으로도 높은 성과를 낼 수 있음을 보여 준 대표적인 사례다.

한국에는 퀀트 투자의 선구자로 서울대 문병로 교수가 있다. 그는 최적화 알고리즘을 주식투자에 적용하는 ㈜옵투스자산운용을 2009년 설립해 2024년까지 누적 수익률 772%를 기록했다. 연평균 수익률로는 약 15.3% 정도다.

'퀀트 투자의 전도사'로 유명한 강환국은 『퀀트 투자 무작정 따라 하기』라는 책에서 자신이 시간 투입 대비 수익이 높은 퀀트 투자를 통해 직장 생활과 투자를 병행하며 연 복리 15%대의 수익률을 거둬 만 38세에 60억 자산가가 되어 다니던 직장에 사표를 던지고 파이어족이 되었다고 말한다.

고수가 아닌 평균적인 개인투자자는 퀀트 투자로 어느 정도의 수익률을 올릴 수 있을까? 앞에서 배당주, 가치주, 성장주의 수익률을 논의하는 곳에서 홍용찬의 『퀀트 투자 처음공부』에 나와 있는 백테스트 자료에 입각해 각각의 투자 지표로 투자했을 경우의 수익률을 살펴본 바 있다. 투자 지표로만 투자한다는 것은 퀀트 투자를 하는 것이라고 할 수 있는데, 배당주, 가치주, 성장주에 대한 퀀트 투자의 수익률은 이미 살펴보았기 때문에 여기에서는 중요하지만 앞에서 다루지 못했던 소형주 투자의 수익률에 대해서만 살펴보기로 한다.

아래 표에 나타난 소형주 투자의 수익률을 요약하면 다음과 같다.

시가총액이 가장 작은 1그룹에 투자했을 경우의 연평균 수익률은 2001~2022년의 기간 동안 37.20%로 다른 어떤 투자법보다도 훨씬 높게 나타난다. 기간별로 보면 최근 들어 조금 감소하긴 했지만 여전히 30% 이상의 수익률을 보여 주고 있다. 반면 시가총액이 가장 큰 10그룹 즉 대형주의 수익률은 2001~2022년의 기간 동안 6.98%로 소형주에 크게 못 미치고 2018~2022년에는 마이너스의 수익률을 보인 것으로 나타났다. 특히

2018~2022년에는 KOSPI지수, KOSDAQ 지수, 대형주 모두 마이너스의 수익률을 보인 반면 소형주만 30% 이상의 수익률을 보이고 있다.

	2001~2022	2001~2017	2018~2022
1그룹(%)	37.20	39.25	30.45
10그룹(%)	6.98	10.69	-4.74
1그룹 - 10그룹(%p)	30.22	28.56	35.19
KOSPI(%)	7.00	9.79	-1.95
KOSDAQ(%)	1.17	2.49	-3.18
1그룹 - KOSPI(%p)	30.20	29.47	32.40
1그룹 - KOSDAQ(%p)	36.03	36.77	33.63

주식투자법 100문 100답

6

퀀트 투자 리스크 관리 어떻게 해야 하나요?

퀀트 투자는 감정이나 직관이 아니라 데이터와 규칙에 따라 투자한다는 점에서 많은 투자자들에게 매력적인 방법으로 여겨진다. 인간의 탐욕과 공포를 배제하고 통계적으로 검증된 전략을 일관되게 실행할 수 있기 때문이다. 실제로 많은 연구와 투자 사례에서 퀀트 전략이 장기적으로 안정적인 성과를 보여 준 것도 사실이다. 그러나 퀀트 투자 역시 완벽한 투자 방법은 아니고, 여러 가지 한계와 위험을 함께 가지고 있다. 실제 시장에서는 퀀트 전략의 장점을 제대로 활용해 성과를 내는 투자자도 있지만, 백테스트 결과만 믿고 접근했다가 기대에 못 미치는 성과를 경험하는 경우도 적지 않다. 퀀트 투자에서 특히 주의해야 할 점은 다음과 같다.

첫째, 백테스트에서 과최적화의 함정에 빠질 수 있다는 점이다. 퀀트 투자의 출발점은 대부분 과거 데이터다. 일정한 조건을 적용했을 때 과거에 수익률이 좋았던 전략을 찾아내고, 그것이 얼마나 잘 작동했는지를 검증하는 과정이 백테스트다. 문제는 과거의 성과가 미래를 보장하지 않는다는 데 있다. 시장 환경은 끊임없이 변하고, 투자자들의 행동 역시 제도와 기술 변화에 따라 달라진다. 과거에 잘 통했던 전략이 앞으로도 똑같이 작동할 것이

457

라고 믿는 순간, 퀀트는 분석이 아니라 신념이 될 수 있다.

특히 생존편향과 과최적화는 퀀트 투자에서 자주 나타나는 대표적인 오류다. 현재까지 살아남은 기업의 데이터만 사용하면 이미 도태된 기업들의 실패가 분석에서 빠지기 때문에, 전략은 실제보다 훨씬 좋아 보일 수 있다. 또 조건을 계속 바꾸며 수천 번의 테스트를 반복하다 보면 특정 구간에서만 잘 맞는 전략이 만들어질 수 있다. 겉으로 보기에는 수익률이 높고 최대낙폭도 낮아 보이지만, 이는 우연히 과거 데이터에만 잘 맞춘 결과일 가능성이 크다. 이런 전략은 실전에 들어가는 순간 기대와 전혀 다른 결과를 보이기 쉽다.

둘째, 투자 기간 중 손실 기간을 견디기 어렵다는 점이다. 퀀트 투자는 장기적으로 기대수익률이 높은 경우가 많지만 장기 평균 수익률은 결코 직선으로 실현되지 않는다. 과거 20년간 우수한 성과를 낸 전략이라 하더라도, 그 중간에는 몇 년씩 부진한 구간이 포함되어 있을 수 있다. 백테스트 그래프에서는 완만하게 우상향하는 선처럼 보이지만, 실제 투자자가 체감하는 투자 현실은 훨씬 더 변동성이 크고 불편하다.

문제는 대부분의 투자자가 이러한 불편한 기간을 견디지 못한다는 데 있다. 몇 개월만 성과가 나빠져도 전략 자체를 의심하고, 결국 가장 힘든 시점에서 포기하는 경우가 반복된다. 퀀트 투자는 객관적인 것처럼 보이지만, 실제로 그 전략을 실행하고 유지하는 주체는 결국 사람이다. 규칙을 만드는 것은 시스템이지만, 손실을 견디고 전략을 끝까지 유지하는 것은 인간의 몫이다. 그래서 퀀트 투자는 장기적으로 강력한 투자 방식이면서도, 실제로는 중간에 포기하는 투자자가 많다는 문제점을 갖고 있다.

셋째, 전략이 널리 알려질수록 초과수익이 약해질 수 있다는 점이다. 금융시장에서 초과수익은 대개 정보의 비대칭이나 접근 방식의 차이에서 발생한다. 그런데 정보기술이 발달하고 데이터 접근이 쉬워지면서 과거보다 좋은 지표나 유효한 전략을 빠르게 찾아내는 것이 훨씬 쉬워졌다. 그 결과 한때 효과적이었던 단순한 지표 기반 전략들이 시간이 지나면서 힘을 잃는 경우가 나타난다. 특히 시장 참여자가 많고 경쟁이 치열한 시장일수록 이런 현상은 더 쉽게 나타난다. 전략이 공개되고 많은 투자자가 같은 방식으로 매매하기 시작하면, 그 전략이 기대했던 초과수익은 점점 줄어들 수밖에 없다.

넷째, 거래비용도 투자 성과에 커다란 영향을 미친다. 백테스트에서는 수수료, 세금, 슬리피지 같은 거래비용이 충분히 반영되지 않거나 과소평가되는 경우가 많다. 그러나 실제 투자에서는 회전율이 높은 전략일수록 이러한 비용이 누적되어 성과를 크게 깎아먹을 수 있다. 백테스트에서는 연평균 수익률이 높아 보이던 전략도 실제로는 빈번한 매매와 비용 때문에 기대만큼의 결과를 내지 못할 수 있다.

퀀트 투자는 감정을 완전히 배제한 투자가 아니라, 인간의 약점을 인정하고 그것을 관리하려는 투자다. 퀀트는 인간의 실수를 줄여 주는 도구일 수는 있지만, 시장의 불확실성 자체를 없애주는 마법의 장치는 아니다. 과거 데이터에 대한 과신, 손실 기간의 인내 부족, 투자 전략 공유에 따른 수익 감소, 거래비용 등의 문제를 함께 고려하지 않으면 퀀트 투자 역시 기대한 성과를 얻지 못할 수 있다. 퀀트 투자 규칙을 제대로 만들고, 규칙의 작동방식을 충분히 이해하고, 불가피한 손실 기간을 받아들이고, 오랫동안 규칙을 유지할 수 있을 때에만 비로소 퀀트는 좋은 투자 성과를 내는 유용한 도구가 될 수 있다.

7

퀀트 투자 미래 전망은
어떤가요?

한국에서 퀀트 투자는 비교적 늦게 시작된 투자 방식이다. 일반적으로 국내에서 퀀트 투자가 도입된 시기는 1990년대 후반으로 알려져 있다. 당시 외국계 증권사와 연기금이 자산운용 과정에서 리스크 관리와 자산배분 효율성을 높이기 위해 정량적 투자 모델을 도입하면서 퀀트 투자 개념이 국내 금융시장에 처음 등장했다.

이 시기의 퀀트 투자는 지금과 비교하면 매우 제한적인 영역이었다. 데이터 접근 자체가 쉽지 않았고, 금융 데이터는 대부분 기관이나 전문 투자자에게만 제공되었다. 분석 프로그램 역시 고가의 전문 소프트웨어에 의존해야 했으며 투자 모델을 설계하고 검증하는 작업도 금융공학을 전공한 전문가들이 주로 수행했다. 따라서 퀀트 투자는 개인투자자가 접근하기 어려운 폐쇄적인 영역에 가까웠다.

초기의 퀀트 전략은 비교적 단순한 구조를 가지고 있었다. PER, PBR, ROE 같은 재무 지표를 활용해 저평가된 기업을 선별하거나 일정 기간 동안 주가 상승 흐름이 강한 종목을 선택하는 방식이 대표적이었다. 이러한 전략은 일반적으로 일정 주기마다 포트폴리오를 재조정하는 리밸런싱 방식으로

주식투자법 100문 100답

운용되었으며, 가치·모멘텀·저변동성 같은 팩터 기반 전략이 퀀트 투자의 출발점이 되었다.

2000년대 들어 금융시장 환경이 빠르게 변화하면서 퀀트 투자도 점차 발전하기 시작했다. 전산 시스템이 발전하고 금융공학 전공자들이 자산운용사에 대거 유입되면서 국내 운용사 내에 퀀트 전담 조직이 만들어지기 시작했다. 이 시기에는 가치, 모멘텀, 변동성 등 다양한 팩터를 결합한 스마트 베타 전략이 확산되었고 퀀트 기반 펀드도 점차 증가했다. 다만 여전히 퀀트 투자는 기관 투자자 중심의 전략이었고 개인투자자에게는 익숙하지 않은 투자 방식이었다.

2010년대 들어 상황은 크게 달라졌다. 데이터 분석 기술과 알고리즘 트레이딩 기술이 빠르게 발전하면서 퀀트 투자 환경이 급격히 변화하기 시작했다. 특히 HTS와 MTS가 보편화되고 파이썬을 활용한 데이터 분석 도구가 확산되면서 개인투자자도 직접 데이터를 분석하고 투자 전략을 설계할 수 있는 환경이 만들어졌다.

또한 금융 데이터 접근성 역시 크게 개선되었다. FnGuide, 한국거래소 데이터 서비스, 금융감독원 전자공시시스템(DART) 등 다양한 데이터 플랫폼이 등장하면서 개인투자자들도 기업 재무 데이터와 시장 데이터를 쉽게 활용할 수 있게 되었다. 이러한 변화는 퀀트 투자를 기관 중심의 전문 영역에서 개인투자자도 활용할 수 있는 투자 전략으로 변화시키는 계기가 되었다.

2018년 이후에는 개인 퀀트 투자자들이 빠르게 증가하면서 퀀트 투자는 본격적인 대중화 단계에 들어섰다. 개인 투자 전문가들이 책과 온라인 콘텐츠를 통해 퀀트 투자 전략을 소개하기 시작했고, 투자 커뮤니티에서는 다양한 퀀트 전략이 공유되었다. 과거에는 기관 투자자만 수행할 수 있었던 전략 설계와 백테스트, 리밸런싱 작업을 개인투자자도 직접 수행할 수 있는 환경이 만들어진 것이다.

이러한 변화는 투자 방식에도 영향을 미쳤다. 과거에는 경험이나 직관에 의존해 종목을 선택하는 경우가 많았지만, 점차 데이터와 통계를 기반으로 투자 결정을 내리는 방식이 확산되기 시작했다. 퀀트 투자는 감정에 흔들리지 않고 일정한 규칙에 따라 투자할 수 있다는 점에서 많은 투자자들에게 새로운 대안으로 인식되었다.

그렇다면 앞으로 퀀트 투자의 미래는 어떻게 전개될 것인가.

먼저 긍정적인 관점에서 보면 퀀트 투자는 앞으로 더욱 확산될 가능성이 있다. 퀀트 투자의 가장 큰 장점은 투자 과정의 상당 부분을 체계화할 수 있다는 점이다. 기업 분석과 시장 분석에 필요한 많은 작업을 데이터와 알고리즘을 활용해 수행할 수 있기 때문에 기본적 분석이나 기술적 분석에 필요한 시간을 크게 줄일 수 있다. 특히 직장인 투자자에게는 이러한 특성이 큰 장점으로 작용한다. 투자에 많은 시간을 할애하기 어려운 투자자라도 일정한 규칙을 기반으로 투자 전략을 운영할 수 있기 때문이다.

또한 퀀트 전략은 정보 비대칭성이 큰 시장에서 상대적으로 유리하게 작동할 수 있다. 대형주는 이미 많은 기관 투자자와 분석가들이 연구하고 있기 때문에 초과 수익을 얻기 어려운 경우가 많다. 반면 소형주나 중소형 기업은 상대적으로 정보가 부족한 경우가 많기 때문에 정량적 분석을 통해 저평가된 종목을 발견할 가능성이 높다. 이러한 특성은 개인투자자에게도 기회를 제공할 수 있다.

최근에는 퀀트 투자에 필요한 도구 역시 빠르게 대중화되고 있다. 과거에는 전문 기관만 활용할 수 있었던 데이터 분석 도구와 백테스트 프로그램이 이제는 개인투자자에게도 제공되고 있다. 인공지능 기반 분석 도구와 데이터 플랫폼이 확대되면서 퀀트 전략을 설계하고 검증하는 과정도 점점 쉬워지고 있다. 이러한 기술 발전은 퀀트 투자의 접근성을 더욱 높일 가능성이 있다.

하지만 퀀트 투자에 대해 부정적인 시각도 존재한다. 가장 큰 이유는 퀀트 투자의 특성이 한국 투자 문화와 반드시 잘 맞는 것은 아니라는 점이다. 퀀트 전략은 일정한 규칙을 장기간 유지하면서 꾸준히 실행해야 성과가 나타나는 경우가 많다. 그러나 많은 투자자는 단기간에 높은 수익을 기대하는 경향이 강하다. 한국 투자자들 사이에 흔히 나타나는 '빨리 성과를 확인하려는 투자 성향'은 퀀트 전략의 장기적인 특성과 충돌할 수 있다.

수익률에 대한 기대 역시 문제로 지적된다. 많은 퀀트 전략의 장기 기대수익률은 연간 약 10~15% 수준으로 알려져 있다. 이는 장기적으로 안정적인 성과일 수 있지만 단기간에 큰 수익을 기대하는 투자자에게는 매력적으로 보이지 않을 수 있다. 특히 테마주나 고성장주 투자에 익숙한 투자자에게는 이러한 수익률이 다소 낮게 느껴질 수 있다.

또 하나의 장벽은 퀀트 투자에 대한 선입관이다. 일부 투자자들은 퀀트 투자를 위해서는 통계학과 수학, 코딩 같은 전문 지식이 반드시 필요하다고 생각한다. 이러한 인식은 퀀트 투자에 대한 접근을 어렵게 만드는 요인이 되기도 한다. 실제로는 비교적 단순한 전략만으로도 퀀트 투자를 시작할 수 있지만 이러한 심리적 장벽 때문에 많은 투자자가 퀀트 전략을 시도하지 못하는 경우도 존재한다.

퀀트 투자의 미래는 이러한 긍정적인 요소와 부정적인 요소가 어떻게 전개되느냐에 따라 달라질 것이다. 데이터 분석 기술과 투자 도구의 발전은 퀀트 투자를 더욱 확산시키는 요인이 될 수 있지만, 투자자의 성향과 기대 수익률에 대한 인식 역시 중요한 변수로 작용할 수 있다.

결국 투자자는 퀀트 투자의 미래 전망이 어떻게 전개될 것인지에 대한 예측보다 스스로의 투자 성향과 전략을 먼저 점검할 필요가 있다. 퀀트 투자가 모든 투자자에게 적합한 전략은 아니지만, 일정한 규칙과 장기적인 관점을 유지할 수 있는 투자자에게는 매우 유용한 투자 방법이 될 수 있다. 자신이 데이터 기반의 규칙적인 투자 방식에 잘 맞는다고 판단된다면 퀀트 전략을 적극적으로 활용할 수 있을 것이고 그렇지 않다면 다른 투자 방법을 선택하는 것이 더 적합할 수도 있다. 중요한 것은 자신에게 맞는 투자 전략을 선택하고 꾸준히 실행하는 것이다.

8

퀀트 투자 고수들의
필살기를 알려 주세요

퀀트 투자를 통해 최고의 성과를 올린 고수들로는 누가 있을까? 앞에서 1976년 르네상스 테크놀로지를 설립한 제임스 사이먼스가 운영한 메달리온 펀드가 1988년부터 2023년까지 연평균 약 66%의 수익률을 기록했고, 주식 시장이 폭락한 IT버블, 글로벌 금융위기, 코로나 팬데믹의 시기에도 50% 이상의 수익률을 보인 사실을 언급했다.

사이먼스가 어떤 필살기로 그런 엄청난 수익률을 올렸는지는 내부 비밀이라 공개적으로 밝혀진 바 없지만, 곽병열의 『절대 잃지 않는 주식투자』에 소개된 내용에 따르면 다음과 같은 필살기가 있었던 것으로 추측되고 있다.

첫째, 계량모델을 통한 알고리즘 거래이다. 계량모델은 인간 트레이더들이 종종 놓치는 단기적인 시장 비효율성을 활용하도록 설계되어 있다. 이는 알고리즘 거래를 통해 구현되는데, 계량모델과 이를 추종하는 알고리즘은 당연히 미공개지만 시장의 비효율성을 포착해 기회로 활용하는 능력이 탁월했을 것으로 추정된다.

둘째, 기계적인 리스크 관리다. 기계는 본성을 억눌러야 하는 인간과 달

465

리 규칙에 맞춰서 말 그대로 기계적인 매매, 엄격한 리스크 관리 전략을 사용할 수 있다. 사이먼스의 모델은 리스크를 최소화하기 위해 다양한 자산 클래스, 시장, 도구에 걸쳐 투자를 다각화하도록 설계되었고, 이를 통해 과도한 레버리지를 신중하게 사용하고 특정 시장이나 자산에 대해 엄격한 통제를 유지했다.

셋째, 비밀 유지와 인재중시다. 르네상스 테크놀로지의 메달리온 펀드는 독점적인 거래 알고리즘과 데이터 분석 방법을 보호하기 위해 르네상스 직원과 특정 개인만 접근이 가능하도록 제한했다. 아울러 전통적인 금융 전문가와는 차별화된 '금융공학' 관련 인재를 중시해 채용했던 것도 경이적인 수익률 달성의 한 요인이었던 것으로 추정되고 있다.

르네상스 테크놀로지의 제임스 사이먼스가 비장의 무기를 알 수 없는 난해하고 신비스런 퀀트 투자자였다면 조엘 그린블라트는 누구나 알 수 있는 간단한 지표로 누구나 실행할 수 있는 매매 방식으로 누구보다 높은 수익률을 보여 준 퀀트 투자자다. 그는 '마법공식(Magic Formula)'이라는 이름으로, 기업의 가치를 평가할 때, 이익 창출 능력을 나타내는 자본수익률(ROIC)과 기업이 얼마나 저평가되어 있는지를 보여 주는 이익수익률(Earnings Yield) 두 가지 숫자만을 조합해 정량적으로 종목을 선별한다. 즉, 좋은 기업을 좋은 가격에 사는 것을 오롯이 정량 지표로 구현한 전략이다. 이 공식은 인간의 편향과 감정을 배제함으로써, 시장이 과소평가한 기업을 자동으로 찾아내는 규칙 기반 가치투자 퀀트 시스템의 핵심 전략이었다.

그린블라트가 운용한 고담 캐피털(Gotham Capital)은 이 전략을 바탕으로 20년 가까이 연평균 40%가 넘는 경이적인 수익률을 거두며 월가 최고의 펀드 중 하나로 평가받았다. 그는 이러한 성과를 통해 복잡한 공식이나 전문 펀드에 의존하지 않고 단 두 개의 검증된 지표와 규칙적 실행만으로도 시장을 장기적으로 이길 수 있다는 사실을 증명했다. 또한 "주식시장은 단기적으로는 투표기지만, 장기적으로는 저울"이라는 가치투자 원리를 정량화해 실전에서 입증한 인물이기도 하다. 조엘 그린블라트의 필살기를 요약하면, 자본수익률+이익수익률이라는 단순한 공식으로 가치투자를 퀀트화해 장기 초과수익을 실현한 것이라고 할 수 있다.

게리 안토나치는 ETF를 활용한 듀얼 모멘텀 이론이라는 필살기로 퀀트 투자의 새로운 영역을 개척한 인물이다. 듀얼 모멘텀 이론의 핵심 내용은 다음과 같다.

첫째는 상대 모멘텀이다. 상승장에 여러 자산 가운데 최근 수익률이 가장 많이 오른 자산을 매수하는 방식으로, 미국 주식 ETF, 해외 주식 ETF, 채권 ETF 등 다양한 자산을 비교해 가장 강한 흐름을 보이는 대상에 투자한다. 즉 상대모멘텀은 종목·섹터 간 우열을 가리는 전략인데, 같은 장세에서도 가장 강한 종목이나 섹터에 투자해 초과수익을 얻을 수 있다는 장점이 있다. 예를 들어, 2020년 코로나19 이후 시장 반등 국면에서, 테슬라, 엔비디아, 클라우드·전기차 ETF등 특정 섹터가 압도적으로 높은 수익률을 기록했는데, 상대모멘텀 전략(최근 3~12개월 수익률이 가장 높은 종목·섹터를 매수)을 쓴 투자자는 시장 ETF(S&P500)보다 훨씬 높은 수익률을 거둘 수 있었다.

둘째는 절대 모멘텀이다. 선택한 자산의 일정 기간 수익률이 마이너스일 경우 위험자산을 보유하지 않고 채권 ETF나 현금성 자산으로 이동한다. 이 전략의 장점은 수익 극대화가 아니라, 큰 손실을 회피하는 데 있다. 예를 들어, 2008년 금융위기 때 S&P500 지수가 50% 이상 폭락했지만, 절대모멘텀 전략(예: 12개월 수익률이 마이너스이면 주식을 팔고 현금이나 채권으로 이동)을 적용한 투자자는 하락 국면 초반에 시장에서 이탈해 손실을 크게 줄일 수 있었다.

게리 안토나치가 제시한 듀얼 모멘텀 전략의 핵심은 두 가지 기준을 동시에 적용하는 데 있다. 절대 모멘텀은 시장 전체의 하락 위험을 줄이는 안전장치, 상대 모멘텀은 자금을 가장 강한 종목에 집중해 수익을 극대화하는 공격 무기로, 두 가지 모멘텀을 함께 사용하는 듀얼 모멘텀은 안정성과 수익성을 동시에 추구하는 매매 방식이라고 할 수 있다. 특히 듀얼 모멘텀 전략은 상대적으로 강한 수익을 주는 종목을 선정하고(상대 모멘텀), 하락장에서 투자 비중을 줄임으로써(절대 모멘텀) '손실은 짧게, 수익은 길게' 가져가는 추세 매매 전략으로 트레이더라면 반드시 익혀야 할 필살기로 평가받고 있다.

다음에는 한국의 퀀트투자 고수의 필살기를 살펴보자. '퀀트투자의 전도사' 강환국은 듀얼 모멘텀보다 더 벌고 덜 깨지는 변형 듀얼 모멘텀 전략을 제시한다. 이 전략의 핵심은 주식뿐 아니라 안전자산에도 모멘텀을 적용하고, 최악의 경우에는 현금으로 피한다는 데 있다.

첫째, 주식 선택에서는 기존 듀얼 모멘텀과 마찬가지로 미국 주식과 해외 주식 가운데 최근 수익률이 높은 한 자산만 선택한다. 최근 1년 수익률을 비교해 미국 주식 ETF(SPY)와 해외 주식 ETF(IFA) 중 더 강한 자산 하나만 보유한다. 이를 통해 상승장에서는 항상 가장 잘나가는 주식에 올라탈 수 있다.

둘째, 안전자산에도 모멘텀을 적용한다. 기존 듀얼 모멘텀 전략은 주식이 나쁘면 무조건 하나의 채권 ETF(AGG)로 이동한다. 그러나 강환국은 채권도 항상 안전하지 않다고 본다. 그래서 여러 개의 채권 ETF를 놓고 최근 6개월 수익률을 비교해, 그중 성과가 좋은 상위 몇 개만 선택한다. 만약 선택할 채권 ETF가 현금보다도 성과가 나쁘다면, 채권을 사지 않고 현금으로 대기한다.

셋째, 주식도 안 좋고 채권도 안 좋으면, 억지로 투자하지 않고 현금을 보유한다. 이 규칙은 큰 폭의 하락장에서 계좌가 무너지는 것을 막아 주는 가장 중요한 안전장치다.

주식투자법 100문 100답

강환국의 변형 듀얼 모멘텀 전략을 요약하면 주식이 좋을 때는 가장 센 주식을 들고 가고, 주식이 나쁘면 가장 강한 안전자산을 고르며, 그것마저 나쁘면 현금으로 도망가는 것이라고 할 수 있다. 이 전략은 기존 듀얼 모멘텀 전략보다 연평균 수익률은 더 높고, 최대낙폭(MDD)은 더 낮은 성과를 보였다.

강환국이 제시하는 또 하나의 필살기는 한국 주식시장에서 개인투자자가 가장 현실적으로 높은 성과를 낼 수 있는 순수 퀀트 성장주 전략이다. 이 전략의 핵심은 기업 분석에 깊이 매달리기보다, 최근 분기 실적이 빠르게 성장하는 기업을 숫자로 선별해 기계적으로 분산 투자하는 데 있다. 이 전략의 장점은 다음과 같다.

첫째, 실적 발표 이후에 매수해도 늦지 않다. 시장은 좋은 실적이 나와도 처음부터 그 가치를 모두 반영하지 못하는 경우가 많다. 이 때문에 주가는 수개월에 걸쳐 천천히 상승하는 경향이 있다. 반대로 나쁜 실적을 낸 기업도 하루 만에 하락이 끝나지 않고 서서히 약세를 보인다. 따라서 실적이 확인된 뒤에 매수해도 충분히 초과수익을 노릴 수 있다.

둘째, 투자의 기준이 단순하다. 투자 지표는 최근 분기 기준의 매출 성장률, 영업 이익 성장률, 순이익 성장률이다. 복잡한 기업 분석을 할 필요없이 이 세 가지 숫자가 모두 높은 기업만 확인하면 된다.

셋째, 누구나 쉽게 따라 할 수 있고, 투자에 쓰는 시간이 거의 들지 않으며, 과거 데이터를 통해 성과 검증이 가능하다. 실제로 이 전략은 지난 20년간 한국 시장에서 의미 있는 성과를 보여 왔다. 다만 일시적으로 반짝 성장하는 기업이 섞일 수 있기 때문에, 여러 종목에 분산 투자하는 것이 중요하다.

강환국의 순수 성장주 퀀트 투자 전략을 요약하면, 최근 분기 실적 성장률이 높은 한국 기업을 기계적으로 골라 분산 투자하되, 성장지표가 꺾이

거나 더 좋은 종목이 보이면 갈아타는 전략으로, '손실은 짧게, 수익은 길게'
가져가는 구조를 만드는 것이라고 할 수 있다.

9

퀀트 투자 공부와 훈련은
어떻게 해야 하나요?

주식투자의 실패가 대부분 투자자의 잘못된 심리편향에서 생긴다는 사실을 고려하면 심리편향을 배제하고 양적 지표 및 규칙기반으로 이루어지는 퀀트 투자는 수익을 올리는 투자법으로 상당히 매력적인 방법으로 보인다.

그렇다면 이제 막 퀀트 투자에 관심을 갖기 시작한 초보는 어떤 공부와 훈련을 해야 고수의 경지에 오를 수 있을까? 얼마전까지만 해도 퀀트 투자라고 하면 금융공학과 통계학, 컴퓨터 프로그램등을 전공한 전문가들만이 할 수 있는 투자법으로 인식되었지만 최근 들어 일반 투자자들도 퀀트 투자법을 쉽게 익혀 MDD를 최소화하면서 높은 수익률을 올릴 수 있는 가성비 높은 투자법으로 인식이 전환되고 있다.

퀀트 투자를 공부하고 훈련하는 데 있어 중요한 것들이 무엇일까? 투자 고수들의 조언을 들어 보자. 우리나라 퀀트 투자의 선구자로 이론과 실전에 모두 정통하고 『메트릭 스튜디오』라는 퀀트 투자 안내서도 낸 서울대 문병로 교수는 투자자들이 실수를 계속 반복하는데도 자신의 매매역사를 기록해서 분석하는 사람은 거의 없고 공부를 해도 비효율적인 공부를 하기 때문에 성과를 내기 어렵다고 말한다. 입시생에게 효과가 있는 공부방법은 틀

471

린 문제들을 정리하고 분석해서 다음에는 틀리지 않도록 하는 오답노트를 만드는 것인데, 투자자들도 오답노트를 만들어 실수를 반복하지 않도록 공부하고 훈련해야 한다고 말한다.

문 교수는 또 초보 투자자는 종목 선정보다 거래방법을 배우는 것이 더 중요하다고 말한다. 고수익을 내는 복잡한 투자기법보다 평균 이상의 수익을 내는 단순한 방법부터 배우는 것이 더 중요하다는 것이다. 대가의 수익률을 목표로 하기보다는 일단 시장 평균보다 좀 나은 수익률이라도 낼 수 있는 실력을 기르라고 말한다. 문 교수는 특히 '기하평균'의 중요성을 강조하는데 그 의미를 모르면 투자를 하면서 장기 투자의 결과를 제대로 해석하고 예상하기 힘들어 자신의 재산을 제대로 관리하기 힘들기 때문이다. 그는 자신의 책을 읽은 독자가 기하평균의 중요성 하나만 느낄 수 있어도 절반은 성공한 것이라고까지 말한다.

'퀀트 투자 전도사' 강환국은 퀀트 투자에서는 백테스트가 매우 중요하다고 하면서 계량화가 가능한 모든 것은 백테스트를 해 봐야 한다고 강조한다. 전문가라고 불리는 사람들도 보통 본인 주장에 맞는 데이터만 들고 와서 근거로 제시하는 경우가 많고, 주식투자로 실제로 돈을 많이 번 사람들도 자신의 성공경험에만 매몰되어 틀린 말을 하는 경우가 많기 때문에 반드시 백테스트로 검증해 봐야 한다는 것이다. 강환국은 퀀트 투자는 2주면 초등학생도 충분히 습득할 수 있을 만큼 쉽다면서, 쉽게 배우고 엄청난 성과를 낼 수 있는데 아직도 비퀀트 투자를 하는 사람들을 이해하지 못하겠다고 한다. 그는 누구나 쉽게 접근할 수 있는 퀀트 투자에도 고수와 하수가 있다면서 그 차이를 다음과 같이 말한다.

'하수는 위기 상황에서 전략을 지키지 못하고, 고수는 지킨다'

이러한 차이가 생기는 이유는 백테스트의 훈련 정도+ 투자 경험의 차이이기 때문에 퀀트 투자 고수가 되기 위해서는 투자하면서 직접 여러번 백테스트를 해 봐야 한다는 것을 강조한다.

　강환국은 또한 퀀트 투자 왕초보인 엄마를 위해 주식투자에 꼭 필요한 기본지식이 무엇일지 고민했고 이러한 지식을 전달하기 위해 10교시의 수업을 준비하는데 이 수업이 끝나면 누구나 평생 퀀트 투자로 먹고사는데 필요한 지식을 습득할 수 있다고 말한다. 10교시의 핵심 내용을 표로 요약하면 다음과 같다.

	커리큘럼	훈련내용
1교시	투자의 목표와 자산배분의 기초	복리의 법칙, 견딜 수 있는 최대손실(MDD), 다양한 투자자산
2교시	손실을 줄이는 자산배분 전략	60/40 포트폴리오, 올웨더 포트폴리오 등 다양한 자산배분 전략
3교시	흐름에 올라타는 추세 추종	상대모멘텀과 절대모멘텀
4교시	추세 추종전략	추세 추종전략의 개선
5교시	이길 확률을 높이는 계절성	마켓타이밍과 계절성
6교시	개별주 투자(소형주)	재무제표, 10분위 테스트
7교시	성장하는 기업찾기	백테스트, 리밸런싱
8교시	저평가주와 우량주	10분위 테스트, 지표혼합전략
9교시	실전 개별주 전략 완성	좋은 주식 찾는 방법
10교시	비퀀트투자와 포트폴리오 구성	리스크 관리, 투자 시나리오별 계획 작성

　퀀트 투자 초보로 이 수업을 마친 임여사는 포트폴리오대로 투자를 시작했는데 6개월 동안 약 8000만 원 정도의 수익을 냈다고 한다.

퀀트 투자에 도움이 되는
책과 사이트, 유튜브

문병로, 『메트릭 스튜디오』(김영사, 2014)

퀀트 투자 분야 세계 최고의 석학이자 자산운용사를 설립해 투자에서도 최고의 성과를 올리고 있는 서울대 문병로 교수가 펴낸 국내 최초의 계량 투자서. 이 책은 주식시장에 상식으로 받아들여지는 믿음들이 대부분 허상이라는 것을 실증적 수치로 알려 주면서, 이 책을 읽은 독자가 기하평균의 중요성 하나만 느낄 수 있어도 절반은 성공한 것이라고 본다고 말한다. 저자는 이 책을 집필하는 데 제임스 오쇼너시의 『월가의 퀀트 투자 바이블』이 결정적 동기를 제공했다고 하는데, 저자의 책은 '한국의 퀀트 투자 바이블'이라고 할 수 있다.

강환국, 『할 수 있다! 퀀트 투자』(에프엔미디어, 2017)

한국에서 전문가만이 하는 것으로 알고 있었던 퀀트 투자의 대중화를 선도한 계기를 마련한 책으로, 저자는 제임스 오쇼너시의 『월가의 퀀트 투자 바이블』을 읽고 큰 충격을 받아 그 책을 벤치마크 삼아 쓴 책이라고 한다. 저자는 이 책을 시작으로 『하면 된다! 퀀트 투자』, 『거인의 포트폴리오』, 『

퀀트 투자 무작정 따라 하기』, 『평생 저축밖에 몰랐던 66세 임 여사, 주식으로 돈 벌다』 등의 책을 펴내 '퀀트 투자의 전도사'가 되었다.

박상우, 『주식시장을 이긴 전략들』(도서출판 원, 2021)

지금까지 주식시장을 이겨 왔다고 주장하는 투자 전략들을 종목 선택 전략, 마켓타이밍 전략, 포뮬러플랜 전략, 자금관리 전략으로 나누어 우리나라 주식시장에 적용해서 검증한 책. 다양한 투자 전략에 대한 공부와 함께 그러한 전략들의 실효성을 정량적으로 검증한 결과를 통해 우리가 알고 있는 투자상식에 오류가 많다는 것을 깨닫게 되는데, 저자는 이렇게 검증된 방법으로 투자하라고 말한다.

홍용찬, 『퀀트 투자 처음공부』(이레미디어, 2024)

퀀트 투자의 석학이자 최고 투자전문가인 서울대 문병로 교수가 '퀀트 투자의 관점을 만드는 표본 같은 책'으로 퀀트 투자를 위해 팩터를 발굴하는 사람들에게 착상의 방법을 알려 주는 책이라고 추천한 책. 저자는 2019년에 『실전 퀀트 투자』라는 책을 썼고 이 책은 제임스 오쇼너시의 『월가의 퀀트 투자 바이블』과 같은 책을 내고 싶어 썼다고 한다. 퀀트 투자의 문제점인 과적합의 문제의 해법으로 '아웃 오브 샘플 테스트(Out of Sample Test)'의 중요성을 강조하면서 실제 예시와 함께 자세히 설명한 책이다.

라오어, 『미국 주식 무한매수법』(알키, 2021)

무한매수법은 기업 분석, 시황분석, 차트 분석을 하지 않는 투자법을 연구하다가 찾아낸 투자법으로, 정해진 원금을 쪼개 일정 기간 동안 주식을 매수해 평균 매수단가를 낮추고, 주가가 평균 매수단가보다 높아졌을 때 수익을 실현한다는 규칙에 입각한 투자법이다. 원금을 몇 회로 쪼개야 하는가,

어떤 종목을 골라야 하는가, 언제 매수해서 언제 매도해야 하는가만 알면 '평생 주식으로 돈 버는 무한매수법'의 절반 이상을 터득한 것과 다름없다고 저자는 말한다. 이 책은 단기 수익실현을 목표로 하는 것인데, 장기 투자 전략에 대해서는 『라오어의 미국 주식 밸류 리밸런싱』이라는 저자의 또 다른 책에서 다루고 있다.

천영록·이현열, 『감으로 하는 투자, 데이터로 하는 투자』(길벗, 2022)

이 책은 "일정한 규칙 없이 감으로 하는 투자는 투기에 불과하다!"라며 "데이터를 활용해 검증되고 감정에 의한 리스크를 제거한 투자"만이 높은 확률로 시장을 이기는 투자법이라고 말한다. 그러나 대부분의 사람은 본능과 조급함 때문에 데이터를 계속 활용하지 않는다. 데이터를 보는 건 과거의 기록을 보는 것일 뿐, 미래를 예측할 순 없지 않느냐는 질문에 저자는 "투자란 내일 비가 올 것을 예측하는 일이 아니라 지금 현재 먹구름이 끼고 있는지를 관찰하는 일이다"라고 말한다.

홍춘욱, 『돈의 흐름에 올라타라』(스마트북스, 2022)

수십 년간 투자의 최전선에서 이론과 경험을 쌓아 온 저자는 한국처럼 경기가 격렬하게 변동하는 나라에서는 기업의 회계장부에 집중하는 바텀업 투자 전략보다 매크로 경제에 대한 분석을 기초로 주식이나 채권 등 투자자산을 선택하는 것에서 시작해 중점적인 비중을 두어야 할 산업이나 투자 스타일을 선택하는 방식의 탑다운 투자 전략이 더 적합하다고 주장한다. 이 책은 경제 지표와 ETF를 활용한 주식-채권 스위칭 전략과 스타일 투자 전략, 그리고 다양한 자산배분 전략을 다룬다.

주식투자법 100문 100답

강영연·최재원, 『주식, 나는 대가처럼 투자한다』(한국경제신문, 2020)

세계 최고의 투자 대가 10인(워런 버핏, 벤저민 그레이엄, 피터 린치, 조엘 그린블라트, 데이비드 드레먼, 켈리 라이트, 데이비드 스웬슨, 게리 안토나치, 제시 리버모어, 윌리엄 오닐)의 투자법을 배우면서 대가들의 투자법을 전략화해 그 성과를 백테스트로 검증하는 방법을 통해 퀀트 투자도 배울 수 있는 책이다. 각 대가의 투자법을 한국에 적용했을 경우의 성과와 투자전문가 「홍춘욱의 인사이트」도 투자법 선택에 도움이 된다.

홍창수, 『퀀트의 세계』(에이콘출판, 2022)

「금융 데이터 과학자를 위한 퀀트 실무·취업 가이드」라는 부제가 붙어 있는 이 책은 1부에서 퀀트 1.0에서 3.0까지의 발전과정을 다룬다. 저자는 투자은행 퀀트시대를 1.0, 헤지펀드 퀀트 시대를 2.0 시대라고 하면서 이 시기에는 1%에 해당하는 금융기관만을 위한 금융공학 기술이 사용됐다면 인공지능, 핀테크, 블록체인이 주류가 되는 퀀트 3.0 시대에는 99%에 해당되는 투자자를 위해 존재하는 금융공학기술이 될 것이라고 말한다. 2부에서는 국내의 퀀트 전문가들과의 인터뷰를 통해 퀀트의 세계를 들여다본다.

이영빈, 『우리 아이를 위한 부의 사다리』(이레미디어, 2021)

당신의 아이를 부자로 키우고 싶다면? 아이를 부자로 만드는 마법의 열쇠는 복리와 시간이다. 이 책에서는 시간을 돈으로 바꾸는 3가지 전략으로 전통적인 자산 배분 6040전략, 어떤 상황이 와도 대비할 수 있는 올웨더 포트폴리오 전략, 창과 방패를 모두 가진 가속 듀얼 모멘텀 전략을 알기 쉽게 설명한다. 저자는 이러한 전략은 제대로 익혀 놓으면 1년에 10분, 아니 시간을 쓰지 않아도 되는 전략이라고 말한다.

투자에 도움이 되는 사이트와 유튜브

실전주식투자연구소(cafe.naver.com/invest79/11205)

『주식투자 리스타트—왜 나는 주식투자로 돈을 못 벌까?』, 『주식투자 ETF로 시작하라』의 저자 systrader79가 운영하는 카페로 systrader79가 쓴 「투자의 기초」는 퀀트 투자자라면 반드시 읽어 봐야 할 글들이다. 『돌파 매매 전략』의 저자 Nicholas Darvas의 칼럼도 있다.

포트폴리오 비주얼라이저(www.portfoliovisualizer.com)

투자 전략의 타당성을 데이터 기반으로 평가하고 최적의 포트폴리오를 설계하는 데 매우 유용한 사이트. 투자자가 과거 데이터를 기반으로 백테스트를 통해 포트폴리오의 연환산수익률(CAGR), 최대낙폭(MDD), 샤프지수(Sharpe Ratio) 등을 분석해 전략의 성과와 리스크를 시각적으로 비교·검증할 수 있다.

할 수 있다! 알고 투자(youtube.com/@강환국)

'퀀트 투자의 전도사'인 강환국이 운영하는 채널로 자산배분, 마켓타이밍, 종목 선정 등 모든 분야를 알기 쉽고 재미있게 설명한다.

경제적 자유로 가는 길

지금까지 나만의 투자법을 찾아 먼 길을 걸어왔다. 길이 여러 갈래이다 보니 어느 길을 가야 할지 잘 모르고 헤매던 때도 많았다. 지름길이다 싶어 가 보면 도중에 절벽이 있어 돌아오고, 평탄한 길이다 해서 가 보면 너무 먼 길인 것 같아 다시 돌아오고, 그렇게 무수한 시행착오를 하는 힘든 여정이었다.

이제 겨우 나에게 맞는 길을 찾은 것 같다는 생각이 들지만 경제적 자유라는 팻말이 어렴풋이 보이는 산 정상까지는 아직도 더 많은 길이 남아 있다.

그렇다! 나만의 투자법을 찾은 지금은 비유해 말하면, 탈북자가 지뢰가 곳곳에 숨어 있는 국경선을 넘어 자유의 땅으로 들어선 것과 비슷하다.

국경선을 넘기까지 얼마나 힘들었겠는가? 발을 잘못 디뎌 지뢰가 터졌다면 죽거나 만신창이가 되지 않았겠는가? 다행히 지뢰 피하는 법을 미리 공부해 두었기에 천신만고 끝에 자유의 땅으로 들어설 수 있었지만 아무런 준비도 없이 떠났다면 어떻게 되었을지 생각만 해도 가슴이 떨린다.

자유의 땅에 들어섰으니 이제 돈만 벌면 정치적 자유와 경제적 자유를 누릴 일만 남았다.

그런데 그게 간단치 않다. 자유가 넘치는 자본주의 사회에서도 돈 버는 일은 쉽지 않기 때문이다. 자본주의 사회에서 돈을 벌려면 돈 버는 마인드와 돈 버는 스킬을 함께 갖추어야 한다. 마찬가지로 나만의 투자법을 찾아도 그 투자법에 맞는 마인드와 스킬이 훈련되어 있지 않다면 경제적 자유로 가는 길은 여전히 쉽지 않다. 이 책에서는 각각의 투자법에 맞는 마인드와 스킬에 대해서도 투자 고수의 조언 등을 통해 핵심 내용을 소개하고 있지만, 무엇보다 중요한 것은 그러한 내용을 아는 정도를 넘어 일상의 루틴으로 만드는 노력과 훈련이다.

투자법을 찾아 헤매던 사람들이 자신만의 투자법을 찾고 여기에 각 투자법에 맞는 마인드와 스킬까지 갖추어 위험천만한 절벽에서 날아 경제적 자유의 땅에 무사히 도착할 수 있기를 마음으로 기원한다. 그런 마음을 담아 그동안 한국 주식시장에서 산전수전 희로애락을 겪어 온 투자자들에게 로버트 슐러 목사의 시를 읽어 드리면서 글을 맺는다.

절벽 가까이로 부르셔서

절벽 가까이로
나를 부르셔서 다가갔습니다

절벽 끝에 더 가까이 오라고 하셔서
더 가까이 다가갔습니다

그랬더니 절벽에
겨우 발을 붙이고 서 있는 나를
절벽 아래로 밀어 버리시는 것이었습니다

물론 나는
그 절벽 아래로 떨어졌습니다

그런데 나는 그때서야 비로소 알았습니다
내가 날 수 있다는 사실을

경제적 자유